Günter Saße

Die Ordnung der Gefühle

Günter Saße

Die Ordnung der Gefühle

Das Drama der Liebesheirat im 18. Jahrhundert

Wissenschaftliche Buchgesellschaft
Darmstadt

Einbandgestaltung: Neil McBeath, Stuttgart.

Einbandmotiv: Daniel Nikolaus Chodowiecki, Heyrath durch Zuneigung.
Mariage par Inclination. (1788)

Die Deutsche Bibliothek – CIP-Einheitsaufnahme

Saße, Günter:
Die Ordnung der Gefühle: das Drama der Liebesheirat im 18. Jahrhundert / Günter Saße. – Darmstadt: Wiss. Buchges., 1996
ISBN 3-534-13191-6

Bestellnummer 13191-6

Gedruckt auf säurefreiem und alterungsbeständigem Offsetpapier
Satz: Setzerei Gutowski, Weiterstadt
Druck und Einband: VDD – Darmstadt
Printed in Germany
Schrift: Linotype Aldus, 9.5/11

ISBN 3-534-13191-6

Inhalt

A. EINLEITUNG

„Verliebt, verlobt, verheiratet ...“

Für eine literaturgeschichtliche Studie über die Heirat – eine scheinbar allzu alltägliche Thematik – gibt es mehrere Gründe: Anhand dieses Themas läßt sich das 18. Jahrhundert in seinen wesentlichen Abschnitten von der Frühaufklärung über die Empfindsamkeit bis zum Sturm und Drang erfassen, und zwar in Werken, die gerne zur sogenannten Höhenkammliteratur gezählt werden. Das literaturgeschichtliche Interesse, das über eine durchgängige Thematik Zusammenhänge herstellt, ermöglicht es, Prozesse literarischer Problementfaltung zu rekonstruieren, die, von einem festgelegten Vergleichsgesichtspunkt aus betrachtet, Veränderungen im geschichtlichen Ablauf aufzuzeigen erlauben. Ich möchte hier allerdings nicht einfach einen motivgeschichtlichen Wandel darstellen, sondern anhand des Themas *Heirat* zeigen, auf welche Weise literarische Werke psychosoziale Probleme reflektieren, die entstehen, wenn Liebe zum Legitimationsgrund der Heirat erhoben wird. In dieser entschiedenen Neuorientierung im Geschlechterverhältnis, die die geburtsständischen Fundamente der Gesellschaft des 18. Jahrhunderts unterläuft, sind literarische Werke nicht einfach Instrumente zur Ausbildung dieser neuen Wertwelt, sondern auch Medien ihrer Problematisierung. Sie bringen zur Anschauung, was die diskursiven Ordnungen der Zeit ignorieren. Um dies deutlich zu machen, verbindet die vorliegende Studie drei Gesichtspunkte: Es geht um die Darstellung eines problemgeschichtlichen Zusammenhangs vor dem Hintergrund mentalitätsgeschichtlicher Veränderungen im Modus dramengeschichtlicher Entfaltung.

Im einzelnen wird dargestellt, wie sich im 18. Jahrhundert zunehmend die Programmatik der *Liebesheirat* herausbildet. Daß eine Fülle von Problemen auftaucht, wenn das subjektive Gefühl eine objektive Institution begründen soll, ist offensichtlich; der Gegensatz zwischen den Liebenden und der Gesellschaft springt sofort ins Auge, stereotypisiert durch die großen Liebespaare der Weltliteratur. Doch so schlicht oppositorisch entfaltet sich die Problematik der *Liebesheirat* nicht. Die behandelten Dramen führen vor Augen, daß und wie sich die Verschränkung des emotionalen und institutionellen Aspekts der *Liebesheirat* im zwischenmenschlichen Bezug und in der psychischen Tiefendimension reflektiert – bis zum glücklichen Ende der Heirat als Beginn eines gemeinsamen Lebens oder dem unglücklichen einer Vermählung im Tod. Dabei verleiht die eigentümliche Konkretheit fiktionaler Literatur ihr eine Überlegenheit an Intensität und Komplexität gegenüber diskursiven Texten. Denn diese blenden um der Stringenz der Gedankenführung und der Wirksamkeit ihrer Appelle willen eine Fülle tiefgreifender Schwierigkeiten ab, die mit dem Konzept der *Liebesheirat* verbunden sind. Die literarischen Werke sind insofern reicher an kritischem Potential als die von ihnen aufgerufenen außerästhetischen Kontexte, die sie auf spezifische Weise reflektieren.

Wenn ich im folgenden das Verhältnis von Text und Kontext in thematischer Zentrierung auf die *Liebesheirat* problemgeschichtlich beschreibe, postuliere ich zweierlei: zum einen, daß das Konzept der *Liebesheirat* im 18. Jahrhundert nicht marginal ist, sondern einen zentralen Aspekt soziokultureller Veränderungsprozesse markiert; und zum zweiten, daß den berücksichtigten Dramen die Problematik der *Liebesheirat* nicht äußerlich ist, sondern ihr thematisches Zentrum bildet. Die Relevanz dieses Gesichtspunktes wird sich erst im interpretatorischen Verlauf erweisen, dann nämlich, wenn gezeigt werden kann, daß mit Hilfe der gewählten Perspektive wesentliche Aspekte der betreffenden Werke so in einen Deutungszusammenhang zu integrieren sind, daß eine jeweils spezifische Heiratsproblematik in ihrer literarischen Vermittlung erfahrbar wird. Erst dann hat sich m. E. eine Interpretation gelohnt; denn erst dann vermögen die nachhaltigen Deutungsanstrengungen etwas zu artikulieren, was expositorische Texte nicht schon vorab ausgesprochen haben. Die Interpretation aber kann diesen Erkenntnisgewinn, der den expliziten Problemhorizont der Zeit übersteigt, nur deshalb artikulieren, weil literarische Werke im Modus ihrer anschaulichen Darstellung außerästhetische Deutungsmuster und Wertorientierungen auf den Prüfstand fiktional inszenierter Lebenswelten stellen und so die dem Konzept der *Liebesheirat* inhärenten Probleme erfahrbar machen, die die unter dem Diktat der Verbindlichkeit stehenden diskursiven Ordnungen nicht zu exponieren vermochten.

In diesem Sinn entfaltet die Studie Literaturgeschichte als Problemgeschichte. Die Vermittlung beider Ebenen geschieht über das damals neue Konzept der *Liebesheirat*, das ich zunächst grob skizziere, um es dann im historischen Rückblick unter den Aspekten der jeweiligen Liebesvorstellungen zu differenzieren. Eine methodologische Reflexion über den Status *mimetischer Reflexion* leitet im Anschluß daran über zur Deutung von zehn Dramen, die die Problematik der *Liebesheirat* unterschiedlich perspektivieren.

Daß das Konzept der *Liebesheirat* gerade auch in seiner immer stärker erfahrenen Widersprüchlichkeit von aktueller Relevanz ist, liegt auf der Hand. Seinem Metier gemäß meinte Alfred Hitchcock einmal, Heirat sei die einzige lebenslängliche Verurteilung, bei der man aufgrund schlechter Führung begnadigt werden kann. Auf die gegenwärtige gesellschaftliche Situation bezogen, läßt sich dazu feststellen: Entweder hat die „schlechte Führung" zugenommen, oder die Begnadigungspraxis ist liberaler geworden, oder beides. Tatsache ist, daß die Zahl der Begnadigungen (vulgo: Scheidungen) steigt und die Zahl der

Verurteilungen (vulgo: Heiraten) zurückgeht, da viele Paare es vorziehen, im weitgehend rechtsfreien Raum nicht-ehelicher Lebensgemeinschaften zusammenzuleben – auf persönlichen Widerruf. So ist die Ehe in heutiger Zeit sozial marginalisiert, reduziert auf eine weitgehend private Entscheidung. Zwar verbunden mit Rechtsfolgen für die Ehepartner und mit Konsequenzen für die aus der Ehe hervorgehenden Kinder, scheint sie doch ihre prominente Stelle im Gefüge sozialer Orientierungen mehr und mehr einzubüßen. Sie ist nicht mehr das primäre öffentliche Regularium für Intimität und Sexualität, dessen gesellschaftliche Geltung sich im Erwartungshorizont der Liebenden (wie problematisch auch immer) spiegeln würde. Ihre Steuerungskraft ist der Zweisamkeit nicht mehr als verbindliche Instanz vorgelagert, der sich die Liebenden immer schon untergeordnet hätten; der lebenspraktische Stellenwert bestimmt sich vielmehr in dem vom Paar aufgespannten kommunikativen Raum der Pläne, Werte und Entscheidungen. Hier ist sie vor allem Titel pragmatischer und juristischer, jedenfalls sekundärer Aspekte der Liebesbeziehung, und wird erst im Hinblick auf Familienplanung, Karriereentscheidungen und Vermögensbildung bedenkenswert. Da mögen noch die Eltern einen gewissen Einfluß ausüben, da mögen noch religiöse Bindungen und soziale Zugehörigkeiten eine Rolle spielen – doch erhält all das seine Relevanz erst im internen Beziehungsgefüge, wo die private Entscheidung der Brautleute zählt.

Konservative Restitutionsversuche bezeugen es gerade: Die Ehe hat ihre Selbstverständlichkeit als Wert verloren, entfaltet sich nicht mehr selbstredend aus der Liebesbeziehung, sondern untersteht einem partnerschaftlichen Lebenskalkül, das die Vor- und Nachteile einer Heirat im Hinblick auf den Lebensentwurf bedenkt. „Verliebt, verlobt, verheiratet“ – das, was als Dreiklang den kindlichen Abzählvers eröffnet, deckt sich heutzutage nur noch teilweise mit der Realität: Verlobung verkürzt sich zu einem privaten Versprechen ohne jede Verbindlichkeit, und die Verliebtheit zieht keineswegs zwingend die Verlobung oder Heirat nach sich.

Was hat den kindlichen Abzählvers so sehr in Unordnung gebracht? Der selbstverständliche Zusammenhang von Liebe und Ehe besagte, daß wahre Liebe zwangsläufig zur Heirat führt, die ihrerseits die Wahrhaftigkeit der Liebe unter Beweis stellt. Geht mit dem Schwinden dieser Auffassung die Epoche der *Liebesheirat* zu Ende, die noch gar nicht so alt ist? Im 18. Jahrhundert erst erfährt das Konzept der Individualisierung und Subjektivierung von Paarbeziehungen seine emphatische Inauguration, formuliert – wenn auch nicht immer zugleich praktiziert – im Widerspruch zu den Regeln einer geburtsständischen Gesellschaft; denn das Postulat, ohne Rücksicht auf Abkunft und Besitz zu heiraten, stellt den selbstverständlichen Zusammenhang von Rangzuweisung und Geburt in Frage. Warum gerät die Erfolgsgeschichte der *Liebesheirat* heute in eine Krise, wo sie doch in den letzten beiden Jahrhunderten alle anderen Heiratskonzepte verdrängte und obwohl heute – wie eine einschlägige Studie belegt – „die ‚Sinnprovinzen' Ehe und Familie sogar im Ansteigen gegenüber den anderen Orientierungsbereichen wie Religion, Politik, Wohlfahrt, Freundschaftskreis etc."[1] sind? Zeigt sich hier eine widersprüchliche Bedürfnislage, die einerseits den selbstverständlichen Zusammenhang von Liebe und Ehe kappt, doch andererseits die Ehe als dauerhafte Garantie sinnhafter Existenz ersehnt?

Doch statt über Gründe für die Krise der Ehe zu spekulieren, möchte ich die Frage zunächst umkehren: Ist es nicht erstaunlich, daß das Konzept der *Liebesheirat* so erfolgreich sein konnte? Bemerkenswert ist es schon, daß hier zwei Dinge verbunden werden, die auf den ersten Blick inkompatibel erscheinen: Emotion und Institution. Der Arzt Dr. Schimmelpfennig in Hauptmanns *Vor Sonnenaufgang* bringt das Problem auf den Punkt der Volkstümlichkeit:

> Was ich mir für das bißchen Rausch koofe! Lächerlich. Darauf eine lebenslängliche Ehe zu bauen ... da baut man noch nicht mal so sicher als auf'n Sandhaufen.[2]

Wie kann sich eine stabile Institution, die intersubjektive Gewißheit und Dauer sichern soll, auf ein labiles Gefühl gründen, das der Subjektivität und dem Augenblick verhaftet ist? Wie kann Liebe, die unter den Bedingungen der Freiwilligkeit steht, zum Inhalt einer Ehe werden, die sie zur Pflicht werden läßt? In einem pointierten Ausspruch macht ein heutiger Schizophrenieforscher auf diesen paradoxen Sachverhalt aufmerksam:

> Wenn ein Mann und eine Frau sich entscheiden, ihre Beziehung durch Heirat zu legalisieren, so werfen sie damit eine Frage auf, die sie für die Dauer ihrer Ehe beschäftigen wird: Behalten sie die Ehebeziehung bei, weil sie es wollen oder weil sie es müssen?[3]

Die Widersprüchlichkeit ist evident: Aus dem „Ich liebe Dich, und als Zeichen meiner Liebe möchte ich Dich heiraten" wird „Du hast mich geheiratet, und als Zeichen der Ehe mußt Du mich lieben".

Angesprochen ist damit das zentrale Problem der Liebesehe: die emotionale Überlastung. Sobald die äußeren Rechtfertigungsgründe der Existenzsicherung und Statusbewahrung wegfallen, sobald sich die Erziehungsaufgaben und die Hilfeleistungen für Krankheit und Alter verringern und sich starre Geschlechterrollen auflösen, reduziert sich die Ehe zunehmend auf die wechselseitige Liebe als den Kern ihrer Legitimation. Alles wird jetzt von der Ehe, die nur noch Liebesbeziehung sein will, erwartet; Selbstverwirklichung und Glückserfüllung soll sie ermöglichen, und dies erzeugt einen Erwartungsdruck, der den Verbundenen häufig die Luft zum Atmen raubt. Die Entwicklung ist paradox: Mit dem

[1] Hettlage: Familienreport, S. 171.

[2] Hauptmann: Vor Sonnenaufgang, S. 221.

[3] Jay Haley, zitiert nach Watzlawick, Beavin, Jackson: Menschliche Kommunikation, S. 67.

Wegfall materieller und gesellschaftlicher Zwänge, die der Ehe äußere Stabilität verliehen, scheint sie rein individuell und emotional begründet zu sein. Doch in dialektischer Umkehr zeigt sich, daß die reine Verwirklichung der Liebe gefährdet wird durch die Dauer, die ihr die Ehe garantieren soll. Und so bleibt der Widerspruch zwischen einer Ehe, die nur Liebe sein will, und einer Liebe, die sich durch die Ehe ihrer Beständigkeit zu vergewissern sucht, damit aber zugleich ein Stück weit des Individuellen und Emotionalen entsagt, indem sie sich gesellschaftlichen Normen unterwirft.

Diese Unterwerfung preist Arnold Gehlen, der aus Mißtrauen in die Subjektivität des Individuums die Objektivität der Institution zur Garantie von Zwischenmenschlichkeit werden läßt, indem er den Gewinn, den die Ehe den Liebenden bringt, herausstellt:

Das *direkte* Ausspielen der Subjektivität ist daher immer falsch, und schließlich ist es stets so, wie im Verhältnis der Geschlechter: es läßt sich zwischen Mann und Frau das leidenschaftlichste, reichste und belebendste Verhältnis direkt und allein, als seelisches Pathos, nur unter allerseltensten Bedingungen durchhalten, es läßt sich darauf allein nichts gründen. Das Biologische, das Ökonomische, die nächste Generation, die Nahrung und Notdurft sind stärker, und das Verhältnis muß sich objektivieren, versachlichen, aus der Ausschließlichkeit dieser Einzelnen heraus verallgemeinern, mit einem Worte: zur Institution (der Ehe) entfremden, gerade wenn diese Menschen sich nicht gegenseitig verlieren und fremd werden sollen.[4]

Es scheint fast unmöglich zu sein, die Gefühle durch die Ehe zu konservieren; von daher mag es in der Tat eine etwas irrwitzige Konzeption sein, die Rechtsinstitution Ehe auf die Labilität des Gefühls zu gründen, zu postulieren, Liebe, die unter den Geboten von Unmittelbarkeit und Spontaneität steht und unkontrollierbare erotische Attraktionen ins Spiel bringt, könne die Stabilität, Dauer und Förmlichkeit garantieren, derer eine Institution zur familialen Reproduktion bedarf. Insofern ist Gehlen zuzustimmen, wenn er Leidenschaft und Lebensform in ein Abfolgeverhältnis bringt, das Spontaneität in Dauer überführt.

Doch ist die Transformation des individuellen Gefühls zwischen zwei Menschen in eine gesellschaftliche Institution keineswegs so unproblematisch, wie Gehlen postuliert. Was aus der Beziehung wird, nachdem sie sich „versachlicht" hat, ist vielfach artikulierte Erfahrung. In Lessings *Emilia Galotti* teilt die Ehefrau Claudia ihrer Tochter Emilia mit: „ah! mein Kind, – so wird aus dem Liebhaber oft ein ganz anderes Geschöpf." (II/6) Was Claudia dabei unausgesprochen läßt, thematisiert Joachim Heinrich Campe als unausweichliches Gesetz männlicher Verhaltensänderung – keine Frau dürfe sich der Illusion hingeben, der Ehemann bleibe für alle Zeit der enthusiastische Liebhaber:

[4] Gehlen: Über die Geburt der Freiheit aus der Entfremdung, S. 351.

Selbst der Mann, welcher einst um deine Hand sich zu bewerben für gut finden wird – denn gleich einer Waare, die nicht ausgeboten werden darf, mußt du warten, bis sich jemand findet, dem du anstehen wirst – selbst dieser Mann wird vielleicht alle Künste der Schmeichelei und der Liebkosungen anwenden, dir den Kopf zu verdrehen, um ihn nachher – dir wieder zurecht zu setzen! Er wird Reize und Vortrefflichkeiten an dir finden und bewundern, die du nicht hast; und in kurzen vielleicht diejenigen, die du wirklich haben magst, verkennen! Er wird dein demüthiger Sklav sein, um dein Herr zu werden; er wird von deinem Winke abhängen, um dich bald nachher von dem seinigen abhängig zu machen; er wird dich vergöttern, um dir hinterher vielleicht die Rechte der Menschheit zu schmälern – nicht weil er ein falscher, arglistiger, böser Mann ist, o nein! Er meint es wirklich, zur Zeit des Rausches seiner ersten Liebe zu dir, im Ernste so, wie er sagt und wie er sich bezeiget: aber diese überspannten Gefühle sind ihrer Natur nach vorübergehend; müssen um so eher und um so mehr erschlaffen, je überspannter sie waren; der feurige Liebhaber muß, er mag wollen oder nicht, sich wieder abgekühlt fühlen; das Verhältnis, worin du als Gattinn zu ihm stehst, zeigt dich ihm jetzt in einem ganz andern Lichte, als dasjenige war, worin du ihm, dem Liebhaber, vorher erschienest.[5]

Der von Campe als Warnung vor falschen Erwartungen ausgesprochene Gedanke, daß Ehe und Liebe im Widerspruch zueinander stehen, ist seit alters her geläufig. So bekämpft Heloisa – wie sie Abaelard schreibt – das „coniugium nostrum“, um den „amorem coniugium“ zu retten.[6] Bei Andreas Capellanus wird zum Gegenstand der Reflexion, was Heloisa und Abaelard praktizieren – die Unvereinbarkeit von Ehe und Liebe, ausgesprochen im Urteilsspruch der Gräfin von Champagne: „Dicimus enim et stabilito tenore firmamus, amorem non posse suas inter duos iugales extendere vires.“[7] Die Liste der Autoren, die zwischen Ehe und Liebe eine unüberbrückbare Divergenz sehen, läßt sich verlängern. So verzichtet in der *Princesse de Clèves* von Madame de LaFayette die Titelheldin auf die Ehe mit ihrem Geliebten, dem Herzog von Nemours, selbst nachdem ihr ungeliebter und sie eifersüchtig verfolgender Mann gestorben ist, da ihr das Ende der Liebe in einer Ehe unausweichlich scheint:

La fin de l'amour de ce prince, et le maux de la jalousie qu'elle croyait infaillibles dans un mariage, lui montraient un malheur certain où elle s'allait jeter.[8]

[5] Campe: Väterlicher Rath für meine Tochter, S. 30; ähnlich auch Hippel: Ueber die bürgerliche Verbesserung der Weiber, S. 130f.: „Der glückliche Geliebte dünkt sich wenigstens halb Gott, weil er so glücklich ist, einer solchen Gottheit zu dienen. – Erwacht er über ein Kleines aus diesem Traume; seht! so verwandelt sich die Raupe nicht in einen Schmetterling, sondern in einen Zuchtmeister, und die entgötterte Frau wird seine Sklavin; der Bräutigam wird nicht Ehemann, sondern Ehevogt.“

[6] Siehe Abaelardus: Epistola II. Quae est Heloissae ad Petrum deprecatoria, S. 185.

[7] Andreas Capellanus: De amore, dt.: „Wir verkünden und bestätigen als unverrückbar, daß die Liebe zwischen zwei Eheleuten ihre Macht nicht entfalten kann.“ Zitate nach Bumke: Liebe und Ehebruch in der höfischen Gesellschaft, S. 25.

[8] LaFayette: La Princesse de Clèves, S. 392.

Im satirischen Epos *Don Juan* von Byron finden sich die Zeilen:

> 'Tis melancholy, and fearful sign
> Of human frailty, folly, also crime,
> That love and marriage rarely can combine,
> Although they both are born in the same clime;
> Marriage from love, like vinegar from wine –
> A sad, sour, sober beverage – by time
> Is sharpen'd from its high celestial flavour
> Down to a very homely household savour.[9]

Nicht nur die Ehe wurde als Liebeshindernis angesehen, sondern umgekehrt auch die Liebe als Ehehindernis, konnte sie doch in Konkurrenz zu den geltenden objektiven Kriterien der Partnerzuweisung treten und den Geboten einer Ehemoral widersprechen, der es nicht um Sinneslust, sondern um Fortpflanzung ging, um die Sicherung der genealogischen Abfolge. So heißt es schon bei Seneca:

> Schändlich handelt [...], wer in allzu großer Liebe zu seiner eigenen Frau entbrennt. Ein vernünftiger Mann soll seine Frau mit Besonnenheit lieben, und nicht mit Leidenschaft; er soll seine Begierde zügeln und sich nicht zum Beischlaf hinreißen lassen.[10]

Seneca steht hier nicht allein. Bestimmend für die christliche Keuschheitsmoral wurde die auf Paulus zurückgeführte Auffassung, die Ehe sei nur das kleinere Übel zur Stillung des Geschlechtstriebs:

> Es ist dem Menschen gut, daß er kein Weib berühre. Aber um der Hurerei willen habe ein jeglicher sein eigen Weib, und eine jegliche habe ihren eigenen Mann. (1. Kor. 7, 1 f.)[11]

Immer wieder wird die Stimme erhoben, um vor der Ehe als einer von Erotik und Sexualität geprägten Beziehung zu warnen – so von Montaigne, der

> beobachtet [habe], daß eigentlich nur solche Ehen in die Brüche gehen, die wegen der Schönheit und aus Liebessehnsucht zustande gekommen sind: die Ehe braucht festere und dauerhaftere Grundlagen, große Behutsamkeit ist, wenn man sich zu ihr entschließt, vonnöten; kochende Liebesglut taugt dazu nicht.[12]

Die Reihe der Verdikte gegen eine „leidenschaftliche Ehe“, die vor allem geprägt sind von der kirchlichen Dogmatik genereller Lustfeindlichkeit, ließe sich fortsetzen.[13] So spricht der Frühhumanist Albrecht von Eyb in seinem *Ehebüchlein* (1472) zwar nachdrücklich das „Lob der Ehe“ aus und betont die wechselseitigen

[9] Lord Byron: Don Juan, S. 162.

[10] Seneca, zitiert nach Ariès: Liebe in der Ehe, S. 169.

[11] Die Bibel, S. 191.

[12] Montaigne: Die Essais, S. 314; siehe auch Schenk: Freie Liebe – wilde Ehe, S. 57 ff.

[13] Siehe hierzu Ussel: Sexualunterdrückung; Ranke-Heinemann: Eunuchen für das Himmelreich.

Pflichten der Ehepartner, weist aber jede das rechte Maß übersteigende Liebe scharf zurück:

Der ist ein eebrecher in seim weybe, der sie zu hitzigklichen lieb hat. In einem frembden weyb ist alle lieb ein vntugend vnd strafflich, vnd in dem eygen weyb ist große, überflüßige lieb schentlich. Wann lieb bringt vnrat, nympt den menschen von großen, guten gedanncken vnd bringt in zu vnendlichen vnd verworffen dingen. Darumb wo rechte, messige lieb zwischen eeleüten ist, selig sein dieselben, die sich also gesammet haben, vnd so sie darzu an fremde lieb, keüsch vnd rein sein.[14]

Luther folgt dieser Auffassung Eybs. Auch er erklärt zwar, eine Ehe „on lieb [sei] eytel jammer und not"[15]. Auf wechselseitige Unterstützung und emotionale Zuwendung komme es in der Ehe an, auf Pflichterfüllung und Treue:

Das ist der grund und gantzes weßen der ehe, das sich eyns dem andern gibt, und vorspricht trew zu halten und keyn andernn eyn zu lassen. Die weil dan eyns sich alßo an das ander bindet und gefangen gibt.[16]

Doch für ihn ist der Geschlechtsverkehr ebenfalls grundsätzlich Sünde und bleibt allein in dem von Gott eingerichteten Stand der Ehe straffrei:

ich sage, das fleysch und blutt, durch Adam verderbt, ynn sunden empfangen und geporn wirt, lautts des 50. psalm, Unnd das keyn ehepflicht on sund geschicht, aber gott verschonet yhr auß gnaden darumb, das der ehliche orden seyn werck ist und behellt auch mitten unnd durch die sund alle das gutt, das er dareyn gepflantzt und gesegenet hatt.[17]

Die seit dem Frühhumanismus und der Reformation intensiv diskutierte Frage, wie sich Ehe und Liebe miteinander vertrügen, hat ältere Wurzeln. Schon in der höfischen Literatur des Mittelalters wird die Bedeutung der ehelichen Liebe für ein gottgefälliges Leben und ein glückliches Dasein diskutiert. So entwirft z. B. Hartmann von Aue im *Erec* in der Verbindung von Erec und Enite das Bild einer von Sinnlichkeit geprägten Liebesehe; und zugleich zeigt der Roman die Gefährdungen (*verligen*) auf, die die *unmâze* in einer Liebesehe mit sich bringt. Während Erec seine Pflichten als Ritter und Herrscher aus Liebe vernachlässigt, verletzt in dem anderen Eheroman Hartmanns, dem *Iwein*, der Titelheld über seinen Aventüreunternehmungen die *triuwe* gegen seine ihn liebende Frau Laudine.[18]

[14] Eyb: Ehebüchlein, o. S.

[15] Luther: Über das erste Buch Mose, S. 518.

[16] Ders.: Ein Sermon von dem ehelichen Stand, S. 168f.

[17] Ders.: Vom ehelichen Leben, S. 304; zur ambivalenten Einstellung Luthers zur Sinnlichkeit siehe Scharffenorth: „Im Geiste Freunde werden".

[18] Allg. dazu siehe Bumke: Höfische Kultur, S. 503–550; van Dülmen: Kultur und Alltag, Bd. 1, S. 133–197.

Die in Hartmanns Romanen thematisierte Frage nach dem rechten Verhältnis von Ehe und Liebe zum ritterlichen Ethos beantwortet die feudale Gesellschaft eindeutig. Denn für sie ist es elementar, daß die Ehe die Reproduktion ihrer Ordnung garantiert. Liebe erscheint in diesem Zusammenhang als Gefahrenherd, da sie die vorgegebenen Ordnungen unterlaufen kann. Deswegen bleibt sie in den beziehungsschaffenden Bestimmungen weitgehend unberücksichtigt. Die zahlreichen expliziten und impliziten Regulierungsinstanzen befassen sich damit, wer wen unter welchen Umständen heiraten darf, welche Ausschließungskriterien gelten und welche Erbregeln herrschen, welche Abstammungslinien dominant sind und wie die Macht- und Herrschaftsverhältnisse zwischen den Geschlechtern und den Verwandtschaftsverbänden aussehen. Rang, Stand und Abkunft sind demnach die ausschlaggebenden Kriterien der Heirat, die auf diese Weise die Beständigkeit der feudalen Gesellschaftsstrukturen über die Abfolge der Generationen hinweg zu sichern vermag.

All diese Gesichtspunkte werden im 18. Jahrhundert zunehmend in Frage gestellt; Liebe allein soll es jetzt sein, was Mann und Frau verbindet – ein heikles Unterfangen, das den Übergangsbereich von der Herkunfts- in die Zeugungsfamilie zu einer höchst konfliktreichen Zone werden läßt. Durch die Suspension überkommener Regeln entsteht ein hoher Orientierungsbedarf im Bereich dieser elementaren Lebensentscheidung. So kommt es nicht von ungefähr, daß die Literatur des 18. Jahrhunderts gerade diese labile Übergangszone zu einem ihrer zentralen Themen macht. Sie behandelt die Problematik der rechten Heirat so ausgiebig, daß schon Gottsched klagt: „Das Hochzeitmachen hat in theatralischen Vorstellungen dergestalt überhand genommen, daß ich es längst überdrüßig geworden bin.“[19]

Die Literatur ist freilich nicht nur dokumentierende Begleitmusik zum geschichtlichen Wandel des Leitbilds *Heirat*, sondern sie ist als modellierende Kraft wesentlich an ihm beteiligt. Fühlen, Handeln und Sprechen der Menschen entfalten sich hier nicht unabhängig von literarischen Mustern. Denn die Literatur ahmt nicht nur tatsächliches Leben nach, sondern sie entwirft auch neue Lebensmuster und führt so vor, was die Rezipienten nachzumachen haben – ein Vorgang, den die Literatur ihrerseits immer wieder thematisiert. Goethes Werther fühlt gemäß seiner Lektüre; der Liebeskonsens, der über das Signalwort „Klopstock“ das reale Gewitter mit dem poetischen Gewitter der *Frühlingsfeier* verbindet, entfaltet einen literaturinduzierten Gefühlsraum, der ihn und Lotte umschließt. Luise Millerin kommt nicht zuletzt durch die schöne Literatur vom Weg kleinbürgerlicher Moral ab, so daß ihr Vater seine Wut über „die prächtigen Bücher [...], die der Herr Major ins Haus geschafft haben“ (I/1), nicht zügeln kann:

[19] Gottsched: Vorrede zu *Der sterbende Cato*, S. 15.

Ins Feuer mit dem Quark. Da saugt mir das Mädel – weiß Gott was als für? – überhimmlische Alfanzereien ein, das läuft dann wie spanische Mucken ins Blut und wirft mir die Handvoll Christentum noch gar auseinander, die der Vater mit knapper Not so so noch zusammen hielt. Ins Feuer sag ich. Das Mädel setzt sich alles Teufels Gezeug in den Kopf; über all dem Herumschwänzen in der Schlaraffenwelt findet's zuletzt seine Heimat nicht mehr, vergißt, schämt sich, daß sein Vater Miller der Geiger ist, und verschlägt mir am End einen wackern ehrbaren Schwiegersohn, der sich so warm in meine Kundschaft hineingesetzt hätte. (I/17)[20]

In Lenz' Drama *Die Soldaten* macht die Gräfin La Roche (fälschlicherweise) sogar ein einzelnes Werk für alle Schwierigkeiten verantwortlich, in die Marie Wesener geraten ist:

Ihr einziger Fehler war, daß Sie die Welt nicht kannten, daß Sie den Unterschied nicht kannten, der unter den verschiedenen Ständen herrscht, daß Sie die Pamela gelesen haben das gefährlichste Buch das eine Person aus Ihrem Stande lesen kann. (III/10)[21]

Im *Hofmeister* von Lenz verführt die adlige Tochter Gustchen den bürgerlichen Hofmeister Läuffer, indem sie eine Liebesszene nach dem Muster von *Romeo und Julia* inszeniert. Der gleichen Verführung durch literarische Modelle folgend, kastriert sich der Hofmeister – „Es könnte mir gehen wie Abälard –" (I/5), so seine Vermutung, die er nach langer Inkubationszeit selbst in die Tat umsetzt.

So demonstriert die Literatur des späten 18. Jahrhunderts sich selbst als Medium einer neuen Wertwelt, das Leitbilder des Fühlens, Handelns und Sprechens vorführt und dabei Verbindlichkeiten und Sinnzwänge produziert, aber auch Möglichkeiten der Bedürfnisartikulation entwickelt. Doch vermag Literatur mehr, als an der Entfaltung einer kommunizierbaren Welt mitzuwirken. Gerade die Werke, die sich nicht den Geboten der bloßen Übermittlung von Normen und Werten unterwerfen, sondern diese personal und aktional vermitteln, machen in ihren Brüchen und Widersprüchen, in ihren Aporien und Paradoxien ein Konfliktpotential erfahrbar, das den expositorischen Texten der Zeit fremd bleibt.

Literatur ist von daher nicht nur Medium der neuen Wertwelt, sondern auch ihr Reflexionsorgan, das die neuen Wertigkeiten einer fiktionalen Probe unterzieht. Indem fiktionale Texte die neuen Normen in ein ästhetisch entfaltetes Szenarium integrieren, können sie im Verhalten und Empfinden der Protagonisten die Kollisionen verschiedener gesellschaftlicher Ideologeme zur Anschauung bringen und so auf eine nicht-diskursive Weise problematisieren, was das Schrifttum der Zeit als neue Verbindlichkeit proklamiert. So haben bürgerliche Trauerspiele, Dramen des Sturm und Drang, aber auch die Erzählliteratur

[20] Schiller: Kabale und Liebe, S. 566f.
[21] Lenz: Die Soldaten, S. 229.

der Zeit die konfliktträchtige Hybridität des neuen Heiratskonzepts mit seismographischer Empfindlichkeit registriert und sinnfällig vor Augen geführt. Soll die problematisierende Potenz der Literatur herausgearbeitet werden, darf sie allerdings nicht zum Reservoir von Belegen herabgestuft werden, sondern muß in der Komplexität ihrer Bauform und Handlungsstruktur, im Widerspiel der Protagonisten und in der dialogischen Entfaltung ihrer Charaktere analysiert werden – vor dem Hintergrund der normensetzenden Kontexte der Zeit, die die einzelnen Werke aufgreifen und zum Bestandteil ihres Bedeutungsaufbaus machen. Die Analyse des Widerspiels von externer und interner Relationierung kann dabei nur im interpretatorischen Bemühen um das einzelne Werk geschehen, das Normen und Problemfelder zu einem ästhetischen Zusammenhang konstelliert und so ein Spannungsfeld zum Vorhandenen aufbaut.[22]

Die vorliegende Studie bietet deshalb einen größeren Abschnitt über den normativen Hintergrund der Dramen, um diese selbst als Reflexionsmedien ihres außerästhetischen Kontextes transparenter zu machen – eingedenk der Überlegung Peter Szondis, nach welcher der Interpret sein Erkenntnisinteresse nur im Zusammenspiel von Versenkung und Distanzierung verwirklichen kann. Einerseits ist die Individualität der Werke zu berücksichtigen, andererseits sind sie generalisierend zu behandeln.[23]

Zunächst wird die Genese des Leitbildes *Liebesheirat* nachgezeichnet. Dabei werden drei sich im 18. Jahrhundert ablösende Liebeskonzepte – die *vernünftige*, die *zärtliche* und die *romantische Liebe* – vorgestellt, wobei Literatur als Dokument behandelt und auf ihre inhaltliche Programmatik hin gelesen wird. Im eigentlichen Hauptteil der Arbeit bekommt das literarische Einzelwerk einen anderen Stellenwert. Es fungiert nicht als Beleg für eine kulturgeschichtliche Analyse, sondern als Medium, das Problemzusammenhänge erfahrbar macht, die dem Konzept der *Liebesheirat* inhärent sind. Um zu zeigen, wie die kulturgeschichtliche Darstellung des ersten Teils mit den problemgeschichtlichen Interpretationen des zweiten Teils verbunden ist, stelle ich in einem Übergangskapitel Überlegungen zum Bezug zwischen konkretem Einzelwerk und den von ihm aufgerufenen außerästhetischen Kontexten an. Vorgestellt wird das Konzept der *mimetischen Reflexion*, das als eine ins Problemge-

22 Nähere theoretische Ausführungen dazu auf S. 64–73 dieser Arbeit.

23 Szondi: Über philologische Erkenntnis, S. 276: „nicht selten erwecken historische Arbeiten den Anschein, als wolle ihr Verfasser der intensiven Versenkung in das einzelne Kunstwerk aus dem Wege gehen, als scheue er diese Intimität und als wäre der Grund dieser Scheu die Angst, in der Nähe zum künstlerischen Vorgang jene Distanz einzubüßen, die ein Attribut der Wissenschaft sein soll." Und: „Es gehört zu den Aufgaben der Literaturwissenschaft, vom Einzelwerk abstrahierend zur Übersicht über eine mehr oder weniger einheitliche Periode der historischen Entwicklung zu gelangen." (S. 275)

schichtliche gewendete Hermeneutik verstanden wird. Es geht dabei nicht darum, die Frage zu verstehen, auf die das literarische Werk eine Antwort gibt – so die Gadamersche Logik von Frage und Antwort –, sondern darum zu verstehen, welche vorgegebenen Antworten das Werk auf ihre Gültigkeit und Geltungskraft hin befragt.

Daß dabei die Analyse von Dramen ins Zentrum der Darstellung rückt, hat mehrere Gründe: Zum einen ist das Drama die theoretisch und praktisch avancierteste Gattung des 18. Jahrhunderts, zum anderen ist es in seiner dialogischen Struktur, seinen Personenkonstellationen und Handlungsverläufen besonders geeignet, eine nicht begrifflich fixierte Anschauung der Problemkomplexionen zu vermitteln, die dem sich etablierenden Leitbild der *Liebesheirat* inhärent sind. Und zum dritten steht gerade bei vielen herausragenden Dramen des 18. Jahrhunderts die Heiratsthematik im Zentrum des Redens, Fühlens und Handelns der Protagonisten. Entweder die Liebenden ‚kriegen sich': dann ist es – wie es der Gattungstradition entspricht – eine Komödie, deren konventionalisierter Schluß die Heirat ist. Manchmal kommt es auch zu Doppelhochzeiten, wie in Lessings *Minna von Barnhelm*, oder sogar zu Dreifachhochzeiten, wie in Lenz' *Hofmeister*. Oder aber die Vereinigung mißlingt: dann handelt es sich um eine Tragödie. Hier gelingt häufig erst im Tod, was im Leben nicht möglich war. Sara und Mellefont finden in Lessings erstem bürgerlichen Trauerspiel im Tod zueinander (auf den ersten Blick jedenfalls), ebenso wie Ferdinand und Luise in Schillers Drama, und auch Clavigo, ein Titelheld Goethes, vermählt sich erst an der Bahre mit der toten Braut, um im Jenseits die Ehe zu führen, zu der er sich im Diesseits nicht bereit fand.

B. ZUR GESCHICHTE DER LIEBESHEIRAT

1.

„Die Liebe dauert oder dauert nicht." (Brecht)

Die Liebesheirat als Produkt einer veränderten Sozialordnung

In traditionalen Gesellschaften, in denen die Abkunft in vielfacher Hinsicht entschied, welchen Stand und Rang man in der Gesellschaft einnahm, hatte die Heirat im Vergleich zu heute einen ungleich höheren Stellenwert. Eingespannt in die Sphären von Herrschaft, Wirtschaft und Kultur lag sie im Schnittbereich individueller Wünsche und kollektiver Interessen. In eben dem Maße, wie sie Komponente der gesellschaftlichen Ordnung war, war sie gebunden an bestimmte ständische, rechtliche und ökonomische Voraussetzungen, die keineswegs alle Menschen in gleicher Weise erfüllten. Durch die Eheschließung wurde nicht in erster Linie eine Familie gegründet, die sich aus Eltern und Kindern konstituierte, sondern ein bestehender Lebens- und Arbeitszusammenhang wurde fortgeführt. Besitzstände wurden zusammengefügt, Herrschaftsansprüche formiert, Privilegienordnungen ratifiziert, wirtschaftliche Interessen realisiert, Prestigeansprüche und Rangprobleme arrangiert; denn es ging darum, über die Generationsfolge hinweg das weiterzugeben, zu sichern und zu vermehren, was von den Vorfahren ererbt wurde. So heißt es bei Montaigne:

> Wir heiraten nicht für uns, wie es zunächst scheint; wir heiraten ebenso sehr für unsere Nachkommenschaft, für unsere Familie; Brauch und Sinn der Ehe geht unser ganzes Geschlecht an, weil über uns hinaus: deshalb lobe ich mir das Herkommen, daß man die ehelichen Verbindungen lieber durch fremde Vermittlung als durch eigenen Entschluß zustande kommen läßt, mehr auf Grund der Überlegung von anderen als auf Grund eigenen Gefühls; wie anders ist das doch, als wenn man einen Liebesbund schließt.[24]

Dabei wurde Liebe nicht völlig ignoriert. Zum christlichen Gedankengut gehörte es durchaus, daß die Eheleute sich lieben sollten, doch nicht in dem Sinn, daß Liebe als Zuneigung zum Geschlechtspartner Voraussetzung der Ehe war, sondern umgekehrt, daß die Ehe Liebe zur Folge haben sollte. In dieser Auffassung von ehelicher Liebe war das Moment von Erotik und psychischer Übereinstimmung, war Unbedingtheit im Fühlen und Wollen nicht mitgemeint. Viel-

[24] Montaigne: Die Essais, S. 314; zum Prinzip des Erbes siehe Duby: Die Frau ohne Stimme, S. 13 ff.

mehr ging es in erster Linie um die gegenseitigen Rechte und Pflichten der Eheleute. Eheliche Liebe wurde verstanden als „Summe häuslicher Verhaltenspflichten"[25], nicht als Ausdruck emphatischer psychophysischer Verbindung. Wenn folglich von Liebe die Rede war, so ging es nicht um Sinnesfreuden, sondern um Fortpflanzung, nicht um wechselseitige Hingabe, sondern um Unterstützung im Lebenskampf, nicht um leidenschaftliche Wollust, sondern um verläßliche Zuneigung.[26]

Je mehr es galt, durch die Ehe Privilegien zu erhalten, zu sichern und zu mehren, desto eher war die Heirat eine kollektive Angelegenheit.[27] Sie unterlag deshalb vielfältigen Kontrollen, die sicherten, daß die durch sie vollzogenen Besitzveränderungen und Machtkonstellationen der etablierten Ordnung nicht widersprachen.[28] Die gesellschaftliche Bedeutung der Heirat zeigte sich zum einen in den vielfältigen religiösen und staatlichen Normen und Sanktionen, den unterschiedlichen Exogamie- und Endogamievorschriften, die die Bedingungen und Konsequenzen des Heiratens detailliert festlegten;[29] zum anderen in der Vielzahl prozeduraler Regelungen, die nach außen hin demonstrierten, daß sich die Eheleute in Übereinstimmung mit den relevanten gesellschaftlichen Kontexten befanden.[30]

In gewisser Weise stand sogar die Hochzeitsnacht unter öffentlicher Kontrolle. Wenn sie dann im 16. Jahrhundert zunehmend hinter verschlossenen Türen stattfand, so kann dies zwar mit Norbert Elias als Vorrücken der Schamschwelle betrachtet werden; andererseits aber zeigt die Tatsache, daß die Verwandtschaft als Augenzeuge des symbolischen Ehevollzugs zugunsten der rechtlichen Vereinbarung zurücktrat, daß obrigkeitliche Macht und kirchliche Instanz an die Stelle der Verwandtschaftsverbände traten. Die Präsenz der umgebenden Lebensgemeinschaft wurde von der Anonymität gesetzlicher Vorschriften und religiöser Gebote abgelöst. Sie sicherten jetzt die moralische Ordnung und die rechtliche Verbindlichkeit einer Eheschließung, für die der körperliche Vollzug keine prozedural-symbolische Funktion mehr hatte. Wenn also die

[25] Schwab: Art.: Familie, S. 284.

[26] Siehe Grieco: Körper, äußere Erscheinung und Sexualität, S. 42.

[27] Siehe dazu Bumke: Liebe und Ehebruch in der höfischen Gesellschaft; van Dülmen: Kultur und Alltag, Bd. 1, S. 136–139.

[28] Für die gehobenen Schichten siehe Völker-Rasor: Bilderpaare – Paarbilder.

[29] Siehe dazu Deneke: Hochzeit, S. 9ff.; Mitgau: Geschlossene Heiratskreise sozialer Inzucht, S. 1–25; Schenk: Freie Liebe – wilde Ehe, S. 45–64; Friedberg: Das Recht der Eheschliessung in seiner geschichtlichen Entwicklung.

[30] Das Moment der Öffentlichkeit wird hervorgehoben von Schwarz: Die Bedeutung der Sippe. Daß sogar die Hochzeitsfeierlichkeiten einem präzisen Ablauf unterworfen waren, führt die Lüneburger Verordnung vom Ende des 14. Jahrhunderts eindrücklich vor Augen; siehe hierzu Ziegeler: Ehe, Recht und öffentliche Gelder.

Hochzeitsnacht nicht mehr von sozial relevanten Gruppenmitgliedern überwacht wurde – wie Schröter in einer subtilen Studie vorführt[31] –, so ist dies kein Indiz dafür, daß die Ehe zur Privatangelegenheit zwischen zwei Liebenden wurde.[32] Der Paradigmenwechsel stellt sich anders dar: Aus der personalen Kontrolle, die den physischen Akt des Ehevollzugs als verbindlich ansieht, wird die institutionale, die eine verbale Verbindlichkeit, das Heiratsversprechen unter Zeugen, etabliert. Der Rechtsakt Eheschließung verliert seine unmittelbare Verknüpfung mit dem Geschlechtsakt, wird Teil einer übergeordneten Symbolordnung, deren Garanten Kirche und Staat sind.

Das Verhältnis dieser beiden Institutionen ist durchaus konfliktreich. So opponiert die Kirche schon früh gegen die von der Obrigkeit verliehenen väterlichen Rechte mit dem Ziel, die Eheschließung aus der patriarchalischen Verfügungsgewalt herauszunehmen, um sie als einen von Gott gestifteten Bund unter ihre Obhut zu stellen.[33] Seit der frühen Neuzeit wird in den einschlägigen Traktaten und Disputationen immer wieder diskutiert, welche Instanz bei der Eheschließung den Vorrang habe: die Kirche oder der Staat. Während Luther durch seine Entsakramentalisierung der Ehe der weltlichen Obrigkeit das gesetzliche Wort bei der Heirat einräumt, bestreitet die katholische Kirche den Machtanspruch staatlicher Instanzen auf rechtliche Sanktionierung der Heirat. Die Ehe erhalte ihre Funktion nicht aus der weltlichen Existenz, sondern aus der religiösen Transzendenz, die Kirche verbinde im Sakrament zwei Personen, denen es um das ewige Seelenheil gehe. Aus diesem Grund wird den Brautleuten das Recht auf Zustimmung eingeräumt, das Ja-Wort vor dem Priester wird zur Gründungsurkunde der Ehe erhoben.

[31] Siehe hierzu Schröter: Zur Intimisierung der Hochzeitsnacht im 16. Jahrhundert. Schröter weist allerdings darauf hin (S. 397), daß sich diese Veränderungen sozial differenziert vollzogen. Was für das hohe Stadtbürgertum gilt, läßt sich nicht ohne weiteres auf den Adel oder auf die Landbevölkerung übertragen. Zum einen ist hierfür die Quellenlage zu dürftig, zum anderen differiert in ein und derselben Gesellschaft die Eheschließung in ihrer sozialen Signifikanz, ihrer emotionalen Bedeutung und ihrer rechtlichen Konsequenz so stark, daß höchstens von einem einheitlichen Richtungssinn innerhalb dieser Veränderungen gesprochen werden kann.

[32] Hinzuweisen ist allerdings auf die seit dem Mittelalter immer wieder zu beobachtenden Versuche, die freie Partnerwahl bei Eheschließungen durchzusetzen.

[33] Seit dem Konzil von Verona (1184) wird die Ehe unter die sieben Sakramente gezählt; siehe Haspecker u. a.: Art.: Ehe, Sp. 681. Am 11. November 1563 wird auf dem Konzil von Trient (1545–1563) im Dekret *Tametsi* die kirchliche Trauung zum Gültigkeitskriterium der Ehe erhoben; siehe auch Mikat: Art.: Ehe, Sp. 821; Schwab: Grundlagen und Gestalt der staatlichen Ehegesetzgebung; Ratschow u. a.: Art.: Ehe, Eherecht, Ehescheidung, S. 308–311. Zur Auseinandersetzung um die kirchliche Mitwirkung bei Eheschließungen siehe Schröter: „Wo zwei zusammenkommen in rechter Ehe ...", bes. S. 321 ff.

So behauptet sich die Kirche im Zeitraum des 16. bis 18. Jahrhunderts zunehmend als entscheidender Faktor der Eheschließung, bis sich die kirchliche Trauung dann als legaler Akt der Eheschließung durchsetzt.[34] Im *Allgemeinen Landrecht* von 1794 heißt es: „Eine vollgültige Ehe wird durch die priesterliche Trauung vollzogen."[35] Mit der Einbindung der Ehe in die transzendente Beziehung der Menschen zu Gott wird zugleich die Bindung an die Herkunftsfamilie gelockert. Die Kirche dringt in den Kompetenzbereich der Sippschaft ein und betont ein gewisses Eigenrecht der Brautleute, die sich im Namen Gottes und nicht ihrer Familien verbinden sollen – die Eheleute haben sich nicht dem Dekret der Väter zu unterwerfen, sondern im Sinne der Kirche und ihrer Gebote eine eigene Heiratsentscheidung zu treffen.

Daß dabei über die Zuständigkeiten keineswegs Einigkeit besteht, mag ein kleiner Exkurs illustrieren. Er verweist nicht nur auf die Versuche der weltlichen Obrigkeit, die Ehe gemäß den Gesichtspunkten der Nützlichkeit und Staatsräson dem kirchlichen Zugriff zu entziehen,[36] sondern verdeutlicht auch den hohen Stellenwert, den diese Frage im Bewußtsein des späten 18. Jahrhunderts hat. In den Jahren 1783 und 1784 findet in dem bedeutendsten Organ der Spätaufklärung, der *Berlinischen Monatsschrift*, eine Debatte statt, die ihre Brisanz bis in die Zeit Bismarcks nicht verlieren wird. In ihr geht es um die Frage: „Ist es rathsam, das Ehebündniß nicht ferner durch die Religion zu sanciren?" – so der Titel des Beitrages von Johann Friedrich Zöllner.[37] Eröffnet wird die Debatte von dem unter dem Pseudonym „E. v. K." (wahrscheinlich Johann Erich Biester, einer der beiden Begründer und Herausgeber der Zeitschrift) veröffentlichten „Vorschlag, die Geistlichen nicht mehr bei Vollziehung der Ehen zu bemühen". Mit dieser Anregung will sich der Autor erklärtermaßen

[34] Siehe hierzu Friedberg: Das Recht der Eheschliessung in seiner geschichtlichen Entwicklung. Friedberg weist hin auf „die Bestimmungen der neueren Gesetzgebungen, welche die kirchliche Trauung als einzige Form der Eheschliessung aufstellten, und erst durch sie, und also *erst am Ende vorigen und Anfange des jetzigen Jahrhunderts* [d. i. des 19. Jahrhunderts], *ist der kirchlichen Trauung der Character der absoluten Nothwendigkeit in Deutschland durchweg beigelegt worden*, den man ihr fälschlich seit der Reformationszeit vindicirt hat" (S. 304); siehe auch Möller: Die kleinbürgerliche Familie im 18. Jahrhundert, S. 80 ff.; Goody: Die Entwicklung von Ehe und Familie in Europa; Schröter: „Wo zwei zusammenkommen in rechter Ehe ...", S. 293 ff.; Schwab: Grundlagen und Gestalt der staatlichen Ehegesetzgebung.

[35] Allgemeines Landrecht, S. 349. Im folgenden abgekürzt als ALR.

[36] Zu Einzelheiten der Auseinandersetzung zwischen Staat und Kirche siehe Schwab: Grundlagen und Gestalt der staatlichen Ehegesetzgebung.

[37] Abgedruckt finden sich die Beiträge in dem von Norbert Hinske herausgegebenen Auswahlband: Was ist Aufklärung?, S. 95–138; im folgenden werden die Seitenzahlen direkt im Text notiert.

an den zeitgenössischen Reformbemühungen um die Ehegesetzgebung beteiligen:

Man ist itzt in mehrern Ländern beschäftigt, so wie andre Gesetze, so auch diejenigen, welche die Ehe selbst, oder deren Vollziehung und Trennung angehn, zu ändern, zu bessern oder gar neu einzurichten. Warum sollte ein menschenliebender Weltbürger nicht diese Veranlassung nutzen, um einen Vorschlag zu erwähnen, der wahrscheinlich weder den Grossen dieser Erde noch den Gesetzgebern unmittelbar zu Ohren kommen wird, ihm aber doch der Erwähnung sehr wehrt zu sein scheinet? (S. 95)

Bei der Etablierung der Zivilehe geht es dem Verfasser einerseits darum, die „allenthalben sich zudrängende regiersüchtige Geistlichkeit" (S. 96) zurückzudrängen, zum anderen darum, den Sonderstatus der Ehe als Sakrament abzuschaffen mit dem Ziel, den Gesetzen des Staates insgesamt „die Heiligkeit von Religionsvorschriften" (S. 99) zu verleihen. Die staatliche Gesetzgebung soll sakralisiert werden, um die Loyalität der Untertanen zu garantieren. Dagegen erhebt sich sofort Widerspruch, nicht aus aufrührerischem Geist, sondern weil das Mittel für den akzeptierten Zweck: die Stabilisierung des Staates – falsch sei. In seiner Entgegnung betont Zöllner genau umgekehrt den Sonderstatus der Ehe gegenüber allen anderen Rechtsinstitutionen. Sie sei das Fundament gesellschaftlicher Ordnung, sie halte „am Ende den ganzen Staat zusammen" (S. 111); deshalb sei es nötig, „daß doch ein so höchst wichtiges Verhältniß des Lebens als es das Ehebündniß ist, durch Religion geheiligt wird". (S. 114) Geht es zunächst um die grundsätzliche Frage nach der Funktion der Institution *Ehe* für Staat und Gesellschaft, so weitet sich das Themenspektrum im Verlauf der Debatte aus. Es werden die unterschiedlichen Rechtsfolgen bei kirchlicher und staatlicher Trauung diskutiert (S. 126 f.), die Eigentümlichkeiten der „Ehe zur linken Hand" (S. 125) werden erörtert, die Frage nach der Legitimierung des Konkubinats wird aufgeworfen (S. 104 ff.) und auf die Folgen seiner Aufwertung wird hingewiesen (S. 122 f.). Am Ende der Debatte wirft einer der Diskutanten dann noch einen Blick über die Grenzen und streicht – ohne auf die von Lenz anderthalb Jahrzehnte zuvor in seinen *Soldaten* geäußerte Idee der Offizierskurtisanen einzugehen – die „Militärehen der Engländer" als Fortschritt gegenüber den „öffentlichen Häuser[n]" heraus (S. 131 ff.).

Angesichts des publizistischen Stellenwerts der *Berlinischen Monatsschrift* dokumentiert die Debatte die Bedeutung, die dem Thema *Heirat* im Diskussionszusammenhang der Zeit eingeräumt wird. Sie gibt Anlaß zur Selbstthematisierung der Aufklärung,[38] indem über das neue Konzept der *Liebesheirat* auch

[38] So stellt Johann Friedrich Zöllner in einer Anmerkung die Frage: „Was ist Aufklärung?" und fügt hinzu: „Diese Frage, die beinahe so wichtig ist, als: was ist Wahrheit, sollte doch wol beantwortet werden, ehe man aufzuklären anfinge! Und noch habe ich sie

das Verhältnis von Individuum und Gesellschaft, persönlichem Glücksstreben und gesellschaftlichen Machtstrukturen hinterfragt und neu bestimmt wird. Das kommt nicht von ungefähr. Denn die Neudefinition des Verhältnisses von Liebe und Ehe ist Ausdruck eines tiefgreifenden Wandels, der aufs engste zusammenhängt mit dem Austritt einzelner Bürger aus den traditional verankerten Lebensverhältnissen, mit dem Zerbrechen ständischer Herrschaftsstrukturen und deren patriarchaler Legitimation, mit der damit einhergehenden Betonung der Leistung gegenüber der Geburt, mit der Proklamation eines diesseitigen Glücksanspruchs, der kraft eigener Anstrengung zu realisieren sei, und mit der Erhebung der Familie zum Ort einer Erziehung, die auf den „innengeleiteten" Menschen (Riesman) zielt.[39]

In diesem Zusammenhang sei angemerkt, daß die Kategorie *Bürger*, mit der die Trägerschicht dieser Veränderungsprozesse umrissen wird, eher als grob strukturierende Hilfskonstruktion fungiert denn als empiriebezogener Begriff, der Details erfaßt. Denn diese vermitteln im Hinblick auf die Realität Deutschlands im 18. Jahrhundert kein klares Bild. Was im protestantischen Norden an Leitbildern und Handlungsmaximen propagiert wurde, konnte im katholischen Süden ignoriert oder sogar bekämpft werden; städtische Bewohner standen neuen Tendenzen aufgeschlossener gegenüber als die Mehrzahl der Bevölkerung, die auf dem Lande lebte. Und auch die Stadt selbst war in ihrer Typenvielfalt von der Residenz- über die Universitäts- bis hin zur patrizischen Handelsstadt kein einheitliches Phänomen. So war das Deutschland des 18. Jahrhunderts ein vielschichtiges Gefüge, das sich national, religiös, geographisch, ständisch, rechtlich und ökonomisch differenzierte. Wenn also hier summarisch vom *Bürgertum* gesprochen wird, so soll damit nicht in einer direkten sozialgeschichtlichen Perspektive auf ständische Zugehörigkeit, Berufsfelder und Schichtenspezifik abgehoben werden. Vielmehr ist ein kulturelles Phänomen gemeint, das nicht als bloße abhängige Variable zu sehen ist. Denn wie Tenbruck[40] aufgezeigt hat, führen die Versuche, kulturelle Muster in direkter Weise

nirgends beantwortet gefunden!" (S. 115) Daraufhin erscheint ein Jahr später, im Dezember 1784, in der *Berlinischen Monatsschrift* Kants „Beantwortung der Frage: Was ist Aufklärung?" (S. 452–465).

[39] Wie sich dabei das Konzept der *Liebesheirat* in den umgreifenden Kontext eines *Strukturwandels der Öffentlichkeit* (Habermas) einfügt, wie und ob hier sozioökonomische Prozesse eines veränderten wirtschaftlichen Handelns ursächlich sind, wie Veränderungen in der Familienstruktur und die damit verbundene Dissoziation von *oikos* und *Ökonomie* hineinspielen und wie sich das Auseinanderfallen von Herkunftsfamilie und Zeugungsfamilie rechtlich und faktisch vollzieht – all dies bedürfte eingehender Analysen.

[40] Tenbruck: Bürgerliche Kultur; vgl. auch Bausinger: Bürgerlichkeit und Kultur.

sozialen Sachverhalten zuzuordnen, zu kurzschlüssigen Fehldeutungen – zum einen, weil sie den Anspruch dieser Muster auf Generalisierbarkeit nicht zureichend beachten, und zum anderen, weil sie es von vornherein für ausgemacht halten, was in dem Spannungsgefüge von Herrschaft, Wirtschaft und Kultur als dominant anzusehen ist.[41] Wenn ich trotz der Komplexität und Widersprüchlichkeit des 18. Jahrhunderts die neue Konzeption der *Liebesheirat* als *bürgerlich* bezeichne, dann, weil es vor allem für die *Bürgerlichen,* die sich aus den Banden des Herkommens lösten, wichtig war, im Leitbild der *Liebesheirat* ein kommunikatives Medium und ein Empfinden und Handeln modellierendes Orientierungsmuster zu entwickeln, das ihnen einen Lebensentwurf ermöglichte, der nicht von Bedingungen der Tradition, sondern von denen der Subjektivität bestimmt war. So konnten sich über das neue Heiratskonzept Autonomiebestrebungen artikulieren, auch als Akt der Abgrenzung gegen die etablierten Lebensentwürfe.

Wie gesagt: Viele Tendenzen überschneiden sich in regionaler, konfessioneller und ständischer Differenzierung. Vieles wird früher gedacht und später wirkungsmächtig, und dies auch häufig nur im Bereich der legitimierenden Reden und nicht in dem des tatsächlichen Verhaltens.[42] Zwischen dem, was gesagt und gefühlt wird, und dem, was getan wird, klafft gerade im Bereich der *Liebesheirat,* durch die immer auch mehr und anderes als ein exklusives Bündnis zwischen zwei Liebenden geschlossen wird, eine Lücke. Auch wenn Liebe als Heiratsgrund angegeben wurde, spielten doch häufig Kriterien wie Rang und Macht, Besitz und Prestige eine wichtige Rolle, waren die Eltern weiterhin an der Partnerwahl beteiligt und keineswegs bloß stumme Zeugen, die guthießen, was die Kinder aufgrund ihrer Liebe beschlossen hatten. So vertritt z. B. Sophie von LaRoche in ihrem Roman *Das Fräulein von Sternheim* das Programm einer empfindsamen *Liebesheirat,* für das materielle Erwägungen keine Rolle spielen, verhält sich aber als Mutter, die ihre Tochter Maximiliane verheiraten will, durchaus nach Grundsätzen, deren Geltung sie im Roman bekämpft. Die Ehe wird von ihr aufgrund folgender Erwägungen beschlossen:

[41] Zur relativen Autonomie von Herrschaft, Wirtschaft und Kultur siehe Wehler: Deutsche Gesellschaftsgeschichte, Bd. 1, S. 7: „Jeder dieser Bereiche besitzt eine relativ autonome Geltung und Wirkungsmacht, er kann aus den anderen nicht abgeleitet werden, so sehr auch für die Analyse der historischen Wirklichkeit alles auf die Mischungs- und Interdependenzverhältnisse ankommt."

[42] Siehe dazu die Unterscheidung von Wild: Literatur im Prozeß der Zivilisation, der zwischen „dominanten", „residualen" und „progredierenden" Verhaltensstandards unterscheidet, wobei er letztere als solche „Verhaltens- und Bewußtseinsformen" bestimmt, „die sich als neue Äußerungsformen menschlichen Verhaltens, jedoch innerhalb des von den dominanten Standards bestimmten Beziehungsgefügen entwickeln." (S. 82) *Liebesheirat* ist im 18. Jahrhundert zu diesen „progredierenden" Verhaltensstandards zu zählen.

Der Frankfurter Kaufmann Peter Anton Brentano war reicher als der ungetreue erste Bewerber, den Ratstitel hatte er auch – was verschlug es, daß er ein Witwer mit fünf Kindern war, „alle Negoziantenweiber sind glücklich, sagten wir, und gaben unsere Max dem Brentano".[43]

Nicht nur für ihre Tochter macht Sophie von LaRoche die Heiratsmaklerin, sondern auch für Jung-Stilling, dem sie eine Frau aus gutem Haus wärmstens empfiehlt, wobei sie hier allerdings die finanziellen Gesichtspunkte herunterspielt, die sie bei ihrer Tochter für wichtig ansah:

Müssen Sie durchaus eine vermögende Frau haben, oder wäre Ihnen eine meiner Freundinnen recht, die ich Ihnen nun nach der Wahrheit schildern will? – Sie ist sehr tugendhaft, hübsch, und von einer edlen alten gelehrten Familie, und von vortreflichen Eltern. [...] sie ist ungefähr 23 Jahre alt, und hat viele Leiden erduldet; sie ist sehr wohl erzogen, zu allen weiblichen Arbeiten ausnehmend geschickt, eine sehr sparsame Haushälterin, gottesfürchtig und ein Engel für ihre beyden Kinder; sie hat nicht viel Vermögen, wird aber ordentlich ausgestattet usw. Ersetzen Ihnen alle diese Eigenschaften, für deren Wahrheit ich stehe, etliche tausend Gulden, so geben Sie mir darüber Nachricht, ich will sie Ihnen alsdann nennen, und sagen, was Sie zu thun haben usw.[44]

Geld bleibt auch hier der Maßstab – wenn es nicht vorhanden ist, übernehmen Fertigkeiten und Charaktereigenschaften stellvertretend dessen Funktion. Die Frau wird als etwas angepriesen, das seinen Wert aus der Äquivalenz zum Geldbetrag bezieht. So werden Ehen auch weiterhin häufig aufgrund vernünftiger Erwägungen geschlossen, bleiben ökonomische, ständische und gesellschaftliche Rücksichten im Spiel, prüfen immer noch Dritte den Leumund der Auserwählten. Das Geld spielt ebenfalls weiterhin eine zentrale Rolle,[45] wie es z. B. die Heiratsgeschichte zwischen Lessing und Eva König, der ein fünfjähriges Verlöbnis vorausgeht, verdeutlicht; in dieser Zeit versucht Eva König, die nach dem Tod ihres Mannes ungeregelten Besitzverhältnisse in den Griff zu bekommen. Den Briefwechsel zwischen den Verlobten liest der junge Hegel gerade auch im Hinblick auf die finanzielle Misere mit Rührung:

das einzige Hindernis, das sich in den Weg legt, bezieht sich auf den Punkt, der heutzutage am meisten, oft fast allein (hier freilich nicht) in Betracht kommt, nämlich das hinlängliche Auskommen (denn die Liebe ist nimmer so stark, daß man miteinander in Wüsteneien zieht, aller Bequemlichkeiten sich entschlägt und nur von der Liebe lebt), und da jenes Erfordernis noch nicht hinlänglich gesichert war, so wird die Verbindung immer aufgeschoben.[46]

[43] Milch: Sophie LaRoche, S. 129.
[44] Jung-Stilling: Lebensgeschichte, S. 399 f.
[45] Siehe dazu Borscheid: Geld und Liebe.
[46] Hegel: Über Lessings Briefwechsel mit seiner Frau, S. 611.

Trotzdem: Wenn auch das faktische Verhalten den pragmatischen Zwängen nicht entgeht, und wenn auch zwischen den wahren Motiven und den Rechtfertigungsformen des Handelns eine Kluft herrscht, so heißt das nicht, daß das Konzept *Liebesheirat* eine Diskursformation jenseits sozialer Realität bildet, ohne Relevanz für gesellschaftliches Handeln, sondern das heißt nur, daß der Legitimationsrahmen nicht unvermittelt das Handeln und Fühlen prägt. Vermittelt aber haben veränderte Reden über das Heiraten einen Einfluß auf das tatsächliche Verhalten und dessen Motivation – vor allem in der Perspektive eines evolutionären Wandels.

Dieser Prozeß läßt sich mit dem Begriff „la longue durée" beschreiben, den die französische Schule der Annales geprägt hat, um ein mentalitätsgeschichtliches Trägheitsgesetz zu formulieren: „kollektive Überzeugungen, Regeln, Normen, Rituale und Verhaltensdispositionen"[47] verändern sich sehr langsam, neue Leitbilder und Vorstellungskomplexe dringen nur selektiv und nur über lange historische Zeiträume in das Erleben und Handeln von Angehörigen bestimmter Kulturkreise ein. Doch auch wenn im mentalitätsgeschichtlichen Prozeß kaum epochale Umschwünge festzustellen sind, so gibt es doch Veränderungen, die in bestimmten Zeiträumen auf signifikante Weise in den sie begleitenden Texten kenntlich werden. Gerade auf dem bedeutsamen Feld der Eheschließung, an die sich ökonomische und emotionale, soziale und rechtliche Fragen knüpfen, läßt sich feststellen, wie über einen langen Zeitraum, mit merklicher Verdichtung im 18. Jahrhundert, die alten Regelungen des Übergangs von der einen Familie in die andere ihre Überzeugungskraft verlieren – mit Konsequenzen für den Ordnungszusammenhang der Gesellschaft.[48] Denn verschiebt sich die Legitimationsbasis der Ehe, so verändert sich das Verhältnis der neugegründeten Familie zur Verwandtschafts- und Abstammungsgruppe.

[47] Mentalitäten und Lebensverhältnisse, S. 9; zur „Mentalitätsgeschichte als Geschichte der geschichtlichen Langsamkeiten" siehe auch LeGoff: Eine mehrdeutige Geschichte, S. 30.

[48] Lawrence Stone hat, ausgehend vom englischen Adel, eine einlinige Veränderung im Verhältnis von Elternwille und Kinderwunsch bei der Eheschließung konstatiert: „Innerhalb der letzten 1000 Jahre haben die Vorstellungen über die richtige Methode der Ehestiftung vier aufeinanderfolgende Phasen durchlaufen. In der ersten Phase wurde die Heirat von den Eltern mit relativ wenig Rücksicht auf die Wünsche der Kinder arrangiert; in der zweiten bereiteten die Eltern die Heirat immer noch vor, gestanden aber ihren Kindern ein Vetorecht zu; in der dritten trafen die Kinder die Wahl, aber die Eltern behielten ein Vetorecht; in der vierten Phase schließlich, die erst in diesem Jahrhundert erreicht wurde, treffen die Kinder die Auswahl ihrer Ehepartner ganz allein und kümmern sich nur sehr wenig um die Meinung der Eltern." Stone: Heirat und Ehe im englischen Adel des 16. und 17. Jahrhunderts, S. 134f.; eine ähnliche Abfolge konstatiert Schenk: Freie Liebe – wilde Ehe, S. 146f.

Nicht diese bestimmt die Heirat und setzt ihren gesellschaftlichen Status in der neuen Familie fort, sondern die Ehe wird zum Grundstein einer künftigen Familie, mit der jeweils etwas Neues beginnt. Sie führt nicht als Glied einer genealogischen Kette etwas weiter, was Herkommen und Geburt bestimmen, sondern hat den Status eines jeweiligen Neubeginns. So zerreißt die *Liebesheirat* die transsubjektiven Ordnungen einer traditionalen Gesellschaft, indem sie die subjektive Entscheidung, die sich nicht nach externen Bedingungen zu richten hat, zum bestimmenden Kriterium der Eheschließung erhebt. Wenn die Basis der Familie der freiwillige Zusammenschluß zweier Individuen ist, wenn der Zusammenschluß nicht vermittelt wird über Verwandtschaftsbeziehungen, dann löst sich die Familie aus den umgreifenden Kontexten einer gesellschaftlichen Ordnung, als deren kleinster reproduzierender und stabilisierender Teil sie bislang fungierte. Hierin manifestiert sich das traditionszersetzende Moment der neuen Heiratskonzeption.

Zugleich ist dieses neue Modell Reflex eines sozialen Differenzierungsprozesses, den Niklas Luhmann prägnant als Übergang einer primär stratifikatorischen zu einer primär funktionalen Differenzierung beschreibt.[49] Im geschichtlichen Gang einer sich zunehmend funktional differenzierenden Gesellschaft, die unterschiedlichste Aufgabenfelder und Berufszweige für den einzelnen offeriert und dabei handlungsrelevante Wirklichkeitsbereiche, wie Politik, Recht und Wirtschaft voneinander abgrenzt und mit eigenständiger Dynamik und immanenter Logik versieht, werden auch die Personen in unterschiedlicher Weise in ihrem Verhalten, Fühlen und Reden geformt und gefordert. Thomas Luckmann beschreibt diese Tendenz moderner Gesellschaften wie folgt:

> Während in der archaischen Gesellschaft ökonomische, politische, religiöse und verwandtschaftliche Funktionen bloß Aspekte mehr oder minder einheitlicher Handlungsabläufe sind, bilden in der modernen Gesellschaft Wirtschaft, Herrschaft, Religion und Familie Handlungsstrukturen, die als solche besondere Institutionen darstellen. Sie sind *institutionell spezialisiert.* Diese Teilsysteme der Sozialstruktur sind zwar voneinander nicht völlig unabhängig, folgen aber doch im wesentlichen eigenen Normen. Das bedeutet, daß die Handlungsnormen der einzelnen Institutionsbereiche nicht direkt auf die anderen Teilsysteme übertragbar sind.[50]

Wenn aber an die Stelle der geburtsständischen Ordnung, die den einzelnen in überkommene Verhaltensweisen, Glaubensgrundsätze und Werthaltungen einfügt und so zum Teil einer kollektiven Identität macht, an der er aufgrund seiner sozialen Zugehörigkeit partizipiert, die moderne Gesellschaft mit ihrer funktionalen Differenzierung tritt, hat das Folgen für das Identitätsbewußtsein und das

[49] Siehe Luhmann: Gesellschaftsstruktur und Semantik, Bd. 1, S. 25ff.; ders.: Das Problem der Epochenbildung und die Evolutionstheorie.

[50] Luckmann: Persönliche Identität, soziale Rolle und Rollendistanz, S. 305.

Selbstverständnis der Personen.[51] Jetzt bestimmt sich – vornehmlich männliche – Identität über die Zugehörigkeiten zu verschiedenen Wirklichkeitsbereichen; Identität wird pluralisiert: Unterschiedliche Rollenverständnisse und Anforderungsprofile werden dem einzelnen zugewiesen, der in verschiedenen Wirklichkeitsfeldern verschieden agiert. Aus den übergeordneten Traditionszusammenhängen werden die sich autonom dünkenden neuen Bürger in eine Realität entlassen, die ihnen kontingent gegenübersteht und in die sie nur partiell, gemäß der jeweiligen Anforderung, integriert sind. Anders als die Traditionsbürger, deren Wirklichkeiten gesamtgesellschaftlich als Teil einer religiös legitimierten Ordnung hierarchisch so reguliert sind, wie es das Herkommen bestimmt, agieren, fühlen und reden diese auf persönlich zurechenbare Leistung hin orientierten Bürger neuen Typs in Berufsrollen, z. B. als Kaufmann, Hofmeister oder Kanzleischreiber, und sie verhalten sich – so will es die Doktrin der Empfindsamkeit – in der Privatsphäre als ein davon unterschiedener *Mensch*, d. h., genauer betrachtet, nach Rollen des Privaten: z. B. als Ehemann, Vater, Geliebter, Freund. Wie man von anderen gesehen wird und wie man sich selbst sieht, ist nicht mehr zwingend vermittelt über die geburtsständische Abkunft, sondern vielfach gebrochen durch soziale Rollen und private Beziehungen.

Um sich trotz allem mit sich selbst als identisch erfahren zu können, wird im 18. Jahrhundert zunehmend der Privatbereich als Bereich des wahren Menschseins deklariert. Erst jenseits aller gesellschaftlichen Bindungen – so das Postulat – entfalte der Mensch sein wahres Wesen; in den gesellschaftlichen Zusammenhängen dagegen agiere er wirkungsbezogen und verfalle dem Schein. Besonders eindrücklich und mit großer Resonanz vertritt Gellert diese Konzeption der seinshaften Privatexistenz und der scheinhaften Rollenexistenz. Bei ihm ist es nicht mehr die barocke Dichotomie von Diesseits und Jenseits, die das Verhältnis von Sein und Schein strukturiert, sondern private Existenz und öffentliche Selbstpräsentation werden kontrastiert. Um die Ich-Identität in der Kontingenz der Rollen und in der Heterogenität der Wirklichkeitsspektren zu sichern, um Kommunikation zwischen Menschen unterschiedlicher Berufsfelder und unterschiedlicher Herkunftsbereiche zu gewährleisten, wird postuliert, es gebe eine Substanz Mensch, die sich jenseits des gesellschaftlichen Status in der privaten Existenz zeige.

So wächst mit der Differenzierung der Gesellschaft in funktionale Teilsysteme das Bedürfnis nach kommunikativer Selbstverständigung, die von den Bedingungen institutioneller Sprachregelungen nichts wissen will. Der einzelne erfährt sich in Distanz zu den Gesellschafts- und Sozialstrukturen als eine Person, die sich Substantialität in der Privatsphäre zuschreibt, indem sie sich in

[51] Siehe dazu Hahn: Theorien zur Entstehung der europäischen Moderne, S. 185 ff.

Differenz zur funktionalen Existenz bestimmt.[52] Ehe, Familie und Freundschaft werden in diesem Zusammenhang als diejenigen Kommunikationsbereiche hervorgehoben, in denen sich das Individuum seiner selbst, losgelöst von aller ständischen Zugehörigkeit, zu versichern vermag. Gerade in der Privatsphäre „des häuslichen Glückes"

> kömmt das, was wir in Rücksicht auf die größere bürgerliche Gesellschaft sind, und worüber wir so oft das, was wir an und für uns selbst sind, vergessen müssen, in keine Betrachtung; wir legen Titel und Aemter und Würden und erborgte Vorzüge als ein festliches Kleid, das uns eben so oft drücket als schmücket, von uns; treten in einen natürlichern, freyern Zustande zurücke; spielen keine künstliche Rolle, stellen keine uns fremde Person vor; denken, reden und handeln ganz nach unserm eigenthümlichen Charakter, nach unsern jedesmaligen Empfindungen, und sind ganz das und nichts anders, als was wir wirklich sind.[53]

Die gelingenden Beziehungen zum Nächsten sollen die Reduktion des einzelnen zum funktionierenden Rollenträger, seine Integration in abstrakte soziale Systeme im Zuge der gesellschaftlichen Rationalisierung und die damit verbundenen Verluste überkommener Sicherheiten im Handeln, Erleben und Reden kompensieren. Mit der zunehmenden Komplexität gesellschaftlicher Verhältnisse, mit der Steigerung horizontaler und vertikaler Mobilität, mit dem damit einhergehenden Schwinden überkommener Ordnungsgewißheiten wächst das Bedürfnis nach Nähe und Verständigung, nach einer von Vertrauen und Offenheit getragenen Kommunikation, die das leisten soll, was Tradition und Sozialordnung nicht (mehr) zu leisten vermögen: die Entfaltung einer identitätsverbürgenden Gewißheit in der emotional geprägten Beziehung zum anderen, in der man gesteigert sich selbst erlebt. Von daher wird die auf Liebe gegründete Ehe zum Ort der Erfahrung erhoben, bedeutungsvoll zu sein – nicht weil man in vorgegebenen Ordnungen gut funktioniert, sondern weil man losgelöst von aller Funktionalität für den anderen wichtig wird.

Liebesheirat läßt sich vor diesem Hintergrund als Produkt einer veränderten Sozialordnung verstehen, die den einzelnen nicht mehr vollständig integriert, sondern in Differenz zu ihr stellt. Gerade diese Differenz formiert einen Individualismus, der sich durch die Beziehung zum anderen beglaubigt und bekräftigt, nicht weil dieser dem gleichen sozialen Stand zugehört, sondern weil auch er als Einzelperson gesehen wird. Damit er aber als einzelner wahrgenommen werden kann, der sich nicht in Übereinstimmung mit intersubjektiv gültigen Maßstäben definiert, bedarf es einer intimen Nahwelt, die sich in Abgrenzung

[52] Siehe hierzu Habermas: Individuierung durch Vergesellschaftung; Luhmann: Gesellschaftsstruktur und Semantik, Bd. 3, S. 149–258; Orth-Peine: Identitätsbildung im sozialgeschichtlichen Wandel.

[53] Zollikofer: Predigten über die Würde des Menschen, Bd. 2, S. 176.

zur funktionalen Inanspruchnahme definiert. Der einzelne muß „auf der Ebene seines Persönlichkeits*systems*, und das heißt: in der Differenz zu seiner *Umwelt* und in der Art, wie er sie im Unterschied zu anderen handhabt, Bestätigung finden"[54]. Liebe soll diese Bestätigung im zwischenmenschlichen Bezug ermöglichen; sie wird zur Legitimationsbasis der Ehe, die so zum genuinen Ort einer Gemeinsamkeit erhoben wird, in der sich der einzelne über den anderen vermittelt. So definiert Herder in einem Brief an Henriette Susanne Friederike Karoline von Feuchtersleben (4. August 1800) auf die Frage „Was heißt Liebe?":

Es heißt, sich in der Situation, in der Existenz, im Gefühl, im Herzen eines Andern fühlen; sich darinn nicht nur ohne Zwang, sondern mit Lust, in einer froheren, innigern Exsistenz gleichsam unwillkührlich fühlen, im anderen leben.[55]

Auch Lessing betont das Moment der Überschreitung egozentrischer Subjektivität, wenn er ausführt:

Das Wesen der Liebe besteht darin, daß ich das Vergnügen der geliebten Person für das meinige, und mein Vergnügen für das ihrige halte.[56]

Und Hegel definiert ebenfalls unter dem Gesichtspunkt der Selbstüberschreitung:

Liebe heißt überhaupt das Bewußtsein meiner Einheit mit einem anderen, so daß ich für mich nicht isoliert bin, sondern mein Selbstbewußtsein nur als Aufgebung meines Fürsichseins gewinne und durch das Mich-Wissen, als der Einheit meiner mit dem anderen und des anderen mit mir.[57]

Ob Liebe nun als Intensität, Reziprozität oder empathetischer Bezug gefaßt wird, jede Bestimmung bindet sie als Erlösungshoffnung an die moderne Gestalt von Subjektivität und ihre Problematik der Isolation, Egozentrik und Einsamkeit.

Was dabei allerdings im Pathos einer Wesensdefinition gern unterschlagen wird: Liebe mag zwar als zeitvergessendes Gefühl erlebt werden, doch sie ist nicht zeitenthoben. Losgelöst von allen geschichtlichen Bezügen mag sie zwar den Liebenden erscheinen, die in der Unmittelbarkeit sinnlicher Präsenz nur einander wahrnehmen. Aber die Art, in der sie sich wahrnehmen, die Bedeutung, die sie ihren Gefühlen geben, die Bedürfnisse, aus denen heraus sie empfinden, die Ziele, auf die sich ihr Fühlen richtet – all dies gründet in mehr als nur der Seele der jeweils Liebenden. Die Suche nach sinnstiftender Zweisamkeit, die Hoffnung, in der Liebe Einsamkeit, Egozentrik und Isolation zu überwinden,

[54] Luhmann: Liebe als Passion, S. 17.
[55] Herder: Briefe, S. 150.
[56] Lessing: Philosophische Schriften, S. 514.
[57] Hegel: Grundlinien der Philosophie des Rechts, S. 307.

der Wunsch, die eigene Subjektivität im Bezug zum anderen zu entfalten, sich selbst zu fühlen im Fühlen des Gegenüber, im Gespräch den unverstellten Ausdruck des Inneren zu erfahren – all dies verweist auf psycho-, sozial- und mentalitätsgeschichtliche Kontexte, die *Liebe* in jeweils unterschiedlicher Gestalt erscheinen lassen. Über jede anthropologische Konstante hinaus ist sie immer auch eine spezifische Form menschlicher Vergesellschaftung, eingebunden in historisch variable Wertordnungen und Rechtsbindungen. Deshalb spreche ich lieber von *Liebeskonzeption* als von *Liebe* (und wenn ich von *Liebe* spreche, meine ich *Liebeskonzeption*), um deutlich zu machen, daß es mir dabei nicht um die Manifestation eines ahistorischen Gefühls geht, sondern um historischen Veränderungen unterworfene Kulturleistungen einer Formierung des Geschlechtlichen. Diese treten den Gefühlen nicht schlechthin als Zwang entgegen, sie überwältigen sie nicht und modellieren sie nach Mustern, die ihnen fremd sind, sondern das Soziale ist in seiner jeweiligen Spezifik von Anfang an immer schon mit dem Emotiven vermittelt, formt es schon an seinem Ursprungsort. Gefühlt wird nicht unabhängig von den soziokulturellen Instanzen, in denen die Gefühle ihre kommunikative Bezüglichkeit entfalten. So ist *Liebe* immer auch Erzeugnis verschiedener diskursiver Eingriffe, die bestimmte Seiten an ihr hervorheben, andere negieren, negative oder positive Bewertungen vornehmen und so erst produzieren, was sie im Reden als ihren Gegenstand voraussetzen. Zwar tut die Rede, als gäbe es ein spezifisches Gefühl unabhängig von ihr, doch ist erst sie es, die die Spezifik des Gefühls erzeugt.

Literarische Texte haben in diesem Zusammenhang einen doppelten Stellenwert. Sie bringen nicht nur zum Ausdruck, was an Gefühlsdispositionen auf seine Artikulation harrt, sondern sie prägen auch die Art und Weise, in der Gefühle kommunizierbar werden, d. h., sie entscheiden über die intersubjektive Form des Gefühls, indem sie es vermitteln. Literatur modelliert gerade in hochindividualisierten Intimbeziehungen das Erleben von Subjekten, die nicht mehr vorgängig durch externe Merkmale ihrer sozialen Zugehörigkeit bestimmt sind. So auf sich allein gestellt, bedürfen die Liebenden, die sich nicht über soziale Beziehungen vermitteln, eines Kommunikationsmediums, das die Einzigartigkeit ihrer Empfindungen als geteilte Einzigartigkeit zu artikulieren erlaubt. Literatur gewinnt bei diesem paradoxen Versuch, das Inkommensurable kommunikabel zu machen, eine wichtige Funktion, indem sie die Individualität der Liebenden mediatisiert. Sie stiftet intime Intersubjektivität dadurch, daß sie eine Sprache modelliert, die ihrerseits die Gemeinsamkeit des Empfindens modelliert und damit erfahrbar macht. Dieser Diskurs bezieht seine Unwiderstehlichkeit aus dem Versprechen, daß das Innere der Gefühle sich entäußere, das Geheimnis der Seele kommunizierbar werde. Und mehr noch: Die Gefühle finden nicht nur zur Sprache der Poesie, sondern diese formt die Gefühle. Gefühlt wird im Empfindungsraum, den die Literatur entfaltet – in glückhafter Übereinstimmung, wenn z. B. Werther durch das Signalwort „Klopstock" das poetische Gewitter der *Frühlingsfeier* mit dem realen Gewitter der äußeren Situation zum Gleichklang des Gefühls verbindet,[58] oder in tragischer Verzweiflung, wenn er ein letztes Mal Lotte besucht und ihr aus seiner Ossian-Übertragung vorliest: „Die Bewegung beyder war fürchterlich. Sie fühlten ihr eigenes Elend in dem Schicksale der Edlen, fühlten es zusammen und ihre Thränen vereinigten sie."[59] Gerade im Bereich einer Liebe zwischen Individuen, die sich in ihrer Unvergleichlichkeit wahrnehmen, deren Empfindungen nicht den intersubjektiv zugänglichen Eigenschaften der Personen in ihrer äußeren Erscheinung und ihrer sozialen Stellung gelten, entfaltet Literatur Sprachwelten zur kommunikativen Sicherung eines emotionellen Konsenses; und zugleich treibt die paradoxe Semantik einer Liebe, die individuell sein will und nicht sein kann, die Diskurse voran, hält die Liebenden in ständigem verbalen Aufbruch zueinander.[60] Diesen Sprachbezug der Liebe thematisiert Niklas Luhmann in seinem Buch *Liebe als Passion;* er stellt heraus, daß das

> Medium Liebe selbst kein Gefühl [ist], sondern ein Kommunikationscode, nach dessen Regeln man Gefühle ausdrücken, bilden, simulieren, anderen unterstellen, leugnen [kann]. [Sie ist ein] Verhaltensmodell [...], das gespielt werden kann, das einem vor Augen steht, bevor man sich einschifft, um Liebe zu suchen; das also als Orientierung und als Wissen um die Tragweite verfügbar ist, bevor man den Partner findet, und das auch das Fehlen eines Partners spürbar macht, ja zum Schicksal werden läßt.[61]

Nach Luhmann stellt sich also der Zusammenhang von Gefühl und Gefühlsausdruck nicht als ein Folgeverhältnis dar, als sei das Gefühl das Primäre und der Ausdruck nur sein verbales Transportmittel, sondern als ein Produktionsverhältnis: Der vorhandene Diskurs der Liebe prägt die Erwartungen, die Verhaltensweisen, die normativen Orientierungen und auch die Art des Fühlens, so daß das Gefühl keineswegs primär im Subjekt gründet. Dieses ist eher modifizierendes Medium einer etablierten Gefühlssemantik, an der es partizipiert, indem es – teils mit Hilfe literarischer Vorbilder – ihr eine subjektive Färbung zu verleihen versucht, um so zugleich den Ausdruck von Individualität und Intersubjektivität zu erreichen.

58 Siehe dazu Goethe: Die Leiden des jungen Werthers, S. 53; Alewyn: „Klopstock!".

59 Goethe: Die Leiden des jungen Werthers, S. 245.

60 Generell zum Problem, „daß die Ausdifferenzierung von Individualität mit Hilfe der Kunst und Literatur vonstatten ging", siehe Jäger: Freundschaft, Liebe und Literatur von der Empfindsamkeit bis zur Romantik, S. 70.

61 Luhmann: Liebe als Passion, S. 23; an einer Fülle einzelner Sprachszenen entfaltet den Sprachbezug der Liebe Barthes: Fragmente einer Sprache der Liebe.

Gerade auch in den Inszenierungen von Authentizität bleibt die Gefühlssemantik an den gesellschaftlich-historischen Raum gebunden. Es soll zwar scheinen, als ob hier alles wie von alleine geschieht, als ob die Gefühle sich spontan äußern, das Innere sich unwiderstehlich im Reden und Handeln Bahn bricht. Doch gerade hier, wo man sich selbst in seiner Individualität artikulieren will, wo man sich vorbehaltlos zu öffnen glaubt, wo man in der Beschwörung einer einzigartigen Liebe alle Klugheitsregeln mißachtet, werden Regeln befolgt – und seien es die Regeln der Regelüberschreitung. Dabei führt dieses Konzept der Authentizität ein besonderes Risiko des Scheiterns mit sich, da Verstehen und Verständigung nicht mehr durch die vorgängige Intersubjektivität gültiger Normen, etablierter Verhaltensstandards und kodifizierter Redeformen gesichert ist. Wie muß ich reden, daß Liebe signalisiert wird, wie darf ich fühlen, daß Zweisamkeit entsteht, wie soll ich handeln, um die Übereinstimmung der Affekte zu erzeugen? All diese Fragen werden von historisch sich wandelnden Liebeskonzepten reflektiert, die nicht primär Gefühle, sondern Weisen der Gefühlsartikulation zum Thema haben. Liebe ist von daher vor allem ein

> symbolischer Code, der darüber informiert, wie man in Fällen, wo dies eher unwahrscheinlich ist, dennoch erfolgreich kommunizieren kann. Der Code ermutigt, entsprechende Gefühle zu bilden. Ohne ihn würden die meisten [...] gar nicht zu solchen Gefühlen finden.[62]

Insbesondere die verschiedenen Formen der Rede, die unter dem Vorzeichen der *Liebesheirat* das Verhältnis von Liebe und Ehe zu regeln suchen, thematisieren Liebe auf spezifische Weise – und zwar mit einem Nachdruck und einer Intensität, die das enorme Bedürfnis nach Selbstverständigung gerade im Feld der Heirat offensichtlich werden lassen. Das kommt nicht von ungefähr. Denn die mit dem Konzept der *Liebesheirat* proklamierte Negation der Herkunft und der damit verbundene Wegfall familialer Sicherungsinstanzen legt die Entscheidung in die Hand des einzelnen, der die volle Verantwortung für das zu übernehmen hat, was sein Glück begründen soll – für die Harmonie einer Ehe, die nicht von außen, sondern von innen garantiert werden soll.[63]

Dies steigert das Bedürfnis nach Selbstverständigung einmal mehr: Wie er-

[62] Luhmann: Liebe als Passion, S. 9.

[63] Wie sehr die Heirat als schicksalsbestimmender Akt angesehen wird, demonstriert z. B. der Roman von Hermes: Sophiens Reise von Memel nach Sachsen, in dem die Heldin sich über viele hundert Seiten in endlosen Reflexionen verliert, ob sie den adligen Baron Less*** oder den bürgerlichen Schiffskapitän Puff van Vlieten heiraten soll; zu Einzelheiten siehe Voßkamp: Erzählte Subjektivität, S. 346 f.; aus der Perspektive des Mannes spielt der Roman von Wezel *Eine Ehestandsgeschichte* die Erfahrungen eines Ehepartners durch, der erst in der sechsten Ehe die anpassungsfähige, sparsame und gutwillige Hausfrau gefunden hat, die ihm zuträglich erscheint.

fahre ich die richtige Liebe, wie kann ich erkennen, ob der andere mich tatsächlich liebt und welche Art von Liebe das Glück der Ehe garantiert? All diese Fragen werden immer wieder und mit Nachdruck im einschlägigen Schrifttum der Zeit thematisiert und über unterschiedliche Modelle der Liebe aufgefangen, die Kriterien für die Einschätzung des Ich, des Anderen und der geteilten Situationen an die Hand geben sollen.

Die im folgenden skizzierte Abfolge von drei Liebeskonzepten: *vernünftige Liebe, zärtliche Liebe, romantische Liebe* ist mehr eine Rekonstruktion unter der Perspektive gedanklicher Systematisierung als die genaue Nachzeichnung einer historischen Entwicklung. Alle drei Liebeskonzepte haben in der *Heirat* ihr argumentatives Zentrum. Die einzelnen sprachlichen Zeugnisse betrachte ich dabei als Quellen, die nicht in ihrer Singularität interessieren, sondern in ihrer Verweisfunktion für den umgreifenden kulturhistorischen Zusammenhang, der sich in ihnen manifestiert und durch sie mitkonstituiert. Es geht mir um die Darstellung einer geschichtlichen Wirklichkeit, die ihren Ort nicht im Faktischen des Gegebenen, sondern im Diskursiven des Formulierten hat. Es geht um die Erfassung der ideologischen Leitbilder innerhalb des Konzepts der *Liebesheirat* als den generalisierten Anweisungen zum richtigen Fühlen und Handeln, die die Wirklichkeit der Eheschließung mit ihren emotionalen und institutionellen Komponenten symbolisch verschlüsseln.

2.

„Vernünftige Liebe ist eine solche Neigung, wobey man auf seine Umstände, auf seine Pflichten, auf die Gesetze der Religion und der Tugend sieht." (Der Freymäurer)

Zum Konzept der *vernünftigen Liebe*

Schon in Traktaten der frühen Neuzeit findet sich das Postulat, daß die Ehe nicht nur ein Mittel zu den Zwecken der Zeugung, Lebenssicherung und Rangbewahrung sei, sondern auch einen Wert in sich selbst habe. Doch mit entschiedenem Nachdruck wird dies erst gegen Ende des 17. Jahrhunderts vertreten, als der Versuch unternommen wird, die Ehe weitgehend aus den ökonomischen und gesellschaftlichen Bedingtheiten herauszunehmen und ihr mit der Betonung von Zuneigung, Loyalität und wechselseitiger Unterstützung ein gewisses Maß an Eigenständigkeit zu verleihen. So unterstreichen nicht erst puritanische Traktate des 17. Jahrhunderts die Bedeutung emotionaler Zuneigung für eine glückliche Ehe,[64] und auch Daniel Defoe ist keineswegs originell, wenn er in seiner 1727 entstandenen Schrift über das eheliche Leben, die auch in deutscher Übersetzung mehrere Auflagen erlebte (*A Treatise Concerning the Use and Abuse of the Marriage Bed)* herausstellt, daß die Ehe von wechselseitiger Liebe getragen sein müsse; nur so könnten die Eheleute ihren Pflichten angemessen nachkommen. Auch in vielen staatswissenschaftlichen Schriften des 18. Jahrhunderts wird gefordert, die Ehe der Entscheidung der Brautleute zu überlassen; nur für den Extremfall sei den Eltern ein Vetorecht einzuräumen. Verständnis, Liebe, Zuneigung: diese subjektiven und emotionalen Merkmale werden zum Legitimationsgrund der Ehe gemacht; ökonomische, rechtliche und ständische Aspekte werden abgewertet.[65] Was theoretische Schriften im Sinne des Naturrechts und des Vertragsdenkens entwickeln, wird seit Mitte der 20er Jahre des 18. Jahrhun-

64 Siehe Schücking: Die puritanische Familie in literar-soziologischer Sicht.

65 Siehe z. B. Justi: „im Ehestande [kommt] so viel auf die eigne Wahl und die gegenseitige Zuneigung an." (Die Grundfeste zu der Macht und Glückseeligkeit der Staaten, Bd. 1, S. 222, Anm.; siehe auch Bd. 2, S. 214f.) Justis Ziel bleibt dabei allerdings die Förderung der Gesamtökonomie; das Gefallen am Ehepartner ist relevant, sofern es der Vermehrung der Bevölkerung dient; siehe auch Ladendorf: Die Familie unter dem Patronat des Deus-ex- machina, S. 98.

derts von den Moralischen Wochenschriften popularisiert.[66] In Bild und Gegenbild malen sie das Glück einer Ehe aus, die auf Zuneigung gründet und in der Tugend des Partners ihren ideologischen Kern hat.

In seiner Moralischen Wochenschrift *Der Biedermann* schildert z. B. Gottsched mit Sophroniscus und Euphrosyne ein frühaufklärerisches Idealpaar. Euphrosyne – gebildet und gesittet, frei von allen Leidenschaften – verkörpert den für ihren Mann entscheidenden Wert der Tugendhaftigkeit. Dieser allein – und nicht ökonomische, ständische oder gar individuelle Faktoren – bildet das Fundament ihrer Ehe. Doch anders als Geld und Rang, die objektiv festgestellt werden können, ist die Tugendhaftigkeit des Partners nicht ohne weiteres zugänglich. Um sie zweifelsfrei ermitteln zu können, hat dem Ja-Wort eine lange und intensive Prüfung vorauszugehen, die die Übereinstimmung des Charakters der/des Geliebten mit dem transsubjektiven Tugendsystem feststellt und die Ehe davor bewahrt, „nicht nach Wunsche aus[zu]schlagen"[67]. Gottscheds Konzept der *vernünftigen Liebe* entspricht einer Moral, die affektbezogenes Verhalten unter den Vorbehalt der Vernunft stellt. So plädiert die Moralische Wochenschrift *Der Freymäurer* für

> eine solche Neigung, wobey man auf seine Umstände, auf seine Pflichten, auf die Gesetze der Religion und der Tugend sieht, wenn man bereitwillig ist, sich an jemandes Vollkommenheiten zu vergnügen. Bey einer solchen Liebe werden alle die Unordnungen wegfallen, die man sonst dieser Gemüthsbeschaffenheit zueignet. Da wird man nicht in die Thorheiten der so genannten Verliebten gerathen; da wird man nicht das Seinige verabsäumen; da wird man keine Ausschweifung begehen.[68]

Nach dem Konzept der *vernünftigen Liebe*[69] erwächst die Neigung nahezu zwangsläufig aus der Einsicht in die Tugendhaftigkeit des Partners. Nicht personale, sondern moralische Kriterien bestimmen die Wahl; nicht Individualität, sondern Adäquatheit zählt. In formaler Hinsicht entspricht das den überkommenen Heiratsregeln; doch der inhaltliche Unterschied ist eklatant. Denn an die Stelle der gesellschaftlichen Kriterien von Stand und Besitz treten die moralischen von *Vernunft* und *Tugend*, über die nicht mehr die Eltern, sondern die Heiratskandidaten selbst zu befinden haben. Zwar setzt sich dabei die männliche Suprematie fort, denn die Frau bleibt Objekt männlicher Einschätzung, sie wird aber immerhin als Person ernstgenommen – in den Grenzen, in die die Rolle der Ehefrau eingepaßt ist. So heißt es im *Zedler*:

[66] Zum weltanschaulichen Gehalt der Moralischen Wochenschriften generell siehe Martens: Die Botschaft der Tugend.

[67] Gottsched: Der Biedermann, Teil 2, S. 25.

[68] Zitiert nach Martens: Die Botschaft der Tugend, S. 244 f.

[69] Zum Konzept der *vernünftigen Liebe*, wie es in der Frühaufklärung entfaltet wird, siehe Kluckhohn: Die Auffassung der Liebe in der Literatur des 18. Jahrhunderts und in der deutschen Romantik, S. 140 ff.

Soll ein Haus-Wesen wohl bestehen, so müssen die Häupter derselben einig und die besten Freunde seyn. Der Ehestand ist also einer derer allergenauesten Freundschafften, welche in der Welt angetroffen werden. Da nun bekannt, daß nur eine wahre Vernunfft gute Freundschaft stifftet, und daß nicht alle Gemüther wegen ihrer verschiedenen und gantz widerwärtigen Neigungen geschickt seyn, gerne und willig eine feste und vertraute Freundschafft unter einander zu stifften: so hat man gleichfalls auf dieses bey einer Ehegattin Achtung zu geben. Man muß Vernunfft suchen: worunter wir aber keinesweges Gelehrsamkeit und hohe Wissenschafften verstehen. [...] Die gelehrten Weiber gehen aus ihrem Circel heraus, und mischen sich in diejenigen Dinge, welche vor die Männer gehören, deßwegen sind sie mehr vor Männer zu achten, und also nicht fähig zu denenjenigen Dingen, wozu man sonst kluge Weiber im Ehestande zu gebrauchen pflegt. Die Gemüths-Neigungen unsrer Frauen muß der unsrigen nicht zuwider seyn. Wir müssen die gröste Vertraulichkeit mit derselben eingehen, und deswegen müssen beyde Theile willig und ohne Zwang suchen einander gefällig zu werden.[70]

Wenn im *Zedler* den Frauen bestimmte Aufgaben zugewiesen werden, wenn ihnen zugleich der Weg in die Gelehrsamkeit verboten wird, so leitet sich dies noch nicht aus hypostasierten Geschlechtscharakteren her. Diese tauchen als bestimmende Leitbilder erst gegen Ende des Jahrhunderts auf.[71] Noch geht es um spezifische Aufgabenfelder, von denen her die Rollenkonzepte von Mann und Frau bestimmt werden. Grundsätzlich – so wird z. B. eingeräumt – könnten sich auch Frauen der Gelehrsamkeit widmen. Gottsched etwa experimentiert in seiner Zeitschrift *Die vernünftigen Tadlerinnen* mit dem Gedanken einer Universität von Frauen für Frauen, von weiblichen Professoren und weiblichen Studenten.[72] Wenngleich er diesen Gedanken einer weiblichen Emanzipation mit Blick auf die realen gesellschaftlichen Zustände verwirft und in einer negativen

[70] Zedler: Art.: Ehestand, Ehe, Sp. 372.

[71] Siehe dazu insbes. Hausen: Die Polarisierung der „Geschlechtscharaktere".

[72] Siehe das 7. Stück, Jahr 1725, der *Vernünftigen Tadlerinnen*, in dem Gottsched einen Geschlechtertausch im Hinblick auf Aufgabenfelder vornimmt, die zu seiner Zeit allein dem Mann vorbehalten waren. Dort heißt es zur Universität: „Am allerbesten gefiel mir die Betrachtung einer Weiblichen Hohen Schule. Denn meinem Bedüncken nach waren alle Professor-Stellen mit Weibes-Personen besetzt. Die Jungfern zogen hauffenweise aus einer Stunde in die andere [...]. Es fanden sich Spaltungen unter ihnen. Der eine Theil hielte es mit dieser, der andere mit jener Lehrerin. [...] Man hielte öffentliche Unterredungen von gelehrten Materien, die in kleinen gedruckten Schrifften vorher waren bekant gemacht worden. Und mich dünckt, daß es weit lebhafftiger und eifriger, als itzo bey denen Männern zugieng. Man zanckte sich zum Exempel: ob die Vernunfft-Lehre eine Kunst oder eine Wissenschafft sey? Ob man mit dem Aristoteles dreyerley, oder mit dem Galenus viererley Arten von Schlüssen zugeben solte? Oder ob man den gantzen Plunder mit einem mahle wegwerffen könne? Ja es fand sich auch eine spitzfündige, die, aus einer sonderbahren Begierde neue Wahrheiten zu erfinden, die Frage aufwarff: Ob es denn eine so gantz ausgemachte Sache sey, daß die Manns-Personen Menschen wären?" Gottsched: Die Vernünftigen Tadlerinnen, Teil 1, S. 50 f.

Traumvision enden läßt, so birgt doch das von ihm propagierte Ehemodell ein emanzipatives Moment. Es manifestiert sich in der Vorstellung von der Ehe als einer Vertragsgemeinschaft, die zwei mündige Subjekte kraft eigener Entscheidung schließen, weil sie gemeinsam etwas wollen. Bei Gottsched, der sich mit seinen Gedanken in eine breite Phalanx ähnlicher Überlegungen einreiht, heißt es: „Da alle Gesellschaften Verträge sind [...]: so ist auch der Ehestand nur ein Vertrag."[73] Diese Auffassung gehört zum Allgemeingut aufklärerischen Denkens. Von Wolff über Justi bis Kant wird der Charakter der Ehe nach Mittel-Zweck-Relationen modelliert. Noch am Ende des 18. Jahrhunderts hat dieser Gedanke nichts von seiner Überzeugungskraft verloren:

> Die Ehe ist ein Vertrag zwischen Personen beiderlei Geschlechtes, um zusammen in der engsten Verbindung zu leben [...] jeder darf bei seiner Heirat Bedingungen eingehen, welche er will, er darf die Ehe auf so lange als er will schließen und sie mit Einwilligung des andern Teiles auch vor der Zeit aufheben.[74]

Die Auffassung, Ehe sei Bestandteil des Gesellschaftsvertrages, bedeutet ihre Säkularisation; dabei werden nicht allein Zeugung und Erziehung der Kinder zu zentralen Inhalten der Ehe erhoben, sondern zunehmend wird ihr Selbstzweck betont. Für Christian Wolff liegt „die Absicht des Ehestandes" noch allein in der „Erzeugung und Erziehung der Kinder"; die gemeinsame Sorge der Ehegatten um ihr wechselseitiges Glück ist dagegen kein besonderer Zweck der Ehe, sondern obliegt dem einzelnen als Mitglied der menschlichen Gesellschaft überhaupt.[75] Wenig später hingegen betont Gottsched den Eigenwert der Ehe für die Eheleute. In seiner auf Wolffs Ethik aufbauenden und sie popularisierenden praktischen Philosophie aus dem Jahre 1734 definiert er die Ehe wie folgt:

> Die eheliche Gesellschaft, oder *der Ehestand, ist eine einfache Gesellschaft, zwischen Mann und Weib, die zu Erzeugung und Erziehung der Kinder, und Beförderung der gemeinschaftlichen Glückseligkeit geschlossen wird.*[76]

Dabei gilt es, folgende Gesichtspunkte bei der Wahl des Ehepartners zu berücksichtigen:

> Zur *Erzeugung* der Kinder gehören gesunde, und von Natur dazu tüchtige Leute; die auch weder zu jung, noch zu alt sind. Zur guten *Erziehung* gehören theils verständige

[73] Gottsched: Erste Gründe der gesammten Weltweisheit, Praktischer Theil, § 318, S. 235.

[74] Pörschke: Vorbereitung zu einem popularen Naturrechte, Königsberg 1795, S. 230f., zitiert nach Schwab: Art.: Familie, S. 281.

[75] Vgl. Wolff: Vernünfftige Gedancken von dem gesellschafftlichen Leben der Menschen, §§ 16, 43, 52; S. 10, 33, 39f.

[76] Gottsched: Erste Gründe der gesammten Weltweisheit, Praktischer Theil, § 318, S. 235.

und tugendhafte Personen; theils solche, die allen dazu nöthigen Vorschub thun können. Zur *gemeinschaftlichen Glückseligkeit* aber gehören Leute, die einander lieben, und zu einer wahren und beständigen Freundschaft geschickt sind. Ein jeder sieht hieraus, was er sich für eine Gattinn, oder für einen Gatten zu erwählen habe.[77]

Ökonomische und ständische Kriterien rücken zugunsten körperlicher und moralischer in den Hintergrund. Liebe wird zum zentralen Bestimmungsmerkmal der Ehe erhoben und soll, ist sie moralisch qualifiziert, die Intention auf Heirat enthalten, wird dadurch also zirkulär an die Ehe zurückgebunden.

Ist aber die Liebe nicht auf den Ehestand gerichtet: so ist sie nicht vergönnt. Die Regeln des Christenthums, und der Vernunft sind ihr zuwider: folglich muß alles was aus ihr entstehet, lasterhaft und thöricht seyn.[78]

Zwar wird für eine Heirat die Fähigkeit zur materiellen Absicherung vorausgesetzt: Gottsched erklärt alle diejenigen, die „so arm sind, daß sie nach ihrem Stande ihre Kinder nicht erziehen könnten"[79], für nicht ehefähig. Doch dient das Vermögen weder der Besitzstandsmehrung noch als Mittel, um den gesellschaftlichen Rang nach außen zu repräsentieren; eherelevant sind die ökonomischen Mittel nur um der Kindererziehung willen:

Das heißt, Aeltern müssen 1) auf ein Vermögen denken, davon sie die Unkosten der Kinderzucht bestreiten können; [...] Hieraus erhellet nun, daß man im Heurathen allerdings, auch auf den Verdienst, oder auf das Vermögen derjenigen Person zu sehen habe, die man erwählen will.[80]

Mit der Akzentuierung der Ehe als Vertragsverhältnis, verbunden mit dem Glücksanspruch des einzelnen, den die Eheleute wechselseitig einlösen sollen, rücken die Eigenschaften der Kandidaten als Heiratsgrund zunehmend in den Blick. So betont Gottsched entschieden, daß bei der Wahl des Ehepartners weder „nur auf Familien, oder auf Schönheit, oder auf das bloße Vermögen, oder auf den Stand und Rang"[81] geachtet werden darf. Ganz wesentlich komme es auf die Übereinstimmung der Gemüter an. Erst sie garantiere, daß der Ehezweck, der über Kinderzeugung und -erziehung hinausgeht und auf die „Beförderung der gemeinschaftlichen Glückseligkeit" zielt, erreicht werde.[82] Diese Auffassung, die im 18. Jahrhundert immer wieder artikuliert wird,[83] findet dann auch

[77] Ebd., § 715, S. 447.

[78] Gottsched: Die Vernünftigen Tadlerinnen, Teil 1, 45. Stück, S. 359; siehe auch Bovenschen: Die imaginierte Weiblichkeit, S. 147.

[79] Gottsched: Erste Gründe der gesammten Weltweisheit, Praktischer Theil, § 319, S. 236.

[80] Ebd., § 723, S. 451 f.

[81] Ebd., § 716, S. 448.

[82] Ebd., § 318, S. 235; s. a. § 715, S. 447.

[83] Siehe z. B. Hippel: Ueber die Ehe, S. 71, der die mehrfache Zwecksetzung der Ehe

Eingang in die herrschende Gesetzgebung. So heißt es im *Allgemeinen Landrecht für die Preußischen Staaten*: „Der Hauptzweck der Ehe ist die Erzeugung und Erziehung der Kinder." Im § 2 wird dann eingeräumt: „Auch zur wechselseitigen Unterstützung allein kann eine gültige Ehe geschlossen werden."[84] Das Vertragsmodell stellt die Ehe in die Verfügungsgewalt des einzelnen; Scheidungen sind aufgrund dieses individualistischen Ansatzes bei „unüberwindlicher Abneigung" möglich.[85]

Den Gleichheitsimplikaten entspricht freilich keine egalitäre Wirklichkeit. Die gesetzlichen Regelungen enthalten weiterhin viele Einschränkungen, die auf der Grundlage ausgefeilter Ebenbürtigkeitsregeln die Programmatik der Vertragsfreiheit mit den Bedingungen der ständischen Gesellschaft vermitteln. So durften zwar männliche Adlige Töchter aus höherem Bürgerstande heiraten, dies aber nur als Ausnahme von einer Regel, die die Ehe zwischen Mitgliedern unterschiedlicher Stände im Prinzip verbot. Bereits geschlossene standesungleiche Ehen wurden für nichtig erklärt, eine nicht nur im Preußen des späten 18. Jahrhunderts festzustellende Verschärfung gegenüber der früheren Praxis, die solche Ehen nur mit der Einschränkung versah, daß die Kinder dem Stand der nicht-adligen Mutter zu folgen hatten.[86] Dennoch rückten auch Rechtsvorschriften die freie Partnerwahl immer nachdrücklicher in den Vordergrund – eine Tendenz, die im Klagerecht der Heiratswilligen gegen die Eltern gipfelte.[87]

Daß das Konzept der *vernünftigen Liebe* das ganze 18. Jahrhundert hindurch wirksam blieb, nicht nur in der Rechtsprechung, sondern auch in der Literatur, mag ein Blick auf *Wilhelm Meisters Lehrjahre* illustrieren. Dort nimmt der adlige Lothario nach allerlei Mißverständnissen und nach lebhafter Jugend die haushälterisch-praktische Bürgerin Therese zur Frau, nicht weil er sie leidenschaftlich liebt, sondern weil sie ihm in all ihrer Tüchtigkeit besonders fähig erscheint, ihn in seinem breit angelegten Reformvorhaben zu unterstützen. So sind für ihn – wie es das Vertragsmodell einer auf *vernünftiger Liebe* gründenden Ehe vorsieht – nicht mehr Rang- und Statusfragen entscheidende Gesichtspunkte bei der Wahl der Ehepartnerin; er berücksichtigt in seiner Heirat nicht die gesellschaftlichen Hierarchien der Ständegesellschaft, sondern geht vielmehr eine Mesalliance ein. Der Grund ist nun gerade nicht die Unbedingt-

herausstellt und dabei ebenfalls betont: „der Endzweck der Ehe scheint mir *wechselseitige Unterstützung* zu seyn."

[84] ALR, Teil 2, Tit. 1, § 1 f., S. 345.

[85] Ebd., § 718a, S. 368.

[86] Siehe dazu Koselleck: Preußen zwischen Reform und Revolution, S. 105 f.

[87] Zur umstrittenen Rolle des Klagerechts der Kinder im *Allgemeinen Preußischen Landrecht* siehe Reif: Westfälischer Adel 1770–1860, S. 573, Anm. 58; dort weitere Literatur.

heit der Gefühle, die sich über jedes ständische Ordnungsgebot hinwegsetzen, sondern es verhält sich umgekehrt: Die Ehe ist für Lothario eine Disziplinierungsform, die Erotik und Sexualität durch häusliche Anstelligkeit ersetzt. In Lothario und Therese reflektiert sich die bürgerliche Eheauffassung, nach der es nicht die Aufgabe der Frau ist, im Kreis der Gesellschaft zu repräsentieren, sondern, das „Regiment des Hauses"[88] zu führen, während der Mann sich um die äußeren Angelegenheiten zu kümmern habe. Diese geschlechtsspezifische Rollenverteilung zwischen Mann und Frau preist Lothario als Manifestation der wahren Würde und Erfüllung weiblicher Existenz – im Kontrast zum entfremdeten Leben des Mannes:

Wenn der Mann sich mit äußern Verhältnissen quält, wenn er die Besitztümer herbei schaffen und beschützen muß, wenn er sogar an der Staatsverwaltung Anteil nimmt, überall von Umständen abhängt, und, ich möchte sagen, nichts regiert, indem er zu regieren glaubt, immer nur politisch sein muß, wo er gern vernünftig wäre, versteckt, wo er offen, falsch, wo er redlich zu sein wünschte, wenn er um des Zieles willen, das er nie erreicht, das schönste Ziel, die Harmonie mit sich selbst, in jedem Augenblicke aufgeben muß, indessen herrscht eine vernünftige Hausfrau im Innern wirklich, und macht einer ganzen Familie jede Tätigkeit, jede Zufriedenheit möglich.[89]

Wenn Lothario mit eindeutiger Wertung die öffentliche Existenz des Mannes gegen die private der Frau stellt, nicht unähnlich den bekannten Versen in Schillers *Lied von der Glocke*, so ist doch – bei aller ideologischen Konformität – die von Lothario vertretene Eheauffassung keineswegs das Spiegelbild zeitgenössischer Wirklichkeit. Nicht von ungefähr schreibt Schiller am 5. Juli 1796 an Goethe über die drei „Mißheurathen" am Ende des Romans, daß sie „schwerlich allgemein gebilliget" würden:

Es ist übrigens sehr schön, daß Sie, bey aller gebührenden Achtung für gewiße äußere positive Formen, sobald es auf etwas rein menschliches ankommt, Geburt und Stand in ihre völlige Nullität zurückweisen und zwar, wie billig, ohne auch nur ein Wort darüber zu verlieren. Aber was ich für eine offenbare Schönheit halte, werden Sie schwerlich allgemein gebilliget sehen. Manchem wird es wunderbar vorkommen, daß ein Roman, der so gar nichts *„sanscülottisches"* hat, vielmehr an manchen Stellen der Aristokratie das Wort zu reden scheint, mit drey Heurathen endigt, die alle drey Mißheurathen sind. Da ich an der Entwicklung selbst nichts anders wünsche als es ist, und doch den wahren Geist des Werkes auch in Kleinigkeiten und Zufälligkeiten nicht gerne verkannt sehe, so gebe ich Ihnen zu bedenken, ob der falschen Beurtheilung nicht noch durch ein paar Worte „in Lotharios Munde" zu begegnen wäre. Ich sage in Lotharios Munde, denn dieser ist der aristokratischste Charakter, Er findet bey den Lesern aus seiner Klasse am meisten Glauben, bey ihm fällt die Mésalliance auch am stärksten auf.[90]

[88] Goethe: Wilhelm Meisters Lehrjahre, VII/6, S. 829.
[89] Ebd.
[90] Schiller: Briefe 1795–1796, S. 247.

Goethe hat auf Schillers Einwände reagiert. Sowohl Therese, die gegen den standesethischen Begriff der Mißheirat einen lebenspraktischen stellt,[91] als auch Lothario thematisieren die Gründe für ihre Eheschließung und plädieren explizit dafür, die Heirat zu einer persönlichen Entscheidung zu machen, die nicht von ständischen Rücksichten bestimmt sein dürfe:

Wie viel glücklicher wären Männer und Frauen, wenn sie mit freien Augen umher sehen, und bald ein würdiges Mädchen, bald einen trefflichen Jüngling, ohne andere Rücksichten, durch ihre Wahl erheben könnten. Der Staat würde mehr, vielleicht bessere Bürger haben, und nicht so oft um Köpfe und Hände verlegen sein.[92]

Lotharios Postulat der freien Partnerwahl, gestützt von einer postulierten Koinzidenz von persönlichem Glück und staatlichem Wohl, ist in sozialgeschichtlicher Perspektive durchaus utopisch. Denn die Heirat eines Adligen mit einer Frau, die nicht von Stand ist, hätte im Deutschland des ausgehenden 18. Jahrhunderts zur gesellschaftlichen Diskriminierung geführt. Die ständeüberschreitenden Beziehungen des Romans bilden keineswegs die gesellschaftliche Realität ab, sondern sind nach den ideologischen Sinnvorgaben modelliert, die das Konzept der *vernünftigen Liebe* anbietet.

91 Goethe: Wilhelm Meisters Lehrjahre, VII/6, S. 839.
92 Ebd., VIII/2, S. 887.

3.

„Die zärtliche Liebe richtet ihre Empfindungen nicht nach der Sinnlichkeit, sondern nach der Sittlichkeit ein." (Ringeltaube)

Zum Konzept der *zärtlichen Liebe*

Wolff und mit ihm die rationalistisch ausgerichtete Frühaufklärung proklamieren eine *vernünftige Liebe*, die aus der Einsicht in die Tugendhaftigkeit des Partners resultiert. Das Gefühl steht unter der Herrschaft der einen und gleichen Vernunft; sie bestimmt, wer aufgrund seiner Tugendhaftigkeit zu lieben ist. Geliebt wird der einzelne nicht in seiner unverwechselbaren Einzigartigkeit, sondern in seiner Repräsentativität für die als vernünftig deklarierte *Ordnung der Natur.* Doch zunehmend verliert der Begriff der *Liebe* seinen objektiven Anspruch; er löst sich nicht nur ab vom normativen Gefüge gesellschaftlicher Regeln und religiöser Gebote, sondern auch von den rationalistischen Tugendkonzepten und entfaltet seine regulativen Momente im Kontext einer Gemeinschaft, die sich in Differenz zu generalisierten Ordnungen der Öffentlichkeit bestimmt.

Zwar wird die Liebesvorstellung weiterhin als eine Norm konzipiert, die die Beziehung der Geschlechter nach moralischen Gesichtspunkten modelliert. Deren rationale Grundstruktur aber wird ersetzt durch das Konzept tugendhafter Empfindungen. Betont der naturrechtliche Vertragsgedanke das Recht des einzelnen, aufgrund selbstgesetzter Zwecke die Ehe zu schließen, so macht die *Empfindsamkeit* um die Mitte des Jahrhunderts das Gefühl zum Bezugspunkt dieses Rechts. Aus einer nach Vertragsgrundsätzen formierten Unterstützungsgemeinschaft wird eine nach psychischen Bedingungen sich entfaltende Gefühlsgemeinschaft, in der der einzelne erst seine wahre Bestimmung erfährt. Hier soll ein Zusammenleben verwirklicht werden, das die rationalistische Utopie einer vertraglich konzipierten Gesellschaftsordnung, die sich in erweiternden Kreisen aus der Ehe entfaltet,[93] nicht zu plausibilisieren vermochte, da sich Glück, Nützlichkeit und Gefühl nicht widerspruchslos zusammenfügen

[93] Siehe Gottscheds Konzeption eines rationalistischen Gesellschaftsaufbaus, der sich in konzentrischen Kreisen von der „ehelichen" über die „väterliche" und „herrschaftliche Gesellschaft" bis hin zum „gemeinen Wesen" und „Staat" entfaltet; Gottsched: Erste Gründe der gesammten Weltweisheit, Praktischer Theil, S. 235–272.

lassen. Allein in der kleinen Gefühlsgemeinschaft kann – so das neue Postulat – jene Mitempfindungsfähigkeit herrschen, die das Gefühl des einen zur Ursache für das Gefühl des anderen macht und so die Egozentrik des Glücks zur Einheit gemeinsamer Glücksempfindungen aufsprengt. Gegen die etablierte Herrschaftsordnung wird die Utopie einer ehelichen Gemeinschaft gestellt, in der nicht die Gesetze der Ranghierarchie, sondern die Gebote der Empfindungsintensität zählen. Liebe wird dabei aus der Dominanz der Vernunft entlassen und als emotionales Motiv der Eheschließung aufgewertet. Anders als im Rationalismus der Frühaufklärung wird sie nicht als Ergebnis der Einsicht, sondern als Resultat der Empfindung bestimmt, die – gemäß der *moral-sense-* Theorien der angelsächsischen Moralphilosophie – spontan die moralische Güte des/der Geliebten zu erfassen vermag.[94] So tritt als generelle Norm das Gefühl an die Stelle der frühaufklärerischen einen und gleichen Vernunft.

Während die Vernunft im Selbstbezug das eigene Glück befördert – Ziel ist die Selbstvervollkommnung –, entfaltet das Gefühl seine gemeinschaftsbildende Funktion im Bezug auf den anderen. Gefühle, wie sie hier konzipiert werden, hat keiner nur für sich, sondern immer im Hinblick auf den anderen, mit dem er sich zu einer kleinen Gemeinschaft Gleichempfindender zusammenschließt. Der Rückzug auf sich selbst, die Absonderung ist nicht erlaubt. In diesem Sinn werden Ehe und Familie zu einem Bereich, der sich zwar gegen die Gesellschaft abgrenzt, sich aber zur Gemeinschaft der Freunde öffnet. Diese Gemeinschaft wird durch wechselseitiges Empfinden und das Empfinden des Empfindens des Nächsten zu einem Resonanzraum der Gefühle, dem gegenüber die Außenwelt materieller Interessen und politischer Machenschaften für nichtig erklärt wird.

Ein solchermaßen moralisch qualifiziertes Gefühl erfährt den anderen zwar in seiner Personalität, jedoch nicht losgelöst von moralischer Güte. Von daher verbleibt auch die *zärtliche Liebe* unter dem Diktat intersubjektiv verbindlicher moralischer Qualitäten, die die geliebte Person zu verkörpern hat. Die Dramen und Romane der Empfindsamkeit präsentieren dementsprechend eine Fülle von programmatisch tugendhaften Gestalten, die alle auf rechte, nämlich moralisch legitimierte Weise lieben. Von den tugendhaften Schwestern Lottchen und Julchen in Gellerts *Zärtlichen Schwestern* über seine schwedische Gräfin im gleichnamigen Roman bis hin zur Titelgestalt von Sophie von LaRoches Roman *Das Fräulein von Sternheim* reicht die Phalanx der Tugendliebenden, die ihren großen Vorbildern, Richardsons Clarissa und Pamela, nacheifern.

Was diese Romanheldinnen auszeichnet, ist jene *zärtliche Liebe*, die sich strikt abgrenzt von der Leidenschaft, die nach der Erfüllung emotionaler und

[94] Zum Einfluß der schottischen Moralphilosophie auf die deutsche Empfindsamkeit siehe Sauder: Empfindsamkeit, Bd. 1, S. 58 ff.; vgl. auch Jäger: Empfindsamkeit und Roman, S. 44 ff.

sexueller Bedürfnisse strebt und deshalb als egozentrisch behauptet wird. Proklamiert werden zwischenmenschliche Verhältnisse, in denen die eigenen Empfindungen durch die Empfindungen des Gegenüber mediatisiert und moderiert werden und nur in dieser Gestalt zugelassen sind.

Eines der wesentlichen Merkmale so verstandener Liebe und Freundschaft ist es, daß sie sich aller Rivalität und Eifersucht entschlägt; ihre ganz auf das Wohl des anderen ausgerichtete Zielsetzung läßt solche Regungen nicht aufkommen.[95]

Gegen die Egozentrik der Wollust, die jeden mitmenschlichen Bezug im Drang nach persönlicher Befriedigung auslöscht, wird der Altruismus einer Empathie gestellt, die das Wohl des anderen zur Bedingung des eigenen Glücks macht. Das Dilemma des Rationalismus, die Soziabilität des Utilitarismus nur behaupten, nicht aber begründen zu können, wird durch das Konzept einer gefühlsbestimmten Moralität unterlaufen, die die Empfindungen an ihre intersubjektive Vermittelbarkeit bindet. *Zärtlichkeit* ist dabei das Signalwort, das allenthalben dazu dient, das Gefühl von den pejorativen Konnotationen einer Selbstliebe zu befreien, die alle Regeln der Moralität und Wohlanständigkeit sprengt.[96]

Im Wörterbuch von Adelung wird der Begriff *Zärtlich* mit Beispielen wie den folgenden veranschaulicht: „Seinen Freund zärtlich umarmen", „Ein zärtliches Herz haben" usw.[97] Michael Ringeltaube charakterisiert den Zärtlichen als „ein[en] vernünftige[n] und sittliche[n] Menschen, der eine vorzügliche Erkenntniß und Empfindung vom sittlich wahren und guten hat". „Die Zärtlichkeit ist die Liebe, [...] die aus der Empfindung der feinen Züge der moralischen Güte eines Freundes entsteht", formuliert ein „Litteraturbrief" von 1765 ganz im Sinne Ringeltaubes, der die „freye Wahl" als Moment der zärtlichen Freundschaft betont.[98] Joachim Heinrich Campe bestimmt Zärtlichkeit als „die Empfindung der Liebe, des Wohlwollens in hohem Grade"[99]. Das Grimmsche Wörterbuch resümiert: „in der *empfindsamen* litteraturepoche des 18. jahrh. [wurde „zärtlich"] neben und für dieses modewort gebraucht [...], eine auswürkung der seelischen freundschaftsverhältnisse, das seelische im gegensatz zum körperlichen und sinnlichen bezeichnend"[100].

[95] Meyer-Krentler: Der Bürger als Freund, S. 46; kritisch unter dem Aspekt des Narzißmus dazu Pikulik: „Bürgerliches Trauerspiel" und Empfindsamkeit, S. 79.

[96] Zur Distinktion von Liebe als Passion und Liebe als Zärtlichkeit siehe Wegmann: Diskurse der Empfindsamkeit, S. 42 ff.

[97] Adelung: Art.: Zärtlich.

[98] Ringeltaube: Von der Zärtlichkeit, Breslau–Leipzig 1765, S. 97 und S. 148; Briefe, die Neuste Litteratur betreffend, Teil 22, Berlin–Stettin 1765, Brief 319, S. 77; beides zit. nach Jäger: Empfindsamkeit und Roman, S. 45 f.; s. a. [Anonymus:] Gedanken von der Zärtlichkeit, in: Sauder: Empfindsamkeit, Bd. 3, S. 65–70.

[99] Campe: Art.: Die Zärtlichkeit.

[100] Grimm: Art.: Zärtlich, Sp. 304.

Der Sprachgebrauch verdeutlicht: Nicht das patriarchalische Modell von Gehorsam und Fürsorge, von Macht und Unterwerfung wird unter dem Stichwort *Zärtlichkeit* aufgerufen, sondern das egalitäre Modell einer Beziehung zwischen Gleichen, die unter dem Gebot der Tugend stehen; *Freundschaft* ist Leitwort einer Beziehung, die die hierarchische Gesellschaftsordnung unterläuft. Die Geschlechterliebe wird dabei nur als besonders intensiver Fall von Freundschaft angesehen. „Die Freundschaft und Liebe sind zwo Pflanzen aus einer Wurzel. Die letzte hat nur einige Blumen mehr", heißt es z. B. bei Klopstock.[101] Und Herder geht sogar so weit, die Freundschaft über die Liebe zu stellen, da diese nicht frei von „grober Sinnlichkeit" sei: Von daher ist die Freundschaft

> reiner und also gewiß auch mächtiger als die Liebe: denn wenn die Liebe sich zur Stärke und Dauer einer Ewigkeit erheben will, muß sie erst, von der groben Sinnlichkeit geläutert, ächte und wahre Freundschaft werden.[102]

Hinter dieser Assoziation von Liebe und Freundschaft verbirgt sich die Brisanz der Sexualität, die die Emotionalisierung der Heirat mit sich bringt. Doch bei genauerem Hinsehen zeigt sich ein grundlegendes Dilemma des neuen Konzepts der *Liebesheirat*: Der Programmatik nach soll sie zwar Ergebnis einer Liebesbeziehung sein, zugleich aber wird die sexuelle Unberührtheit der Frau gefordert. Sexualität findet erst in der Ehe ihren legitimierten Ort. Damit aber werden zwei Dinge auseinandergerissen, die zusammengedacht wurden, als Liebe und Ehe noch kein kausales Abfolgeverhältnis bildeten: Liebe und Sexualität. Jetzt geht die Liebe der Ehe voraus, aber erst in der Ehe darf Sexualität stattfinden. Um die damit aufbrechenden Schwierigkeiten und Diskrepanzen zumindest ideologisch zu überbrücken, wird Liebe in die Nähe der Freundschaft gerückt und so entsexualisiert – als sei die Heirat nur die Beglaubigung einer Freundschaftsbeziehung, die dann, zum Zweck der Kindeszeugung, Sexualität zulassen darf.

Solange Liebe nicht das entscheidende Heiratskriterium war, konnte Sexualität ein Stück weit für den vor- und außerehelichen Bereich freigegeben werden; objektive Kriterien wie Besitz und Stand, Rang und Prestige bestimmten die Heiratsordnung, Erotik und Sexualität waren keine eherelevanten Impulse. Sobald jedoch Gefühle als die entscheidenden ehestiftenden Impulse verstanden werden, müssen sie im vorehelichen Raum erprobt werden. Dabei droht sich die Grenze zwischen körperlicher und geistiger Liebe aufzulösen; gleichzeitig erhält diese Trennung jedoch absolute Relevanz. Dem sexuellen Begehren muß die Erfüllung im vorehelichen Bereich versagt bleiben, weil sonst

[101] Klopstock: Von der Freundschaft, S. 936; siehe auch Meyer-Krentler: Der Bürger als Freund, weist nachdrücklich auf die in der Forschung häufig konstatierte Begriffsverschmelzung von Freundschaft und Liebe in der Empfindsamkeit hin (S. 44 ff.).

[102] Herder: Liebe und Selbstheit, S. 312.

die psychologische Struktur der Eheanbahnung untergraben würde: „Ehe aus Liebe" – diese Bindung der Institution an die Emotion funktioniert nur, wenn das psychische Verhalten auf die Institution zugespitzt und dabei um die ablenkenden Komponenten und Formen einer ‚ungebundenen' Sexualität verkürzt wird. Gerade den Frauen weist dabei der Diskurs der *Zärtlichkeit* ein psychophysisches Selbstverhältnis zu, das das sexuelle Bedürfnis vom vorehelichen Umgang abspaltet und an den Eintritt in die Ehe koppelt. Auf diese Weise werden die sexuellen Wünsche aus ihrer unmittelbaren Bindung an die intime Zweierbeziehung gelöst und auf die Ehe hin orientiert, die als rechtliche Vermittlungsform von Intimität erst die Lizenz zur Sexualität beinhaltet. Insbesondere den Frauen wird dieser Aufschub abverlangt, der das Begehren in ein Heiratsverlangen umformt und so aus dem Körper einen Impulsgeber für Ehewünsche macht. Was bislang Heiratsmotiv war – Stand, Geld, Besitz oder Prestige – wird so tief in die emotionale Wunschwelt versenkt. Diese spaltet sich auf in die Momente der Verheißung und Erfüllung, verknüpft über die Heirat, die allein der Sexualität einen legitimen Platz einräumt. So wird z. B. Gellerts Ton nirgends schärfer als da, wo er „Sinnlichkeit" in ihre Grenzen weist:

Mit der Sinnlichkeit des Geschmacks ist die *Sinnlichkeit* der *Liebe* verwandt. Dieser natürliche Trieb, den uns der Schöpfer zur Erhaltung des Geschlechts der Menschen eingepflanzet, und aus Weisheit und Güte mit dem empfindlichsten Reize verknüpft hat, wird, wenn er sich von seinem Ziele entfernet und seine Befriedigung außer dem Bande einer keuschen Ehe sucht, zu der verworfensten Leidenschaft, die man kaum beschreiben darf, ohne die guten Sitten zu beleidigen. Nichts ist unbändiger, als dieser Trieb, wenn ihn die Pflicht nicht einschränket. Nichts verderbet das Herz und verkürzet das Leben des Menschen früher und gewisser, als diese zügellose Leidenschaft. Sie wird zur Brunst, die den Menschen tief unter das Thier erniedriget; und die Natur hat Ausschweifung derselben mit den empfindlichsten Strafen belegt; so wie ihr die Religion den Zorn und das besondre Gericht Gottes droht.[103]

Sexualität und Liebe geraten in ein spannungsreiches Verhältnis. Während Sexualität abgewertet und zur illegitimen Form menschlichen Ausdrucks erklärt wird, wird die Liebe zunehmend als beziehungsstiftendes Moment betont – unter Verlagerung ihrer triebhaften Komponenten in die Ehe, die die Egozentrik der Wollust mit moralischen Geboten vermittelt und in den Altruismus tugendhafter Gefühle transformiert. Wieder ist es Gellert, dessen Ausführungen einschlägig sind:

[103] Gellert: Moralische Vorlesungen. Moralische Charaktere, S. 202; siehe dazu auch van Dülmen: Fest der Liebe, der konstatiert: „Aufschlußreich ist jedenfalls, daß das neue Muster der Liebesheirat in dem Augenblick als ein gesellschaftliches Leitbild entsteht, als die Moralisierung der zwischenmenschlichen Beziehung einen Höhepunkt erreicht und das Ideal sexueller Enthaltsamkeit vor der obrigkeitlich sanktionierten Ehe allgemeingültiger Moralanspruch wurde." (S. 68)

Unser Trieb der Freundschaft und der gegenseitigen Zuneigung, der, wenn er unbestimmt bliebe, ausarten und in den Seelen beider Geschlechter schreckliche Verderbnisse zurück lassen würde, erhält durch die Hand der Ehe einen Gegenstand, in welchem sich die Liebe des Geschlechts mit der Zuneigung der Person glücklich vereiniget.[104]

Festhalten läßt sich: In der Empfindsamkeit wird das Gefühl einerseits positiviert, es wird nicht mehr, wie im Rationalismus, als Irritation der Vernunfterkenntnis gebrandmarkt. Zugleich aber wird entschieden vor allen Affekten gewarnt, die in der Spontaneität des Subjekts und nicht in den intersubjektiven Bezügen der kleinen Gemeinschaft ihren Ursprung haben. Denn – so wird immer wieder betont – mit der Aufwertung des Gefühls, mit dem Zuwachs an Empfindungsfähigkeit wird zugleich die Barriere gegen Leidenschaften, die sich nicht den Ordnungsgeboten der Wohlanständigkeit fügen, niedriger:

Je empfindsamer das Herz ist, desto stärker sind die Leidenschaften; es muß nothwendig also seyn. Denn Eindrücke müssen um so tiefer seyn, als das Herz weich ist; und tiefe Eindrücke sind Leidenschaften. Dieses stimmt mit der allgemeinen Beobachtung überein. Die sanften, gefälligen, liebevollen Herzen sind den Reizungen der Wollust sehr ausgesetzt.[105]

104 Gellert: Moralische Vorlesungen. Moralische Charaktere, S. 264; zu Einzelheiten und weiteren Belegen siehe Sørensen: Freundschaft und Patriarchat im 18. Jahrhundert, bes. S. 284 ff. Daß Gellert hier keine normative Wertwelt entwirft, die mit dem wirklichen Leben nichts zu tun hat, offenbart der autobiographische Rückblick von Margarethe Elisabeth Milow, wenn sie ihre Beziehung zu Johann Octav Nolte beschreibt. Die beiden konnten nicht heiraten, weil er mittellos war; und deshalb war ihnen auch das Eingeständnis ihrer Liebe verwehrt, weil damit der ‚Sündenfall' außerehelicher Sexualität assoziiert wurde: „Lange hieß diese unsre Empfindung Freundschaft, wir wagten nicht, sie Liebe zu nennen, und sie wars doch im höchsten ersten Grade, so hoch, so stark, so edel, daß sie Tugend gewesen wäre, wenn sie hätte von Eltern erlaubte Liebe werden können. Kein unkeuscher niedriger Gedanke, dessen wir uns hätten schämen dürfen, stieg in unsrer Seele auf, wie sich die Engel, wie wenig Edle sich auf dieser Erde sich lieben, so liebten wir uns, und doch war diese reine, edle, hohe Liebe Sünde, war Unrecht, weil sie *heimlich* war, wir mit Gewißheit wußten, daß meine Eltern sie nie zugeben würden und weil die beste, edelste, reinste Liebe, wenn nicht Ehe ihr Ziel ist und seyn kann, ihrer Natur nach schlechterdings fällt, von ihrer Höhe, ihrem Adel oft in *einer* schwachen Stunde fällt." Milow: Ich will aber nicht murren, S. 63. Für Margarethe Milow war selbst eine enthaltsame Liebe Sünde, wenn sie sich nicht im Ordnungszusammenhang der Ehe bewegte, da sie die Versuchung zur Sexualität enthält. Und so beugte sie sich den Geboten der Eltern und den religiösen Normen, sie heiratete standesgemäß einen Pfarrer und „hoffte, Gott würde mir das Opfer, so ich meinen Eltern gebracht, belohnen: Und dieser Gedanke, meine Pflicht gegen sie gethan zu haben, besänftigte oft das durch innerliche Gärung aufbrausende Herz." (Ebd., S. 120) Siehe hierzu auch Bake, Kiupel: Margarethe Milow.

105 Villaume: Etwas über die Empfindsamkeit (1785/86), zit. nach Sauder: Empfindsamkeit, Bd. 1, S. 133.

Diese „Reizungen der Wollust", ihre zerstörerischen Energien, werden – nicht ohne eine sich hinter dem Schleier moralischer Entrüstung verbergende Faszination – in unheilvollen Farben gemalt.[106] So haben Autoren wie Gellert und Sophie von LaRoche immer wieder die Gefahren einer Sinnlichkeit dargestellt, deren Wünsche keine Grenzen kennen. In seinem Roman *Die schwedische Gräfin von G**** demonstriert Gellert mit moralisierendem Nachdruck, wohin es führt, wenn sich Personen unkontrollierten Affekten überlassen. Die Episode zwischen Mariane und Carlson, die voneinander nicht lassen können, obwohl das Inzestverbot dies gebietet, endet zur Abschreckung in einer Katastrophe, in Mord und Selbstmord. Vorbildlich hingegen agiert die schwedische Gräfin, bei der Liebe und Ehe eine unverbrüchliche Einheit bilden: „Unsere Ehe selbst war nichts, als Liebe."[107] In deutlicher Abgrenzung von den Konventionen adliger Eheschließung baut Gellerts Roman ein polares Bezugsfeld auf zwischen Äußerlichkeit und Innerlichkeit, Künstlichkeit und Natürlichkeit, Selbstbestimmung und Fremdbestimmung, Gefühl und Zwang. Die schwedische Gräfin wird in binärer Entgegensetzung zur adligen Wertwelt gezeichnet. Was die adlige Gesellschaft bestimmt, das meidet sie. Für sie haben die Gebote der gesellschaftlichen Ordnung keine Geltung, sie flieht den Hof und sieht nur auf die inneren Werte des Nächsten, nicht auf seinen äußeren Stand. Von daher kann sie dann auch den bürgerlichen Freund heiraten, als ihr Mann, der Graf, verschollen ist und für tot gehalten wird. Und sie kann, als der Graf unvermutet zurückkehrt, mit ihm erneut die Ehe schließen, wobei der zum Freund zurückgestufte zweite Ehemann weiterhin dem Bund der Rechtschaffenen angehören darf – denn tugendhafte Gefühle sind frei von Eifersucht. Sexualität bleibt unthematisiert und die auf Freundschaft gründende Liebe zeichnet sich nicht durch Exklusivität aus. Nicht männliche Verführungskunst und weibliche Sinnlichkeit bilden – wie im galanten Roman Anfang des 18. Jahrhunderts – das Fundament zwischengeschlechtlicher Beziehung, sondern jene *zärtliche Liebe*, die Freund und Ehemann gleichermaßen zu umschließen vermag.[108]

Vor allem die Frauen haben dafür einzustehen, daß Erotik sich an ihrer Wohlanständigkeit bricht und dem Auserwählten allein als zärtliches Gefühl entgegengebracht wird. Nach diesem Muster zeichnet Samuel Richardson seine Pamela, die Heldin des gleichnamigen Romans (*Pamela, or Virtue Rewarded*, 1740), die den Triumph der Tugend über die Verführungen der Sinnlichkeit paradigmatisch vorlebt und allen Gefährdungen zum Trotz den Weg in die Tugend-

[106] Im Hinblick auf Richardson siehe Petriconi: Die verführte Unschuld, S. 49 ff.

[107] Gellert: Leben der schwedischen Gräfin von G***, S. 11.

[108] Zum Konzept der *empfindsamen Liebe* im Bezug auf die Ehe siehe Kluckhohn: Die Auffassung der Liebe in der Literatur des 18. Jahrhunderts und in der deutschen Romantik, S. 150 ff.

anstalt der Ehe findet.[109] Den jungen Mann aus besserem Haus, der sie mit Hinterlist zu verführen sucht, bringt sie durch ihr tugendhaftes Verhalten dazu, sie auf rechte Weise, nämlich auf eine Weise, die zur Ehe führt, zu lieben; und so steht der Hochzeit und dem Glück der häuslichen Freuden nichts mehr im Wege. Clarissa hingegen, die andere Vorbildgestalt Richardsons (*Clarissa; or The History of a Young Lady,* 1748), glaubt sterben zu müssen, weil sie sich lange vor ihrer heimtückischen Vergewaltigung einen Moment lang von ihrem späteren Schänder angezogen fühlte. Die sexuelle Gewalt, die ihr angetan wurde, deutet sie als Strafe dafür, daß sie ihre Sinnlichkeit einmal nicht vollständig zu beherrschen wußte; und so siecht sie dahin, über alle Versuchungen erhaben, märtyrerhaft der Ehe und Liebe entsagend.

Die Verführer-Gestalten dieser Romane, sei es der Landjunker B. in Richardsons *Pamela,* der Libertin Lovelace in dessen *Clarissa* oder Mylord Derby in Sophie von LaRoches *Fräulein von Sternheim,* treffen auf Frauen, die aller Leidenschaft entsagen, die scheinbar anstrengungslos in den Grenzen von Tugend und Wohlanständigkeit empfinden, was auch immer heißt, in den Grenzen von Ehe und Familie. Nur mit Raffinement, mit Lug und Trug, vermag die Triebnatur der Männer über die temperierte Zärtlichkeit der Frauen zu obsiegen; der moralische Triumph, damit aber auch die unausgesetzte Selbstkontrolle, gebührt den Frauen, die alle Erotik in eheliche Liebe zu sublimieren suchen, in die geordneten Bahnen gedämpfter Affekte, so daß – wie es im *Fräulein von Sternheim* heißt, „jeder Tag [...] etwas von dem lodernden Feuer hinweg-[nimmt]"[110].

Immer wieder demonstrieren die Romane an ihren fiktiven Vorbildgestalten, daß im Gegensatz zur Leidenschaft die *zärtliche Liebe* den Bedingungen der Moralität untersteht – wie es Ringeltaube in seinem zeitgenössischen Traktat *Von der Zärtlichkeit* postuliert: „Sie [d.i.: die zärtliche Liebe] richtet ihre Empfindungen nicht nach der Sinnlichkeit, sondern nach der Sittlichkeit ein. Diese beherrscht jene."[111] Im Gefühl der Zärtlichkeit begehrt der Affekt nicht gegen die Moralität auf, sondern realisiert sie. Es geht um den Entwurf einer Seelenkraft, die nicht nur einsieht, was richtig und gut ist, sondern es auch empfindet. So geht die Aufwertung des Gefühls in der Empfindsamkeit einher mit der Aufspaltung der Affekte. Die desaströsen Passionen, die sich Geboten der Tugend und Ordnung nicht fügen, werden scharf geschieden von den sanften Empfindungen, die eine Gemeinschaft Gleichgesinnter und Gleichgestimmter stiften.

109 Zu den im Roman entfalteten widersprüchlichen Momenten der Keuschheit siehe Leites: Puritanisches Gewissen und moderne Sexualität, S. 147–173.

110 LaRoche: Geschichte des Fräuleins von Sternheim, S. 279.

111 Ringeltaube: Von der Zärtlichkeit, S. 90f., zitiert nach Mog: Ratio und Gefühlskultur, S. 18.

An dieses soziale Muster wird Ehe assimiliert, die demnach nicht auf mutuelle Einzigartigkeitserfahrungen, sondern auf das gemeinschaftskonforme Empfinden des Wohlwollens zugeschnitten ist. Entsprechend heißt es bei Cronegk:

> Nun ist die Ehe nichts anders, denn die innigste und vorzüglichste Freundschaft zwoer Personen männlichen und weiblichen Geschlechts, die sich zur Beförderung ihrer Vollkommenheit und zur Fortpflanzung und Erziehung ihres Geschlechts vereinigt und verbunden haben. Dahero siehet die Zärtlichkeit unter Ehegatten auf alle die erhabenen und rührenden Empfindungen, welche die Freundschaft in geringern Graden und nur in einer gewissen Einschränkung, fühlet und darlegt. Sie enthält dieses alles im größten Grade. Sie ist ein Inbegriff von der größten Liebe, unschuldigen Sitten, Gefälligkeit, Einigkeit, Vertrauen, Gutherzigkeit, Hochachtung, Dienstfertigkeit, Zufriedenheit, Sehnsucht und Treue.[112]

Der Diskurs der *zärtlichen Liebe* reagiert auf ein Dilemma, das der neuen Konzeption der *Liebesheirat* innewohnt: auf den Widerstreit zwischen Dauer und Sexualität. Liebe als Passion entzieht sich ihrem überkommenen Verständnis nach den Kalkülen von Ordnung und Stabilität, sie ist dem Spontanen, Unberechenbaren, Wechselhaften zugeordnet.[113] Wie läßt sich dann aber die unter den Bedingungen von Dauer und Stabilität stehende Institution *Ehe* auf das unstete Gefühl der Liebe gründen? Der Rationalismus antwortet: Die Vernunft prüfe, ob die Brautleute zueinander passen – Liebe ist das Ergebnis eines positiven Resultats. So macht die Einsicht in die tugendhaften Eigenschaften des Partners Zuneigung dauerhaft. Die Empfindsamkeit dagegen postuliert ein Gefühl, das sich mit Tugend paart und die Tugend des Gegenübers zu empfinden vermag. Moralität bleibt auch hier die bestimmende Größe, die der Ehe die Dauer verleihen soll, die ihr die Leidenschaft, die sich den Bedingungen der Stabilität entzieht, gerade nicht geben kann; nur daß die Moralität jetzt nicht durch die Vernunft, sondern durch das Gefühl erfahren wird.

Warum in der Empfindsamkeit die Affekte so nachdrücklich an die Moralität gebunden werden, ist offensichtlich: Die Aufwertung der Sinnlichkeit im Konzept der *Liebesheirat* verlangt eine Steigerung und Verinnerlichung der Kontrollinstanzen, die sichern, daß Sexualität erst in der Ehe stattfindet. Von daher wird die Liebeserklärung erst dann glaubwürdig, wenn sie in einen Heiratsantrag einmündet. Liebe, die nicht auf Ehe sinnt, wird geächtet. Gerade die Frau, die nicht mehr durch objektive Kriterien wie Besitz und Stand gesichert ist, sondern einzig sich selbst zur Geltung zu bringen hat, muß stärker denn je darauf

[112] Cronegk: Von der Zärtlichkeit, Breßlau-Leipzig 1765, S. 187, zitiert nach Bobsin: Von der Werther-Krise zur Lucinde-Liebe, S. 80 f.; generell zur engen Verbindung von Freundschaft und Ehe in der Empfindsamkeit siehe Sørensen: Freundschaft und Patriarchat im 18. Jahrhundert.

[113] Siehe z. B. Montaigne: Die Essais, S. 78.

achten, daß ihre Liebesbeziehung zur Ehe führt, da sie sonst ihre gesellschaftliche Existenz aufs Spiel setzt. In den zeitgenössischen Romanen von Richardson bis Sophie von LaRoche wird ihr nachdrücklich vor Augen geführt, daß die Unschuld nur um den Preis der Ehe getauscht werden dürfe, daß die Frau in der Jungfernschaft ihr kostbarstes Besitztum hat, ihre persönliche Mitgift, die sie in die Ehe einbringen kann, wenn die familiale Mitgift ihre Bedeutung verlieren sollte. So kommt der Frau die Funktion zu, die Moralität der Sinnlichkeit als Domestizierung der Sexualität vorzuleben.

Im Sinne einer *Dialektik der Aufklärung* geht die Rehabilitierung des Gefühls einher mit der Eingrenzung und Tabuisierung von Sexualität. Die gesellschaftliche Anerkennung der Sinnlichkeit artikuliert sich daher als Institutionalisierung der *Liebesheirat*, die das ordnungssprengende Gefühl unter rechtliche und sakrale Normen stellt. Hierdurch sichert die Liebe ihre Soziabilität, wird gemeinschaftsstiftendes Gefühl und firmiert als *Freundschaft*. Noch versteht sich die Liebesbeziehung nicht als eine nach außen hin abgekapselte Beziehung zwischen zwei Personen, die zwischen sich und den übrigen eine für Außenstehende nicht übersteigbare Mauer aufrichten, noch ist die Liebesbeziehung eingebettet in Familien- und Freundschaftsbeziehungen; sie ist Teil von ihnen, nicht das sich ausgrenzende Andere. Erst im Konzept der *romantischen Liebe* wird sich dies ändern.

4.

„Nur in der Antwort seines Du kann jedes Ich seine unendliche Einheit ganz fühlen." (Schlegel)

Zum Konzept der *romantischen Liebe*

Unsere heutigen Vorstellungen von Liebe sind ganz wesentlich von Literatur- und Lebenskonzepten geprägt, die um die Wende vom 18. zum 19. Jahrhundert entwickelt wurden. Sowohl das Konzept der *vernünftigen* als auch das der *zärtlichen Liebe* scheinen einer überholten Stufe anzugehören. In beiden Fällen ist das Emotionelle institutionell mediatisiert, bleibt das Gefühl auf die Ehe bezogen. Liebe soll ihr Legitimationsgrund sein und zugleich erst in ihr vollständig wirklich werden dürfen. So wird die Liebe als etwas gedacht, was zwar vorher besteht, was aber der Ehe als einer Instanz bedarf, die zwischen den erlaubten und den unerlaubten Affekten unterscheidet, indem sie alle Leidenschaft, die nicht den Ordnungsgeboten der Institution folgt, als lasterhaft abspaltet, um so Sittlichkeit und Sinnlichkeit dauerhaft zu verbinden.

Mit dem Konzept der *romantischen Liebe* verändert sich dies, indem Liebe ihres moralischen Repräsentativcharakters entkleidet wird. Sie löst sich von den Geboten der Tugendhaftigkeit und erhebt einen Unbedingtheitsanspruch, der sich einzig auf die Unvergleichlichkeit des/der Geliebten bezieht. Die Überzeugungen, daß nur eine einzige Person geliebt werden kann, daß diese Liebe der Existenz erst ihre wahre Bedeutung verleiht, daß die Liebe eine exklusive Zweierbeziehung formt, die sich gegen die Welt abgrenzt, daß – mit einem Wort – Liebe sich durch paarbildende Differenz nach außen und Identität nach innen auszeichnet – all dies wird im Konzept der *romantischen Liebe* nachdrücklich formuliert.[114] Alle Differenzen und Spannungen zwischen Seelen- und Sinnen-

[114] Zu Einzelheiten dieses Kriterienkataloges siehe Tyrell: Romantische Liebe; Jutta Greis zeigt in ihrer Studie: Drama Liebe, daß sich der *romantische* Liebesdiskurs in Grundzügen schon vor der literaturgeschichtlich gefaßten Epoche der Romantik im Kontext der *Empfindsamkeit* entwickelt und die Ehe in einen neuen Legitimationszusammenhang stellt: „*gerade* das 18. Jahrhundert (mindestens in Deutschland) mit der vornehmlich literarischen Ausdifferenzierung der empfindsamen Liebe [bringt] die für die Moderne grundlegende Struktur der Liebessemantik hervor [...]. Die romantische Liebe erscheint [...] als konsequente Fortführung des empfindsamen Modells." (S. 10) Von

liebe, zwischen der Individualität des einen und des anderen, alle Partialitäten selbstbezüglichen Erlebens und Handelns sollen im Gefühl einer Liebe aufgehoben werden, in der Mann und Frau zu einer Einheit ohne Entfremdung verschmelzen. Denn „es ist [die Liebe], die uns erst zu wahren vollständigen Menschen macht", heißt es im Rückgriff auf den platonischen Mythos des *Symposions* in Friedrich Schlegels autobiographisch getöntem Roman *Lucinde*.[115]

> In augenfälliger Übernahme des hälftenverbindenden Eros aus Platons Androgynie-Mythos wird in der *Lucinde* der Liebe die Funktion zuerkannt, die Entfremdung des schönen ganzen Menschen in die häßlichen Hälften rückgängig zu machen.[116]

In Schlegels Roman, der die romantische Konzeption der Liebesehe paradigmatisch formuliert, erfährt Julius durch Lucinde die ganze Fülle des Seins. Das Wechselspiel der Liebe öffnet ihm einen Erfahrungsraum, der die Welt kategorialer Dichotomien (Gegensätze zwischen Geist und Körper, sexueller Erfüllung und seelischer Übereinstimmung, Zeit und Ewigkeit) durch lustvolle Verbindung von Geist und Körper suspendiert. Mann und Frau entfalten in ihrer Liebesexistenz die volle Wirklichkeit als Koinzidenz von Momentanem und Zukünftigem, von Diesseits und Jenseits. Entsprechend heißt es im Kapitel *Metamorphosen*:

> Die Liebe ist nicht bloß das stille Verlangen nach dem Unendlichen; sie ist auch der heilige Genuß einer schönen Gegenwart. Sie ist nicht bloß eine Mischung, ein Übergang vom Sterblichen zum Unsterblichen, sondern sie ist eine völlige Einheit beider. (S. 60)

Durch ihre Liebe steigern die Liebenden ihr Selbst wechselseitig bis zur Überwindung präformierender Zuordnungen; ihre Individualität wird erfahrbar, indem soziale Identitätszwänge übersprungen werden. Die Schrankenlosigkeit eines solcherart entbundenen Individuums wird dann allein von der körperlichen Präsenz noch gehalten:

> Nichts zog ihn anfangs so sehr an, und hatte ihn so mächtig getroffen, als die Wahrnehmung, daß Lucinde von ähnlichem ja gleichem Sinn und Geist mit ihm selbst war, und nun mußte er von Tage zu Tage neue Verschiedenheiten entdecken. Zwar gründeten sich selbst diese nur auf eine tiefere Gleichheit, und je reicher ihr Wesen sich entwickelte, je vielseitiger und inniger ward ihre Verbindung. (S. 56)

Diese Beziehung, die sich in der Transzendenz der beschränkten Individualität vollendet, bedarf nicht des juristischen Akts der Heirat, um mit Hilfe gesell-

daher ist der Terminus *romantische Liebe* nicht strikt epochenspezifisch zu verstehen. Er verweist nur auf den Zeitraum seiner emphatischen Verdichtung.

115 Schlegel: Lucinde, S. 64; im folgenden wird die Seitenzahl direkt in den Text integriert.

116 Aurnhammer: Androgynie, S. 199.

schaftlicher Regeln eine Dauer zu garantieren, die das übliche Gefühl nicht gewährleistete.

Freilich [so Julius im Gespräch mit Lucinde] wie die Menschen so lieben, ist es etwas anders. Da liebt der Mann in der Frau nur die Gattung, die Frau im Mann nur den Grad seiner natürlichen Qualitäten und seiner bürgerlichen Existenz, und beide in den Kindern nur ihr Machwerk und ihr Eigentum. Da ist die Treue ein Verdienst und eine Tugend; und da ist auch die Eifersucht an ihrer Stelle. Denn darin fühlen sie ungemein richtig, daß sie stillschweigend glauben, es gäbe ihres gleichen viele, und einer sei als Mensch ungefähr so viel wert wie der andre, und alle zusammen nicht eben sonderlich viel. (S. 33)

Im Gegensatz zur Austauschbarkeit der bürgerlich Liebenden ist die Liebe zwischen Julius und Lucinde „die Vollendung des Männlichen und Weiblichen zur vollen ganzen Menschheit." (S. 13) Sie zerbricht die Omnipräsenz einer sozialen Realität, die alles unter ihre Normen und Gebote zwingt; die Vorschriften gesellschaftlicher Existenz mit ihren Kalkülen von Nutzen und Besitzen werden in einer Verzückung überwunden, die uns „erst zu wahren vollständigen Menschen macht, das Leben des Lebens ist." (S. 64) Im Kapitel *Dithyrambische Fantasie über die schönste Situation* erklingt dann die Einheitsmetaphysik der Liebe:

Ich kann nicht mehr sagen, meine Liebe oder deine Liebe; beide sind sich gleich und vollkommen Eins, so viel Liebe als Gegenliebe. Es ist Ehe, ewige Einheit und Verbindung unsrer Geister, nicht bloß für das was wir diese oder jene Welt nennen, sondern für die eine wahre, unteilbare, namenlose, unendliche Welt, für unser ganzes ewiges Sein und Leben. (S. 11)

Liebe ist ewig und damit Ehe im höchsten Sinn einer unverbrüchlichen Beziehung, die der juristischen Sicherungen nicht bedarf, um Bestand zu haben. In einer Konstruktion, die Zeit als lineare Folge aufhebt und den emphatischen Moment zur Koinzidenz aller Zeitpunkte und damit Ewigkeit werden läßt, scheint die Spannung von Spontaneität und Dauer aufgehoben. Liebe und Ehe können so zur differenzlosen Einheit werden, die alle Dimensionen des Irdischen und Jenseitigen sprengt, alle Begrenzungen von Raum und Zeit zu einer kosmischen Einheit transzendiert, die das Sterbliche und Unsterbliche zur „völlige[n] Einheit beider" (S. 60) formt und so die Normen gesellschaftlichen Lebens überwindet – oder besser: bewußt abblendet. So bemerkt der männliche Briefpartner in Schleiermachers *Vertrauten Briefen über Schlegels „Lucinde"* auf die Einwände seiner Korrespondenzpartnerin Ernestine, sie vermisse „gar sehr" die äußere Welt[117]:

Es ist nur abstrahiert von der bürgerlichen Welt und ihren Verhältnissen, und das ist doch, weil sie so sehr schlecht sind, in einem der Liebe geheiligten Kunstwerk schlechterdings notwendig.[118]

117 Schlegel: Lucinde – Schleiermacher: Vertraute Briefe, S. 118.
118 Ebd., S. 167.

Schlegels Roman entwirft die Liebe in kosmologischen Metaphern als Glücksutopie, die auf Unvergleichlichkeit und Unverfügbarkeit besteht, Fragen der gesellschaftlichen Ordnung und des finanziellen Auskommens von daher als unwichtig abweist; allein die durch sich selbst praktizierte Beziehung zwischen Liebenden zählt, die sich die Einzigartigkeit ihrer Liebe wechselseitig dadurch bestätigen, daß sie Bedingtheiten der Außenwelt als irrelevant abtun.[119] In polemischer Abgrenzung gegen die Rechtsinstitution der Ehe, die die Liebenden unter die juristischen Gebote der Gesellschaft stellt, wird Liebe *Ehe* genannt. Damit wird die Ehe als Ordnungsform, die die Gesellschaft bereithält, um die Beziehung der Geschlechter durch Paragraphen dauerhaft zu regeln, entobjektiviert. Sie fungiert nicht als Vermittlungsinstanz zwischen den subjektiven Wünschen und den transsubjektiven Ordnungsformen des Erlebens und Handelns, sondern wird Synonym der als unvergänglich behaupteten Liebe – emphatische Überspielung des im Konzept der Liebesehe verborgenen Problems, wie die Spontaneität des Gefühls mit der Dauerhaftigkeit der Institution zu verbinden ist. Konsequent polemisiert Schlegel gegen eine Eheauffassung, die das Institutionelle über das Emotionelle stellt und so die Subjektivität durch Regeln und Gebote einschränkt:

> Fast alle Ehen sind nur Konkubinate, Ehen an der linken Hand, oder vielmehr provisorische Versuche, und entfernte Annäherungen zu einer wirklichen Ehe, deren eigentliches Wesen, nicht nach den Paradoxen dieses oder jenes Systems, sondern nach allen geistlichen und weltlichen Rechten darin besteht, daß mehre Personen nur eine werden sollen. Ein artiger Gedanke, dessen Realisierung jedoch viele und große Schwierigkeiten zu haben scheint. Schon darum sollte die Willkür, die wohl ein Wort mitreden darf, wenn es darauf ankommt, ob einer ein Individuum für sich, oder nur der integrante Teil einer gemeinschaftlichen Personalität sein will, hier so wenig als möglich beschränkt werden; und es läßt sich nicht absehen, was man gegen eine Ehe *à quatre* Gründliches einwenden könnte. Wenn aber der Staat gar die mißglückten Eheversuche mit Gewalt zusammenhalten will, so hindert er dadurch die Möglichkeit der Ehe selbst, die durch neue, vielleicht glücklichere Versuche befördert werden könnte.[120]

Für Schlegel glückt die Liebe nur in einem interpersonalen Beziehungsgefüge, in dem wechselseitige Hingabe zu Verschmelzung, Selbstfindung und Steigerung des Ich gelangen kann: „Sie waren ganz hingegeben und eins und doch war jeder ganz er selbst, mehr als sie es noch je gewesen waren." (S. 54)

Wenn Schlegel die Ehe als Raum wechselseitiger Steigerung und emotionaler Fülle bestimmt, so scheint damit die Dominanz des Mannes über die Frau ausgelöscht. Doch dem kritischen Blick wird deutlich, daß diesem Konzept die ge-

[119] Kritisch zum „romantischen Antikapitalismus" siehe Mattenklott: Der Sehnsucht eine Form.

[120] Schlegel: Athenäums-Fragmente [No. 34], S. 170.

heime Forderung unterliegt, die Frau solle Ergänzung und Steigerung der männlichen Wirklichkeit sein, habe sich in grenzenloser Hingabe im männlichen Kosmos aufzulösen – als sei sie bloß „ein Consonans, den man ohne Mann nicht aussprechen kann" – wie Theodor Gottlieb von Hippel über zwei Jahrzehnte zuvor in ironischer Pointierung herausstellt.[121] Bei aller Programmatik wechselseitiger Ergänzung – letztlich geht es um die Steigerung der Persönlichkeit des Mannes durch die Frau.[122] Schlegels Weiblichkeitsentwürfe, wie sie sein gesamtes Frühwerk durchziehen[123] und nicht zuletzt in seinen Briefen greifbar sind, basieren auf Wunschprojektionen, in denen die Frau als Sehnsuchtsgestalt und Erlösungshoffnung dem Mann all das verspricht, was ihm die Realität mit ihren Gesetzen der Konkurrenz und Disziplin, der Vereinseitigung und Vereinnahmung vorenthält: eine Ganzheitlichkeit und Unmittelbarkeit des Lebens, in der alle Funktionalisierungen aufhören. Nicht als Person, die in die Zwänge des Alltags eingebunden ist, die in Loyalitätskonflikten zwischen den Forderungen der Gesellschaft, der Religion, der Institution und den Bedürfnissen und Wünschen ihres Inneren steht, kommt die Frau in den Blick, sondern als Inkarnation des Versprechens, der Mann könne zur Übereinstimmung mit sich und dem Kosmos gelangen und von den Wunden sozialer Funktionalisierung geheilt werden.

Das autobiographisch gefärbte Mittelstück des Romans, *Lehrjahre der Männlichkeit*, verdeutlicht dies. Dort zeichnet Schlegel den Helden als eine zerrissene, mit sich im Widerspruch liegende, haltlose Persönlichkeit, die endlich in der Liebe zu Lucinde sich selbst findet, alle Begrenztheiten und Verstrickungen überwindet und zu einer erfüllten Existenz gelangt. Die sieben Frauen, die Julius vor der Begegnung mit Lucinde traf, sprachen dagegen jeweils nur eine Seite an – seinen Schönheitssinn, seine Sinnlichkeit, seinen Verstand, seine Sehnsucht nach Naivität und nach Mütterlichkeit – oder aber sie waren unerreichbar. Erst Lucinde öffnet sich ihm vollkommen und spricht ihn ganz an, erfüllt seine tiefsten Bedürfnisse. Julius „glaubte alles in ihr [d.i. Lucinde] vereinigt zu besitzen, was er sonst einzeln geliebt hatte" (S. 56); sie erfüllt seine ungestillten Sehnsüchte, seine grenzenlosen Hoffnungen und tiefsten Wünsche so vollständig, daß er voller Enthusiasmus ausruft:

> Ja! ich würde es für ein Märchen gehalten haben, daß es solche Freude gebe und solche Liebe, wie ich nun fühle, und eine solche Frau, die mir zugleich die zärtlichste Geliebte und die beste Gesellschaft wäre und auch eine vollkommene Freundin. (S. 10)

[121] Hippel: Ueber die Ehe, S. 45. Hinzuweisen bleibt darauf, daß Hippel im Laufe der vier Auflagen, die sein Werk erreichte, seine Auffassungen so änderte, daß er zuletzt als Verfechter der Frauenemanzipation auftrat.

[122] Siehe hierzu Becker-Cantarino: Schlegels *Lucinde*; vgl. auch Domoradzki: Und er erschuf die Frau nach seiner Sehnsucht; Weigel: Wider die romantische Mode.

[123] Siehe hierzu Schlegel: Theorie der Weiblichkeit.

Für Lucinde ist Julius alles. Ihre unbegrenzte Liebesfähigkeit, die Körper und Seele zugleich umfaßt, die ganze Person durchdringt und alle gesellschaftlichen Normen und religiösen Gebote im Enthusiasmus des Gefühls negiert, weiß nichts von den Einschränkungen und partikularisierenden Bestimmungen, die die herrschenden Normen dem Zusammenleben der Geschlechter auferlegen.

Die emanzipativen Tendenzen des Romans sind unverkennbar.[124] Entgegen der zeitgenössischen Moral, die die niederen Triebe dem Domestizierungszwang der Ehe zu unterwerfen sucht, wird Sexualität als essentielles Moment der Identitätsfindung geradezu gefeiert – ein Skandalon für die Zeitgenossen, wie die Rezeption beweist. „Statt die nackte Wahrheit anzuerkennen, daß kein Mensch die Kluft zwischen Geist und Fleisch in ständigem Überschwang schließen kann" – wie Günther Anders spielverderberisch anmerkt –[125] werden Frau und Mann im Wechselspiel ihrer Liebe zu komplementären Partnern einer Beziehung bestimmt, die gerade in der Spannung der Geschlechterdifferenz zu bestehen scheint, sich aber als einseitiges Ergänzungsverhältnis entpuppt.

Denn bei allen emanzipatorischen Qualitäten, die der Roman für seine Zeit zweifelsohne hatte, wenn er den platonischen Dualismus von Geist und Körper proklamatorisch überwindet, gesellschaftlichen Normen keinen Einfluß auf die Liebe einräumt, der Frau nicht nur ein Recht auf ihr Gefühl zubilligt, sondern sie auch als die vollkommenere Verkörperung des Menschseins bestimmt: Die Dominanz der männlichen Sicht bleibt unverkennbar. Die Geliebte ist dem Geliebten funktional zugeordnet, sie ist seine Erlöserin, die ihn aus allen Widrigkeiten der inneren und äußeren Zerrissenheit zur Einheit mit sich selbst läutert. In dieser Perspektive beschreibt Julius die Qualitäten Lucindes:

> die Weiblichkeit deiner Seele [besteht] bloß darin, daß Leben und Lieben für sie gleich viel bedeutet; du fühlst alles ganz und unendlich, du weißt von keinen Absonderungen, dein Wesen ist Eins und unteilbar. [...] darum liebst du mich auch ganz und überläßt keinen Teil von mir etwa dem Staate, der Nachwelt oder den männlichen Freunden. Es gehört dir alles und wir sind uns überall die nächsten und verstehn uns am besten. Durch alle Stufen der Menschheit gehst du mit mir von der ausgelassensten Sinnlichkeit bis zur geistigsten Geistigkeit und nur in dir sah ich wahren Stolz und wahre weibliche Demut. (S. 11)

Mit einem Wort: Lucinde ist mit sich eins, ihr ganzes Wesen ist Liebe, die alles umfaßt – und das bis zu den höchsten Graden. Sie verkörpert naturhafte Ganzheit, während Julius, der geistig Zerrissene, durch einen Mangel gekennzeichnet ist, der erst in der Beziehung zu Lucinde überwunden wird:

> Da ward sein Geist in vielfachen Richtungen und Verhaltnissen erganzt und bereichert. Aber die volle Harmonie fand er auch von dieser Seite allein in Lucindens Seele, wo die

124 Siehe hierzu z. B. Behler: *Lucinde*, bes. S. 118 ff.

125 Anders: Lieben gestern, S. 47.

Keime alles Herrlichen und alles Heiligen nur auf den Strahl seines Geistes warteten, um sich zur schönsten Religion zu entfalten. (S. 58)

Das mag man als Aufwertung des Frauenbildes sehen; doch es ist eine männlich dominierte Positivierung, die dem Zweck dient, dem Mann seine Entwicklung zur vollendeten Totalität zu ermöglichen, bis am Ende konstatiert werden kann: „In ihm ist die Menschheit vollendet, und er hat den Gipfel des Lebens erstiegen." (S. 22) Was auf den ersten Blick als wechselseitige Ergänzung und Steigerung der Geschlechter zum vollen Menschsein erscheint, erweist sich so bei genauerem Hinsehen als männlich dominiertes Beziehungsgefüge:

Die von Schlegel konzipierte Priesterin und Lichtbringerin verdrängte vollkommen die gesellschaftliche Problematik und legte die Frau auf einen idealisierten Gattungstyp fest, den sie als Individuum nicht erfüllen konnte, und der ihr keine Eigenentwicklung ermöglichte. Statt biblischer Dienerschaft in Ehe und Familie wurde sie von Schlegel zu einer seelisch-sinnlichen Erlöserrolle für die existentiellen Nöte des Mannes verpflichtet.[126]

Was für Schlegel im besonderen gilt, läßt sich generalisieren. Die romantische Liebeskonzeption, die die Frau ins Zentrum enthusiastischer Verklärung rückt, entspringt einem männlich geprägten Erlösungsmythos, der die Frau nur erhöht, um sie den höheren Zwecken des Mannes zu unterwerfen.

Demzufolge besteht das Schema romantischer Liebesgeschichten aus zwei Grundmotiven: der *problematischen Existenz des Mannes*, den es irgendwie nach Erlösung verlangt, und dieser endlichen *Erlösung*, die ihm zuteil wird *durch die Frau.*[127]

Der in literarischen Fiktionen entworfene Liebesmythos könnte als soziokulturell unverbindliches Spiel romantischer, biographisch eingefärbter Phantasiewelten abgetan werden, die eine vage Entsprechung im Leben nur weniger Romantiker fanden, von den meisten Zeitgenossen aber, die Schlegels Roman vielfach als „Manifest des Obszönen"[128] ansahen, mit moralischem Abscheu abgewiesen wurden.[129] Doch findet sich Entsprechendes auch in philosophischen Entwürfen der Zeit – so in Fichtes drei Jahre vor Erscheinen des Romans verfaßtem *Naturrecht*, einem Werk mit rechtsgeschichtlicher Wirkung. Auch Fichte, der Gefallen an der *Lucinde* fand,[130] hebt hervor, daß Mann und Frau erst zusammen zum vollen Menschsein gelangen; und auch für ihn ist die Ehe Selbstzweck, bestimmt allein von der Liebe, der alles andere zweitrangig wird:

[126] Becker-Cantarino: Schlegels *Lucinde*, S. 138.

[127] Korff: Geist der Goethezeit, Bd. 3, S. 87. Zur Bestimmung der Frau als Erlöserin des Mannes siehe auch Becker-Cantarino: Priesterin und Lichtbringerin.

[128] Behler: Friedrich Schlegel, S. 68.

[129] Siehe zu Einzelheiten Kluckhohn: Die Auffassung der Liebe in der Literatur des 18. Jahrhunderts und in der deutschen Romantik, S. 414ff.

[130] Ebd., S. 418.

die Ehe hat keinen Zweck ausser ihr selbst; sie ist ihr eigener Zweck. Das eheliche Verhältniss ist die eigentlichste, von der Natur geforderte Weise des erwachsenen Menschen von beiden Geschlechtern, zu existiren. In diesem Verhältnisse erst entwickeln sich alle seine Anlagen; ausser demselben bleiben sehr viele, und gerade die merkwürdigsten Seiten der Menschheit unangebaut.[131]

Sowohl bei Friedrich Schlegel als auch bei Fichte erfährt die Frau als Erlösergestalt des Mannes eine funktionale Aufwertung – mit der Konsequenz, daß sie als eigenständiges Subjekt negiert wird, weil es ihrem Wesen gemäß sei, sich dem Mann zu fügen. So sei das Verhältnis von Mann und Frau kein Zwangsverhältnis, sondern gründe in der Natur des weiblichen Charakters:

das Weib ist nicht unterworfen, so dass der Mann ein *Zwangsrecht* auf sie hätte, sie ist unterworfen durch ihren eigenen fortdauernden nothwendigen und ihre Moralität bedingenden Wunsch, unterworfen zu seyn. Sie dürfte wohl ihre Freiheit zurücknehmen, wenn sie *wollte*; aber gerade hier liegt es; sie kann es vernünftigerweise nicht *wollen*.[132]

Fichte bringt – mit großer Wirkung für das gesamte 19. Jahrhundert –[133] auf den rechtlichen Punkt, was sich bei Schlegel in der gesellschaftlichen Abstraktheit seiner fiktionalen Welt verflüchtigt. Durch die Heirat wird die Frau vollständig vom Mann absorbiert, sie verliert ihre Personalität, um sich im Wollen des Mannes wiederzufinden: „Im Begriffe der Ehe liegt die unbegrenzteste Unterwerfung der Frau unter den Willen des Mannes."[134] In dieser Geschlechtermetaphysik verbirgt sich das Modell der Kleinfamilie. Der Mann repräsentiert die Ehe nach außen, die Frau ist Teil eines Binnenverhältnisses, der männlichen Repräsentanz ein- und untergeordnet. Aus der wechselseitigen Verschmelzung wird so bei Fichte das einseitige Verhältnis von Verfügendem und Verfügter:

Diejenige, welche ihre Persönlichkeit mit Behauptung ihrer Menschenwürde hingiebt, giebt nothwendig dem Geliebten alles hin, was sie hat. [...] Das Geringste, was daraus folgt, ist, dass sie ihm ihr Vermögen und alle ihre Rechte abtrete, und mit ihm ziehe. Nur mit ihm vereinigt, nur unter seinen Augen und in seinen Geschäften hat sie noch Leben und Thätigkeit. Sie hat aufgehört, das Leben eines Individuums zu führen; ihr Leben ist ein Theil seines Lebens geworden (dies wird trefflich dadurch bezeichnet, dass sie den Namen des Mannes annimmt).[135]

131 Fichte: Grundlage des Naturrechts, S. 316.

132 Ebd., S. 345.

133 Siehe dazu Frevert: Bürgerliche Meisterdenker und das Geschlechterverhältnis; Hausen: „... eine Ulme für das schwankende Efeu"; Hoffmann: Elisa und Robert oder das Weib und der Mann, wie sie sein sollten; Dotzler: „Seht doch wie ihr vor Eifer schäumet ...".

134 Fichte: Grundlage des Naturrechts, S. 325.

135 Ebd., S. 312 f.

Der ideologischen Aufwertung der Frau – erst Mann und Frau zusammen repräsentieren das wahre Menschsein – korrespondiert bei Fichte ihre vollständige soziale Negierung. Ihr wird keine Außenrepräsentanz aus eigenem Recht zugebilligt; nur vermittelt über den Ehemann bezieht sie sich auf die Gesellschaft. Im Binnenverhältnis der Ehe aber lebt die Frau in einem gesellschaftsfreien Raum, in dem sie gegenüber der Herrschaft des Mannes recht- und machtlos ist.

Bei Fichte führt so die Entinstitutionalisierung der Ehe, ihre Ablösung von vertragsrechtlichen Bestimmungen und ihre Emotionalisierung als unbedingte Liebesgemeinschaft, zur Auslöschung der Ehefrau als gesellschaftlichem Wesen. Damit offenbart Fichtes Konzept die Implikation der Schlegelschen Idealisierung: Die Erlösungsfunktion der Frau im privaten Liebesraum bedeutet ihre gesellschaftliche Negierung – ein Zusammenhang, der sich auf vielfältige Weise in den zeitgenössischen Überlegungen zum Geschlechterverhältnis reflektiert.[136] Ein eindrucksvolles Zeugnis hierfür ist der Brief Heinrich von Kleists an seine Braut Wilhelmine von Zenge vom 30.5.1800. Er legt ihr die Frage in den Mund *„welcher von zwei Eheleuten, deren jeder seine Pflichten gegen den andern erfüllt, am meisten bei dem früheren Tode des andern verliert"*, um sie dann selbst schulgerecht zu beantworten:

> Da findet nun die Urteilskraft zuerst, daß der Mann nicht bloß der Mann seiner Frau, sondern auch noch ein Bürger des Staates, die Frau hingegen nichts als die Frau ihres Mannes ist; daß der Mann nicht bloß Verpflichtungen gegen seine Frau, sondern auch Verpflichtungen gegen sein Vaterland, die Frau hingegen keine andern Verpflichtungen hat, als Verpflichtungen gegen ihren Mann; daß folglich das Glück des Weibes zwar ein wichtiger und unerlaßlicher, aber nicht der *einzige* Gegenstand des Mannes, das Glück des Mannes hingegen der *alleinige* Gegenstand der Frau ist; daß daher der Mann *nicht mit allen* seinen Kräften für seine Frau, die Frau hingegen mit ihrer *ganzen Seele* für den Mann wirkt.[137]

[136] Hingewiesen sei auf den Frauenroman der Zeit, in dem die Frau auf die dienende Rolle der Selbstpreisgabe festgelegt wird, einzig darauf bedacht, die Ehe trotz aller ökonomischen und emotionalen Widrigkeiten zum Wohle des Mannes aufrechtzuerhalten. Zu nennen ist der anonym erschienene Roman von Wilhelmine Caroline von Wobeser: Elisa oder das Weib wie es seyn sollte, Leipzig 1795, der eine ganze Anzahl von ähnlichen Werken, Fortsetzungen und Gegenschriften hervorrief. Dieser Roman schildert das Schicksal einer Frau, die zur Ehe mit einem Mann genötigt wird, dem sie sich vollständig aufopfert, obwohl er sie hintergeht, ökonomisch bedrängt und jeglicher Entscheidungsgewalt beraubt. Zu Einzelheiten siehe Schieth: *Elisa oder das Weib wie es seyn sollte*; siehe auch die zeitgenössischen Ausführungen von Brandes: Über die Weiber, in denen der Frau jedes Recht auf Selbständigkeit und Eigenverantwortlichkeit, jede Mitwirkung in öffentlichen und geschäftlichen Angelegenheiten abgesprochen wird. Generell zur Entfaltung einer weiblichen Sonderanthropologie siehe Honegger: Die Ordnung der Geschlechter.

[137] Kleist: Briefe, S. 506.

Die romantische Eheauffassung mit ihrer spezifischen Geschlechtertypologie blieb nicht unwidersprochen. So wendet sich Hegel entschieden gegen eine Ehe, die sich unterschiedslos zur Liebe bestimmt und alles Institutionelle und Zeremonielle als deren sichtbares Zeichen negiert:

Daß die Zeremonie der Schließung der Ehe überflüssig und eine Formalität sei, die weggelassen werden könnte, weil die Liebe das Substantielle ist und sogar durch diese Feierlichkeit an Wert verliert, ist von *Friedrich v. Schlegel* in der *Lucinde*, und von einem Nachtreter desselben [d. i. Schleiermacher] in den Briefen eines Ungenannten (Lübeck und Leipzig 1800) aufgestellt worden. Die sinnliche Hingebung wird dort vorgestellt als gefordert für den Beweis der Freiheit und Innigkeit der Liebe, eine Argumentation, die Verführern nicht fremd ist.[138]

Entschieden verwahrt sich Hegel dagegen, die Liebe zum ausschlaggebenden Bestimmungsgrund der Heirat zu machen. Zwar kann und soll in der Ehe Liebe herrschen, aber diese bleibt eingebunden in die Rechtsordnung der Ehe, sie begründet sie nicht, sondern ist nur die wünschenswerte nachträgliche Füllung einer Beziehung, die bestimmt ist von den gesellschaftlichen Regularien einer patriarchalischen Ordnung, in der die Eltern die Entscheidungsbefugnis haben, um die Familienordnung über die einzelnen Mitglieder hinaus zu tradieren. Die Ehe formiert keinen Ort, der quersteht zu den gesellschaftlichen Hierarchien und ständischen Bestimmtheiten, den ökonomischen Gegebenheiten und familialen Traditionen, sondern der sich einfügt in die Ordnung der Gesellschaft, deren Teil er ist. Dieser Teilbereich, das konzediert Hegel immerhin, sollte auch den emotionalen Bedürfnissen der Eheleute gemäß sein, doch dürfen diese nicht die Heirat begründen:

Die Extreme hierin sind das eine, daß die Veranstaltung der wohlgesinnten Eltern den Anfang macht und in den zur Vereinigung der Liebe füreinander bestimmt werdenden Personen hieraus, daß sie sich, als hierzu bestimmt, bekannt werden, die Neigung entsteht, – das andere, daß die Neigung in den Personen, als in *diesen* unendlich Partikularisirten, zuerst erscheint. – Jenes Extrem oder überhaupt der Weg, worin der Entschluß zur Verehelichung den Anfang macht und die Neigung zur Folge hat, so daß bei der wirklichen Verheiratung nun beides vereinigt ist, kann selbst als der sittlichere Weg angesehen werden. – In dem andern Extrem ist es die *unendlich besondere* Eigentümlichkeit, welche ihre Prätentionen geltend macht und mit dem subjektiven Prinzip der modernen Welt [...] zusammenhängt.[139]

[138] Hegel: Grundlinien der Philosophie des Rechts, § 162, Zusatz, S. 317. In der Einleitung der *Kritischen Friedrich-Schlegel-Ausgabe* betont Hans Eichner, daß Hegels Kritik am Roman weit ins 19. Jahrhundert hinein gewirkt habe. (Bd. 5, S. LII) Zur Ergänzung und Weiterführung der Hegelschen Kritik hin zu Heine und den Junghegelianern siehe Pinkert: Hegels *Lucinde*-Kritik.

[139] Hegel: Grundlinien der Philosophie des Rechts, § 162, S. 311.

Für Hegel, der den Staat und die durch ihn garantierten Institutionen ins Zentrum seiner Ausführungen rückt, ist die Ehe ganz wesentlich Rechtsinstitution, die Heirat ein juristischer Akt, der erst durch die öffentlich vollzogene Zeremonie seine Wirklichkeit erhält:

Wie die Stipulation des Vertrags schon für sich den wahrhaften Übergang des Eigentums enthält [. . .], so macht die feierliche Erklärung der Einwilligung zum sittlichen Bande der Ehe und die entsprechende Anerkennung und Bestätigung desselben durch die Familie und Gemeinde (daß in dieser Rücksicht die *Kirche* eintritt, ist eine weitere, hier nicht auszuführende Bestimmung) die förmliche *Schließung* und *Wirklichkeit* der Ehe aus, so daß diese Verbindung nur durch das *Vorangehen* dieser Zeremonie als der Vollbringung des *Substantiellen* durch das *Zeichen*, die Sprache, als das geistigste Dasein des Geistigen [. . .], als sittlich konstituiert ist.[140]

Doch auch wenn Hegels Ehe-Institutionalismus für das 19. Jahrhundert prägend wurde,[141] so war doch die *romantische Liebe*, die Friedrich Schlegel in seinem Roman bis in die kosmischen Höhen einer All-Harmonie treibt und die Fichte zum Fundament einer Ehe erhebt, die als rechtsfreier Raum die Selbstpreisgabe der Frau verlangt, nicht nur fiktionaler Entwurf und philosophische Deduktion, wie ein Blick auf die tatsächlichen Verhältnisse nahelegen könnte, in denen die Heirat weiterhin vielfach eine pragmatische Angelegenheit war, sondern beeinflußte die Bedürfnisdisposition realer Personen. Das Konzept der *romantischen Liebe* reflektiert sich nicht nur in den Liebesdiskursen, sondern auch in den – freilich literarisch übermittelten – Gefühlswelten der Zeit. So veranschaulicht z. B. Hans Magnus Enzensberger in seiner Dokumentation *Requiem für eine romantische Frau* die Beziehung zwischen Clemens Brentano und Auguste Bußmann, die mit der Scheidung endete, über eine Vielzahl von Quellentexten und bedenkt in einer Anrede an die Tote die realen Folgen der romantischen Liebeskonzeption:

Liebe unglückliche Auguste, Sie können nicht ahnen, was Sie angerichtet haben, Sie und eine Handvoll ihrer Zeitgenossinnen und Zeitgenossen. Ich übertreibe kaum, wenn ich behaupte, Sie (eine Handvoll Menschen zwischen dem achtzehnten und dem neunzehnten Jahrhundert) hätten „die Liebe" erfunden – oder sagen wir lieber das, was man in Europa bis auf den heutigen Tag darunter versteht. Denn was war das schon vordem? Man wurde verheiratet, machte gute oder schlechte Partien, suchte Arbeitskraft, zeugte Kinder und zog sie auf, nahm sein Unglück oder sein Glück, wie es kam, lebenslänglich hin. Dann erst, ziemlich spät, seid Ihr auf die Idee gekommen, etwas mehr möchte doch zu erlangen sein, über das Kindbett, die Arbeit, das Vermögen hinaus: so als könnte man sein Leben, auch in dieser Hinsicht, selber in die Hand nehmen. Eine höchst riskante und folgenreiche Idee! Das Ich in seiner vollen Größe, und das Du. Die Seele und der Leib, daraus sollte eine kleine Unendlichkeit werden. Eine Emphase war das, eine Erwartung, ein

[140] Ebd., S. 315; vgl. Eichner: Einleitung zu *Lucinde*, S. LII f.

[141] Siehe hierzu Mahlmann: Psychologisierung des „Alltagsbewußtseins", S. 98 f.

Glücksverlangen, von dem sich frühere Generationen nichts hatten träumen lassen – und zugleich eine gegenseitige Überforderung, die ganz neue Möglichkeiten des Unglücks heraufbeschwor. Die Enttäuschung war die Kehrseite Eurer Utopie, und Eure neuen Einverständnisse gaben auch dem alten Kampf zwischen den Geschlechtern eine neue, radikale Wendung.[142]

[142] Enzensberger: Nachrede, S. 228.

C. METHODOLOGISCHE ZWISCHENBEMERKUNG

„der unterschied liegt zwischen ‚widerspiegeln'
und ‚den spiegel vorhalten'."
(Brecht)

Literatur als programmatische Affirmation oder mimetische Reflexion der Wirklichkeit

Literatur als Artikulationsmedium von fiktionalen Lebenswelten kann sich zu den etablierten Mustern des Handelns, Redens und Empfindens auf verschiedene Weise ins Verhältnis setzen – sie kann affirmativ oder kritisch sein. Affirmativ ist sie immer dann, wenn sie eine Fülle von realistischen Details nach einem Kohärenzmodell von Realität verbindet, statt dieses an jenen problematisch werden zu lassen. So bewältigt sie mühelos die inneren und äußeren Probleme der fiktiven Personen und gestaltet zum schönen Schein harmonistischer Eintracht, was die Realität mit ihren Aporien, Problemen, Zufälligkeiten und Schicksalsschlägen unversöhnt läßt. Der Schematismus der Personengestaltung und Handlungsführung ruft realistische Details nur auf, um sie im Formklischee verschwinden zu lassen, das nicht der kritischen Aufmerksamkeit, sondern dem Harmoniebedürfnis entspricht. Indem dieser literarische Schematismus eine Wunschvorstellung von Realität bedient, gibt er Literatur als verschönernden Spiegel des Lebens aus. Er eskamotiert gerade auch in bezug auf die Heiratsthematik im falschen Schein von Realität die Fülle der Probleme, die das neue Konzept der *Liebesheirat* aufwirft.

Bestes Beispiel sind innerhalb des hier behandelten historischen Feldes die vielen Rührschauspiele, die in der Nachfolge Gellerts im letzten Drittel des 18. Jahrhunderts spielplanbestimmend geworden sind. Sie zeigen, wie unterhalb der Höhenkammliteratur eine gemäßigte Auffassung von Liebe und Ehe propagiert wird, die von den Aporien zwischen Emotion und Institution nichts weiß, sondern die Familie als natürliche Ordnungsform, die zwischen herrschenden Normen und individuellen Wünschen vermittelt, ins Zentrum stellt.[143]

[143] Hierin liegt nach Glaser: Das bürgerliche Rührstück, geradezu das Bestimmungsmerkmal dieser Dramatik: „Die entscheidende Differenz zu den kritischen Dramen Lessings oder des Sturm und Drang liegt weniger in der zumeist abgeschlossenen Privatheit der Rührstücke als darin, daß die Verfassung dieser bürgerlichen Zustände als ihre natürliche Ordnung verstanden wird." (S. 9)

Im Rückgriff auf Konzepte der *empfindsamen Liebe* artikuliert sich hier ein Ehe- und Familienpathos, das die Versöhnung zwischen den Ordnungsgeboten der Gesellschaft und dem Glücksverlangen des einzelnen zur Apotheose verklärt. Es geht darum, familial zu lieben, auf eine wohltemperierte Art, die die Grenzen von Moral und Recht, Stand und Rang respektiert und sich in eine Familie einbindet, die als Hort des Gefühls alle ihre Mitglieder in Harmonie vereint.

Wirkungsvolle Propagandainstrumente einer Liebe, die zur Ehe drängt, und einer Familie, die auf Liebe gründet, sind u. a. die vielen trivialen Familienschauspiele von Schröder, Gemmingen, Großmann und vor allem die Dramen Ifflands und Kotzebues. Ihre Aufführungszahlen[144] lassen erkennen, wie sehr sie zumindest fiktional das Bedürfnis befriedigen, die Widrigkeiten des Lebens in der Gefühlsharmonie einer Familie aufgelöst zu sehen.[145] Unentwegt wird hier ein spezifisches Handlungsschema variiert und bühnenwirksam in Szene gesetzt. Die Familie, auf die sich der soziographische Umfang des Dramas zusammenzieht, durchläuft drei Zustandsformen: Eine vorgegebene feste Familienordnung wird von innen oder außen durch normwidriges Verhalten empfindlich gestört. Der Vater, der die gesellschaftliche Ordnung repräsentiert und auf standesgemäße Heirat achtet, wird mit der Gefühlsentscheidung seiner Kinder konfrontiert. Der Konflikt scheint unausweichlich; doch rechtzeitig entpuppt sich dann der Heiratskandidat als standesgemäß, oder aber der Vater entsagt seiner *patria potestas* und wird zum zärtlichen Vater. So münden die Verwirrungen dann in aller Regel in eine Heirat, in der alle Differenzen zwischen Sollen und Wollen aufgehoben sind. Zu guter Letzt siegt die Familienliebe über alle individualistische Abweichung; die Störungen, die die Familienordnung aufzulösen drohen, werden in einem Gegenbild ausgelöscht, das die vorgegebene Familienordnung zur zeitlosen Naturordnung verklärt.[146] Dramaturgi-

[144] Bezeichnend ist, daß sogar Goethe als Intendant des Weimarer Theaters den Familienschauspielen gegenüber allen anderen Dramen numerisch den Vorrang einräumte. Siehe dazu Burkhardt: Das Repertoire des Weimarischen Theaters unter Goethes Leitung 1791–1817.

[145] Zu Einzelheiten siehe Sørensen: Herrschaft und Zärtlichkeit, S. 190 ff.; Glaser: Das bürgerliche Rührstück; Greis: Drama Liebe, S. 151 ff.; Krause: Das Trivialdrama der Goethezeit. An einer Fülle von Beispielen kann Elena Vogg zeigen, daß, abgesehen vom Handlungsausgang, auch die trivialen bürgerlichen Trauerspiele der zweiten Hälfte des 18. Jahrhunderts von analogen Personengestaltungen, Handlungsverläufen und Wertorientierungen geprägt sind; Vogg: Die bürgerliche Familie zwischen Tradition und Aufklärung.

[146] Die Rührstücke greifen damit – bei allen Differenzen zur inhaltlichen Füllung und Motivierung des Geschehens – auf das Handlungsschema der *Neuen Komödie* zurück, die ihr Handlungsziel ebenfalls in der Wiederherstellung der alten Familienordnung als einer

sches Zeichen dieser finalen Beruhigung ist das *Tableau*. Der Schluß des Dramas gruppiert die Familie zu einem Bild harmonischer Eintracht, das die Botschaft der Handlung pointiert: Alle Verwirrungen lösen sich auf, wenn nur die Familienbande sich wieder zum festen Knoten knüpfen.

Vorbildlich für diese dann trivialisierte Struktur sind die Überlegungen Diderots, der das *Tableau* als Dramenschluß theoretisch fordert und praktisch demonstriert. Er ersetzt die tragisch-heroischen Charaktere durch empfindsam-familiäre und korreliert diese Modifikation des Dramenpersonals mit einer veränderten Konzeption des dramatischen Handlungsverlaufs. Nicht das zugespitzte, durch Peripetie und Katastrophe bestimmte Aktionsfeld exzeptioneller Charaktere, die in Ausnahmesituationen agieren, sondern das identifikationsheischende, emotionsgefüllte Erlebnisfeld allgemein-menschlicher Charaktere, die sich vornehmlich als Familienangehörige verstehen, erhebt er zum eigentlichen Thema der von ihm proklamierten mittleren Gattung des *genre sérieux*. Deren bestimmendes Formprinzip ist das *Tableau*, das die Emotionalität im gefühlsgesättigten Familienbild sammelt.[147] Heirat ist dabei häufig das aus der Komödientradition entlehnte Siegel für die proklamierte Dauerhaftigkeit der Familienordnung, in der subjektives Wollen und objektive Ordnung zusammenfallen.

Dem Vorbild Diderots folgen viele Autoren deutscher Rührstücke. Sie greifen die in ihrer Zeit aktuelle Thematik der *Liebesheirat* auf; jedoch entschärfen sie das Problem, daß sich das Gefühl nicht ohne weiteres ökonomischen und ständischen Geboten fügt, mit einem konzeptionellen Trick: Die patriarchale Autorität des Vaters wird emotionalisiert und die individualistische Liebe der Kinder familialisiert. Auf diese Weise schaffen die Dramen einen fiktionalen Ausgleich zwischen dem anerkannten Recht der Kinder auf freie Partnerwahl und dem normativen Anspruch der Gesellschaft auf konformes Verhalten. Anders als in der *romantischen Liebe*, für die ständische Grenzen und ökonomische Faktoren nichtig werden, bleiben die Bedingungen der Gesellschaft in Kraft. Zwar treten sie vor den zelebrierten Gefühlen in den Hintergrund, aber als bestimmende Momente verhindern sie in aller Regel die Mesalliance, die bei reinen *Liebesheiraten* droht.

Die Rührstücke von Schröder bis Gemmingen, von Babo bis Iffland zeichnet bei allen Unterschieden im Detail eine Gemeinsamkeit aus: Realitätsnähe wird um den Preis der Realitätsgerechtigkeit hergestellt. Denn trotz einer Fülle von Details, die die zeitgenössische Wirklichkeit aufrufen, tauchen die Dramen zwischenmenschliche Bezüge in das stimmungsvolle Licht einer Harmonie, in dem

zeitenthobenen Naturordnung hat. Siehe hierzu Fuhrmann: Lizenzen und Tabus des Lachens, S. 65 ff.

[147] Siehe hierzu Szondi: Tableau und coup de théâtre.

vergessen werden soll, welchen subjektiven und objektiven Spannungen eine Heirat ausgesetzt ist, die sich durch *Liebe* legitimiert, zugleich aber den Bedingungen der Gesellschaft zu folgen hat.

Die Trivialität der Dramen beruht nun nicht einfach nur in den propagierten kleinbürgerlichen Sekundärtugenden von Zuverlässigkeit, Bescheidenheit, Solidität, Zufriedenheit und in der flachen Charakteranlage der Protagonisten oder im penetranten Happy-End, das alle Probleme auslöscht. Sie besteht mehr noch in der handlungsformierenden Art, in der diese Probleme getilgt werden. Konflikte werden nicht in problemreichem, von Widersprüchen und Beschädigungen durchzogenem Handeln verarbeitet, sondern im Verzeihen, in der Nachsicht, in der liebenden Zuwendung kommt es zu einer Neutralisierung aller Probleme; sie werden in ihrer existentiellen Bedeutsamkeit geleugnet. So löst Graf Wodmar, der Hausvater in Gemmingens *Der teutsche Hausvater*, hurtig und mühelos die sozialen und psychischen Fixierungen seiner Kinder Sophie (Scheidungsprobleme), Ferdinand (militärischer Ehrverlust) und Karl (unstandesgemäße Liebe), indem er mit bestimmender, aber nachsichtiger Autorität alles abwendet, was die Kinder emotional oder sozial scheitern lassen könnte.

Was sich bei Gemmingen beobachten läßt, ist zu verallgemeinern: Die Dramen verwischen, bei aller Genauigkeit in Einzelheiten, den Bezug zum Problemgehalt einer Welt, in der die Konflikte zwischen Wunsch und Wirklichkeit sich keineswegs im idyllischen Dasein einer Familie lösen lassen. In seiner Abhandlung *Über das Pathetische* kritisiert Schiller die „beliebten Familiengemälde" wegen ihres affirmativen Effekts der „bloß zärtlichen Rührungen":

> Sie bewirken bloß Ausleerungen des Tränensacks und eine wollüstige Erleichterung der Gefäße; aber der Geist geht leer aus, und die edlere Kraft im Menschen wird ganz und gar nicht dadurch gestärkt.[148]

Doch die Tränen, die das zeitgenössische Rührstück erzeugt, bilden nicht nur den Schleier, hinter dem die Widersprüche der Realität im herzerhebenden Gefühl verschwimmen, sie sind auch Ausdruck der Hoffnung, in der von Liebe und Fürsorge geprägten Familie könne sich das Glück entfalten, das die Gesellschaft verweigert. Insofern produzieren die in Schlußtableaus kulminierenden Stücke nicht nur den falschen Schein von Versöhnung, sondern auch deren naives Modell, illusionistisch und von dumpfer Hoffnung getragen. Gerade diese Ungeschiedenheit vermag die bis in die Trivialromane[149] und Familienzeitschriften

[148] Schiller: Über das Pathetische, S. 427.

[149] Ein frühes Beispiel aus dem Jahre 1801 ist der Roman von Engel: Herr Lorenz Stark. Zunächst als Drama geplant und zurückgehend auf Diderots *Père de famille* und Gemmingens *Deutschen Hausvater* entfaltet es den Vater-Sohn- Konflikt im Kaufmannsmilieu. Der autoritäre Vater weigert sich, die Ehe seines Sohnes mit Madame Lyk anzuerkennen; doch als er sieht, wie beide eine Liebesehe führen, wandelt er sich zum „zärtli-

des 19. Jahrhunderts und dann in die frühen Familienserien des Fernsehens sich fortsetzende, mentalitätsprägende Wirkung dieser Dramatik zu erklären – als fiktionales Versprechen, Haus und Familie seien der Ort, an dem sich zu guter Letzt die Widrigkeiten der Welt auflösen. Die Trivialliteratur der Zeit depotenziert die mit der Heirat verbundenen Probleme zu bloßen Beiläufigkeiten, die mit gutem Willen, rechter Gesinnung und empfindsamem Gemüt zu überwinden sind. Kein unbotmäßiger Gedanke und kein widersprüchliches Gefühl, keine nachhaltige Irritation und kein gesellschaftlicher Konflikt sollen die abschließende Empfindungsharmonie der Rezipienten stören.

Die Literatur kann die Probleme der Zeit jedoch auch anders verarbeiten. Die kritischen Werke setzen die ideologischen Proklamationen ihrer Zeit nicht ungebrochen in Fiktion um; sie spiegeln das Konzept der *Liebesheirat* nicht glatt wider, sondern führen vor Augen, was ihm an Unabgegoltenem und Widersprüchlichem inhärent ist. Die Unterscheidung zwischen affirmativer und kritischer Literatur pointiert ein Wort Brechts:

> das dichten muß als menschliche tätigkeit angesehen werden, als gesellschaftliche praxis mit aller widersprüchlichkeit, veränderlichkeit, als geschichtsbedingt und geschichtemachend. der unterschied liegt zwischen ‚widerspiegeln' und ‚den spiegel vorhalten'.[150]

Den Spiegel aber halten kritische Werke dem Rezipienten vor, indem sie gerade nicht um der Harmonie willen alles Diskrepante abblenden, sondern all das szenisch entfalten, was sich schnellen Lösungen und schlichten Überzeugungen nicht fügt. Sie lassen Tiefendimensionen sozialer und psychischer Wirklichkeiten anschaulich werden, die sich den eingespielten Zugriffen diskursiver Redeordnungen entziehen.

Ein solches Verhältnis von Literatur und Wirklichkeit möchte ich als *mimetische Reflexion* bezeichnen und im folgenden erklären.[151] Daß die Produktion

chen" Vater, der sich im empfindsamen Gefühl mit der neuen Familie zusammenschließt: „Die Ehe ward eine der glücklichsten in der Stadt. Die Familie hing, jedes Glied mit jedem, durch die zärtlichste Liebe zusammen. Herr *Stark* erfreute sich, bis in's höchste Alter hinauf, des Wohlstandes und der vollkommenen Eintracht aller der Seinigen, und genoß das süße, kaum mehr gehoffte Glück, Enkel an seine Brust zu drücken, die nicht bloß seines Bluts waren, sondern auch seinen Namen trugen." (S. 97 f.)

[150] Brecht: Arbeitsjournal, Bd. 1, S. 158.

[151] Siehe hierzu auch Wild: Literatur im Prozeß der Zivilisation, der generell zum „Problem der Vermittlung von Lebenspraxis und Literatur" ausführt: „Dieser Aspekt des Vermittlungsproblems stellt sich als überaus problematisch dar, weil die literarischen Zeugnisse in der Abbildung und Widerspieglung dieser Verhaltensweisen und Bewußtseinsformen nicht aufgehen (wenngleich es literarische Zeugnisse gibt, für die das gilt), sondern *weil Literatur zugleich eine Form der Reflexion dieser Verhaltensweisen und Bewußtseinsformen ist.* In dieser Reflexion liegt die Erkenntnisleistung der Literatur ..." (S. 40)

von literarischen Texten kein adamitischer Akt ist, versteht sich von selbst. Literatur bezieht sich auf Vorgeformtes, auf sprachlich kodifizierte Welten des Erlebens und Handelns, an denen sie auf spezifische Weise partizipiert. Das Grundproblem abendländischer Literaturtheorie artikuliert sich in der Frage, ob Literatur Wirklichkeit abbilde. Was hier Abbildung ist, ist keineswegs von vornherein ausgemacht. Wird eine unabhängige Realität durch das Abbild einfach gespiegelt, oder bedeutet Abbildung nicht immer auch einen Eingriff ins Abgebildete? Was ist das Abzubildende? Ist es die empirische Wirklichkeit, die *in* den Erscheinungen liegt? Oder die wahre Wirklichkeit, die *hinter* den Erscheinungen verborgen ist? Oder die Welt, wie sie sein soll? Wird die Wirklichkeit im Gegenbild ihrer literarischen Darstellung kritisch präsentiert oder als Vorschein einer besseren Möglichkeit entfaltet? Und was ist der jeweilige Zweck solcher Darstellung? Die darstellungsästhetische Frage verbindet sich unweigerlich mit ihrer wirkungsästhetischen Begründung. Wozu dienen die fiktionalen Welten, die nicht wahr sind im Sinne der Tatsächlichkeit, die aber wahr sein wollen im Sinne des Wesens der Wirklichkeit oder der moralischen bzw. politischen Wünschbarkeit?

Auf unterschiedlichste Weise antwortet die Tradition auf die Frage, wie sich die literarische Welt zu unserer Alltagswelt verhält, in der wir wie selbstverständlich agieren. Einerseits wird Dichtung in einer mimetischen Beziehung zur Wirklichkeit gesehen, andererseits wird ihr die Erzeugung einer eigenen Wirklichkeit zugeschrieben. In den Begriffen *mimesis* und *poiesis* hat die Auffassung von der Dichtung als Nachahmung der *Natur* und vom Dichter als Schöpfer einer zweiten *Natur* ihren Niederschlag gefunden. Häufig werden in der Tradition diese beiden Aspekte als gegensätzlich herausgestellt; entweder wird die produktionsästhetische Seite der *poiesis* oder die darstellungsästhetische Seite der *mimesis* betont. Gerade im 18. Jahrhundert konturiert sich diese Alternative deutlich. Vom Rationalismus Gottscheds bis hin zur Empfindsamkeit Gellerts wird der mimetische Aspekt der Naturnachahmung hervorgehoben, wobei *Natur* jeweils anders gefaßt wird; im Geniekonzept des *Sturm und Drang* wird dagegen der mimetische Aspekt zugunsten des schöpferischen Aspektes der *poiesis* zurückgedrängt.

Was sich in der poetologischen Reflexion häufig genug alternativ darstellt, das vermag ein literaturtheoretisch orientierter Blick, der auf die ästhetische Erkenntnisleistung der Werke achtet, zu vermitteln. Wirklichkeit und Fiktion sind in dieser Perspektive keine getrennten Bereiche, das literarische Werk ist kein seinsautonomes Gebilde; es baut seine Welt nicht mit Hilfe von Bausteinen auf, die es sich selbst erst formt, sondern rekurriert auf die schon bedeutungsmäßig organisierte Welt der Zeit und Überlieferung,[152] an der es im Akt seiner ästhetischen For-

152 Wenn ich den Zusammenhang zwischen sprachlichem Kunstwerk und außerästhe-

mung partizipiert, ohne mit ihr zu kollaborieren. In dieser Umgestaltung manifestiert sich Literatur als *poiesis*, als Ergebnis einer herstellenden Kraft, die sich in der Auswahl, Modifikation und Kombination von Realitätspartikeln zeigt.

So ist der fiktionale Text einerseits kein hermetisch geschlossenes Gebilde, das seinen Bedeutungsraum allein aus der Dynamik semantischer Binnenkräfte eigenständig entfaltet, und andererseits geht er nicht in der Reproduktion von vorfindlichen Verhaltensweisen, Lebensformen, Redeweisen und Wertwelten auf. Denn indem Elemente verschiedener gesellschaftlicher Sinnbereiche in den Dienst fiktionaler Gestaltung gestellt werden, formt sich das Werk als ein ästhetisches Gebilde, das mit seiner semantischen Außenwelt in Übernahme und Distanz kommuniziert. Hierin gründet das deutungsbedürftige, geschichtlich zu bestimmende Spannungsgefüge zwischen ästhetischer Form und empirischem Gehalt der Dichtung, hierin gründet auch deren spezifische Erkenntnisleistung, die sich von begrifflicher Erkenntnis unterscheidet. Denn wenn das literarische Werk Elemente aus den eingespielten Bedeutungszusammenhängen herrschender Diskurse herauslöst, so tritt damit die vorgegebene Ordnung des Bestehenden, die Bedeutungen mehr oder minder problemlos zur Verfügung stellt, in den Hintergrund. Vor die Ordnungszusammenhänge der Lebenswelt schiebt sich die ästhetische Ordnung eines Werks, das mit Hilfe von Partikeln der außerästhetischen Umwelt einen Sinnzusammenhang formiert, der die Realitätsmomente durch die Einordnung in einen fiktionalen Kosmos von ihren gesellschaftlich eingespielten Bedeutungen löst und der Kritik aussetzt – nicht immer und nicht zwingend, wie der Blick auf die zeitgenössische Trivialliteratur erweist; doch kann durch die Transformation des Historisch-Faktischen in ein Ästhetisch-Fiktionales ein Bedeutungsraum entstehen, der in seiner semantischen Differenz zu den aufgerufenen Bezugssystemen deren Problemüberhang erfahrbar macht, ohne dies diskursiv auszusprechen.

Wolfgang Iser, dessen theoretischen Anregungen ich hier ein Stück weit folge, hat diesen Komplex generell gefaßt als spezifisches Spannungsfeld zwischen den außerästhetischen Sinnsystemen und deren fiktionalen Modellierungen durch den literarischen Text.[153] Indem dieser den behaupteten Sinn ge-

tischer Umwelt in den Blick nehme, dann betrachte ich die außerästhetische Umwelt in der diskursiven Ordnung ihrer weltanschaulichen Gehalte; *Welt* ist in diesem Fall nicht primär der Bereich sinnlich faßbarer Tatsachen, sondern der durch Sprache immer schon vorgeformte kommunikative Raum, der intersubjektive Verbindlichkeit stiftet. Das heißt nun nicht, daß es keine außersprachlichen Tatsachen gibt, es heißt nur, daß im Bereich von Werten und Normen, Überzeugungen und Mentalitäten, im Feld von Traditionszusammenhängen und Selbstverständnissen die sprachliche Verfaßtheit der Gegebenheiten bestimmend ist. In dieser *symbolischen Welt* ist nur das *Welt*, was von der sprachlichen Ordnung als *Welt* bestimmt wird.

[153] Iser: Der Akt des Lesens, bes. S. 123ff.; ders.: Akte des Fingierens.

glätteter Wirklichkeitsideologeme aufgreift und in einen fiktionalen Zusammenhang integriert, sagt der Text etwas über die ihm zugrundeliegenden Systeme aus, die zwar Kontingenz reduzieren, dabei aber aussparen oder negieren, was mit ihren Deutungsmustern nicht kompatibel ist. Die Literatur bezieht sich nun häufig gerade auf jene Defizite, die die herrschenden Sinngebäude durch Ausgrenzung erzeugen. Für Iser allerdings hat die Literatur nun die Funktion, das erfahrbar zu machen, was die *conditio humana* uns verbirgt. Hierin sieht er den Grund für das „Fiktionsbedürfnis" des Menschen; Literatur sei ein „Medium der Selbstinszenierung" des Menschen, entstanden

> aus dem Wunsch, Entzogenes verfügbar zu machen. Entzogen sind uns Anfang und Ende sowie der Grund, aus dem wir sind. [...] Doch damit finden wir uns nicht ab, so daß wir der Bilder bedürfen, die das Verschlossene vorspiegeln.[154]

Während Iser als Entzogenes essentielle menschliche Existenzbedingungen meint, denen die Literatur sich öffnet, gehe ich vom gesellschaftlichen Charakter eines solchen Entzugs aus und richte mein Augenmerk nicht auf eine metaphysische oder anthropologische Kompensationsfunktion der Literatur, sondern darauf, wie sie die Widersprüche der herrschenden Sinnsysteme durch Konfrontation mit ausgesparten Lebensaspekten erfahrbar macht. Literatur kann die abgeblendeten Paradoxien von Lebensvorschriften anschaulich werden lassen, weil sie nicht den Systemzwängen diskursiver Ordnungen folgt, sondern ästhetisch-fiktionaler Formung als komplexierender Kombination von Realitätspartikeln verschiedener Sinnhorizonte verpflichtet ist. Ungereimtheiten werden dadurch sichtbar gemacht, daß der literarische Text Elemente verschiedener Sinnsysteme zur Personencharakterisierung, Handlungsformierung und Dialogführung neu organisiert und durch diese Kombinatorik am bislang Vertrauten unvertraute Erfahrungen ermöglicht. In diesem Fall kann von *mimetischer Reflexion* gesprochen werden – einer Reflexion über die Wirklichkeit durch mimetische Neukonstruktion: von Mimesis, weil durch die Selektion von Momenten der Realität diese selbst im Werk dargestellt wird; von Reflexion, weil die Neuorganisation der Realitätsmomente nach Maßgabe literarischer Textstrategien Bezüglichkeiten stiftet, die Dimensionen der Wirklichkeit im literarischen Werk so zusammenführen, wie es die kulturellen Deutungsmuster und normativen Ordnungssysteme der Zeit gerade nicht tun. Auf diese Weise reflektieren literarische Werke normative Verhaltenskonzepte und werthafte Orientierungsmuster im Hinblick auf ihre Bedeutung für den einzelnen – man könnte von einem Experiment im Medium eines fiktionalen Arrangements sprechen, das die Tauglichkeit von Ordnungsgeboten für das Leben untersucht. So verstanden, stellt Literatur in Frage, was zeitgenössische Diskurse an vorge-

[154] Iser: Anglistik, S. 305.

gebenen Antworten präsentieren. Sie macht damit rückgängig, was den dogmatischen Setzungen, die so tun, als gäbe es keine Alternativen, eigentümlich ist. Goethe hat diese Eigentümlichkeit in einem Brief an Zelter vom 9. 8. 1828 in ironischer Zuspitzung als Verfahren der Weltklugheit bezeichnet: „Die größte Kunst im Lehr- und Weltleben besteht darin, das *Problem* in ein *Postulat* zu verwandeln, damit kommt man durch."[155] Literatur, so meine Betrachtungsweise, vermag diesen Vorgang umzukehren, indem sie die Postulate wieder auf die durch sie verdeckten Probleme zurückführt.

Mein Vorgehen, Literatur als Medium der Problematisierung zu betrachten, das fixierte Sinngebote zersetzt und in die Frag-Würdigkeit zurückführt, unterscheidet sich diametral von der Betonung ihres Antwortcharakters, den Gadamer zur Grundlage seiner Hermeneutik macht. Die konsistente Gesamtinterpretation gelingt seiner Überzeugung nach nur dann, wenn der Rezipient den eigenen Horizont mit dem fremden Horizont des Textes so zu verschmelzen vermag, daß verstanden wird, auf welche Frage der Text Antwort gibt:

> Wer verstehen will, muß also fragend hinter das Gesagte zurückgehen. Er muß es als Antwort von einer Frage her verstehen, auf die es Antwort ist. So hinter das Gesagte *zurückgegangen*, hat man aber notwendig über das Gesagte *hinaus*gefragt.[156]

Von daher sei der Fragehorizont zu rekonstruieren, auf den hin der Text antwortet.[157] Kriterium für die gelungene Rekonstruktion der Antwort, die der Text bietet, sei der Nachweis seiner Konsistenz und Kohärenz, der es erlaube, seine Teile als Elemente eines integralen Zusammenhangs zu sehen. Letztlich geht es Gadamer um den im Antwortcharakter gründenden Wahrheitsanspruch der Kunst, darum, „in der Erfahrung der Kunst selbst die Erkenntnis von Wahrheit zu rechtfertigen"[158]. Meine Interpretationen gehen hingegen nicht von einem derartigen Wahrheitsanspruch der Kunst aus, sondern suchen gerade die Brüche und Widersprüche, die Aporien und Ungereimtheiten der Texte auf, um zu zeigen, daß sie nicht abschlußhafte Antworten auf entscheidbare Fragen, sondern kritische Fragen auf entschiedene Antworten sind. Anders auch als Voß-

[155] Goethe: Briefe, Tagebücher und Gespräche, S. 36.

[156] Gadamer: Wahrheit und Methode, S. 375.

[157] Im Hinblick auf den poetischen Text schränkt Jauß – bei grundsätzlicher Zustimmung – die Gadamersche Logik von Frage und Antwort ein, indem er die spontane ästhetische Wahrnehmung als vorgängige Leistung der Aisthesis dieser Logik entzieht: „Das Diktum Gadamers: ‚Verstehen heißt, etwas als Antwort verstehen', muß darum im Blick auf den poetischen Text eingeschränkt werden. Es kann hier erst den sekundären Akt des auslegenden Verstehens betreffen, sofern dieses eine bestimmte Bedeutung als Antwort auf eine Frage konkretisiert, nicht aber den primären Akt des wahrnehmenden Verstehens, der die ästhetische Erfahrung am poetischen Text einleitet und konstituiert." Jauß: Zur Abgrenzung und Bestimmung einer literarischen Hermeneutik, S. 475.

[158] Gadamer: Wahrheit und Methode, S. 103.

kamp, der die Beziehung der Literatur zur Sozialgeschichte nicht als „Abbildverhältnis", sondern „im Sinne eines Antwort-Verhältnisses" zu bestimmen sucht,[159] betone ich den Frage-Charakter von Literatur, ihr Vermögen, die Konsistenz- und Kohärenzansprüche außerästhetischer Diskurse, etablierter Wissensformationen und normativer Orientierungen in Frage zu stellen, indem sie zeigt, was an Problemen abgeblendet wird. Danach sind literarische Texte nicht aufschlußreich kraft ihrer Kohärenzmomente, sondern durch deren Subversion im Namen einer Komplexität, die sich nicht dem organisierenden Zugriff vereinheitlichender Formierungen fügt. Das, was die diskursive Rede als stimmig ausgibt, um einen verbindlichen Sinn zu behaupten, wird derart durchleuchtet, daß der Preis sichtbar wird, den jede Dogmatik in Form von Unterdrückung und Abweisung dessen, was nicht paßt, zahlt. Literatur, die sich vorgängiger Sinndogmatik entzieht, indem sie nicht als deren veranschaulichendes Medium fungiert, vermag den Schematismus diskursiv geordneter Welten zu zersetzen, indem sie durch personale Gestaltung und handlungsmäßige Entfaltung deren Elemente zwischenmenschlichen Bezugswelten aussetzt. Auf diese Weise wird erfahrbar, daß Sinn immer auch eine Form von Gewalt ist, die Menschen angetan wird, indem er sie auf etwas festzulegen sucht.

Gerade im Hinblick auf das Drama[160] bekommt diese Sehweise eine besondere Evidenz, da hier (idealtypisch) der diskursive Aspekt der Rede zugunsten des dialogischen in den Hintergrund tritt[161] – dies gilt zumindest für Dramen, die nicht von einer ihnen vorgängigen Aussageintention bestimmt sind, für die von daher der Dialog nicht nur allegorisches Übermittlungsmedium vorgängiger Autorenmeinung ist, sondern Medium interpersoneller Bezüge, die sich in der „Sphäre des ‚Zwischen'"[162] entfalten. Sie hat Szondi als genuines Merkmal des *absoluten Dramas* bestimmt, eines Dramas, in dem die Figuren

159 Voßkamp: Probleme und Aufgaben einer sozialgeschichtlich orientierten Literaturgeschichte des achtzehnten Jahrhunderts, S. 58.

160 Im Hinblick auf den Roman betont Michail Bachtin das Moment der Polyphonie und Dialogizität, wenn er schreibt: „Der Roman ist ein künstlerisch organisierter sozialer Widerspruch, manchmal aus verschiedenen Sprachen bestehend, und ein individueller, disharmonischer Gesang [...]. Die Autorenrede, die Reden der Erzähler, die eingefügten Gattungen, die Reden der Helden – dies sind nur jene Grundeinheiten der Komposition, mit deren Hilfe der Widerspruch in den Roman eingeführt wird."; zitiert nach Lehmann: Ambivalenz und Dialogizität, S. 373.

161 Bei „Diskurs" bzw. „Dialog" denke ich weniger an Textformen als an (idealtypische) Redestile, d. h. an zwei Typen intersubjektiven Verhaltens. Wenn ich im folgenden von Diskurs spreche, so nicht im Sinne eines transsubjektiven Absolutheitsanspruchs, der intentionale Autorschaft negiert, sondern im Sinne einer argumentativen Autorschaft, die universale Vernünftigkeit unterstellt.

162 Siehe hierzu Szondi: Theorie des modernen Dramas, S. 16.

nicht als Sprachrohre des Autors fungieren, sondern sich selbst aus den Situationen heraus äußern und im Sprechen wieder Situationen stiften. Auf diese Weise emanzipieren sie sich von ihrem Erzeuger, gewinnen ein – wenn auch fiktives – Eigenleben.

Der Dramatiker ist im Drama abwesend. Er spricht nicht, er hat Aussprache gestiftet. Das Drama wird nicht geschrieben, sondern gesetzt. Die im Drama gesprochenen Worte sind allesamt Entschlüsse, sie werden aus der Situation heraus gesprochen und verharren in ihr; keineswegs dürfen sie als vom Autor herrührend aufgenommen werden. Das Drama ist lediglich als ein Ganzes zum Autor gehörend, und dieser Bezug gehört nicht wesenhaft zu seinem Werksein.[163]

Der argumentative Diskurs hingegen verweist dadurch, daß er keine fiktionalen Figuren mit dem Eigenrecht einer in ihrer Personalität und Situation gründenden Rede setzt, auf seinen Verfasser und dessen Intention. Um der Stringenz der Gedankenführung willen schließt sich der Diskurs gegen die Einsprüche fremder Rede ab, die er nur von Fall zu Fall zum Schein aufnimmt, um sie der angestrebten Beweisführung als widerlegtes Argument unterzuordnen. Dies unterscheidet die diskursive Rede von der dialogischen, die den intervenierenden Faktoren individueller Spontaneität, situativer Bedingtheit und emotionaler Befindlichkeit von Sprechern unterliegt, die sich wechselseitig ins Wort fallen können und so den einlinigen Weg des Diskurses aufbrechen zur Vielstimmigkeit einer Dialogizität, die im Wechselspiel der Reden nicht von einem autoritär verfügten Beweisziel bestimmt ist.

Während der Diskurs als Ordnungsinstanz fungiert, die durch Zielgerichtetheit, Folgerichtigkeit und Eindeutigkeit dem amorphen Wissen der Gesellschaft in spezifischen Bereichen der Wirklichkeit die Bestimmtheit begrifflicher Fixierung, argumentativer Schlüssigkeit, letztlich absoluter Geltung zu verleihen sucht, geht es dem Dialog nicht um Wissensicherung, Wissensvermehrung und Wissensdurchsetzung. Er arrangiert keinen geordneten Kosmos des Verstandenen, seine Kennzeichen sind vielmehr Inkonsequenz, Widersprüchlichkeit und Vieldeutigkeit der Rede, Polyperspektivität durch zumindest zwei Sprecher und Nicht-Linearität der Redeführung. Aus der durch argumentative Bezüglichkeiten gestifteten internen Kohärenz diskursiver Rede wird die durch situative Umstände bestimmte externe Bezüglichkeit dialogischer Rede, in der die Replik des einen immer auch Kontext der Replik des anderen ist und umgekehrt. Zwar haben Dialoge auch einen Fortgang, doch im Unterschied zum Diskurs ist er mäandrierend; als Beziehungsdialog kann er seinen Zweck in sich selbst haben oder als Beratungsdialog einen externen Zweck verfolgen, der erreicht oder verfehlt werden kann. Anders als Diskurse unterlaufen Dialoge dabei den unbedingten Geltungsanspruch des einzelnen Beitrags, sie lassen normative

[163] Ebd., S. 17.

Verbindlichkeit oder deskriptive Wahrheit nicht ohne weiteres zu; sie zwingen den Gesprächsteilnehmer nicht, sich in eine Welt hineinzubegeben, die vorschreibt, was sagbar oder denkbar ist, sondern die Sprechenden machen Vorschläge, bekunden Absichten, artikulieren Meinungen, präsentieren Emotionen – unter der Bedingung des Gegenübers, das widersprechen, relativieren, zustimmen und ignorieren kann. Hierbei sind die Sprecher nicht nur als Redner gefordert, sondern tauchen als ganze Person in die Welt der Interaktion ein. Sehen und Hören, Körper und Rede, Situation und Emotion, ausgesagte Sache und gestiftete Beziehung bilden ein variables Ganzes. So bleiben Gespräche unberechenbar: Sie schaffen Raum für den Einfall, entfalten Neues und bislang Ungesagtes, dementieren sich wechselseitig in Rede, Gegenrede und körpersprachlichen Reaktionen und stiften so eine Welt, die sich insgesamt den Geltungsansprüchen diskursiver Rede widersetzt.

Gerade das figurenzentrierte Drama, das sich aus der Dominanz der Autorrede löst[164] und dem Dialogischen verpflichtet ist, fungiert mehr noch als andere Gattungen als Medium, das vorgegebene Antworten zurückführen kann auf das, was an ihnen fraglich ist. Denn in diesem Dramentyp gewinnen die Figuren ein Eigenrecht, sprechen sie nicht am Leitfaden vorgegebener Demonstrationsabsichten, sondern aus dem Zentrum ihrer sozialpsychologisch gestalteten und situativ gebundenen Existenz heraus. Deren Eigentümlichkeit ist nicht auktorialer Übermittlung unterworfen, sondern entäußert sich in Repliken, die von Spontaneität und Fragmentarität, Affektivität und Diskontinuität, körpersprachlichem Ausdruck und Verstummen geprägt sind. Sie signalisieren auf diese Weise, daß der Sinn des Ausgesagten sich erst im komplexen Widerspiel zwischen dem „Inhalts- und dem Beziehungsaspekt" der Rede entfaltet.[165] Auf diese Weise aber entzieht das figurenzentrierte Drama den propositionalen Gehalten expositorischer Rede in den Akten dialogischer Zersetzung ihren Geltungsanspruch. Der eine fällt dem anderen ins Wort; der körpersprachliche Ausdruck dementiert, was die Rede denotiert; die Sprachabbrüche lassen die Affekte hervortreten, die den Sachbezug der Rede destruieren; und dadurch wird problematisiert, was die logozentrierte Rede an Verbindlichkeit postuliert.

Nun leisten viele Dramen allerdings häufig keine Problementfaltung, sondern affirmieren verbindlichen Sinn. Die Trivialdramatik des späten 18. Jahrhunderts ist dafür ein gutes Beispiel. Und auch den sächsischen Typenkomödien der Gottsched- Schule geht es darum, eine feste Botschaft in Form eines *moralischen Satzes* zu übermitteln, und nicht darum, in Frage zu stellen, was der moralphilosophische Diskurs des Rationalismus als wahr und falsch, recht und

164 Zum historischen Übergang der „auktorialen" zur „personalen" Dramatik um die Mitte des 18. Jahrhunderts siehe Zeißig: Die Ueberwindung der Rede im Drama.

165 Siehe Watzlawick, Beavin, Jackson: Menschliche Kommunikation, S. 53 ff.

billig dekretiert. Das Kriterium der dialogischen Rede kann also nicht am Oberflächenphänomen der Dramenform festgemacht werden. Ich beziehe mich vielmehr auf die Eigenschaften einer Rede, die in unabgeleiteten Sprechern ihr Zentrum hat, in Dramenfiguren also, die nicht als Sprachrohre der Autoren fungieren, im Unterschied zu dem von Gottfried Zeißig sog. „Vernunftdrama", in dem der Dichter das Personal zu Trägern seiner Worte macht:

> die Personen sprechen und agieren nicht aus der Spontaneität eines inneren Antriebs heraus; sie sind Figuren, vom Dichter an unsichtbaren Fäden hierhin und dorthin gezogen; der Sinn ihrer Bewegung liegt außerhalb ihrer selbst.[166]

Was Gottfried Zeißig vor allem für das Drama des Rationalismus konstatiert, läßt sich auf andere Dramentypen übertragen, bei denen zwar die Oberfläche als Wechselrede gestaltet ist, die aber von ihren Bauprinzipien her Eigenschaften diskursiver Rede, die das Dialogische auktorial formt, verpflichtet sind. Für die Trivialdramatik ist dies evident: Sie entfaltet zwar im Gang des Geschehens, im Hin und Her der Dialoge durchaus unterschiedliche Positionen, auch prägen Widerspruch und Zweifel die einzelnen Repliken, doch nicht um im Verfahren der Dialogizität die Dominanz auktorial verfügter Sinngebote aufzulösen, sondern um die Vielzahl der Stimmen so zu lenken, daß sie am Ende – im Schlußakkord der Versöhnung – sinnfällig machen, welche Antwort die richtige ist. Das für die Trivialdramatik der Zeit gattungskonstitutive Schlußtableau, zu dem sich die Personen im Zeichen zeitenthobener Harmonie versammeln, entzieht sich jeder weiteren Rede, indem es den dialogischen Raum verläßt, um als Ikone familialer Moral deren unumstößliche Dauer zu veranschaulichen. Deutlich wird: Auch Dramen können den Prinzipien diskursiver Rede entsprechen und das Dialogische zum rhetorischen Mittel einer vom Beweisziel strukturierten Aussage funktionalisieren – was Gottsched explizit fordert, wenn er in seiner *Critischen Dichtkunst* den *moralischen Satz*, den es bloß sinnfällig einzukleiden gelte, zum Ausgangspunkt aller Literatur erhebt. Das aber hat seinen Preis: Ausgegrenzt wird das Disparate und Paradoxe.

Das figurenzentrierte Drama hingegen läßt beides nicht nur zu, sondern realisiert die in seiner Form der Mehrstimmigkeit angelegte Mehrsinnigkeit dadurch, daß der Autor den Personen nicht seine Stimme leiht und sich nicht in ihnen nach dem Maß seines Selbstverstandnisses dadurch realisiert, daß er die plurale Form in die Einheit eines Urteils zurücknimmt. Im Gegenteil:

> die Person lebt nun gleichsam aus eigener Kraft, aus dem ‚Schwerpunkt' ihres Wesens heraus; sie bedient sich ihres Dichters, nicht der Dichter seiner Person.[167]

[166] Zeißig: Die Ueberwindung der Rede im Drama, S. 82.
[167] Ebd., S. 83.

Dadurch, daß Figuren des Dramas ein Eigenleben entwickeln, enthält die dramatische Stimmenpluralität die Möglichkeit zum Subjektpluralismus, der sich in der Entfaltung widersprüchlicher Vielfalt konkretisiert. Was logisch als Paradox, psychologisch als Verdrängtes und moralisch als Schlechtes bestimmt und je nach diskursiver Vereinheitlichungsfolie auf unterschiedliche Weise negiert würde, erhält im pluralen textuellen Schema sein Existenzrecht, da Logik, Psychologie und Moral im ästhetisch-dialogischen Spiel ihre Verbindlichkeit verlieren.

Zwar ragen die außerästhetischen Bezugssysteme in das literarische Werk hinein; dies erfährt seine Zeitgenossenschaft ja gerade dadurch, daß es von den Überzeugungen bis hin zu den etablierten Redensarten alles in sich aufnimmt, was seiner fiktionalen Welt als Stimulus und Material dient. Doch damit bildet es nicht die Diskurswelten im fiktionalen Raum ab, sondern es setzt in den Akten der Selektion und ästhetischen Kombination Elemente seiner außerästhetischen Bezugswelten einer innerszenischen Reflexion aus, indem es aus Figuren, Situationen, Dialogen und Handlungen einen Bedeutungsraum aufbaut, der die in diskursiven Reden abgeblendeten Probleme erfahrbar macht. Durch die Brechung in Figurenperspektiven und durch dialogische Entfaltung, im Wechselspiel der Meinungen und Aktionen wird das Unabgegoltene, das Aporetische und Widersprüchliche szenisch entfaltet und für den Rezipienten, wenn auch nicht explizit ausgesagt, so doch anschaulich. In diesem Sinne opponiert das Drama immer auch gegen die Herrschaftsansprüche systematischer Reden. In den Abbrüchen und Widersprüchen der Repliken, in den körpersprachlichen Signalen und den Mißverständnissen, im Vorbeireden und im Schweigen wird nicht nur erfahrbar, daß das Leben sich nicht den vereinheitlichenden Mustern argumentativer Ordnungen fügt, sondern diese selbst werden im Handeln und Erleben fiktiver Gestalten einer experimentellen Probe auf ihre Lebenstauglichkeit unterzogen.

Im folgenden werde ich Dramen, die alle in der *Heirat* ihren bestimmenden Schwerpunkt haben, unter dieser Perspektive analysieren. Ich betrachte die Dramen also auf andere Weise als die Texte im ersten Teil meiner Ausführungen. Dort dienten sie als Quellen, um die Programmatik der *Liebesheirat* in ihrem geschichtlichen Gang zu verfolgen. Literatur, als individuelles Werk genommen, steht jedoch in einem anderen Verhältnis zum historischen Prozeß. Statt Dokument für einen geschichtlichen Zusammenhang zu sein, durchbricht Dichtung gerade die Kohärenzentwürfe von Wirklichkeit. Zwar verweist auch sie auf Geschichte, aber sie löst sich auch aus ihr. Insofern setzt sie sich zur Historie in ein kritisches Verhältnis.

Daß es gerade die Heiratsthematik ist, die viele literarische Werke der Zeit herausforderte, kommt nicht von ungefähr. Gerade hier liegt die entscheidende Schnittstelle von sozialer und emotionaler Existenz. Die Ehe gehört beiden Bereichen zugleich an, seitdem emotionale Übereinstimmung und nicht gesellschaftliche Ebenbürtigkeit zum bestimmenden Heiratsgrund erhoben wurde. Wenn aber der familiäre Gründungsakt – dem ideologischen Anspruch nach – aus den Kontrollmechanismen der Gesellschaft entlassen wird und zugleich der Reproduktion der gesellschaftlichen Ordnung verpflichtet bleibt, dann ist die Konfliktstelle genau zu benennen. Es ist der Übergang von der Herkunfts- in die Zeugungsfamilie, der nun mit dem neuen Konzept hochproblematisch wird. Einerseits soll Liebe den Ausschlag geben, andererseits aber gilt es, die Gebote der Gesellschaft zu berücksichtigen, die die Ehe als Rechtsinstitution mit vielerlei Gesetzen umgibt, die allesamt zu verhindern suchen, daß Abkunft zugunsten der Einzigartigkeit des Partners beiläufig wird. Die Rechtsordnung, die die Fundamente der Gesellschaftsordnung zu sichern trachtet, gerät dabei tendenziell mit einer ideologischen Ordnung in Konflikt, die die Ehe als Bund zweier Liebender bestimmt. Denn wenn Liebe zum Legitimationsgrund der Ehe erhoben wird, dann soll etwas, was sich aller Institutionalisierung entzieht, eine Institution begründen. Wie aber kann die gesellschaftliche Institution Ehe ihr bestimmendes Fundament in der Spontaneität des Gefühls finden, das sich allen normativen Fixierungen entzieht – für Nietzsche eine Frage, die nur mit „gar nicht" zu beantworten ist, wenn er konstatiert: „aus der Liebe läßt sich keine Institution machen."[168]

Die Problemlage verschärft sich, da die Gesellschaft des 18. Jahrhunderts eine geburtsständische Gesellschaft ist. Diese aber ist, wenn sie in ihrer Ordnung bestehen will, darauf angewiesen, daß sich in den Eheschließungen ihre Gesetzmäßigkeiten reproduzieren. Wie aber kann das geschehen, wenn die Heiratskandidaten die Ehe nicht gemäß Rang und Stand, sondern aufgrund einer Liebe eingehen, die auf innere Qualitäten des Gegenübers schaut, nicht aber auf dessen soziale und ständische Typik. Mesallliancen würden zur Regel werden, wenn nicht mehr die transsubjektive Norm der Ebenbürtigkeit, sondern die individuelle Entscheidung den Ausschlag für Eheschließungen gäbe. Dies aber müßte die Fundamente einer Gesellschaft erschüttern, in der weiterhin – und im Zuge der Rearistokratisierung unter Friedrich II. sogar noch verstärkt – Geburt die soziale Rangzuweisung steuert.[169]

Vor dem Hintergrund dieser Problematik ist es nicht verwunderlich, wenn in der Literatur der Zeit immer wieder die konfliktvolle Auseinandersetzung zwischen der Empfindungswelt der Liebenden und der von Macht und Gesetz gere-

[168] Nietzsche: Aus dem Nachlaß, S. 922.

[169] Siehe Martino: Daniel Casper von Lohenstein, S. 420 ff.; vgl. Vierhaus: Vom aufgeklärten Absolutismus zum monarchischen Konstitutionalismus; Kunisch: Die deutschen Führungsschichten im Zeitalter des Absolutismus; Zorn: Deutsche Führungsschichten des 17. und 18. Jahrhunderts.

gelten Welt der Gesellschaft thematisch wird – gerade im Spannungsfeld der Ehe, die Rechtsinstitution und Liebesgemeinschaft zugleich sein soll. Dabei stehen sich allerdings nicht einfach Liebesintensität und gesellschaftliche Macht in schlichter Opposition gegenüber. Insbesondere die bürgerlichen Trauerspiele und Dramen des *Sturm und Drang*, aber auch Romane der Zeit von Rousseaus *Nouvelle Héloïse* bis zu Goethes *Wahlverwandtschaften* zeigen, wie Liebe als die ganz individuelle Übereinstimmung zwischen zwei Personen in Zusammenhängen übergeordneter Art steht. Liebe als unmittelbare Beziehung zwischen zwei Individuen ist Manifestation aufgehobener Herrschaft, und zugleich ist sie zutiefst mit Formen der Herrschaft vermittelt – von den religiösen Geboten bis zu den ständischen Zugehörigkeiten. Diese sind der Liebe nicht äußerlich als deren Hindernisse, sondern sind ununterscheidbarer Teil von ihr. Von daher ist die Vorstellung: Liebe auf der einen Seite, gesellschaftlicher Zwang auf der anderen Seite und Heirat als deren Konfrontation, so schlicht, daß allein die Trivialliteratur, wie sie sich seit dem späten 18. Jahrhundert entwickelt, hier ihr ergiebiges Sujet findet.

Wenn man dagegen komplexere literarische Werke genauer interpretiert, wird deutlich, daß zwischen den beiden Bereichen keineswegs eine Kluft herrscht, die sich als Polarität von Wollen und Sollen, von Gefühl und Verbot äußert. Die Emotionen sind nicht das eine und die gesellschaftliche Ordnung das andere, beide sind immer schon miteinander vermittelt. Gerade das Problemfeld *Liebesheirat* zeigt, daß die Spannung zwischen individuellem Gefühl und gesellschaftlichem Gebot keineswegs eine zwischen Innenwelt und Außenwelt, zwischen der Einzigartigkeit der Liebesbeziehung auf der einen und den Regeln der bestehenden Ordnung auf der anderen Seite ist. Die Spannung entsteht vielmehr im Inneren der Liebenden und zwischen ihnen. Gesellschaftliches geht in die Liebesbeziehung nicht bloß als äußerer Zwang ein, gegen den die Liebenden gemeinsam aufbegehren oder dem sie sich unterwerfen, sondern prägt ihre Beziehung bis ins Innerste. Hier finden die Dramen eine zur mimetischen Gestaltung geeignete Problemfülle. Sie machen in ihrer szenischen Umsetzung erfahrbar, daß mit dem Postulat, Liebe solle Legitimationsgrund der Heirat sein, zugleich eine komplexe soziale und psychische Realität aufgerufen ist. Liebe als persönliches Gefühl und Ehe als gesellschaftlicher Vertrag, die hiermit verbundene Spannung von spontaner Erotik und dauerhafter Bindung, der Konflikt zwischen Familienliebe und Geschlechterliebe, die Widersprüchlichkeiten zwischen Hingabe, Aufgabe und Steigerung des Selbst – all dies gestaltet die zeitgenössische Dramatik auf intensive Weise.

Die im folgenden behandelten Dramen akzentuieren jeweils einen Aspekt dieses komplexen Beziehungsgefüges von Emotion und Gesellschaft. Dies bedeutet nicht, daß die anderen Aspekte jeweils irrelevant wären – sie sind nur nicht dominant. Auch soll nicht unterstellt werden, Liebe sei ein mit sich identisches Gefühl, das in den unterschiedlichen Dramen bloß durch äußerliche Faktoren modifiziert wird. Nur aus heuristischen Gründen taucht das gleiche Wort *Liebe* in der folgenden Aufzählung der zu analysierenden Dramen an erster Stelle auf, auch mag die Konjunktion *und* ein additives Verhältnis suggerieren; doch sind die Begriffspaare nicht additiv, sondern konstellativ aufzufassen:

Liebe und Geld	– Gottschedin: *Die ungleiche Heirath*
Liebe und Aufrichtigkeit	– Gellert: *Die zärtlichen Schwestern*
Liebe und Gebot	– Lessing: *Miß Sara Sampson*
Liebe und Familie	– Lessing: *Emilia Galotti*
Liebe und Recht	– Lessing: *Minna von Barnhelm*
Liebe und Literatur	– Lenz: *Der Hofmeister*
Liebe und Gewalt	– Wagner: *Die Kindermörderin*
Liebe und Karriere	– Goethe: *Clavigo*
Liebe und Herrschaft	– Leisewitz: *Julius von Tarent*
Liebe und Macht	– Schiller: *Kabale und Liebe*

D. ZUR DRAMATIK DER LIEBESHEIRAT

1.

„Wir können unmöglich gut mit einander leben:
wir müßten denn etwa nach Island ziehen.
Da habe ich nun zwar keine Anverwandten;
allein da ist es mir zu kalt."
(Gottschedin)

Zum Verhältnis von Liebe und Geld in Luise Adelgunde Gottscheds *Die ungleiche Heirath*

Die Komödie *Die ungleiche Heirath*[170] gehört dem Dramentyp der sächsischen Typenkomödie an. Wie der Name schon sagt, agieren hier keine individuell gezeichneten Figuren, sondern Personifikationen negativer Eigenschaften – *Laster* im Sprachgebrauch des 18. Jahrhunderts. Zweck der Darstellung ist, daß die Zuschauer erkennen, wie verlachenswert, weil unvernünftig, diese lasterhaften Personen sind. Auf den ersten Blick sieht alles danach aus, als folge das Drama dem diskursiven Redetyp, als sei mithin der Dialog nur rhetorisches Mittel der *elocutio*, um eine vorgegebene Botschaft wirkungsvoll zu übermitteln. Hierfür spricht nicht nur der erste Augenschein, der die funktionalistische Ausrichtung der Dramengestaltung wahrnimmt, dies läßt auch die literaturtheoretische Fundierung durch Gottsched vermuten. Seine Frau hatte nichts anderes im Sinn, als literarisch umzusetzen, was ihr Mann an poetologischen Vorschriften erließ. Doch – so wird der zweite Blick zeigen – hinter der von Gottsched vorgeschriebenen und von seiner Frau realisierten moraldidaktischen Funktionalisierung läßt das Drama die Bedingungen der gesellschaftlichen Realität als Einspruch gegen ihre pädagogische Vereinnahmung offenkundig werden. Deutlich werden wird: Selbst da noch, wo Theorie und Praxis der Dramenproduktion von den Bedingungen diskursiver Rede geprägt sind, deren moralphilosophische Deduktionen in moralische Sätze münden, die das Drama bloß dialogisch zu illustrieren hat, vermag sich die szenische Präsentation der diskursiven Prägung zu widersetzen; was als Form dem Inhalt gegenüber äußerlich scheint, herabgestuft zum Transportmittel, affiziert den Inhalt, den es modifiziert – ein schlichter Fall einer Form-Inhalt-Dialektik.

170 Luise Adelgunde Victorie Gottsched: Die ungleiche Heirath, S. 184; im folgenden wird direkt im Text zitiert.

Zunächst scheint es allerdings so, als ob ein Drama dieses Typs, dessen erklärter Zweck es ist, auf möglichst eingängige und einprägsame Weise dem Zuschauer das richtige, weil vernünftige und tugendhafte Verhalten zu übermitteln, eine einlinig diskursivierbare Struktur besäße – ganz wie es Johann Christoph Gottsched in seiner Poetik *Critische Dichtkunst vor die Deutschen*[171] theoretisch konzipierte, die für viele Autoren der Zeit (u. a. für seine Frau) für die Verfertigung von Dramen maßgeblich wurde. Gottsched will die Literatur insgesamt darauf verpflichten, die bürgerliche Sittenreform voranzutreiben. Deshalb muß die Literatur, insbesondere das Drama und hier wiederum vornehmlich die Komödie, so eingerichtet werden, daß sie ein taugliches Instrument wird, um den Alltag der Menschen nach Gesichtspunkten einer Vernunftordnung zu reformieren, die in der rationalistischen Frühaufklärung ihren philosophischen Hintergrund findet. So bestimmt vor allem die *Praktische Philosophie* der Wolff-Schule, wie sich ein Mensch zu verhalten habe, um gemäß dem *Gesetz der Natur* seine Vollkommenheit und sein Glück zu befördern,[172] und wie sich dementsprechend ein „Scheingut", das nur ein vermeintliches Glück suggeriere, von einem „wahren Gut", das die Glückseligkeit dauerhaft sichere, unterscheiden ließe. Dies vermöge nur ein vollkommen ausgebildeter Verstand; nur dieser ließe sich nicht vom äußeren Glanz der Dinge blenden, sondern wisse genau zu bestimmen, wie die jeweiligen Handlungen in der persönlichen Lebensgeschichte so zu einer Übereinstimmung gelangten, daß sich eine stringente Lebensführung mit dem Ziel der Vervollkommnung ergebe; sie verheiße in den Augen der rationalistischen Frühaufklärung Glück.

Da aber allein philosophische Köpfe über diesen vollkommen ausgebildeten Verstand verfügten, das ‚gemeine' Volk hingegen nicht den deduktiven Schlußverfahren der Philosophie, sondern den spontanen Eindrücken der Sinnesorgane folge,[173] wird der Literatur die Aufgabe zugewiesen, die Vernunfterkenntnisse in Sinneserlebnisse zu überführen – jene zu veranschaulichen und als Lebenspraxis vorzuführen. Diese Pädagogisierung der Literatur hat zur Folge, daß

[171] Gottsched: Critische Dichtkunst.

[172] Siehe dazu die Wolffs Rationalismus popularisierende Schrift von Gottsched: Erste Gründe der gesammten Weltweisheit. Theoretischer Teil, S. 200: „Das Gesetz der Natur gebeut uns, nach Vollkommenheiten zu streben, und uns also glücklich zu machen. Alle Menschen haben einen Trieb bey sich, glücklich zu werden: nur sie fehlen in Erwählung der Mittel, und handeln oft gerade so, als ob sie sich unglücklich zu machen wünscheten."

[173] Gottsched: Critische Dichtkunst. Erster Allgemeiner Theil, S. 221: „Die gründlichste Sittenlehre ist für den großen Haufen der Menschen viel zu mager und zu trocken. Denn die rechte Schärfe in Vernunftschlüssen ist nicht für den gemeinen Verstand unstudirter Leute. Die nackte Wahrheit gefällt ihnen nicht: es müssen schon philosophische Köpfe seyn, die sich daran vergnügen sollen."

sie strikt auf eine moralische Botschaft festgelegt wird, die im Werthorizont der Frühaufklärung ihren Ort hat. Sie findet im jeweiligen *moralischen Satz* ihre Spezifikation. Dieser wird zur Grundlage der Dichtung erhoben, die ihn zu einem Handlungszusammenhang zu entfalten habe. Entsprechend lautet Gottscheds notorische Anweisung an die Autoren:

> Zu allererst wähle man sich einen lehrreichen moralischen Satz, der in dem ganzen Gedichte zum Grunde liegen soll, nach Beschaffenheit der Absichten, die man sich zu erlangen, vorgenommen. Hierzu ersinne man sich eine ganz allgemeine Begebenheit, worinn eine Handlung vorkömmt, daran dieser erwählte Lehrsatz sehr augenscheinlich in die Sinne fällt.[174]

Gerade die Komödie ist nun für Gottsched das geeignete Medium, um den *moralischen Satz* den Zuschauern, die noch nicht zur Deutlichkeit des Verstandes aufgestiegen sind, sinnfällig zu machen. In ihr wird die vernünftige Ordnung so zum Maßstab allen Handelns gemacht, daß die unvernünftigen und damit als lasterhaft deklarierten Helden entweder aus ihr verbannt oder durch Belehrung in sie integriert werden. Darum sei die Komödie und nicht die Tragödie die geeignete Gattung, um eine bürgerliche Sittenreform zu befördern. In der Komödie werden diejenigen Verhaltensweisen gebrandmarkt und lächerlich gemacht, die sich nicht dem Ordnungsschema der Vernunft fügen, ohne schon in die Kategorie der großen Verbrechen zu fallen. Es sind solche Abweichungen von der zum Maßstab erhobenen einen und gleichen Vernunft wie z. B. Geiz oder Standesdünkel, Quacksalbertum oder Aberglaube, falsche Gelehrsamkeit oder Pedanterie. Der dramatische Handlungszusammenhang entsteht nun, indem Protagonisten, die im wesentlichen durch eine dieser Charaktereigenschaften bestimmt sind, sich den Gesetzen der Vernunft nicht fügen, also lasterhaft handeln und deshalb entweder in ihr eigenes Unglück laufen, weil sie einem „Scheingut" folgten, oder aber doch noch rechtzeitig zur Vernunft gebracht werden, indem sie lernen, das „wahre Gut" vom „Scheingut" zu unterscheiden, und so die eigene „Vollkommenheit" und das eigene „Glück" zu befördern.

Die unbelehrbaren Charaktertypen, Inkarnationen vernunftwidrigen Verhaltens, werden nun zur Abschreckung und Sicherung des Ordnungsideals auf der Bühne als verlachenswert dargestellt. Der Zuschauer soll zu einem satirischen Verlachen motiviert werden, dessen wirkungsästhetischen Zweck Gottsched in seinen Überlegungen zur Satire, dem didaktischen Kern seiner Dramenkonzeption, darstellt:

> Eine vernünftige Satyre läst sich angelegen seyn, die Laster als auslachenswürdig vorzustellen, und die Liebhaber derselben zu Spotte zu machen. Diese Absicht ist ja ohne Zweiffel sehr löblich, denn warum bemühet sich der Verfasser solcher Schrifften die La-

[174] Ebd., S. 215.

sterhafften dem Gelächter aller Welt zu unterwerffen? Darum daß sie sich ihrer Thorheiten schämen, und ihre böse Handlungen unterlassen sollen.[175]

Im Verlachen der lasterhaften Personen sollen die Zuschauer ratifizieren, daß die Vernunftordnung die für alle gültige Richtlinie des Verhaltens ist, von der man nicht ungestraft abweicht. Indem sie an diesem gemeinschaftlichen Verlachen partizipieren, produzieren sie für sich *via negationis* die Geltung einer Norm, die sie im alltäglichen Handeln zu befolgen haben. Sonst droht die eigene Lächerlichkeit. Unter dem Gesichtspunkt ihrer prohibitiven Wirkung auf den Alltag der Zuschauer definiert Gottsched die Komödie:

Die Comödie ist nichts anders, als ein Nachahmung einer lasterhaften Handlung, die durch ihr lächerliches Wesen den Zuschauer belustigen, aber auch zugleich erbauen kann.[176]

„Nachahmung einer lasterhaften Handlung" heißt allerdings nicht einfach, einen Ausschnitt der empirischen Welt in ihrem chaotischen Charakter als kontingentes Walten von Zwietracht und Dünkel, Eigennutz und Aberglauben wiederzugeben; vielmehr soll das literarische Werk eine Welt herstellen, in der die Eigentümlichkeiten des Tatsächlichen vor den Ordnungsgeboten der Vernunft als unvernünftig und damit lasterhaft entlarvt werden, um so Vernunft und Tugend ins strahlende Licht des Erfolges zu rücken.

Das Vorbild der Nachahmung von tugend- und lasterhaften Menschen ist demzufolge der in der Sittenlehre gewonnene Begriff vom Wesen der verschiedenen Tugenden und Laster, und Natur – als Natur der Tugend oder des Lasters – ist dabei eine ausschließlich normativ-moralische Kategorie: sie bezieht sich allein auf das, was den Erkenntnissen der Philosophie zufolge sein soll, weil es tugendhaft, resp. nicht sein soll, weil es lasterhaft ist.[177]

Die am normativen Begriff von Natur ausgerichtete Nachahmung ist zwar nicht wahr im Sinne eines abbildenden Realismus, weil sie sich nicht beim Gegebenen aufhält, sie ist aber wahr im philosophischen Sinn der Frühaufklärung, da sie das den empirischen Phänomenen zugrundeliegende *Gesetz der Natur* zum Maßstab ihrer Nachahmung macht. Diese Wahrheit der Philosophie hat die Dichtung als erfundene Handlungsfolge – von Gottsched „Fabel" genannt – darzustellen. Folglich

muß eine jede Fabel was Wahres und was Falsches in sich haben: nämlich einen moralischen Lehrsatz, der gewiß wahr seyn muß; und eine Einkleidung desselben in eine gewisse Begebenheit, die sich aber niemals zugetragen hat, und also falsch ist.[178]

175 Gottsched: Die Vernünftigen Tadlerinnen, Teil 2, S. 148.
176 Gottsched: Critische Dichtkunst. Anderer Besonderer Theil, S. 348.
177 Wetterer: Publikumsbezug und Wahrheitsanspruch, S. 125.
178 Gottsched: Critische Dichtkunst. Erster Allgemeiner Theil, S. 203.

Aufgabe des guten Dichters ist es nun, die moralphilosophische Wahrheit im Gewand fiktionaler Falschheit zu einem solchen Handlungsgeschehen zu formen, daß dem Zuschauer das Bühnengeschehen glaublich erscheint. Gottsched fordert dabei mit Nachdruck eine Nachahmung, die einen doppelten Bezugspunkt hat: Zum einen gründet sie in der Übereinstimmung mit der als vernünftig deklarierten *Ordnung der Natur*, die der Dichtung ihre Wahrheit sichert, zum anderen in der Verträglichkeit mit der Erfahrungswelt der Rezipienten, die der Dichtung ihre Wirkungsmächtigkeit sichert. D. h.: Die vernünftige Natur, die nach moralphilosophischen Maßstäben wahr ist, ist so auf der Bühne zu präsentieren, daß sie nach empirischen Maßstäben möglich erscheint. Nur dann können die Zuschauer die fiktionale Welt als die ihre wiedererkennen, und nur dann vermögen sie, den pädagogischen Gehalt des Geschehens auf sich anzuwenden.

Damit aber gerät das poetologische Modell Gottscheds, das die Wahrheit normativer Praxisvorschriften mit der Wahrscheinlichkeit empirischer Gepflogenheiten zu vermitteln sucht, in den Widerspruch von Postulat und Faktizität. Was die Theorie jedoch unbemerkt läßt, das zeigt die praktische Umsetzung. Das Drama der Gottschedin *Die ungleiche Heirath*, das sich diesem Modell unterstellt, macht in seiner dramatischen Verbindung von moralphilosophisch abgeleiteter Wahrheit und wirkungsästhetisch bestimmter Wahrscheinlichkeit den Widerspruch zwischen dem postulierten Universalitätsanspruch einer überständischen Vernunft und den ständespezifischen Bedingtheiten ihrer Praxis offenbar. Es zeigt – gleichsam gegen seinen Willen – die Geltungsschwäche der naturrechtlichen Vernunftordnung angesichts der herrschenden Gesellschaftsordnung, hier konkretisiert als traditionelle Heiratsordnung.

Diesen Zusammenhang, der zeigt, daß und wie sich die Literatur entgegen ihrer pädagogischen Funktionalisierung als *empirische Gegenprobe* erweisen kann, werde ich im folgenden untersuchen. Deutlich werden soll, daß selbst ein offenbar sehr schlicht strukturiertes Drama wie das der Gottschedin in seinen untergründigen Widersprüchlichkeiten im Vergleich zu den zugrundeliegenden moralphilosophischen Botschaften und poetologischen Doktrinen einen Bedeutungsüberschuß entfalten kann, der deren Geltungsschwäche bekundet.

Die Gottschedin greift mit ihrem Drama ein altes Komödienmotiv auf,[179] dem das folgende abstrakte Schema zugrunde liegt: Standesdünkel, gepaart mit Geldmangel auf der einen Seite, das Bestreben von Rangniederen, gesellschaft-

179 Über den konkreten Anlaß des Dramas heißt es bei Schlenther: Frau Gottsched und die bürgerliche Komödie, S. 180: „Eine Edeldame hatte sie [d. h. die Gottschedin] um Rat gefragt, ob sie unter ihrem Stande heiraten solle und Frau Gottsched warnte; daher kam die Anregung zu dem ersten 1743 erschienenen Originallustspiele *Die ungleiche Heirat.*"

lich aufzusteigen, gepaart mit Geldüberfluß auf der anderen Seite, spannen ein Handlungsgeschehen auf, das durch das Bemühen motiviert wird, Prestige und Geld zu tauschen – oder, um mit Bourdieu zu sprechen, „symbolisches Kapital" und „ökonomisches Kapital".[180] Die Heirat soll einen Ausgleich zwischen ihnen herstellen. Dabei fungiert die Tochter nicht, wie man meinen könnte, in erster Linie als Tauschobjekt, sondern sie ist primär Tauschsymbol. Denn dem reichen Rangniederen geht es nicht um deren Besitz, sondern um die mit der Heirat verbundene Rangübertragung. Es geht ihm also nicht um eine Liebesbeziehung zur Frau, die er in ihrer Individualität wahrnimmt, sondern um die Teilhabe an dem durch ihre Herkunft und ihren Namen repräsentierten gesellschaftlichen Glanz. Er investiert sein Geld in den Erwerb von Prestige. Die Heirat ist also Kaufvertrag und die Frau Medium der Prestigeübermittlung. In diesem Tauschgeschäft Geld-gegen-Prestige spielen die ranghöheren Eltern die komplementäre Rolle. Sie leiden unter Geldmangel; anzubieten haben sie ihren gesellschaftlichen Status, an dem sie den Schwiegersohn teilhaben lassen um den Preis, daß er ihre finanzielle Situation verbessert. Dafür investieren sie ihre Tochter, die in dem ganzen Arrangement nur als Signifikant in einem Zeichenzusammenhang fungiert, in der nicht ihre Person, sondern die an sie gebundene Rangrepräsentanz interessiert.

Damit dieses Tauschgeschäft zustande kommt, müssen beide Tauschpartner einen Mangel erfahren haben. Warum dabei ein Tauschwunsch entsteht, scheint auf den ersten Blick evident zu sein. Geld und Ansehen seien Grundbedürfnisse – so könnte man meinen; und so tauscht man eben, was man reichlich hat, gegen das, was man zu wenig hat. Doch manifestieren sich diese Grundbedürfnisse historisch jeweils anders und produzieren jeweils andere Objekte des Begehrens. Dabei ist bereits die Tatsache, daß Geld und Ansehen tauschbare Werte sind, nicht selbstverständlich. Warum verschafft nicht das Geld selbst Ansehen, warum ist nicht der Reiche zugleich auch derjenige, der gesellschaftliches Prestige besitzt? Oder, um mit Garve zu sprechen, der in diesem Zusammenhang für die zweite Hälfte des 18. Jahrhunderts einen Wandel konstatiert: Warum sieht man nicht „das Geld als das vornehmste Mittel zur Glückseligkeit, und als die solideste Basis der Ehre" an?[181] Und für die andere Seite erhebt sich die Frage: Warum bedarf derjenige, der im hohen Ansehen steht, auch noch des Geldes, selbst wenn die materiellen Bedürfnisse befriedigt sind?

Um diese Fragen beantworten zu können, ist der historische Kontext zu konkretisieren. Der geschichtliche Hintergrund, vor dem sich der im Drama dargestellte Tauschwunsch mittels Heirat abspielt, bestimmt sich durch den Feudalab-

[180] Bourdieu: Entwurf einer Theorie der Praxis, S. 349.

[181] Garve: Versuche über verschiedene Gegenstände aus der Moral, der Litteratur und dem gesellschaftlichen Leben, S. 244.

solutismus des späten 17. und frühen 18. Jahrhunderts. Die Tauschpartner sind auf der einen Seite verarmte Adlige und auf der anderen Seite reiche Bürger.[182] Die Verarmung von Adligen kommt dabei nicht von ungefähr; sie resultiert aus dem ihnen spezifischen Verhältnis von Prestige und Geld, wie es die aristokratische Lebensform mit sich bringt. Norbert Elias hat diesen Zusammenhang in seiner Studie *Die höfische Gesellschaft*[183] eindrucksvoll beschrieben: Prestige ist danach nicht etwas, was man in der geburtsständischen Gesellschaft kraft der Zugehörigkeit zu einem Stand, in den man hineingeboren wird, wie selbstverständlich besitzt, sondern unterliegt der Verpflichtung, es nach außen permanent und augenscheinlich unter Beweis zu stellen. Die hochkomplexe interne Standesdifferenzierung muß dokumentiert werden, damit für die Mitglieder der Gesellschaft evident ist, welcher Rang jeweils eingenommen wird. Der Adlige, der einen ehrwürdigen Namen trägt, ist verpflichtet, über das *Aufmachen* eines *Hauses* und die Zelebration großer Feste bis hin zur aufwendigen Zurschaustellung der eigenen Person, Glanz und Pracht von *Haus* und *Person* nicht als Zeichen des Reichtums, sondern als Zeichen von Rang und Stand darzustellen. Ohne Rücksicht auf materielle Ressourcen unterliegt er dem Zwang zum Prestigekonsum, über den er als Glied der Geschlechterkette deren Geltung für die Nachkommen zu sichern hat – häufig genug gegen jede ökonomische Rationalität und um den Preis relativer Verarmung.

> Das Statusverbrauchsethos, das in dieser höfischen Gesellschaft vorherrschte, das Ethos, das die einzelne Familie zwang, ihre Ausgaben nicht in erster Linie von ihren Einnahmen, sondern von ihrem Status und Rang abhängig zu machen, erlaubte es nur selten, dieser um den Konsum, den Verbrauch von Gütern zentrierten Großorganisation kontinuierlich über mehrere Generationen hin das zu geben, was man heute eine rationale, eine gesunde wirtschaftliche Basis nennt, nämlich die Ausgaben ständig an den Einnahmen zu orientieren. Die Tendenz zu einer Eskalation der Verschuldung und schließlich zum Ruin war dementsprechend bei den Angehörigen dieser Gesellschaft sehr groß.[184]

182 Historisch bezeugt ist, daß Bürgerliche vielfach versuchten, durch den Kauf von Adelsgütern das damit verbundene Prestige zu erwerben. Im Sachsen der Gottschedin waren um 1700 193 Rittergüter in bürgerlichem Besitz; bei einer Gesamtzahl von weniger als 1000 ein beträchtlicher Prozentsatz. Die Adligen kämpften in der Folge mit aller Macht darum, daß die Differenz zu ihnen nicht ganz verlorenging. So knüpften sie die Landtagsfähigkeit strikt an den Adelsnachweis. Siehe dazu Czok: August der Starke, S. 41. Für Preußen weist Koselleck auf die trotz gesetzlicher Restriktionen bis zur Jahrhundertwende auf 10% angestiegene Zahl von adligen Gütern in bürgerlichem Besitz hin und konstatiert für die Wende zum 19. Jahrhundert: „Die Standesgrenze zwischen Adel und der kapitalkräftigen bürgerlichen Oberschicht war wirtschaftlich sozusagen osmotisch geworden." Koselleck: Preußen zwischen Reform und Revolution, S. 83.

183 Elias: Die höfische Gesellschaft.

184 Ebd., S. 416f.

Während der Adel zum Prestigekonsum verpflichtet war, ohne diesen durch entsprechende wirtschaftliche Tätigkeiten materiell sichern zu können,[185] konnte der Bürger den ihm überlassenen Freiraum zu wirtschaftlicher Betätigung nutzen und Reichtum erwerben. Für ihn galt das

> gesellschaftliche Ethos des Berufsbürgertums, dessen Normen die einzelne Familie dazu verpflichten, die Ausgaben den Einnahmen unterzuordnen und, wenn irgend möglich, den gegenwärtigen Verbrauch unter dem Niveau der Einnahmen zu halten, so daß die Differenz als Ersparnis in der Hoffnung auf erhöhte zukünftige Einnahmen investiert werden kann.[186]

Solange aber die Aristokratie den gesellschaftlich vorhandenen ‚Prestigevorrat' für sich allein beanspruchen konnte, auch in den Augen des Bürgers, der das höhere Ansehen des Adels anerkannte, solange konnte dieser kraft seiner wirtschaftlichen Betätigung wohl Besitz anhäufen, aber nur durch ein Vorgehen, das in den Augen der tonangebenden Gesellschaft nicht prestigewürdig war. Kommerz und Ansehen schlossen sich (im Prinzip wenigstens) in der adligen Welt aus – mit der Folge, daß immer mehr reiche Bürgerliche durch ostentativen Luxuskonsum den Adel zu übertrumpfen suchten, um so ihre fehlende Abstammung durch äußeren Glanz zu kompensieren.

> Die direkte Konversion ökonomischen Kapitals in das symbolische Kapital der Ehre wird nun zur Regel, während dieser Vorgang im Mittelalter noch geächtet war und höchstens in Ausnahmefällen vonstatten ging.[187]

Vor diesem sehr allgemein gezeichneten historischen Hintergrund einer Gesellschaft, in der die *höfische* Orientierung noch prägend ist, doch von frühkapitalistischen Tendenzen begleitet wird,[188] mag die Motivation zum Tausch von Pre-

[185] Siehe dazu Zorn: Deutsche Führungsschichten des 17. und 18. Jahrhunderts, S. 187 f.: „Die ‚private' Adelswirtschaft war trotz ihrer von Rosenberg für Preußen betonten zunehmenden ‚frühkapitalistischen' Züge noch weitgehend Ausgabenwirtschaft mit ungenügender Ordnung der Einnahmenseite und entsprechender unkontrollierter Verschuldung. Die Standesgesetze erlaubten dem Adel neben Ämtereinkommen und Heiratsgut nur Einkommen aus Land- und Forstwirtschaft, Bergbau und Hüttenwesen, nicht aus verarbeitendem Gewerbe, Handel und Bankgeschäft, abgesehen von Darlehen an die Landesherrn." Allerdings weist Koselleck für Preußen darauf hin, daß im *Allgemeinen Landrecht* (§ 77, II, 9) mit Rücksicht auf nobilitierte Großunternehmer dem Adel „außerzünftige ‚Handlung im Großen'" genehmigt wurde. (Preußen zwischen Reform und Revolution, S. 86.)

[186] Elias: Die höfische Gesellschaft, S. 103.

[187] Guttandin: Das paradoxe Schicksal der Ehre, S. 345.

[188] Im Hinblick auf die sächsischen Verhältnisse heißt es bei Czok und Groß: Das Kurfürstentum, S. 278 f.: „Adlig-großbürgerliche Kultur und ihre Lebensformen zeigten, daß es der Augusteische Absolutismus – ähnlich wie in anderen absolutistischen Territo-

stige gegen Geld verständlich werden. Prestigeerhaltung vernichtet Geld, Gelderwerb vernichtet Prestige; beides aber sind Bedingungen eines gesellschaftlich anerkannten Lebens. Nicht von ungefähr haben sich literarische Werke dieser Thematik angenommen. Dabei ist es meist die Heirat, die von ihnen als Institution zum Gütertransfer thematisiert wird; sie erscheint als entscheidende Relaisstelle der Tauschaktion. Berühmt geworden sind Molières Komödien *George Dandin* (1668) und *Le bourgeois gentil homme* (1670). Während sich in letzterer Monsieur Jourdain im Glanz seiner Lobhudler sonnt, die es auf sein Geld abgesehen haben, und seine Tochter zur Vermehrung des eigenen Ansehens mit einem Adligen verheiraten will, dabei aber von ihr hintergangen wird, weil für sie die Liebe zählt, ist es in *George Dandin* die Titelgestalt selbst, die durch Heirat reüssieren will. Ein reicher Bauer heiratet gegen ihren Willen die Tochter verarmter Landadliger, um am Nimbus des Adels teilzuhaben, während die adelige Familie ihre finanzielle Misere durch einen für ihn kostspieligen Ehekontrakt verbessert. Doch die Ehe wird für ihn zur Tortur. Nicht nur, daß ihn seine Frau Angélique mit dem Höfling Clitandre betrügt, ihn finanziell ausbeutet und verächtlich auf ihn herabsieht; am Ende hat er zum Schaden auch noch den Spott, indem er genötigt wird, als angeblich Schuldiger seine ehebrecherische Frau um Verzeihung zu bitten. Vom Anbeginn seiner Ehe weiß George Dandin, daß sein mittels Heirat vollzogenes Tauschgeschäft Ansehen-gegen-Geld ein schlechtes Geschäft war, so schlecht, daß er in tragikomischer Weise sogar mit Selbstmordabsichten spielt. Seine letzten Sätze, mit denen das Stück endet, lauten:

> Wenn einer ein so böses Weib genommen hat wie ich, dann ist's das Beste, daß er sich ins Wasser stürzt – kopfüber ins Wasser. (III/8)[189]

Die Warnung, die das Stück gleich zu Beginn durch den Mund George Dandins ausspricht, macht sein Schicksal zum augenscheinlichen Exempel:

> Meine Ehe, die ist eine gute Lehre für alle Leute vom Land, wenn sie hoch hinaus wollen und in eine der adeligen Familien hineinkommen, wie ich. (I/1)[190]

Wohl nicht abschreckend genug; denn immer wieder versuchen gesellschaftlich Rangniedere, die genügend Geld haben, emporzusteigen, indem sie sich eine ranghöhere Frau ‚kaufen', um so an dem durch sie repräsentierten Ansehen zu partizipieren. Die Gottschedin greift, in Übernahme vieler Einzelzüge der Mo-

rialstaaten – noch einmal mit der Ausprägung typischer, aber auch durchaus eigenwilliger kultureller Formen für einige Jahrzehnte vermochte, der eigenen Herrschaft solchen Glanz zu verleihen, daß sich breite Kreise der herrschenden Klassen ihm nicht entziehen konnten, ganz gleich, ob sie die dahinterstehende Politik mittrugen oder gegen sie opponierten."

[189] Molière: Der Betrogene oder George Dandin, S. 149.

[190] Ebd., S. 103.

lièreschen Komödie,[191] diese Thematik mit ihrer sächsischen Typenkomödie *Die ungleiche Heirath* (1743) auf. Auch hier geht es darum, daß ein reicher Mann, Herr Wilibald, durch seine Heirat mit dem adligen Fräulein Philippine ihre Eltern aus finanzieller Misere befreien soll.[192] Und umgekehrt will Herr Wilibald, wie das tugendhafte Fräulein Amalia sofort richtig erkennt, durch die Ehe aus seinem „bisherigen Bürgerstande entweichen, und sich durch eine adeliche Frau gleichsam mit zum halben Edelmanne machen" (II/9, S. 117).

Zwar entspricht es nicht dem Wunsch der adligen Tochter, einen Bürgerlichen zu heiraten, dazu ist sie zu adelsstolz; allein der Herr von Zierfeld, „ein junger Stutzer und Liebhaber des Fräulein Philippine" (S. 70), wie die Charakterisierung des Personenverzeichnisses lautet, käme als standesgemäßer Ehepartner in Frage. Aber leider hat er nicht genügend Geld, und so gilt es, den Herrn Wilibald zu ködern, um ihn finanziell auszunutzen und dann fallen zu lassen. Philippine zu ihrem adligen Liebhaber:

> Dem Wilibald wollen wir schon, so bald er die Ehpacten unterschrieben, und meines Vaters Schulden bezahlet, auch mich selbst wacker beschenkt hat, so viel von seinem künftigen Schicksale zu verstehen geben, daß er vielleicht vor Angst mir noch den ganzen Handel aussagt. Dann mag er das einmal angelobte und bezahlte Geld im Stiche lassen, und wir können hernach von seiner Freygebigkeit herrlich leben. Denn meinem Vater ist es nur darum zu thun, daß er aus den Schulden kömmt, und zu leben hat. (II/2, S. 103)

Als daraufhin das Kammermädchen Hanne zu bedenken gibt, daß Herr Wilibald womöglich auf der Heirat besteht und erst dann zahlt, reagiert Fräulein Philippine, als kenne sie Molières *George Dandin*: „So mag er auch die Folgen einer ungleichen Heirath erfahren" (ebd.). Doch bei aller motivlichen Übereinstimmung – der Unterschied zu Molières Komödie ist offensichtlich.[193] Dort findet die Heirat statt, und George Dandin muß daraufhin unter seiner Frau und deren Eltern leiden; er wird zum Narren gemacht und muß dafür noch bezahlen. Nicht von ungefähr bringt Molière seinen Helden ins definitive Unglück. Denn wer sich anmaßt, die Standesgrenzen zu überschreiten, hat zum Schaden auch den Spott zu tragen. So wird nicht die Welt von *la cour et la ville*[194] kritisch beleuchtet, sondern das Abweichen von den Normen des *honnêteté*-Ideals.[195]

[191] Diese Übereinstimmung weist akribisch nach Schlenther: Frau Gottsched und die bürgerliche Komödie, S. 183 ff. Auf die Abhängigkeit der *Ungleichen Heirath* von Destouches' *La Fausse Agnès ou Le Poète Campagnard* weist hin Friederici: Das deutsche bürgerliche Lustspiel der Frühaufklärung, S. 147.

[192] Zur historischen Praxis der Mesalliancen aus ökonomischen Gründen siehe Rehberg: Über den deutschen Adel, S. 206: „Häupter von Familien selbst haben oftmals nur die Wahl, ihr geschwächtes Erbgut durch eine ungleiche Heyrath wieder herzustellen."

[193] Siehe dazu Hinck: Vom Ausgang der Komödie.

[194] Siehe Auerbach: „La cour et la ville".

[195] Zum Verhaltensideal der *honnêteté* siehe neben Auerbach (ebd.) Hess: Wege des

George Dandin verletzt dieses, weil er mehr sein will, als ihm gesellschaftlich zukommt, und so trifft ihn zu Recht das Ehe-Schicksal, das ihm so übel mitspielt.

Bei der Gottschedin hingegen verbinden sich Handlungsstruktur und weltanschaulicher Gehalt auf neue Weise. In ihrem Drama steht die Heirat bevor, und die Eltern der Braut tun alles, damit es zu einem für sie lukrativen Ehevertrag kommt. Immer wieder besänftigen sie den Bräutigam, wenn er seine Braut auf betrügerischer Tat ertappt; sie reden ihm ein, alles sei Einbildung, ihre Tochter sei das redlichste und keuscheste Mädchen der Erde. Doch am Ende ist es unabweisbar: Philippine betrügt ihn mit dem als Gärtnerburschen verkleideten Herrn von Zierfeld. Die Warnung, die das Fräulein Amalia im Stück nachdrücklich ausgesprochen hat – man solle nicht über Standesgrenzen hinweg heiraten –, erweist sich als gerechtfertigt. Was Molières George Dandin während der Ehe erleidet, das widerfährt Herrn Wilibald – zu seinem Glück – schon vorher, so daß er das Eheversprechen rechtzeitig aufkündigen kann.[196] Die vernünftige Einsicht – so die Botschaft – bewahrt vor Unglück und Verachtung. Während George Dandin in den Augen der *honnêtes gens* verlachenswert ist, weil er mißachtete, was *convenance* und *bienséance* vorschreiben,[197] ist Herr Wilibald zu respektieren, weil er seinen Irrtum erkennt und Vernunft und Tugend zum Maßstab seines Handelns erhebt. Großzügig, wie er ist, verzichtet er sogar auf die den Eltern geliehenen „10 000 Thaler" (V/5, S. 178).

Damit könnte die Komödie zu Ende sein. Der *moralische Satz*, von dem Gottsched in seiner *Critischen Dichtkunst* dekretiert, er solle jeder Fabel als Botschaft zugrunde liegen, ist hinlänglich veranschaulicht[198] und auch mehrfach

Humanismus im Frankreich des 17. Jahrhunderts. Dieses Ideal bestimmt den *honnête homme* als einen Menschen, der – frei von Erwerbsarbeit – alles daran setzt, seine Gesellschaftsfähigkeit auszubilden, indem er seine geistige und körperliche Bildung im Zeichen ihrer Kommunizierbarkeit – den Regeln der *bienséance* gemäß – entfaltet.

196 Analog wandelt die Gottschedin in ihrer Komödie *Die Hausfranzösinn, oder die Mammsell* (1744) die Holbergsche Vorlage *Jean de France* derart ab, daß die Erfahrung den Irregeleiteten noch rechtzeitig wieder auf den Pfad der Tugend zurückführt. Aus dem uneinsichtigen Jean de France wird der einsichtige Herr Franz, der durch eine Enttäuschung von seiner Frankomanie geheilt wird.

197 Allerdings mögen die sich zu Molières Zeit verstärkenden bürgerlichen Moralvorstellungen, die den Zusammenhang von Tugend und Schicklichkeit auflösten, die Wahrnehmungsperspektive anders gelenkt haben. Dafür spricht die zwiespältige Reaktion, die das Stück *George Dandin* bei seiner Aufführung im Palais Royal hervorrief. Siehe Molière: Œuvres complètes, S. 184.

198 Literaturwissenschaftler haben ihn nachdrücklich vermeldet: Schlenther: Frau Gottsched und die bürgerliche Komödie, S. 180 f.: „Ein Bürgerlicher soll kein Fräulein ehelichen." Friederici: Das deutsche bürgerliche Lustspiel der Frühaufklärung, S. 144:

„Die von seinem innerdramatischen Sprachrohr, dem Fräulein Amalia, ausgesprochen worden: Zwischen unvernünftigen Adligen und vernünftigen Bürgern kann es keine glücklichen Ehen geben. Das Tauschgeschäft von Geld und Ansehen geht nicht auf; der reiche Bürger wird zwar etwas Geld los, aber statt gesellschaftlichem Ansehen erfährt er eheliche Mißachtung, weil die Adligen den Geboten von Vernunft und Tugend nicht folgen und deshalb als Lasterhafte zu verlachen sind.

Auf den ersten Blick hat es den Anschein, als sei die Komödie der Gottschedin eine schneidende Adelssatire.[199] Doch die Grenzen zwischen Vernunft und Unvernunft verlaufen nicht parallel zu den Standesgrenzen. Auf diese Weise demonstriert das Drama die Allgemeingültigkeit des Vernunftanspruchs, seine Standesunabhängigkeit – auch der Adlige kann vernünftig sein, der Bürger unvernünftig. So handelt der Bürger Wilibald, so verdienstvoll er sein wird, vorerst unvernünftig, weil er ein adliges Fräulein heiraten will. Erst im Verlauf des dramatischen Geschehens gehen ihm die Augen auf, und er kommt zur rechten Einsicht. Und das Fräulein Amalia ist ein Ausbund an Vernünftigkeit und Tugendhaftigkeit, obwohl sie Adlige ist. Vernunft und Unvernunft sind also nicht abhängig vom jeweiligen Stand, sondern gründen im Charakter des Menschen. So will es wenigstens das frühaufklärerische Menschenbild, das nicht nach sozialen Kategorien der Standeszugehörigkeit, sondern nach rationalistischen Kategorien der Vernunft und Moral geformt ist. Nur weil der Herr von Ahnenstolz unvernünftig ist, betont er – wie sein sprechender Name schon signalisiert – das Alter und die Ehrwürdigkeit seiner Familie: „Seit dem 1121. Jahre habe ich noch die Adelsbriefe in Händen“ (I/1, S. 72), erklärt er voller Stolz und rekapituliert permanent die genealogische Kette, als deren Glied er sich sieht; und nur weil Frau von Ahnenstolz ebenfalls unvernünftig ist, glaubt sie, in ihrer Ehre zutiefst gekränkt zu sein, weil eine rangniedere Adlige ihr nicht die gebührende Reverenz erwies. Auch ihre Hypochondrie, die sie entgegen allen körperlichen Anzeichen robuster Gesundheit ständig von ihren nur eingebildeten Krankheiten reden läßt, signalisiert, daß sich hier ein Mensch lächerlich macht. Alle Zuschauer sollen „Feind“ einer Haltung werden, die Frau von Ahnenstolz als ihr Charakteristikum ausspricht: „Ich bin niemals nicht wohl; ich trage hunder-

„Die Gottschedin will mit diesem Stück die folgende Lehre vermitteln: Jeder heirate nur innerhalb seines Standes, wenn er wirklich glücklich werden will.“

[199] In einem Brief an Johann Elias Schlegel berichtet Gottsched über die Reaktionen der adligen Zuschauer, die das Stück 1743 auf der Leipziger Messe in einer Aufführung der Neuberschen Truppe sahen. Das Stück sei „mit grossem Beyfalle der Zuschauer aufgenommen worden“, wobei allerdings „der in der ersten Messwoche schon vorhandene Adel grössthentheils mit den Zähnen knirschete.“ Zitiert nach Rieck: Johann Christoph Gottsched, S. 175 f.

terley Krankheiten an mir: und wer mir das nicht glaubt, der ist mein Feind." (II/4, S. 106)

Die vom Drama „auktorial intendierte Rezeptionsperspektive"[200] ist klar und entspricht der frühaufklärerischen Programmatik: Nicht weil die Familienangehörigen derer von Ahnenstolz adlig sind, verhalten sie sich unvernünftig, sondern weil sie ihre Vernunft nicht genügend ausgebildet haben – so will es das Drama den Zuschauern weismachen. Die unterschiedliche Zugehörigkeit zu einem Stand wird als akzidentell abgetan, wichtig ist allein die unterschiedliche Teilhabe an der einen und gleichen Vernunft. Für solch ein Menschenbild, das die gesellschaftlichen Bedingungen der Existenz zugunsten der Allgemeinheit eines postulierten *Gesetzes der Natur* ausblendet, zählt allein die Position des Menschen im Koordinatensystem von Tugend und Laster. Wie in den anderen sächsischen Typenkomödien fungieren die einzelnen lasterhaften Dramenfiguren auch hier mit ihren redenden Namen zwar als Exempel, doch nicht für den Stand, dem sie angehören, sondern für die Vernunftordnung, die sie auf törichte Weise verletzen.

Was das Drama dem Zuschauer aus der Perspektive der Vernunftmoral als unvernünftig, damit lasterhaft und verlachenswürdig schildert, wird allerdings in seiner Funktionalität für die adlige Wertordnung kenntlich, wendet man die Gattungsperspektive der *satirischen Verlachkomödie* mentalitätsgeschichtlich. Deutlich wird dann, daß Etikette und Zeremoniell, das Repetieren der Abkunft und das Beharren auf physiologischer Besonderheit in einer Gesellschaft, in der die hierarchische Geltung nach außen darzustellen ist, der Rangbehauptung dienen.[201] Repräsentation als Zurschaustellung der eigenen Stellung vor den anderen Mitgliedern der aristokratischen Gesellschaft, Betonung der Differenz in allen Momenten der äußeren Erscheinung und das Bestehen darauf, daß diese Differenz im Verhalten der anderen beachtet wird – so lauten die Spielregeln einer adligen Gesellschaft, die sich nicht über individuelle Leistung, sondern über genealogisches Geltungsprestige definiert. Norbert Elias hat hierauf nachdrücklich hingewiesen:

Die intensive Aufmerksamkeit, mit der man jeden Lebensausdruck eines Menschen, also auch sein Haus, daraufhin prüft, ob er die seinem Stand, seiner Stellung innerhalb der sozialen Hierarchie gesetzten traditionellen Grenzen einhält oder nicht, und die Bewußtheit, mit der man alles, was zu einem Menschen gehört, auf seine soziale Valenz, auf seinen Prestigewert hin beobachtet, entspricht ganz der höfisch-absolutistischen Herrschaftsapparatur und dem hierarchischen Aufbau, der um König und Hof zentrierten Ge-

[200] Terminus von Pfister: Das Drama, S. 100f., der damit die dem Zuschauer vom Drama vorgegebene eindeutige Bewertung des Geschehens bezeichnet.

[201] Siehe dazu Schlechte: Nachwort zu: Julius Bernhard von Rohr: Einleitung zur Ceremoniel-Wissenschafft, S. 6f.; Ehalt: Zur Funktion des Zeremoniells im Absolutismus.

sellschaft. Diese Aufmerksamkeit und diese Bewußtheit bilden sich in der herrschenden Schicht heraus als Instrumente der Selbstbehauptung und der Abwehr gegenüber dem Druck der jeweils niedriger Rangierenden nach oben.[202]

Diese „intensive Aufmerksamkeit" geht bis zu der Regelung, wer sich vor wem zu erheben hatte,[203] was für Frau von Ahnenstolz – durchaus standesgemäß – von größter Bedeutung ist. Die Betonung der Geschlechterkette, der Hinweis auf die großen Taten der Vorfahren, an denen man qua Abstammung partizipiert[204] (was Herr von Ahnenstolz bis zum Überdruß anderer Dramenpersonen praktiziert), ist ebenfalls Verpflichtung für jeden Adligen: „Die Erinnerung ist es, die das adlige Geschlecht konstituiert und damit ‚Adel' überhaupt."[205] Zum adligen Selbstverständnis gehört die Überzeugung, den anderen Menschen, die nicht adlig sind, aufgrund biologischer Abstammung überlegen zu sein: in physischer und psychischer, in charakterlicher und religiöser Hinsicht. Dabei wird Biologie zur Begründungsinstanz der Differenz, die alle Dimensionen menschlicher Eigenschaften umfaßt und so die Überlegenheit des Adligen a priori festschreibt. Wenn also Frau von Ahnenstolz bis zur für Bürgerliche offensichtlichen Abstrusität auf ihren eingebildeten Krankheiten beharrt, so hat selbst dies seine ständische Funktion. Nachdrücklich betont sie die repräsentativen Eigenheiten in der biologischen Ausstattung ihres Körpers. „Glauben sie denn, daß mein Körper mit den Rümpfen meiner Bedienten, aus einem Zeuge gemacht sey?" (I/2, S. 86) Neben der Kleidung als äußeres Dekor des Körpers fungiert die Krankheit als inneres Dekor zur Abgrenzung vom ‚gemeinen Menschen', mit dem man als Adlige nicht einmal in der Physis übereinstimme.

Auf diesen funktional-gesellschaftlichen Gehalt von Krankheit hat Susan

[202] Elias: Die höfische Gesellschaft, S. 88; siehe dazu ähnlich Kruedener: Die Rolle des Hofes im Absolutismus, S. 60: „Der vordergründig-praktische Sinn allen Zeremoniells lag danach in der Regelung des Vortritts, der ‚Präzedenz', also in der zu jedem Augenblick sichtbaren Feststellung des jeweiligen Vorrangs einer Person sowie der Art und Weise, die diesem Vorrang auf jeder Rangstufe entsprechende Ehrerbietung auszudrücken."

[203] Um dies zu illustrieren, verweist Gerd Tellenbach auf eine Stelle des Romans *Der Leopard* von Giuseppe Tomasi di Lampedusa, an der es darum geht, daß der Fürst eine schlaflose Nacht hatte, weil ihm ein in seinen Augen nicht ranggemäßer Platz angewiesen wurde; Tellenbach: „Mentalität", S. 399.

[204] Zur adligen Auffassung von der Erblichkeit der Tugend und des Heldentums vgl. Kotzebue: Vom Adel, S. 141.

[205] Oexle: Aspekte der Geschichte des Adels im Mittelalter und in der frühen Neuzeit, S. 26; siehe auch Reif: Westfälischer Adel 1770–1860: „Bekanntheit der Familie, ihrer besonderen, sie vor anderen Adelsfamilien auszeichnenden Traditionen, Qualitäten, Leistungen gemäß den Forderungen des allgemeinen adligen Verhaltenskodex war das primäre Ziel der Adelsfamilie und jedes seiner Angehörigen." (S. 97)

Sontag in ihrem Essay *Krankheit als Metapher* aufmerksam gemacht. Danach „war die Tatsache, daß man Tb hatte, schon um die Mitte des 18. Jahrhunderts mit den Assoziationen des Romantischen verknüpft."[206] Das tuberkulöse Aussehen galt als attraktiv, weil es als „Merkmal der Distinktion, der guten Herkunft"[207] betrachtet wurde, und

> nach und nach wurde die tuberkulöse Erscheinung, die eine anziehende Verletzlichkeit, eine überlegene Sensibilität symbolisierte, in zunehmendem Maße zum idealen Aussehen der Frauen.[208]

Wenn man bedenkt, daß die

> Tb-beeinflußte Vorstellung [...] ein neues Modell für aristokratisches Aussehen [wird] – in einem Augenblick, wo Aristokratie nicht länger eine Frage der Macht ist und hauptsächlich zu einer Frage des Image zu werden beginnt,[209]

wird deutlich, daß die Behauptung der Frau von Ahnenstolz, schwindsüchtig zu sein, von fundamentalerer Bedeutung ist, als nur Zeichen für die lächerliche Art einer Person zu sein, die sich interessant machen will. Frau von Ahnenstolz' Verhalten steht exemplarisch für den Versuch des Adels, bei sich verschlechternder finanzieller und politischer Lage mit Hilfe kompensatorischer Mittel an seiner Identität und gesellschaftlichen Validität festzuhalten, d. h. den Status des ‚ausgezeichneten' Menschen zu retten.

Wenn nun die Gottschedin in ihrem Drama die Verhaltensstandards, die für den gesellschaftlichen Stand des Adels funktional sind, als unvernünftig, somit lasterhaft und verlachenswürdig darstellt, ist die damit ausgesprochene Kritik also doch nicht nur personenzentriert; sie zielt nicht nur auf die Unvernünftigkeit von einzelnen Charakteren, sondern taucht den ganzen Stand in das Licht des Lächerlichen. Die Gottschedin zeigt Menschen, die – am Maßstab frühaufklärerischer Norm gemessen – unvernünftig handeln; sie intendiert damit, Charakterfehler zu geißeln, und will bewirken, daß sich die Zuschauer hüten, ein ähnliches Verhalten an den Tag zu legen. In mentalitätsgeschichtlicher Perspektive aber präsentiert das Drama adelstypisches Verhalten und nicht individuelle Charakterfehler als unvernünftig. So mutiert Moralkritik, die scheinbar im individuellen Charakter ihren Ansatzpunkt hat, gleichsam unter der Hand zu grundsätzlicher Kritik am adligen Verhaltensethos und wird zur Ständekritik. Nicht einzelne Adlige sind unvernünftig, sondern diejenigen unter ihnen, die sich den adligen Werten und Normen gemäß verhalten, werden als Inkarnationen der Unvernunft dem Verlachen preisgegeben.

206 Sontag: Krankheit als Metapher, S. 32.
207 Ebd., S. 35.
208 Ebd., S. 36.
209 Ebd., S. 34.

Auf diese Weise wird Charakterkritik zur Gesellschaftskritik am ständischen Verhalten Adliger, und zwar gegen Intention und Reflexionsstand zeitgenössischer Moraldidaxe. Damit leistet das Drama der Gottschedin mehr, als es der poetischen Doktrin ihres Mannes gemäß zu leisten beansprucht – es macht die Geltungsschwäche der charakterologischen Moralkritik der Frühaufklärung erfahrbar, da es nicht – wie es der moralphilosophischen Doktrin ihres Mannes gemäß wäre – Abweichungen einzelner unvernünftiger Menschen von der zur Allgemeingültigkeit erhobenen Vernunftnorm des *Gesetzes der Natur* zeigt, sondern das der ständischen Gesellschaftsordnung durchaus adäquate adlige Verhalten lächerlich zu machen sucht. Dadurch aber wird aus der zeitgenössischen Moralkritik eine literarische Ständekritik. Dies verdeutlicht der mentalitätsgeschichtlich gewendete Blick, der die Funktionalität adligen Tuns von den ständischen Bedingungen ihrer Existenz her betrachtet und so die funktionale Vernünftigkeit eines Verhaltens erkennt, das auf Rangbehauptung, Prestigebewahrung und Abgrenzung ausgerichtet ist.

Die problemorientierte Dimension des Dramas stellt sich also wie folgt dar: Die ihm eingeschriebene moralphilosophische Perspektive übermittelt auf den ersten Blick in den dramaturgischen Momenten der Übertreibung und in den innerdramatischen Verlautbarungen der moralischen Vorbildfigur, des Fräulein Amalia, daß es eine universale Vernünftigkeit gibt. Doch bei genauerem Hinsehen unterläuft das Drama diese Behauptung, indem es die Unvernunft des Adels als aristokratische Pragmatik und damit als funktionale Verhaltensnorm kenntlich macht. Es verdeutlicht so – gegen die Doktrin der Frühaufklärung und gleichsam gegen die eigene Absicht – einen zweiten Begriff von Vernunft: den einer gesellschaftlichen Realität, die den Mittel-Zweck-Zusammenhang erfolgreichen Handelns steuert. In der *mimetischen Reflexion* der ständischen Ordnung wandelt sich das von der frühaufklärerischen Vernunft als unvernünftig gebrandmarkte Verhalten zur Manifestation pragmatischer Vernunft im Interesse des Machterhalts. Was vernünftig ist, so zeigt das Drama im Licht seiner mentalitätsgeschichtlichen Analyse, ist je relativ, vermittelt über den gesellschaftlichen Stand, dem man angehört und den man in seinem interessegeleiteten Handeln verwirklicht.

Das macht den ersten Aspekt des poetischen ‚Mehrwerts' der *Ungleichen Heirath* aus. Es gibt allerdings noch einen zweiten Aspekt. Das Drama verdeutlicht in der Art, wie es sein thematisches Zentrum, die Heiratsangelegenheit, behandelt, ebenfalls die Geltungsschwäche des zeitgenössischen Konzepts der *vernünftigen Liebe*. Ich komme damit auf mein oben skizziertes Verfahren[210] zurück, Literatur als ein Medium aufzufassen, das die herrschenden Ideologeme der Zeit einer Probe auf ihre pragmatische Tauglichkeit unterzieht. Zur frühauf-

[210] Siehe S. 64–73 dieses Bandes.

klärerischen Doktrin gehört es, daß Menschen, unabhängig von Stand und Namen, allein aufgrund ihrer vernünftigen Einsicht in die Tugend des anderen heiraten sollen – so will es das Konzept der *vernünftigen Liebe*, das in den zwanziger und dreißiger Jahren des 18. Jahrhunderts proklamiert wird.[211] Das heißt aber: Die Teilhabe an der einen und gleichen Vernunft wird zum Kriterium der Partnerwahl. Mann und Frau haben sich wechselseitig zu vergewissern, ob sie kraft ihrer Vernünftigkeit dem *Gesetz der Natur* folgen; fällt die Prüfung positiv aus, stellt sich die Liebe – jedenfalls der Theorie nach – automatisch ein. Denn Liebe, so heißt es in den Traktaten der Zeit immer wieder, entspringt der Einsicht in die positiven Charaktereigenschaften des Gegenüber.

Im Drama der Gottschedin wäre nach aufklärerischer Heiratsdoktrin nun sicherlich das Fräulein Amalia die ideale Ehefrau. Denn sie hat, ganz anders als das ridiküle Ehepaar derer von Ahnenstolz, das bürgerliche Ethos der Vernünftigkeit, Bescheidenheit und Redlichkeit vollständig verinnerlicht. Damit indiziert diese Figur das frühaufklärerische Bemühen, die eigenen Wertvorstellungen als universal zu behaupten; zum Beweis wird eine Adlige präsentiert, die sich nach dem proklamierten Vernunftkonzept richtet, sich damit allerdings in mentalitätsgeschichtlicher Perspektive durch und durch unadlig verhält. Die Frage, die das Stück erhebt und deren Beantwortung ein bezeichnendes Licht auf die Geltungsschwäche der rationalistischen Heiratsdoktrin wirft: Warum heiraten nicht der zur Vernunft gebrachte Herr Wilibald und das schon von Beginn des Stückes an vernünftige Fräulein Amalia? Eine heutige Antwort mag naheliegen: Weil sie sich nicht lieben. Doch nach der frühaufklärerischen Doktrin der vernünftigen Liebe ist die Vernunft und die damit einhergehende Tugend ein hinreichender Grund, den Partner zu lieben und die Ehe mit ihm zu schließen. An der Tugendhaftigkeit des Fräulein Amalia läßt das Drama von Anfang an keinen Zweifel. Und auch die Tugend von Herrn Wilibald, der zwar anfangs verblendet ist, sich dann aber einsichtsfähig zeigt und auf den rechten Weg zurückkehrt, wird von Fräulein Amalia nachdrücklich hervorgehoben. In Übernahme von Gottscheds Gedanken über den Verdienstadel, die er in seiner *Lob- und Gedächtnißrede auf den Vater der deutschen Dichtkunst, Martin Opitzen von Boberfeld*, entwickelt,[212] rühmt sie die bürgerlichen Tugenden des persönlichen Verdienstes:

> Hat nicht Herr Wilibald so viel Verdienste, als zehn Edelleute zusammen genommen? Gleicht er nicht hierinn den Stammvätern der besten Geschlechter; deren einzige Verdienste nicht nur zu ihrem eigenen Adel genug gewesen, sondern auch so viel hundert Jahre hinterher, noch die Wirkung haben, manchen nichtswürdigen Nachkömmling adelich zu erhalten? (I/5, S. 94)

[211] Zu Einzelheiten siehe S. 30–37 dieses Bandes.

[212] Siehe Gottsched: Lob- und Gedächtnisrede auf den Vater der deutschen Dichtkunst.

In den Augen von Fräulein Amalia ist Wilibald sogar höher zu schätzen als ein Adliger, der sich bloß auf seine Vorfahren beruft, ohne selbst etwas zu leisten. Ein größeres Lob, als sie ihm spendet, ist gemäß der frühaufklärerischen Werteskala schwerlich möglich. Und da auch Wilibald die großen moralischen Vorzüge des Fräulein Amalia erkennt, steht dem glücklichen Ende eigentlich nichts mehr im Wege. Die Heirat müßte der Schlußpunkt eines dramatischen Geschehens sein, das die Vernünftigen nach einigen Irrwegen zueinander führt und sie über die Unvernünftigen, die als die Düpierten dem Verlachen offeriert werden, triumphieren läßt.

Doch der moralphilosophisch geforderte und dramatisch umzusetzende Triumph der Tugend über das Laster,[213] den die Heirat zu besiegeln hätte, findet nicht statt. Und das, obwohl Herr Wilibald, der seine Enttäuschung über das Gebaren seiner früheren Braut rasch überwindet, gelernt hat, auf die Tugend und Vernunft der Frau zu achten. Beides findet er nun in geradezu perfekter Weise in Amalia verkörpert, die er daraufhin dann auch vernünftig liebt. Sein Heiratsantrag an sie entspricht genau den frühaufklärerischen Forderungen der Vernunftmoral:

Ich unterstehe mich, anjetzt ihnen ein Herz anzubiethen, welches jene Treulose nicht würdig gewesen; und ich würde mich für den glücklichsten Menschen von der Welt schätzen, wenn Eu. Gnaden alle die Vorzüge, die mich in dieses Haus gebracht haben, hinfort als meine Gemahlinn mit mir genießen wollten. (V/8, S. 182)

Doch wider jedes Erwarten, das von den Regeln rationalistischer Moralphilosophie geprägt ist, lehnt Amalia die Ehe mit ihm ab – mit Worten, die vermuten lassen, sie sei letztlich ebenso adelsstolz wie ihre Verwandten:

Wären sie von Adel, so sollten sie mir der liebste unter allen Freyern seyn; ja, ich würde sie den vornehmsten vorziehen. Nun aber bleibe ich bey meiner Regel. Machen sie eine

[213] In Gottscheds *Ersten Gründen der gesamten Weltweisheit. Praktischer Teil*, mit denen er die Wolffsche Philosophie popularisiert, wird im syllogistischen Schlußverfahren ein strikter Zusammenhang zwischen Vernunft, Tugend, Vollkommenheit und Glück hergestellt (S. 104 ff.). Die Konklusion lautet: „*Ein Tugendhafter muß notwendig glücklich werden*! weil ihm die natürlichen Folgen seiner Handlungen lauter Vollkommenheit, lauter Gutes, lauter Vergnügen, zuwege bringen. Und im Gegentheile ist es nicht möglich, daß ein solcher wahrhaftig unglücklich seyn könnte: weil ihm aus allen seinen Handlungen nichts Böses erwachsen kann." (S. 109) In seiner Moralischen Wochenschrift *Die Vernünftigen Tadlerinnen*, Teil 1, S. 133 f., hat Gottsched den Gesichtspunkt philosophischer Gerechtigkeit aufs Drama übertragen: Der Poet solle „in einem jeden Schau=Spiele, entweder ein Laster, oder eine Tugend vorstellig machen: aber dergestalt, daß man bey jenem, allezeit das darauf folgende Verderben und Unglück, als eine Strafe desselben: bey dieser hingegen, die darauf folgende Glücks=Fälle und Wohlfahrth, als ihre Belohnung bemercken könnte."

Person glücklich, die ihnen am Stande gleich ist, und lassen sie sich den Appetit zu den Fräuleins vergehen! (V/8, S. 183)

Auf den ersten Blick scheint bei Amalia der Standesdünkel dann doch über alle Vernunft zu siegen. Man gewinnt den Eindruck: So aufgeklärt, wie sie redet, handelt sie nicht, wenn es darum geht, den Heiratsbeweis für die proklamierte Gesinnung anzutreten.

Sollte es die Botschaft des Stückes sein, daß es auf Standesgleichheit bei Eheschließungen ankommt, dann wäre dies der literarisch inszenierte Triumph der herrschenden geburtsständischen Verhältnisse über den Versuch, eine neue Ordnung im Zeichen der Vernunft, die auf Verdienste sieht, zu etablieren. Das Drama erwiese die Vernunftordnung, nach der die Tugend über das Laster siegt, als bloße Proklamation, die sich nicht in die Praxis umsetzen läßt. Eine solche Deutung ginge jedoch zu weit. Worauf das Verhalten des Fräulein Amalia nachdrücklich verweist, ist die bloß relative Autonomie der aufgeklärten Gesinnung. Sollte diese direkt in die Tat umgesetzt werden, stünden die empirischen Bedingungen gesellschaftlicher Existenz dagegen. Der Vernünftige kann nicht alleine den Gesetzen der Vernunftordnung folgen, wenn die Verhältnisse unvernünftig sind – dies betont Fräulein Amalia, indem sie auf ihre Verwandtschaft hinweist, die weiterhin den Regeln adliger Konvenienz folgt. Und da die Heirat in der damaligen Zeit kein isoliertes Ereignis zwischen zwei Individuen ist, sondern immer auch eine Verknüpfung von Verwandtschaftsverbänden, hält sie aus pragmatischen Gründen eine Ehe von Personen ungleichen Standes für unmöglich, auch wenn sie diese aus ideologischen Gründen für wünschenswert erachtet. Wiederholt weist sie darauf hin:

Bedenken sie nur, was ich ihnen schon gesagt habe. Es ist nicht genug, daß in solchem Falle die Braut vernünftig ist; ihre ganze Familie muß auch nicht um ein Haar unvernünftiger seyn, als sie ist. Nun bringen sie mir doch einmal 20, 30 ja 40 Personen auf, die alle gleich vernünftig sind. (IV/1, S. 147; siehe auch I/5, S. 95; II/9, S. 119)

Deutlich wird: Fräulein Amalias Ablehnung von Wilibalds Heiratsantrag konfrontiert den idealen Anspruch der frühaufklärerischen Moral mit den herrschenden Bedingungen gesellschaftlicher Praxis.

Welche Schlüsse über die spezifische Erkenntnisleistung von Literatur sind hieraus zu ziehen? Gottsched hat nachdrücklich die empirische Wahrscheinlichkeit des dramatischen Geschehens gefordert; nur so könne der *moralische Satz* wirksam übermittelt werden. Diese Empirieregel aber bewirkt, daß das Drama der Gottschedin nicht bloß veranschaulichende Übermittlungsinstanz moralphilosophischer Einsichten ist, sondern zugleich deren empirische Überprüfungsinstanz. Den moralphilosophischen Einsichten gemäß hätte das Drama zeigen sollen, wie eine Ehe zwischen tugendhaften Personen im Zeichen der *vernünftigen Liebe* zustande kommt. Denn dies entspräche dem rationalistischen

Automatismus von Vernunfteinsicht, Willensbestimmung, Vervollkommnung und Glück, nach dem der einzelne gar nicht anders kann, als das, was er für richtig erkannt hat, auch in die Tat umzusetzen. Und für richtig erkannt haben die beiden Tugendrepräsentanten, daß sie füreinander zur rechten Ehe bestimmt sind. Das Drama hätte dies so zu zeigen, daß die Zuschauer das Geschehen für wahrscheinlich halten, damit sie sich in ihrem Alltag danach richten. Das Wahrscheinlichkeitsgebot ist nun das Einfallstor, durch das die empirische Wirklichkeit in die dramatische Welt rationalistischer Wahrheit eindringt und diese auf ihre Verwirklichungsmöglichkeit hin befragt. Dabei wird deutlich, daß die moralphilosophisch abgeleitete Wahrheit einer vernünftigen Heirat sich nicht mit der gesellschaftlichen Realität vermitteln läßt. Das Drama der Gottschedin wäre gänzlich unwahrscheinlich, würde es dies vorführen. Auf diese Weise aber löst sich die empirische Wirklichkeit aus ihrer Dienstfunktion der Wahrscheinlichkeitsgarantie und wird zur Prüffunktion der Verwirklichungsmöglichkeit.[214] Deutlich wird: Keineswegs ist es so, daß das, was für richtig erkannt wurde, ohne weiteres im Handeln zu verwirklichen ist, wenn es die Verhältnisse nicht zulassen. Das Drama zeigt dies, indem es unter dem Gebot der Wahrscheinlichkeit die pragmatischen Gegebenheiten der Existenz, die die rationalistische Moralphilosophie ausblendet, im Geschehenszusammenhang berücksichtigt. Die frühaufklärerische Heiratsdoktrin erweist sich so unter den Bedingungen dramatischer Wahrscheinlichkeit, die sich an die Alltagserfahrung der Zuschauer bindet, als bloßes Postulat, das sich an der Wirklichkeit bricht.

Indem Fräulein Amalia Herrn Wilibald auf die Standesdifferenz verweist und eine ständeübergreifende Heirat ablehnt, ist sie also nicht konservativ, sondern realistisch. Sie weiß, daß Ehen keine abgeschlossenen Gebilde, sondern Teil der herrschenden Verhältnisse sind. Allein außerhalb der Gesellschaft könnte man ausschließlich der Vernunft folgen.

Fräulein Amalia zu Herrn Wilibald:

Wir können unmöglich gut mit einander leben: wir müßten denn etwa nach Island ziehen. Da habe ich nun zwar keine Anverwandten; allein da ist es mir zu kalt. Mein lieber Herr Wilibald, bleiben sie bey ihres gleichen: und wenn künftig jemanden dieselbe Lust ankömmt, die ihnen angekommen ist; so erzählen sie ihm nur, wie es

214 Gottsched hat die tatsächlichen Heiratsusancen in seiner Moralischen Wochenschrift *Die vernünftigen Tadlerinnen* (Teil 2, S. 214f.) kritisch reflektiert: „Der Unterscheid der Stände bleibt wohl ein vor allemahl eingeführet und die meisten Heyrathen werden wohl, so lange die Welt stehet, nach dieser Einrichtung vollzogen werden. [...] Wie empöret sich nicht der gantze Adel, wenn ein Cavallier ein Bürgermädchen, oder ein wohlgebohrnes Fräulein einen Mann aus unedlem Geschlechte nimmt. Man sollte dencken die Natur hätte selbst unter uns den Unterscheid gemacht, der doch bloß von dem Wahne der Menschen herkommt."

ihnen schon als Bräutigam, ergangen ist, und warnen sie ihn vor der Hochzeit. (V/7, S. 184)

Mit einem Scherz („allein da ist es mir zu kalt") wird das Problem zwar abgeblendet, das Amalias Heiratsweigerung thematisiert, doch wächst dem Drama der Gottschedin durch die Weigerung Amalias eine neue Qualität zu. Es fungiert nicht ausschließlich als Übermittlungsmedium für diskursive Erkenntnisse, sondern auch als empirische Gegenprobe auf die moralphilosophische Heiratsdoktrin der Frühaufklärung. Indem die Gottschedin mit Fräulein Amalia eine Figur in das Drama integriert, die den Bedingungen der Empirie folgt, macht sie ihre Komödie (ob gewollt oder nicht, sei dahingestellt) zu einer kritischen Instanz, die prüft, inwiefern sich die Sätze der Moral mit den Regeln der Wirklichkeit verbinden lassen. Damit aber ist die Literatur nicht bloß „Magd" der Philosophie, wie es Gottsched will, funktional allein für die Übermittlung einer Wahrheit, die ihren Ort im diskursiven Denken der Philosophen hat, sondern sie macht die empirische Gegenprobe, die aufweist, daß der Anwendbarkeit rationalistischer Vernunftregeln durch den gesellschaftlichen Pluralismus der Wertsysteme Grenzen gesetzt sind: Was theoretisch Universalität beansprucht, erweist sich in der Praxis als Partikuläres. *Vernunft* erscheint als eine relationale Größe; je nach Bezugssystem ist *vernünftig,* was vom anderen Bezugssystem zur *Unvernunft* erklärt wird.

2.

„Ich habe in meinem Leben noch kein Tier gern umgebracht; aber diesen Mann, wenn er es leugnen und Lottchen durch seine Verstellung unglücklich machen sollte, wollte ich mit Freuden umbringen." (Gellert)

Zum Verhältnis von Liebe und Aufrichtigkeit in Gellerts *Die zärtlichen Schwestern*[215]

Das Drama *Die ungleiche Heirath* veranschaulicht im Widerspiel zwischen den Postulaten universalistischer Vernunftmoral und den Regeln ständischer Gesellschaftsordnung die Problematik einer Heirat auf der Schnittstelle von *vernünftiger Liebe* und etablierten Lebensbedingungen. Gegenüber der sächsischen Typenkomödie der Gottschedin verlagert sich die Heiratsproblematik in der sächsischen Rührkomödie Gellerts nach innen – in das Spannungsfeld von Gesinnungen und ihrem Ausdruck. Auf diese Weise richtet sich die *mimetische Reflexion* statt auf die gesellschaftlichen nun auf die emotionalen Bedingungen der Heirat. Wie ist sicherzustellen, daß der Heiratskandidat auch wirklich aus Liebe heiraten will und nicht nur heuchelt, um materielle Interessen durchzusetzen? In dieser Frage nach der Aufrichtigkeit entfaltet Gellerts rührendes Lustspiel die Problematik der *Liebesheirat*, auf die die zeitgenössischen Diskurse einfache Antworten geben, wenn sie darauf beharren, daß *zärtliche Liebe* allein den Ausschlag zu geben habe. Damit blenden sie jedoch das Problem ab, wie Gewißheit zu erlangen ist, wenn die Heiratsgründe ins Innere der Person verlagert werden und damit dem prüfenden Blick entzogen sind.

Gellerts Drama unterzieht die Heiratsproklamationen der Empfindsamkeit einer dialogischen Problematisierung. Sie wird allerdings erst auf den zweiten Blick deutlich, wenn dramaturgische Ungereimtheiten den Leser dazu veranlaßt haben, schärfer hinzusehen. Zunächst sieht alles danach aus, als sei Gellerts Rührstück nur die dramatische Illustration des Konzepts der *zärtlichen Liebe*. So signalisiert schon der Titel, worum es im Dramengeschehen geht: um die

[215] Eine kürzere Version dieses Kapitels habe ich publiziert unter dem Titel: Aufrichtigkeit: Von der empfindsamen Programmatik, ihrem Kommunikationsideal, ihrer apologetischen Abgrenzung und ihrer Aporie, dargestellt an Gellerts *Zärtlichen Schwestern*.

Darstellung von zwei weiblichen Familienangehörigen, die auf vorbildliche Weise das erfüllen, was ihnen die empfindsame Liebesdoktrin der Zeit auferlegt. Sie lieben zärtlich und das heißt: Von Leidenschaft, die rückhaltlos auf Erfüllung drängt, wissen sie nichts, auch nichts von einer Liebe, die allein den Geliebten ins Zentrum des Fühlens stellt und so eine Empfindungswelt stiftet, vor der alles andere zweitrangig wird. Gegen die Unbedingtheit einer Zweisamkeit, die die Individualität aufsprengt zur Liebestotalität einer Erfüllung, in der sich die Liebenden in gesteigerter Form neu erfahren, steht bei ihnen die Bedingtheit der kleinen Gefühlsgemeinschaft, in der sich die einzelnen Tugendhaften zum Bund der Gesinnungsfreunde zusammenschließen. Ihre Liebe grenzt nicht ab, sondern stiftet eine Nahwelt Gleichgesinnter und Gleichgestimmter, die alle die einschließt, die die Gebote tugendhafter Empfindsamkeit erfüllen. So ist ihre *zärtliche Liebe* zuerst Medium der Vergemeinschaftung, Integrationsinstanz für Menschen, die im anderen nicht den Konkurrenten sehen, den es zu besiegen gilt, sondern den Mitmenschen, dessen Glück Quelle eigenen Glücks ist. Auch wenn dabei zwischen Familienliebe, Geschlechterliebe und Freundschaft ein gewisser Unterschied gemacht wird, ist der Binnenbereich des von Wohlwollen, Selbstlosigkeit, Aufrichtigkeit, Mitempfinden getragenen kleinen Kreises doch primär geschieden von den öffentlichen Sphären der Politik und des Kommerzes.

Gellert propagiert diese empfindsame Gemeinschaft, die er als Gegenwelt gegen die feudal-aristokratische Gesellschaftsordnung und als Abgrenzung gegen die ökonomische Welt des Handelsbürgertums konzipiert, breitenwirksam in seinen *Moralischen Vorlesungen*, die er mit großem Erfolg seit den vierziger Jahren in Leipzig abhält.[216] In dieser Gemeinschaft zählen nicht politische Klugheit und rechenhafte Vernünftigkeit, nicht der Kampf um Prestigechancen und die Konkurrenz um Marktchancen, hingegen gelten all die Werte einer von Empathie getragenen Zwischenmenschlichkeit, die den Egoismus des Eigennutzes zugunsten eines reflexiven Empfindens auflöst, das sich über das Mitempfinden mit dem Empfinden des anderen entfaltet.[217] Im Rückgriff auf christliches Gedankengut, pietistische Glaubensüberzeugungen, moralphiloso-

[216] Darauf, daß empfindsame Vorstellungsgehalte in Gellert ihre höchst wirksame Ver- und Übermittlungsinstanz haben, weisen hin Wolff: Die Weltanschauung der deutschen Aufklärung in geschichtlicher Entwicklung, S. 178 ff.; Weber: Das Menschenbild des bürgerlichen Trauerspiels; Meyer- Krentler: Der Bürger als Freund, passim; Wegmann: Diskurse der Empfindsamkeit, S. 50 ff. u. ö.

[217] Zur Kritik dieses vermittelten Empfindens als Manifestation des „egoistischen Triebs des empfindsamen Menschen" siehe Pikulik: „Bürgerliches Trauerspiel" und Empfindsamkeit, S. 89–91; zur Kritik an dieser Kritik siehe Sauder: Empfindsamkeit, Bd. 1, S. 170–172.

phische Erörterungen und dichterische Gestaltungen formiert Gellert im Eklektizismus seiner *Moralischen Vorlesungen* das wirkungsvolle Amalgam einer Gesinnungsethik, die sich von der rationalistischen Ethik planvollen Tuns, wie sie Christian Wolff in der Frühaufklärung entwirft, deutlich abgrenzt. Nicht das Handeln in der großen Gesellschaft, sondern das Fühlen in der kleinen Gemeinschaft, die sich mit dem Rücken zur Gesellschaft etabliert, zeichnet die Moralität des empfindsamen Menschen aus. Hier kann er sich so zeigen, wie er ist: in seiner ursprünglichen Güte; denn hier herrscht die Natürlichkeit, die in der höfisch-aristokratischen Welt zur Künstlichkeit eines wirkungsbezogenen Agierens verkommen ist, das Verstellung und hohle Komplimente planvoll einsetzt, hingegen den unverfälschten Ausdruck des Herzens als karriereschädlich abweist.

Gellert unternimmt vieles, um in seinen *Moralischen Vorlesungen* das gesellschaftliche Verhalten der „Vornehmen" in der Öffentlichkeit als falschen Schein zu brandmarken. Unter seinem moralisierenden Blick zerfällt die Einheit des höfischen Menschen, dessen Wesen Erscheinung ist, in eine seinshafte und in eine scheinhafte Hälfte. Bei einer solchen Sehweise ist es selbstverständlich, daß sich die Wahrheit nur im Raum des Privaten bezeugt, während allem öffentlichen Agieren der Schein des bloß Äußerlichen anhaftet:

> Wir treten in eine große Gesellschaft, in eine Gesellschaft der Vornehmen; und was erblicken wir da? Weise, ehrwürdige, tugendhafte, bewundernswürdige und glückliche Geschöpfe, die wir zu seyn wünschen, deren Sitten wir nachahmen, deren Meinungen wir begierig annehmen, ohne sie erst zu untersuchen. Und was würden wir oft sehen, wenn wir nicht nach den Sinnen urtheilten? [...] Wie würdest du erschrecken, wenn du diesem Manne in das Innerste seines Herzens folgen könntest! – Trenne das von ihm, was nicht sein ist. Folge ihm in sein Zimmer, wo er sein Ordensband, sein blendendes Kleid, seine blitzenden Diamanten ablegt. Ist dieses noch der bewundernswürdige Körper? Vielleicht siehst du einen Leib, durch Laster und Ausschweifungen entkräftet und geschändet. Vielleicht schmückte er sich, um seine Gebrechen zu verbergen. Folge ihm in seine Seele nach. Höre ihn reden und denken. Ist er der Weise, der Glückliche, der er dir zu seyn schien? Verschlossen in seinem Zimmer spricht er von denen, die er stürzen, und von denen, die er zu seiner Sicherheit erheben will. Seine Staatskunst ist eine arbeitsame List, sich bey dem Regenten beliebt, und sein eigen Glück immer größer und fester zu machen![218]

Gegen die äußere Welt von Macht und Intrigen, bestimmt von Mißgunst und Eigennutz, stellt Gellert die kleine Gemeinschaft Gleichgesinnter, die sich durch das Gefühl wechselseitigen Wohlwollens zusammenschließt und absondert. Dieses Gefühl entindividualisiert den einzelnen im Hinblick auf die Gemeinschaft und individualisiert ihn in Differenz zu denen, die den Gesetzmäßigkeiten der gesellschaftlich-ständischen Welt gehorchen.

[218] Gellert: Moralische Vorlesungen. Moralische Charaktere, S. 98f.

Gellerts Drama *Die zärtlichen Schwestern* bringt in der prototypischen Verdichtung einer Familie diese empfindsame Gemeinschaft offener Gefühlsaussprache, die er in seinen *Moralischen Vorlesungen* entwirft, zur Anschauung. Von der Zärtlichkeit und der zärtlichen Liebe, die die Familienmitglieder gegeneinander hegen, vom redlichen und edlen Herzen, das sie auszeichnet, von den sanften Rührungen und den wehmütigen Empfindungen, von denen sie ergriffen werden, von ihrer selbstlosen Großmut und edlen Gesinnung ist allenthalben die Rede. Der Vater Cleon und die Töchter Lottchen und Julchen bilden einen empfindsamen Tugendbund, dem sich die Verlobten Damis und Siegmund zugesellen. Doch noch sind Widrigkeiten zu überwinden; erst dann kann die Doppelhochzeit stattfinden, die den Kreis der Rechtschaffenen vergrößert.

Dem Brautpaar Siegmund und Lottchen fehlt es an Geld, unabdingbare materielle Voraussetzung für die Heirat, und dem Brautpaar Damis und Julchen geht die von ihr offen eingestandene Liebe ab, unabdingbare emotionelle Voraussetzung für die Heirat. Der dramatische Verlauf des Geschehens zeigt, wie die beiden Heiratsblockaden allerlei Verwicklungen produzieren – gemäß der empfindsamen Dramaturgie, deren thematisches Zentrum Gellert in seiner Antrittsvorlesung *Pro comoedia commovente* (1751) darstellt als

eine angenehm unruhige Liebe, welche zwar in verschiedene Hindernisse und Beschwerlichkeiten verwickelt wird, die sie entweder vermehren oder schwächen, die aber alle glücklich überstiegen werden, und einen Ausgang gewinnen, welcher, wenn er auch nicht für alle Personen des Stücks angenehm, doch dem Wunsche der Zuschauer gemäß zu seyn pflegt.[219]

Zunächst gilt es, Julchens innere Blockade zu überwinden, damit sie den tugendhaften, sie zärtlich liebenden und darüber hinaus auch noch reichen Freier Damis heiratet. Das ist nach dem empfindsamen Credo der Liebesehe nicht mit patriarchalischer Macht durchzusetzen, die befiehlt, wen sie zu heiraten hat; vielmehr muß Julchen zur Anerkennung der eigenen Gefühle gebracht werden, die sie vor sich selbst verleugnet. Die anderen haben die Signale ihrer Liebe bereits empfangen, nur sie selbst noch nicht; sie täuscht sich über ihre wahren Empfindungen, indem sie ihr Freiheitsverlangen über die Ehe stellt:

Dieses ist eben mein Wunsch, viele Freunde und keinen Liebhaber zu haben; mich an einem vertrauten Umgange zu vergnügen, aber mich nicht durch die Vertraulichkeit zu binden und zu feßeln.[220]

In der Wertperspektive des Dramas werden Julchens kritische Ansichten über Liebe und Ehe, ihre Hinweise auf das gedrückte Wesen der Liebenden, die mit der Liebe verbundenen Einschränkungen im zwischenmenschlichen Umgang

219 Gellert: Abhandlung für das rührende Lustspiel, S. 153.

220 Gellert: Die zärtlichen Schwestern, I/5, S. 205; im folgenden wird die Stelle direkt im Text angegeben.

als falsch herausgestellt. Was als Kritik an der Konzeption der Liebesehe erscheint, wird durch die Heirat Julchens und Damis' rückwirkend überspielt. Doch als subversive Perspektive bleibt sie erhalten. Zwar fängt das programmatische Interesse des Stückes das Abweichende an der Gestalt Julchens auf, macht damit aber zugleich deutlich, daß individuelle Ansichten nicht geduldet werden. Die Gemeinschaft weiß mehr, blickt tiefer und suspendiert so alles Individuelle, das sich ihren Ansichten nicht fügt. Doch manifestiert sich diese Negation nicht als Zwang, sondern als Mäeutik des *wahren* Gefühls, das der tugendhaften Abweichlerin durch ihre falschen Auffassungen verstellt ist. Ähnlich wie in Marivaux' bekanntester Liebeskomödie, dem 1730 uraufgeführten *Spiel von Liebe und Zufall* (*Le jeu de l'amour et du hazard*), geht es auch in Gellerts Stück um die Überwindung fixer Ideen durch eine Liebe, die anfänglich zwar geleugnet wird, sich aber schon in körpersprachlichen Signalen äußert und am Ende im wechselseitigen Bekenntnis triumphiert. Gellerts Drama folgt dieser Typik der *marivaudage*, indem der Geschehensverlauf zeigt, wie sich bei Julchen das wahre Gefühl, das sich zunächst in den zu Authentizitätsgaranten erhobenen Signalen des Körpers zeigt, gegen die falsche Gesinnung durchsetzt.

Indem Gellerts Komödie jedoch der falschen Gesinnung eine eigenständige Plausibilität einräumt – auch um Julchen dem Kreis der vernünftigen Menschen zu bewahren –, macht es implizit deutlich, wie sehr das angeblich wahre Gefühl Produkt einer Zuschreibung ist, die die Mitglieder der Gesinnungsgemeinschaft vornehmen, um die Abweichung des Individuellen in der Gemeinsamkeit gleichgerichteter Empfindungen auszulöschen. Diese Zuschreibungen, die das Drama als Aufdeckung des Verborgenen darstellt, nehmen die Protagonisten in vielfältiger Weise vor. Doch gutes Zureden, vernünftige Argumente, sprechende Beispiele – all das nützt wenig; erst die mittels einer Intrige provozierte Eifersucht (Damis stellt sich gleichgültig, Siegmund tritt als vermeintlicher Liebhaber auf) bringt Julchen dazu, die Stimme ihres Herzens zu hören. Sie kann vor sich und den anderen nicht länger verbergen, was in ihren Reaktionen überdeutlich geworden ist – daß sie Damis liebt.

JULCHEN. Ja. Nunmehr weis ichs gewiß, daß ich Sie liebe. Und nunmehr bin ich bereit, dieses Bekenntniß vor meinem Vater und ihrem Herrn Vormunde zu wiederhohlen, wenn Ihre Wünsche dadurch befriediget werden. (III/3, S. 243)

Doch nicht nur die psychische Blockade emotionaler Selbsttäuschung, die Julchens Hochzeit verhinderte, sondern auch die materielle Blockade, die Lottchens Heirat seit längerer Zeit aufschob, wird überwunden. In einer komplizierten Erbschaftsangelegenheit, in der zunächst Julchen die Erbin zu sein scheint – für Lottchen die beste Gelegenheit, ihre Selbstlosigkeit zu demonstrieren –,[221] wird letztere zur Erbin eines Rittergutes. Der Doppelhochzeit

221 Zum Geld als Prüfstein der Tugend siehe Altenhein: Geld und Geldeswert im bür-

steht nichts mehr im Wege; die materiellen und emotionellen Ehehindernisse sind beseitigt, Liebe und Geld sichern den Doppelcharakter der Ehe, die zugleich Liebesgemeinschaft und gesellschaftliche Institution ist. Diese Fügung erfüllt den Wunschtraum des Vaters Cleon:

Der Himmel hat es wohl gemacht. Julchen kriegt einen reichen und wackern Mann, weil sie wenig hat. Und du [d. i. Lottchen], weil du viel hast, machst einen armen Mann glücklich. Das ist schön. (III/19, S. 260)

Doch so schön, wie es die poetische Gerechtigkeit will, darf das Drama nicht ausgehen – schon aus wirkungsästhetischen Gründen nicht. Denn dann gäbe es beim Zuschauer keine „Thränen der Rührung", auf die es Gellert als Indiz sittlich-empfindsamer Erbauung ankommt.[222] Zwar hat es zunächst den Anschein, als sei die im Drama präsentierte kleine Gemeinschaft der stillgestellte Bereich einer Idylle, dem sich alle Protagonisten in bruchloser Harmonie zuordnen. Doch dies ist nur der kurze Zustand einer Idealität, auf den hin alles bis zur kurz bevorstehenden Doppelhochzeit zuläuft, und von dem sich das Drama dann – in Enttäuschung des Erwarteten, die den Rühreffekt produziert – wieder entfernt. Denn Siegmund, der zu Beginn des Dramas tugendhafte, zärtlich liebende, wenn auch mittellose Bräutigam Lottchens, erweist sich im Verlauf des dramatischen Geschehens in den Augen der anderen Protagonisten als berechnender, egoistischer Intrigant und wird mitleidlos aus der Gemeinschaft der Empfindsamen vertrieben.

Was motiviert diesen Geschehenswandel? Allein der Hinweis auf das wirkungsästhetische Kalkül, Lottchen müsse am Ende leer ausgehen, um den Wirkzweck der Rührkomödie zu erfüllen, reicht sicherlich nicht aus; erst eine Analyse der innerdramatischen Motivierung von Gang und Ausgang des Geschehens läßt erkennen, worin der Charakterwandel Siegmunds besteht und welche Funktion ihm für die programmatische Aussage des Stückes zukommt. Der Tatbestand, der zum traurigen Ende führt, ist schnell umrissen: Für kurze Zeit weicht Siegmund im Verlauf einer ihm auferlegten Intrige vom Pfad der Tugend ab. Julchen, die sich zunächst voller „Unvernunft", so die Perspektive des Dramas, gegen das Glück einer *Liebesheirat* sperrt, weil sie sich selbst über ihre Liebe zu Damis täuscht, soll von Siegmund, so der Plan Lottchens, umworben werden, damit sie an sich entdeckt, daß sie in Wahrheit Damis liebe.

gerlichen Schauspiel des 18. Jahrhunderts; vgl. auch Eder: „Beati Possidentes"?; speziell zu Gellert siehe Jung: Das Geld und die guten Worte.

[222] Zu den „Thränen der Rührung" als dem Wirkzweck der Rührkomödie heißt es bei Gellert: „Diejenigen wenigstens, welche Komödien schreiben wollen, werden nicht übel thun, wenn sie sich unter andern auch darauf befleißigen, daß ihre Stücke eine stärkere Empfindung der Menschlichkeit erregen, welche so gar mit Thränen, den Zeugen der Rührung, begleitet wird." Gellert: Abhandlung für das rührende Lustspiel, S. 171.

LOTTCHEN (zu Siegmunden). Und Sie müssen dem Herrn Damis zum Besten einen kleinen Betrug spielen, und sich gegen Julchen zärtlich stellen. Dieses wird ihr Herz in Unordnung bringen. Sie wird böse auf Sie werden. Und mitten in dem Zorne wird die Liebe gegen den Herrn Damis hervorbrechen. Thun Sie es auf meine Verantwortung. (I/4, S. 204)

Genauso verhält sich Siegmund – als ein zärtlicher Mann, der Julchen verhaltene Liebeserklärungen macht. Doch ist er dabei nicht interesselos „unaufrichtig", um sie zur Erfahrung ihrer wahren Liebe zu bringen. Er wirbt mit ernsten Absichten, hält sogar beim Vater Cleon um ihre Hand an (II/16, S. 233 f.). Denn inzwischen – so glaubt er – sei nicht seine Braut Lottchen, sondern deren Schwester Julchen Erbin eines Rittergutes geworden. Und so macht er aus der Liebesintrige, die das Ziel verfolgt, Julchen zur Erfahrung ihrer Liebe zu Damis zu bringen, eine eigennützige Veranstaltung mit dem Ziel, durch die Heirat mit Julchen in den Genuß ihrer Erbschaft zu kommen. Zu Lottchens Glück (und zur pädagogischen Belehrung für die Zuschauer) wird Siegmund durchschaut. Die anderen können ein Selbstgespräch belauschen, in dem er sich der Untreue bezichtigt (III/8, S. 247); nur so kommt man ihm auf die Schliche. Anders wäre seine Untreue auch nicht zu entdecken gewesen. Denn als er erfahren muß, daß Julchen tatsächlich Damis liebt, läßt er sofort von seinem intriganten Plan ab und kehrt auf den Pfad der *zärtlichen Liebe* zurück. Noch bevor er erfahren hat, daß Lottchen die tatsächliche Erbin ist, verhält er sich wieder vorbildlich und besteht die Tugendprobe *zärtlicher Liebe,* die von Eigennutz nichts weiß, im Hinblick auf das für ihn immer noch mittellose Lottchen glänzend.

Trotzdem wird er als Heiratskandidat bedingungslos abgewiesen, da er, wenn auch nur für einen Moment, materielle Gesichtspunkte zum Kriterium seiner Partnerwahl gemacht und damit die Doktrin empfindsamer *Liebesheirat* grundlegend verletzt hat. Mit einer Schärfe, die im Œuvre Gellerts nicht ihresgleichen hat (und in den späteren Auflagen gemildert wird), spricht Damis das Urteil, das keine Entschuldigungsgründe gelten läßt:

Es habe ihn [d. i. Siegmund], was auch immer wolle, zur Untreue bewogen: so ist er in meinen Augen doch allemal weniger zu entschuldigen, als ein Mensch, der den andern aus Hunger auf der Straße umbringt. Hat ihn die ausnehmende Zärtlichkeit, die ganz bezaubernde Unschuld, die edelste Freundschaft Ihrer Jungfer Schwester nicht treu und tugendhaft erhalten können: so muß es ihm nunmehr leicht seyn, um eines Gewinnstes willen seinen nächsten Blutsfreund umzubringen, und die Religion der geringsten Wollust wegen abzuschwören. (III/9, S. 248)

Im Namen einer Moral, nach der auch die verborgenste Gesinnung, die nicht zur Tat gelangt, vollkommen lauter zu sein habe, bricht Damis über Siegmund den Stab.

Auch wenn sich Lottchen dann noch ein wenig sträubt, der Heirat mit Siegmund zu entsagen – am Ende sieht auch sie ein, daß einer, der wegen materieller

Güter so tut, als liebe er, im Kreis der Empfindsamen nichts zu suchen hat. Und so wird er, ohne daß er sich rechtfertigen darf, aus dem Haus und damit aus der Welt der aufrecht Fühlenden verwiesen – zur Warnung an die Zuschauer und zu deren Rührung über das Schicksal Lottchens, die in ihrer zärtlichen Liebe hintergangen wurde, aber auch zum Erstaunen eines (heutigen) Rezipienten, der nach den Motiven fragt, warum der doch sonst so timide Gellert seine Dramenpersonen auf den verdeckten Versuch Siegmunds, die Braut aus materiellen Gründen zu wechseln, so harsch reagieren läßt. Sagt der von Damis imaginierte Exzeß nicht etwas über die Fragilität einer Gemeinschaftskonzeption aus, die sich nach außen hin als Gewaltdrohung gegen denjenigen manifestieren muß, der ihren Geboten der Selbstlosigkeit und Aufrichtigkeit nicht bruchlos folgt? Indizieren Bedrohung und Aggression nicht die Labilität der ideologischen Fundamente, auf denen die Aufrichtigkeit voraussetzende Gemeinschaftskonzeption ruht?

Um diese Fragen beantworten zu können, soll in einem Exkurs zunächst *Aufrichtigkeit* als zentraler Wert empfindsamer Programmatik herausgestellt werden. Denn warum einer, der nur für einen Augenblick materiellen Gesichtspunkten bei der Wahl der Ehefrau nachgibt und dies verbirgt, so aggressiv angegangen wird, läßt sich nur klären, wenn man die Doktrin der *Aufrichtigkeit* näher betrachtet, die in der Abweisung Siegmunds ihre Geltung unter Beweis stellt, im rigiden Vollzug der Abweisung aber zugleich auf das ihr inhärente Problem verweist, dem sie sich durch eben die Abweisung zu entziehen sucht. Daß das Gebot der *Aufrichtigkeit* im Kosmos der empfindsamen Gemeinschaft einen hohen Stellenwert hat, macht Gellerts Drama von Anfang an nachdrücklich klar. Nicht weniger als 34mal kommen allein Ausdrücke aus dem Wortfeld *Aufrichtigkeit* vor, dazu gesellen sich Synonyme wie das „ganze Herz sehen lassen" (I/4, S. 204), die „Herzensmeynung [...] verrathen" (I/10, S. 212), „Ich erfreue mich recht von Herzen" (II/8, S. 226), „Ich habe dir mein Herz entdeckt" (II/21, S. 239), die „Regungen meiner Seele ohne Decke [...] sehen" (III/6, S. 245), „Rede offenherzig" (II/1, S. 218), „Reden Sie frey" (III/14, S. 254) u.m. Hinzu kommen die zahlreichen Antonyme: „Schmeicheley" (I/1, S. 199 und zweimal II/2, S. 220), „Betrug" (I/4, S. 204), „Rolle" (I/4, S. 204; II/11, S. 229; III/3, S. 242), „Verstellung" (I/7, S. 207; II/11, S. 229; III/9, S. 248 u. 249), „Geheimniß" (I/11, S. 214; II/3, S. 221; II/11, S. 228; III/3, S. 242), „Verräther" (III/1, S. 240; III/16, S. 256), „verbergen" (I/12, S. 215), „verschweigen" (III/1, S. 240), „läugnen" (III/1, S. 240), „rechte Hofsprache" (I/6, S. 207), „eine fremde Person [...] annehmen" (II/11, S. 229), „unter der Maske der Liebe und Aufrichtigkeit hintergeh[en]" (III/1, S. 240), „ein böses Herz bey der Mine der Aufrichtigkeit" (III/9, S. 248). Die insistierende Verwendung des Wortfeldes *Aufrichtigkeit* in positiven und negativen Ausprägungen zeigt, daß das Drama hier sein zentrales Wertzentrum hat. Über das Wortfeld *Aufrichtig-*

keit und seine Entfaltung zum dramatischen Geschehensverlauf ruft Gellerts Drama einen Vorstellungskomplex auf, der seine bestimmende Funktionalität im Konzept der *Liebesheirat* hat und eingespannt ist in die umfassenderen Bezüge einer empfindsamen Gemeinschaftsideologie, die sich in Abgrenzung zur höfisch-aristokratischen Gesellschaftsdoktrin des *Politischen* bestimmt.

Zunächst ein Blick auf den zeitgenössischen Wortgebrauch und dessen Abgrenzungsprogrammatik: Unter dem Stichwort *Aufrichtigkeit* findet sich im *Grammatisch-kritischen Wörterbuch der hochdeutschen Mundart* von Johann Christoph Adelung der Eintrag: *Aufrichtig* heißt

> der innern Gemüthsverfassung völlig gemäß, ohne Verstellung. Aufrichtig reden, aufrichtig handeln, so wie man es denkt. Ein aufrichtiger Mann. Ein aufrichtiger Freund, der nichts verschweiget.[223]

Und in Joachim Heinrich Campes *Wörterbuch der deutschen Sprache* heißt es unter dem Stichwort *Aufrichtigkeit:*

> Die Eigenschaft eines Menschen, nicht anders zu reden und zu handeln, als er denkt; im Gegensatz von Verstellung und Falschheit.[224]

In seinem Essay *Vom Naiven* (1753), den Johann Georg Sulzer in seiner *Allgemeinen Theorie der Schönen Künste* (1771; ²1793)[225] als Brief eines anonymen Verfassers abdruckt, unternimmt Wieland den Versuch einer zivilisationskritischen Bestimmung des Phänomens aufrichtigen Sprechens, das er unter dem Begriff *Naivität* faßt:

> Die Rede soll eigentlich ein getreuer Ausdruk unsrer Empfindungen und Gedanken seyn. Die ersten Menschen haben bey ihren Reden keinen andern Zwek haben können, als einander ihre Gedanken bekannt zu machen, und wenn sie und ihre Kinder die angeschafne Unschuld bewahret hätten, so wäre die Rede nach ihrer wahren Bestimmung ein offenherziges Bild dessen, was in eines jeden Herzen vorgegangen wäre, und ein Mittel gewesen, Freundschaft und Zärtlichkeit unter den Menschen zu unterhalten.[226]

Immer wieder und mit Nachdruck stellt Wieland die *naive* Rede, durch die sich das Individuum in seinem Inneren offenbare, gegen die Sprache der „Höflichkeit" und des „Ceremoniels"[227], mit der der Sprecher seine wahre Meinung verberge, um gesellschaftlich zu reüssieren. Nicht Klugheit und Witz zeichne den integren Menschen aus, sondern Unverstelltheit und Natürlichkeit. Gegen die kalkulierende Rhetorik gesellschaftsgewandter Menschen stellt er den spontanen Affektausdruck *naiver* Menschen:

223 Adelung: Art.: Aufrichtigkeit.
224 Campe: Art.: Die Aufrichtigkeit.
225 Sulzer: Art.: Naiv (Brief: S. 501–506).
226 Wieland: Abhandlung vom Naiven, S. 15.
227 Ebd., S. 16.

alle ihre Handlungen und Reden haben etwas offenherziges und ungekünsteltes [. . .]. Sie haben nicht nöthig ihre Affekten zu hinterhalten, denn sie sind gut; ihre Worte müssen ihr Herz ausdrüken [. . .]. Die Reden solcher Leute sind aufrichtig, wahr, kurz und kräftig, wie ihr Innwendiges unschuldig und edel ist; sie sind *herzrührend*, weil sie vom Herzen kommen.[228]

Naivität und *Aufrichtigkeit*, Innen- und Außenseite des moralischen Menschen, werden im 18. Jahrhundert zu höchsten Werten menschlicher Integrität erklärt, deren Verlust zivilisationskritisch beklagt wird und deren Durchsetzung aufklärungsoptimistisch befördert werden soll. In ihrer energetischen Variante finden sie sich schließlich als „Losung und Feldgeschrei" von Goethes Straßburger Freundeskreis, der „nichts gelten lassen [wollte] als Wahrheit und Aufrichtigkeit des Gefühls, und den raschen derben Ausdruck desselben".[229] Allerdings weiß im ersten Drittel des 18. Jahrhunderts der *Zedler* noch zu differenzieren – die Unbedingtheitsforderung nach *Aufrichtigkeit* relativiert er nach Situation und Interessen, Folgen und Adressatenbezug:

Aufrichtigkeit, ist eine Tugend, nach welcher wir unserm Nächsten, alles, wodurch sein Nutze befördert oder sein Schade abgewendet werden kan, frey heraus sagen. Nicht überall ist es eine Aufrichtigkeit, wenn wir unsere Meinung andern Leuten sehen lassen, sondern wenn es nicht mit einem vernünfftigen Entzweck geschiehet, wird es Einfalt genennet. Es gehöret da hero zu der wahrhafftigen Aufrichtigkeit 1.) daß wir schuldig sind, dem Nächsten dasjenige, was wir wissen, zu sagen, 2.) daß wir nicht etwan uns selbst, indem wir eines andern Nutzen suchen, in Schaden setzen, 3.) daß wir versichert sind, es werde auch unsere Aufrichtigkeit nicht übel angewendet werden. Bey wem also diese Tugenden mit einem guten Verstande verknüpfft sind, derselbe kan viel gutes ausrichten, indem er andern zu helffen den Willen hat, und durch den Verstand denselben zu vollbringen fähig ist.[230]

Der *Zedler* streicht die Handlungsdimension der Aufrichtigkeit heraus. Nicht allein auf die rechte Gesinnung komme es an, sondern der Verstand habe Mittel und Zweck zu prüfen, den Nutzen zu kontrollieren und das Eigeninteresse zu reflektieren. Gegen die unbedingte Forderung, das verborgene Innere zu entbergen, stellt er die bedingte Forderung, man habe sein Wissen zum Wohl des anderen mit Rücksicht auf die eigenen Interessen anzuwenden.

In dieser pragmatischen Perspektive reflektiert sich ein tugendhaft gewendeter Utilitarismus, der unter dem Vorzeichen des *Politischen* die Beförderung

228 Ebd., S. 17; zu Einzelheiten siehe Jäger: Naivität; zur Begriffsgeschichte siehe Trilling: Das Ende der Aufrichtigkeit, S. 21 ff.

229 Goethe: Dichtung und Wahrheit, 11. Buch, S. 527. An dieser Stelle nimmt Goethe eine Formel aus dem *Urfaust* (V. 197 f.) auf: „Freundschaft, Liebe, Brüderschaft/Trägt die sich nicht von selber vor?"

230 Zedler: Art.: Aufrichtigkeit.

des eigenen Glücks zum Zielpunkt allen Bestrebens erhebt. Diese Konzeption des Politischen,[231] wie sie sich Ende des 17. Jahrhunderts herausbildet, ist die ausgesprochene oder unausgesprochene Kontrastfolie, vor der *Aufrichtigkeit* ins strahlende Licht einer Moralität getaucht wird, die von Raffinesse, Taktik und Verstellung nichts wissen will, da es allein gelte, im Umgang mit dem Nächsten die Authentizität der eigenen Person zu entfalten, die in der Übereinstimmung von Außen und Innen besteht. Dem politisch agierenden Menschen, von dem man sich so vorteilhaft abzuheben sucht, kommt es allerdings auf diese Identität gar nicht an. Denn nicht *Aufrichtigkeit*, sondern *Erfolg* ist sein erstes Gebot. Und was als Erfolg angesehen wird, gründet nicht so sehr in der sachbezogenen Leistung als in der adressatenbezogenen Wirkung. Wie diese sicherzustellen ist, wird in vielfältiger Weise in den einschlägigen Traktaten zur Zeremonialwissenschaft und Komplimentierlehre, in den Anstandsbüchern und Rhetoriken, den Konversationslehren und Galanterieunterweisungen übermittelt.

In diesen Schriften zur Individualräson geht es immer wieder um das kluge, geschickte, am Erfolg orientierte Verhalten des einzelnen, der sich zu behaupten sucht. Es geht um die Ausbildung der Fertigkeit, den anderen im Gespräch für sich einzunehmen.[232] Der Spanier Balthasar Gracián propagiert diese Kunst der Selbstbehauptung äußerst breitenwirksam in einer Fülle von praktischen Maximen, die Anweisungen geben, wie man die Oberhand zu behalten vermag.[233] Was Niccolò Machiavelli für die Staatspolitik ausführt, wird von Gracián – aufgrund eines pessimistischen Menschenbildes – auf den persönlichen Umgang übertragen und zum Thema einer Privatpolitik gemacht, in der es darum geht, den eigenen Vorteil zu sichern – mit Mitteln, die der Zweck heiligt. *Aufrichtigkeit* ist hierzu gänzlich ungeeignet. Schon gleich in seiner dritten Maxime erhebt Gracián die Verschlossenheit des Inneren zur wesentlichen Bedingung persönlichen Erfolgs:

Mit offenen Karten spielen ist weder nützlich noch angenehm. Indem man seine Absichten nicht gleich kundgibt, erregt man die Erwartung, zumal wenn man durch die Höhe seines Amts Gegenstand der allgemeinen Aufmerksamkeit ist. Bei allem lasse man etwas Geheimnisvolles durchblicken und errege, durch seine Verschlossenheit selbst, Ehr-

[231] Siehe hierzu allgemein Barner: Barockrhetorik, S. 135 ff.; Horn: Christian Weise; Frühsorge: *Der politische Körper*; Mulagk: Phänomene des politischen Menschen im 17. Jahrhundert.

[232] Siehe hierzu Gabler: Machtinstrument statt Repräsentationsmittel.

[233] Gracián: Handorakel; zu Einzelheiten siehe Schröder: Gracián und die spanische Moralistik; speziell zum Problem der Verstellung siehe Buck: Die Kunst der Verstellung im Zeitalter des Barock; zur Rezeption Graciáns im Deutschland um die Wende zum 18. Jahrhundert siehe Forssmann: Baltasar Gracián.

furcht. Sogar wo man sich herausläßt, vermeide man, plan zu sein; eben wie man auch im Umgang sein Inneres nicht jedem aufschließen darf.[234]

Alles Verhalten unterliegt dem Kalkül. Klug ist nicht Offenheit, die den anderen Einblick in die eigenen Absichten ermöglicht, sondern Verstellung, die verbirgt, was man vorhat. Zugleich gilt es, genau zu beobachten, was das Gegenüber meint und denkt und wie das eigene Verhalten wirkt. Eine strikte Kontrolle der Affekte ist dabei vonnöten; denn nur wer seinen Empfindungsausdruck geschickt zu manipulieren versteht und zugleich scharf zu beobachten vermag, um durch Momente unkontrollierter Affektzeichen beim anderen Einblick in dessen Inneres zu bekommen, bleibt Sieger. Sollte man in diesem Kampf einmal aufrichtig sein, so nur, um auf noch raffiniertere Weise täuschen zu können.

Indem jetzt die Verstellung ihre Künste erkannt sieht, steigert sie sich noch höher und versucht nunmehr durch die Wahrheit selbst zu täuschen: sie ändert ihr Spiel, um ihre List zu ändern, und läßt das nicht Erkünstelte als erkünstelt erscheinen, indem sie so ihren Betrug auf die vollkommenste Aufrichtigkeit gründet.[235]

Gegen dieses in Deutschland häufig mit dem Postulat vernünftiger Tugendhaftigkeit verknüpfte Konzept einer Klugheitslehre, die ihren Referenzbereich im Feld des Privaten hat,[236] opponieren seit der Frühaufklärung zunehmend Moralphilosophie, Moralische Wochenschriften, Romane und Dramen, pietistische Erbauungsliteratur und Traktate der Empfindsamkeit. *Simulatio* und *dissimulatio*,[237] Verhaltensweisen und Techniken, wie sie in den Klugheitslehren des 17. und frühen 18. Jahrhunderts als probate Mittel von Kommunikationsstrategien offeriert werden, und die noch der *Zedler* positiv hervorhebt,[238] geraten immer mehr unter das Verdikt des Unmoralischen.[239] Gegen die an der höfischen Wertwelt orientierte Norm des *Scheins*, der Rang und Stand zu repräsentieren hat, wird jetzt über den Gegenbegriff eines *Seins*, das sich gegenüber dem *Schein* als substantiell bestimmt, ein Wert- und Lebensbereich proklamiert, der sich über Kategorien einer Natürlichkeit definiert, die sich auf Authentizität gründet.[240]

234 Gracián: Handorakel, Aph. 3.

235 Ebd., Aph. 13.

236 Die Eingrenzung des Politik-Begriffs auf den staatlichen Bereich findet erst im Laufe des 18. Jahrhunderts statt; siehe Sellin: Art.: Politik, S. 831 ff.

237 Die Unterscheidung folgt dem Grad der bewußten Täuschung. Bei der *simulatio* geht es um den intendierten Betrug mittels der Lüge, während unter *dissimulatio* das Verschweigen der wahren Absichten gefaßt wird; siehe hierzu Müller: Ironie, Lüge, Simulation, Dissimulation und verwandte rhetorische Termini, S. 193 ff.

238 Siehe Zedler: Art.: Verstellung.

239 Zu Einzelheiten dieses Paradigmenwechsels siehe Göttert: Kommunikationsideale; Stanitzek: Blödigkeit; Geitner: Die Sprache der Verstellung, S. 32 ff. u. ö.

240 Zu dem Phänomen, wie sich durch pauschalisierende Gegenbegriffe kollektive

Von daher wird die überkommene Lehre von der Privatklugheit schärfstens zurückgewiesen. Denn wenn nur das Sein zählt, das den Schein nicht nötig hat, um den anderen zu beeindrucken, dann ist auch die Verstellung als probates Mittel, sein Glück zu machen, entschieden zu brandmarken. *Aufrichtigkeit* wird zum zentralen Leitbegriff. Breitenwirksam wird diese neue Wertordnung, die eine neue Welt am Maßstab von *Vernünftigkeit* und *Tugend* zu modellieren sucht, in der sich die Menschen kraft ihrer Leistung das Glück sichern, von den Moralischen Wochenschriften entfaltet. Seit den zwanziger Jahren des 18. Jahrhunderts werden diese Organe bürgerlicher Sittenreform zu Medien einer Neuorientierung, die den Menschen in Abgrenzung von der ständischen Gesellschaft im Zeichen der einen und gleichen Vernunft als Wesen bestimmt, das sich durch Tugend qualifiziert.[241] *Der Redliche Mann am Hofe* – so der Titel des Romans von Johann Michael von Loen[242] – präsentiert das Ideal eines Mannes, der sich durch Aufrichtigkeit auszeichnet, das Vertrauen des Herrschers erlangt und so zum Wohl der Menschen die Politik moralisiert. Entgegen dem Klischee vom Hof als Ort der Unmoral wird hier die Utopie einer Welt gezeichnet, in der politisches Verhalten und aufrechte Gesinnung zur Deckung gelangen[243] – eine Utopie, die Wieland in der ersten Fassung seines Romans *Geschichte des Agathon* in der Tugendrepublik von Tarent als bloße Wunschphantasie, die die Gebote der Wahrscheinlichkeit negiert, herausstellt und ironisch bricht.

Während in der Frühaufklärung die eine und gleiche *Vernunft*, der sich die Menschen in unterschiedlichem Maße annähern, zum Maßstab eines Handelns erhoben wird, dem es um die Beförderung der Glückseligkeit geht, bestimmt die Empfindsamkeit das Gefühl zum Regulativ zwischenmenschlichen Umgangs. Die Wahrheit einer Aussage soll nicht in bezug auf allgemeine Prinzipien deduktiver Schlußverfahren gesichert werden, der sich der andere kraft seiner Vernunfteinsicht anschließt, sondern die Wahrhaftigkeit eines Ausdrucks soll durch die Unverstelltheit der Gefühle garantiert werden, die der andere im Nachvollzug der Empathie beglaubigt. Gerade in der Empfindsamkeit, die die kleine Gemeinschaft der in Freundschaft verbundenen Wenigen als den genuinen Lebensraum des Menschen bestimmt, der sich abgrenzt von der großen Welt der Politik und des Kommerzes, wird rückhaltlose *Aufrichtigkeit* zur zentralen Maxime zwischenmenschlichen Umgangs. Das *Herz* als Ort eines Gefühls, das sich in Übernahme von Theoremen des *moral sense* in bezug auf den Nächsten

Identitäten durch Abgrenzung definieren, siehe Koselleck: Zur historisch-politischen Semantik asymmetrischer Gegenbegriffe.

241 Siehe Martens: Die Botschaft der Tugend.

242 Loen: Der Redliche Mann am Hofe.

243 Siehe dazu Kiesel: ‚Bei Hof, bei Höll', S. 203 ff.; Martens: Der redliche Mann am Hof.

ethisch legitimiert, wird zur Quelle einer Sprache erhoben, die das Innere des Sprechers durchsichtig macht.

Im Austausch gegen eine rhetorisch disziplinierte, verstellte *eloquentia corporis* [...] führt man die *eloquentia cordis*, die Sprache des Herzens ein. Jenseits aller rhetorisch-politischen Verstellungen und Verstellungskünste soll diese neue Artikulationsweise den Blick ins ‚Innere' des Menschen freigeben.[244]

Das Postulat einer *Sprache des Herzens* mag auf den ersten Blick realitätsfremd erscheinen in einer Welt, in der *Aufrichtigkeit* keineswegs der Königsweg zum Erfolg ist. Doch auf diesen kommt es dem Empfindsamen gar nicht an. Denn mit der Rehabilitierung des Gefühls als einer sittlichen Macht verändert sich das Bezugsfeld, in dem Moralität sich entfalten kann. Es geht nicht um Affektkontrolle und genaue Beobachtung des Gegenüber, um den Sieg im Kampf aller gegen alle zu sichern, sondern um das Mitempfinden mit den Empfindungen des Nächsten in den Räumen gesellschaftsabgewandter Privatheit. Verhalten hat sich nicht mehr als erfolgreiches zu bewähren, sondern als gemeinschaftsstiftendes auszuweisen, indem es zum unverfälschten Ausdruck des *Herzens* wird. Hierin gründet die empfindsame Kommunikation als Ethos einer Gemeinschaft der Gleichen, die sich einander im unverstellten Gefühl verbinden. Quer durch die Textgattungen, von Gellerts diversen Schriften bis hin zur Essayistik und Dichtung Klopstocks,[245] wird mit hohem rhetorischem Aufwand die Negation jeder Rhetorik postuliert. Gemäß dieser Rhetorik einer Anti-Rhetorik[246] soll Sprache nicht den Regeln sozialer Distinktion und adressatenbezogener Insinuation unterliegen, sondern allein den Geboten des *Herzens* folgen, das sich allen gesellschaftlichen Ordnungspostulaten entzieht – so lautet die Programmatik der Empfindsamkeit, die das *Herz* und seinen Ausdruck zum Garanten der Einheit von Natürlichkeit und Authentizität bestimmt. Es ist eine Einheit, die diejenigen umgreift, die sich im sympathetischen Gefühl des Mitempfindens zur Gemeinschaft formieren, in der alle wechselseitig bis in die innersten Empfindungen hinein in einer Sprache transparent werden, die nicht Instrument der Verhüllung, sondern Offenbarungsmedium des Geheimsten ist.[247] Immer

244 Geitner: Die Sprache der Verstellung, S. 5.

245 Siehe Klopstocks Abhandlung *Von der Freundschaft* (1759) und seine Freundschaftsoden *Auf meine Freunde* und *Der Zürchersee*.

246 Siehe hierzu generell Schmidt: Die Geschichte des Genie-Gedankens, Bd. 1, S. 58 ff., der konstatiert, daß bei der Proklamation einer natürlichen Ausdruckssprache nicht die Rhetorik verabschiedet wird, sondern nur das rhetorische Register gewechselt wird: „Über Klopstock und Herder bis zum jungen Goethe läßt sich beobachten, daß nun nicht einfach ‚natürlich', spontan und ‚genial' gedichtet wird, sondern daß zunächst besondre Kunst und ausgeklügelte rhetorische Techniken verwendet werden, um den Anschein des Spontanen, des Unwillkürlichen und Natürlichen zu erwecken." (S. 59)

247 Siehe Wegmann: Diskurse der Empfindsamkeit, S. 81 ff.

wieder wird eine Ausdrucksweise postuliert, die verlustfrei Innerlichkeit kommunizierbar macht. Die Gefühle sollen sich unvermittelt aussprechen – die Art des Sprechens soll, einem natürlichen Indiz vergleichbar, die Qualität der Empfindungen erfahrbar werden lassen. So proklamiert z. B. Gellert in seinem 1751 veröffentlichten Briefsteller *Briefe, nebst einer praktischen Abhandlung von dem guten Geschmacke in Briefen*[248] einen Briefstil, der die Durchsichtigkeit des sprachlichen Ausdrucks für die innere Befindlichkeit sichert. Er wendet sich gegen die überkommenen Briefsteller, die in ihrer höfisch-ständischen Orientierung den Regeln des Zeremoniells und der Rhetorik folgen und in ihrer utilitaristischen Ausrichtung die Sprache unter die Gebote des *decorum* stellen, indem er Natürlichkeit, Offenheit und Empfindungstransparenz am Leitfaden mündlicher Rede fordert: „Das erste, was uns bey einem Briefe einfällt, ist dieses, daß er die Stelle eines Gesprächs vertritt."[249] An die Stelle von Grammatik und Rhetorik, den tradierten Instanzen der Redeorganisation, hat die Psycho-Logik der Empfindungen zu treten, die die Ausdrucksqualität einer, wenn auch stilistisch gereinigten Sprache formt,[250] die das Innere in den kommunikativen Raum der Mitempfindenden entäußert.

> Wer recht gerührt, recht betrübt, recht froh, recht zärtlich ist, dem verstattet seine Empfindung nicht an das Sinnreiche, oder an eine methodische Ordnung zu denken [...]. Die Rede wird, gleich dem Gefühle, stark und unterbrochen seyn.[251]

„Die Rede gleich dem Gefühle" – darum geht es in den empfindsamen Postulaten einer Isomorphie von Seele und Ausdruck. Sie kulminieren in einer Bedeutungskonzeption, die im Postulat des *natürlichen Zeichens* den arbiträren Charakter der Sprache zu überwinden sucht in der Identität von Inhalts- und Ausdrucksseite. Deren Ideal ist die Sprache des Körpers, nicht als intendierte Geste, die dem Willen untersteht, sondern als unwillkürliches Anzeichen, das auf das Innere verweist – in Abgrenzung gegen die Tradition der *körperlichen Beredsamkeit*, bei der es darum geht, die ganze Person in Mimik und Gestik, in Körperstellung und Eleganz der Bewegungen zum Produktionsmittel zwischen-

[248] Gellert: Briefe, nebst einer praktischen Abhandlung von dem guten Geschmacke in Briefen.

[249] Ebd., S. 111; zu Einzelheiten des Wandels der Briefsteller siehe Nickisch: Die Stilprinzipien in den deutschen Briefstellern des 17. und 18. Jahrhunderts; zu Gellert siehe Barner: „Beredte Empfindungen".

[250] So heißt es bei Gellert: „Man bedient sich im Schreiben der Worte, die in der Welt üblich sind. Allein durch die Art, wie man sie braucht, durch die Stellung und Verbindung, die man ihnen gibt, entzieht man dem Ausdrucke das Gemeine, und giebt ihm eine gewisse Zierlichkeit." Briefe, nebst einer praktischen Abhandlung von dem guten Geschmacke in Briefen, S. 113.

[251] Ebd., S. 137 f.

menschlicher Bedeutsamkeiten zu machen, um den anderen für sich einzunehmen.[252] Gegen die in den politischen Klugheitslehren geforderte Rhetorisierung des körpersprachlichen Ausdrucks um des Eindrucks willen wird in der Empfindsamkeit die unverfälschte Beziehung zwischen dem Inneren und Äußeren des Menschen postuliert. Mag die Sprache der Wörter in ihrer flexiblen Formbarkeit auch täuschen, die Sprache des Körpers als Authentizitätsgarant entziehe sich dem Kalkül – so das normative Urteil, das sich deskriptiv gibt. Die *natürlichen Zeichen* von Mimik, Gestik und Proxemik, so die sich als Gewißheit artikulierende Hoffnung, seien ungetrübte Fenster der Seele, ersehnte sichere Indizien dafür, was im Inneren des Gegenübers vorgeht. So betont Gellert nachdrücklich die „Wahrheit in der Miene":

Das was sich der Welt in der Miene am meisten empfiehlt, oder beschwerlich macht, ist der Charakter des Geistes und Herzens, der durch das Auge und Gesicht redt. [...] und die beste Farbe des Gesichts oder die beste Miene ist die gute Farbe des Herzens und Verstandes. [...] die Wahrheit in der Miene läßt sich eben so leicht unterscheiden, als die Wahrheit eines richtigen und eines bloß schimmernden schönen Gedanken.[253]

In seinem Drama *Die zärtlichen Schwestern* exemplifiziert Gellert die Auffassung, die Regungen und Merkmale des Körpers reflektierten die Eindrücke der Seele. Julchen, die sich nicht zur Heirat entschließen kann, weil sie der fixen Idee einer Freiheit anhängt und sich von daher über ihre wahren Gefühle der Liebe zu Damis täuscht, wird als „unruhig" und „zerstreut" dargestellt; die Art ihrer Rede dementiert deren Inhalt:

Und das Wort Hochachtung drückte sie mit einem Tone aus, der ihm die Bedeutung der Liebe gab. (II/3, S. 221)

Julchens Weigerung, Damis zu heiraten, kann von daher nur vorübergehend sein, da ihr ganzes Betragen auf ihre Liebe zu ihm hinweist.

LOTTCHEN. [zu Julchen] [...] Du trägst dein gutes Herz in den Augen und auf der Zunge, ohne daß du daran denkst. Du bist meine liebe schöne Schwester. Deine kleinen Fehler sind fast eben so gut, als Schönheiten. Wenigstens kann man sie nicht begehen, wenn man nicht so aufrichtig ist, wie du bist. (I/8, S. 209)

„Aufrichtig" ist Julchens Körper; er kann sich in seinem Ausdruck nicht verstellen. Allein ihre falsche Freiheitsvorstellung täuscht sie über ihre wahren Gefühle, während diese von der gestisch-mimischen Sprache ihres Körpers klar artikuliert werden. Sie selbst ist die Getäuschte, nicht aber die anderen, die die Zeichen ihres Verhaltens zu lesen verstehen.

252 Siehe dazu Kapp: Die Lehre von der actio als Schlüssel zum Verständnis der frühen Neuzeit, und die Sammelrezension von Geitner: Die „Beredsamkeit des Leibes".
253 Gellert: Moralische Vorlesungen. Moralische Charaktere, S. 152 f.

LOTTCHEN. [...] Sie liebt den Herrn Damis, und weis es nicht, daß sie ihn liebt. Ihr ganzes Bezeigen versichert mich, daß der prächtige Gedanke, den sie von der Freyheit mit sich herum trägt, nichts als eine Frucht der Liebe sey. Sie liebt; aber die verdrüßliche Gestalt, die sie sich vielleicht von der Ehe gemacht hat, umnebelt ihre Liebe. Wir wollen diese kleinen Nebel vertreiben. (I/3, S. 203)

Julchen wird dadurch auf den Weg zur Ehe gebracht, daß man ihre Eifersucht provoziert und so ihre Liebe hervortreten läßt. Ganz problemlos wird sie dann in den Kreis der Empfindsamen integriert. Denn Selbsttäuschung, die das eigene Innere betrifft, ist zu beheben, wohingegen Fremdtäuschung in den Augen der Empfindsamen das größte Verbrechen ist. Folglich ist derjenige, der unaufrichtig gegen andere ist, weil er persönliche Interessen verfolgt, rücksichtslos abzuweisen. So wird Siegmund im Namen einer empfindsamen Ethik, nach der die Tugend einer Person in der Lauterkeit ihrer Gesinnung gründet, verbannt. In der kleinen Gemeinschaft Gleichempfindender hat einer, der unaufrichtig gegen andere ist und eigennützige Interessen verfolgt, nichts zu suchen. Denn das Glück, zu einem *Gut des Herzens* geworden und ohne materielles Pendant, darf nicht durch einen Egoismus, der auf äußere Glücksgüter zielt, gefährdet werden. *Herz* und *Geld* sind strikt zu trennen. Die Vertreibung Siegmunds signalisiert dem Zuschauer unmißverständlich: Allein die *zärtliche Liebe*, keineswegs aber materielle Gesichtspunkte dürfen bei der Heirat den Ausschlag geben. Die Brautleute haben deshalb aufrichtig zur Sprache zu bringen, was sie denken und fühlen; nichts an Seelenbewegungen darf dem anderen verborgen bleiben. Nur so ist eine verläßliche Eheentscheidung möglich, die einzig in wechselseitiger *zärtlicher Liebe* zu gründen hat. Wer hingegen nur *zärtlich* tut, ohne *zärtlich* zu sein, weil er mit der Ehe etwas bezweckt, was nicht in ihr selbst liegt, ist die größte Gefahr für die Konzeption der *Liebesheirat*. Denn wenn einer Liebesbeteuerungen zum Mittel macht und eigentlich nicht den anderen will, sondern das über ihn durch die Heirat zu erlangende Gut, unterminiert er die Basis, auf der alle empfindsame Beziehung beruht – die Selbstlosigkeit, die im Glück des anderen das eigene Glück erfährt. Von daher ist für Julchen die Vorstellung, ihre Schwester könnte Siegmund heiraten, unerträglich:

Du arme Schwester! Du verbindest dich mit einem Menschen, der ein böses Herz bey der Mine der Aufrichtigkeit hat. (III/9, S. 248)

Demnach ist es nicht erstaunlich, daß einer, der in Heiratsdingen aus eigennützigen Motiven Liebe heuchelt, den Kreis der Empfindsamen zu verlassen hat. Warum aber die Rigidität der Ausweisung, die einen deutlichen Bruch zum tugendhaft-zärtlichen Verhalten der Protagonisten markiert? Damis, der ansonsten vor Wohlwollen und Mitempfinden geradezu überquillt, entwickelt gegenüber Siegmund gar Mordgedanken:

Ich habe in meinem Leben noch kein Tier gern umgebracht; aber diesen Mann, wenn er es läugnen, und Lottchen durch seine Verstellung unglücklich machen sollte, wollte ich mit Freuden umbringen. (III/9, S. 249)

Die bis zur Morddrohung gehende Radikalität, mit der Siegmund abgewiesen wird, läßt stutzig werden. Offensichtlich hat seine Unaufrichtigkeit mehr verletzt als nur ein moralisches Gebot unter anderen. Die Vehemenz der Reaktion reflektiert, wie sehr er die anthropologische Grundannahme empfindsamen Selbstverständnisses erschüttert hat. Wie gesagt: Selbstlosigkeit, Aufrichtigkeit, die Transparenz des Äußeren für das Innere – all das gehört zum Inventar empfindsamer Tugenddoktrin. Es sind dies Gebote einer Moral, die sich aus ihrer Abgrenzungsfunktion gegen die am Hof orientierte öffentliche Sphäre gesellschaftlichen Verhaltens speisen. Dort – darauf weisen die Autoren der Empfindsamkeit, allen voran Gellert, immer wieder hin – ist alles Schein, darauf ausgerichtet, bei dem anderen ein Bild zu erzeugen, das ihn täuscht. Die edelste Miene, die zuvorkommenste Geste, die lauterste Rede, das höflichste Verhalten: alles diene nur dem einen Zweck, den anderen zum eigenen Vorteil zu beeindrucken. Hierauf reagiert die Empfindsamkeit mit der tradierten Unterscheidung von Sein und Schein. Doch nicht mehr die barocke Dichotomie von Diesseits und Jenseits ist das Deutungsmuster, nach dem das wahre Sein vom falschen Schein zu unterscheiden ist, sondern die aufklärerische Entgegensetzung von Privatsphäre und öffentlicher Sphäre. Der private Raum gesellschaftlicher Unbezüglichkeit wird zum Hort eines wahren Seins erhoben, in dem sich das Selbst in seiner Authentizität artikuliert. Hier, so glaubt man, sei die Arbitrarität der Zeichen ausgelöscht, hier werde das Äußere für das Innere transparent.

Doch der Glaube hieran ist fragil. Denn wie kann man die Gesinnung anders als über äußere Zeichen erfassen, die der Willkür des Ich unterstehen? Wenn aber die Gesinnung, die sich in ihrem Ausdruck zeigen soll, nicht notwendig, sondern willkürlich an ihn gebunden ist, bleibt die Ungewißheit, ob der Ausdruck das offenbart, was die Gesinnung ist. Diese Ungewißheit ist es, die die kleine Gemeinschaft gerade im Bemühen, sie zu überwinden, bestimmt – darum die im Drama immer wieder am Prüfstein des Geldes vollzogenen Tugendproben, darum auch die heftigen Reaktionen auf Siegmunds Täuschungsversuch. All dies signalisiert das Gefährdungspotential einer Gesinnungsethik, die zum Ausweis ihrer Güte Aufrichtigkeit bestimmt, Sicherheiten hierfür in den körpersprachlichen Signalen sucht und dabei die Grundannahme des Konzepts des *Politischen*, Täuschung sei das bestimmende Moment zwischenmenschlichen Umgangs, entschieden abwehrt. Andernfalls würde Mißtrauen an die Stelle von Offenherzigkeit treten; ohne sie aber verlöre die kleine Gemeinschaft der Empfindsamen das sie legitimierende Fundament der *Aufrichtigkeit*. Von daher wird der Wunsch zur Wirklichkeit erklärt, und an die Stelle einer Auseinandersetzung mit der Diskrepanz zwischen Wunsch und Wirklichkeit wird diese innerdramatisch in Gestalt Siegmunds abgewiesen, um so die Wunschwelt empfindsamer Gemeinschaft als Wirklichkeit eines fiktiven Szenariums den Zuschauern vor Augen stellen zu können.

Ein „Ungeheuer" wie Siegmund – so Albrecht von Haller –[254] darf in der kleinen Gemeinschaft der Empfindsamen nicht vorkommen, und zwar nicht bloß, weil er unaufrichtig ist, sondern weil er in perfekter Mimikry in die Rolle des Empfindsamen hineinzuschlüpfen vermag. Wenn nämlich ein Protagonist sich in empfindsamer Rede artikuliert, geht es nur auf der einen Seite um die Mitteilungen seiner Gefühle, um die Kommunikation seines Inneren. Die empfindsame Rede ist mehr: Sie dient als Nachweis der Zugehörigkeit. Um dazu zu gehören, muß einer sich auf die Regeln des empfindsamen Codes festlegen. Darin aber besteht die Aporie: Die Sprache der Empfindsamkeit legt die Gefühle auf ihren Ausdruck fest und unterstellt zugleich, daß die Gefühle ihren bruchlosen Ausdruck in eben dieser Sprache finden. Daß einer so fühlt, wie er spricht, und nicht den Ausdrucksaspekt seiner Rede für den eigenen Nutzen funktionalisiert, ist die heikle Voraussetzung, die alle empfindsame Kommunikation grundiert. Man hat zwar mit der empfindsamen Sprache ein Indiz für empfindsames Fühlen, aber man hat damit noch keine Gewißheit, daß die Sprache das empfindsame Fühlen nicht nur vortäuscht, während hinter ihrem Schleier egoistische Zwecke verfolgt werden. Das Drama Gellerts reflektiert auf mimetische Weise dieses Problem nicht nur in der aggressiven Ausgrenzung Siegmunds, sondern auch in der kontrollierenden Eingrenzung der anderen Personen, die permanent Prüfungen unterworfen werden. Sie sollen sicherstellen und sinnfällig machen, ob und wie sehr das Innere der Personen durch Selbstlosigkeit bestimmt ist – ein Hinweis, daß *Aufrichtigkeit* keineswegs so selbstverständlich vorauszusetzen ist, wie es der empfindsame Diskurs verlangt, sondern als moralisches Gebot unter dem Zwang des Nachweises steht, der offenbart, wie wenig die Gesinnungsgemeinschaft ihrer selbst sicher ist.

Wie kann sicher erkannt werden, ob einer aufrichtig ist oder nur Aufrichtigkeit heuchelt, da er doch von den Tränen über die Mimik bis hin zum Sprachausdruck virtuos alle Zeichen des empfindsamen Codes zu verwenden vermag? Das ist das uneingestandene Problem der Empfindsamen – ein Problem, das im Konzept der innerdramatisch inszenierten *Liebesheirat* seine eigentümliche Brisanz erfährt. Wie kann man sich der Liebe der/des anderen als der unabdingbaren Voraussetzung der Ehe sicher sein? *Aufrichtigkeit* ist gefordert, sie stellt den höchsten Wert dar – gerade weil die Ehe als Liebesgemeinschaft zum Glücksgaranten der Existenz erhoben wird. Wer den Liebenden über seine Gefühle

[254] Zugabe zu den Göttingischen Gelehrten Anzeigen. 20. und 21tes Stück. Den 27. May und 3. Junii 1775, S. CLXIII, abgedruckt in: Gellert: Die zärtlichen Schwestern. Kommentar, S. 414.

täuscht, wer die Heirat zum Mittel für Eigeninteressen macht, zerstört die Grundlage für das Lebensglück des Ehepartners, dem die Ehe eine immerwährende Liebesgemeinschaft verspricht.

Gellerts Drama *Die zärtlichen Schwestern* verteidigt nachdrücklich den Wert einer bruchlosen Korrespondenz zwischen den Gefühlen und ihrem Ausdruck, wenn es Siegmund wegen seiner Unaufrichtigkeit mit rigoroser Unnachsichtigkeit aus dem Kreis der Empfindsamen ausschließt. In der brutalen Art des Ausschlusses aber macht es auf das Problem aufmerksam, dem es sich nicht stellen kann: daß keine definitive Gewißheit darüber zu erlangen ist, ob Liebe alleiniger Heiratsgrund ist. Zugleich reflektiert die Brutalität der Austreibung, die sich mit der propagierten Ethik der *zärtlichen Liebe* nur schlecht zu vertragen scheint, wie sehr diese sich nur durch aggressive Abweisung des Eigennutzes zu behaupten vermag. Was sich als zwanglose Empfindung des Mitempfindens darstellt, erweist sich als Produkt einer zwanghaften Verdrängung dessen, was das Gemeinschaftskonstrukt zutiefst gefährdet – ein Egoismus, dem es zunächst und vor allem um das eigene Glück geht. Glück darf es nur als ein Gefühl geben, das das Glück des anderen zur Bedingung eigenen Glücks macht. Doch wie kann man sicherstellen, daß einer nicht nur zum Schein so tut, wie es die Doktrin empfindsamer Liebe verlangt, um so mittels der Heirat seine eigennützigen Interessen zu verfolgen?

Einzig Siegmunds Reflexionsmonolog, zufällig mitgehört, verrät seine Untreue. Daß es nicht zur Heirat kommt, ist folglich allein dem Zufall geschuldet. So offenbart auch die dramaturgische Anlage, die den Zufall bemühen muß, um gemeinschaftszerstörende Personen ausgrenzen zu können, die Labilität der empfindsamen Heiratsdoktrin. Zugleich wird deutlich: Die Gewißheit der Liebe ist nicht definitiv zu erlangen, soll aber das Fundament für die definitive Beziehung der Ehe abgeben. Gerade das Konzept der Liebesehe profiliert diese Problematik. Denn wenn Heirat zum Zielpunkt der Liebe erhoben wird, erhält diese eine zusätzliche Dimension; sie wird zur rechtsstiftenden Kraft, die Verbindungen zwischen Menschen schafft, die über das Emotionale in rechtliche, ökonomische und ständische Bereiche hineinragen. Innerhalb dieses Modells ist das Bedürfnis, sich Gewißheit über die Liebe zu verschaffen, mehr als nur ein emotionales Problem. Denn die bekundete Liebe, die zur Heirat drängt, mag vieles im Sinn haben, keineswegs immer nur die Ehe als in Dauer überführte Liebe. Die Ehe kann nämlich auch als Mittel des Gütertransfers, der Prestigevermehrung und der Machtpartizipation für egoistische Interessen mißbraucht werden. Damit aber erweist sich *Unaufrichtigkeit* als das dem Konzept der *Liebesheirat* inhärente Problem, das entsteht, weil die pragmatischen Implikationen der Ehe immer auch andere Heiratsmotive erzeugen können, die sich hinter den Liebesbeteuerungen verbergen müssen, da sie vom Programm der *Liebesheirat* ausgeschlossen werden.

Gellerts Drama blendet dieses Problem zwar auf, indem es Siegmunds verdecktes ökonomisches Heiratsmotiv zeigt, thematisiert es jedoch nicht explizit in einer Handlung, die die Inkompatibilitäten der empfindsamen Konzeption der *Liebesheirat* dramatisch gestaltet. Es verweist nur implizit darauf – in der *Art der Nicht-Thematisierung*, dem mit großer Verve gestalteten Ausschlußverfahren, das an Siegmund vollzogen wird, um über seine Person *Unaufrichtigkeit* abzuweisen, der sich die Empfindsamen nicht produktiv zu stellen vermögen. Um – im wahrsten Sinne des Wortes – zu überspielen, daß in der *Unaufrichtigkeit*, die den Eigennutz kaschiert, eine dem Konzept der *Liebesheirat* inhärente Bedrohung liegt, die zwar in der Figur Siegmund projektiv abgewiesen wird, in der Radikalität der Abweisung aber auf das verweist, was die Konzeption der *Liebesheirat* in Frage stellt, macht das Drama am Ende dem Zuschauer noch einmal nachdrücklich deutlich, an welcher Programmatik ihm gelegen ist. In einer Adresse an die Zuschauer artikuliert Lottchen die empfindsame Liebesdoktrin als sakrosankt:

> O Himmel! laß es dem Betrüger nicht übelgehen. Wie redlich habe ich ihn geliebt, und wie unglücklich bin ich durch die Liebe geworden! Doch nicht die Liebe, die Thorheit des Liebhabers hat mich unglücklich gemacht. Bedauern Sie mich. (III/20, S. 261)

Dies wird als mehrfach adressierte Äußerung über die Rampe gesprochen. Die Zuschauer sollen mit Tränen, die das Drama hervorrufen will, die Botschaft des Stückes bestätigen; sie sollen im Akt nachempfindender Identifikation die Allgewalt einer *zärtlichen Liebe* anerkennen, die im rückhaltlosen Austausch der Gefühle eine Gemeinschaft Gleichgestimmter schafft. Und zugleich sollen die Tränen den Blick trüben für das, was das Konzept der *Liebesheirat* in seinen Fundamenten zu erschüttern vermag – die Unaufrichtigkeit, die von Liebe spricht, dabei aber eigennützige Interessen verfolgt.

Doch offenbart das Drama dem Blick, der sich nicht trüben läßt, in der Art, wie es in der Figur des Siegmund das Widersprüchliche des Gemeinschaftskonzepts verbannt, die Geltungsschwäche eines sozialethischen Programms, das sich mit der Welt ökonomischen Kalküls nicht zu vermitteln weiß. Gellerts Komödie macht so – entgegen ihrer „auktorial intendierten Rezeptionsperspektive"[255] – die Aporien der empfindsamen Tugenddoktrin erfahrbar, die den Glücksanspruch des Ich über das Postulat der *Aufrichtigkeit* sozialethisch so einzubinden sucht, daß das Glück des anderen zur Bedingung eigenen Glücks wird. Gellerts Drama, das nur Übermittlungsorgan außerästhetischer Moralvorstellungen sein will, geht also nicht in seiner Intention auf. Seine Rührkomödie fügt sich nicht bruchlos den Herrschaftsansprüchen expositorischer Reden, die ihre Gedanken diskursiv entfalten, sondern macht im Akt *mimetischer Refle-*

[255] Pfister: Das Drama, S. 100f.

xion gerade an den Widersprüchlichkeiten und Ungereimtheiten kenntlich, was sich gegen die Systematik außerästhetischer Rede sperrt und von dieser um der Stringenz der Gedankenführung und deren ideologischer Formierung willen nicht zur Sprache gebracht werden kann.

3.

Die Ehe als „Band", „ohne welches auch die aufrichtigste Liebe eine unheilige Leidenschaft bleibet". (Lessing)

Zum Verhältnis von Liebe und Gebot in Lessings *Miß Sara Sampson*[256]

Das Konzept der *Liebesheirat* macht *Aufrichtigkeit* zum dringlichen Postulat – eine Forderung, die die fortwährende Gefahr der Täuschung impliziert, da die Gewißheit darüber, ob Liebe der wirkliche Heiratsgrund ist und nicht nur vorgetäuscht wird, um materielle oder gesellschaftliche Ziele zu erreichen, eigentlich nicht zu gewinnen ist. Vor diesem Hintergrund entfaltet Gellerts Drama *Die zärtlichen Schwestern* die Problematik der *Liebesheirat* und zeigt in der Perspektive eines moralischen Rigorismus unwillkürlich den repressiven Charakter einer Tugendvorstellung, nach der das Innere eines Gemeinschaftsmitgliedes für den Außenstehenden vollständig transparent zu sein habe.

In gewisser Weise greift Lessings Drama das Thema der Aufrichtigkeit auf – allerdings in das seit Richardsons Romanen virulente Motiv der Verführung gewendet. Aus dem Bräutigam, der Liebe heuchelt, um durch Heirat mit der vermeintlich reichen Frau materielle Interessen zu verwirklichen – so in Gellerts *Zärtlichen Schwestern* –, wird der Verführer, der Heiratsabsichten heuchelt, um sein erotisches Begehren zu stillen – so bereits in Richardsons *Clarissa*. Anders als in der traditionellen Verführungskonstellation aber hat Sara für Mellefont eine emotionelle Bedeutung; er ist ein Verführer neuen Typs, für den primär Liebe und nicht Sexualität das bestimmende Motiv ist. Auch Sara geht es um Liebe; und wenn sie auf Heirat drängt, dann nicht aus gesellschaftlichen, sondern aus religiösen Gründen: Ihr Seelenheil steht auf dem Spiel, die ewige Verdammnis droht ihr – so ihre feste Überzeugung –, wird ihre Liebesbeziehung nicht durch das Sakrament der Ehe legitimiert. Für Mellefont hingegen steht die unabdingbare Freiwilligkeit der Liebe auf dem Spiel, sollte sie zur ehelichen Pflicht werden. Von daher verzögert er seit langem die Heirat, die Sara erfleht, reagiert immer wieder ausweichend, indem er „um einige Tage Geduld" bittet,

[256] Die folgenden Lessing-Kapitel nehmen z. T. Gedanken und Wendungen auf, die ich an anderen Orten und unter anderer Fragestellung schon publiziert habe; siehe Vf.: Die aufgeklärte Familie; Liebe und Ehe; Der Streit um die rechte Beziehung.

worauf Sara in bezeichnender Weise reagiert: „Einige Tage! Wie ist Ein Tag schon so lang!" (I/7, S. 277)[257] Damit ist die Problemlage exponiert. Sara muß heiraten, um nicht vor Gott und Vater sündig zu werden, Mellefont hingegen kann nicht, denn sonst könnte er Sara nicht mehr lieben. Dieses Dilemma hält die Liebenden schon seit mehr als acht Wochen in einem unerträglichen Schwebezustand; ihr Aufenthaltsort, das Gasthaus, ist Zeichen ihrer Ortlosigkeit, Ausdruck dafür, daß Sara zwar die Welt ihres Vaters verlassen hat, nicht aber in der Welt eines Ehemannes angekommen ist. In tiefer Trauer und seelischer Pein droht sie im sozialen und religiösen Nirgendwo zwischen Herkunfts- und Zeugungsfamilie zu versinken. Zwischen einer bereits sexuell vollzogenen Liebe[258] und der verzögerten Heirat stehend, ist sie auf das Sakrament der Ehe fixiert als einzigem Ort legitimierten Daseins.

Doch was auf den ersten Blick unheilvoll aussieht, da Sara den sündigen Status einer Geliebten nicht loswird, scheint sich bald zum Guten zu wenden. Ihr Vater, Sir William, ist ihr nachgereist, um ihr zu verzeihen – in Saras Augen ein Zeichen göttlicher Vergebung, das sie der Konkurrentin Marwood gegenüber geltend macht:

Der Himmel selbst hört auf, ihn [d. i. ihren „Fehltritt"] als ein solches [d. i. „Verbrechen"] anzusehen; er nimmt die Strafe von mir, und schenkt mir einen Vater wieder – (IV/8, S. 335)

Zunächst allerdings war dieser glückliche Ausgang äußerst ungewiß. In Lessings Drama wird der Eindruck tragischer Ausweglosigkeit weitgehend über die Vorgeschichte erzeugt, während das Bühnengeschehen selbst zunehmend auf ein gutes Ende zuzulaufen scheint. Sara verliebte sich ohne Willen und Wissen ihres Vaters, als der einem Bekannten „allzufreyen Zutritt in [s]einem Haus" (III/1, S. 299) gestattete; sie verlor ihre Unschuld und verließ mit dem Geliebten das Elternhaus, um sich in einem Gasthaus zu verbergen. Ihr Vater reagierte zunächst so, wie es die gesellschaftliche Ordnung verlangt: Kraft seiner *patria potestas*, die ihm gebietet, die häusliche Ordnung mit Strenge zu bewahren, ging es ihm um „Rache gegen ihren verfluchten Verführer" (I/1, S. 268), worauf die Liebenden flohen.

[257] Stellenangaben direkt im Text nach Lessing: Miss Sara Sampson.

[258] Daß Sara tatsächlich ihre sexuelle Unschuld verloren hat, verdeutlicht die Bemerkung Sir Williams: „Denn wer weiß, ob er [d. i. Mellefont] seine Marwoods und seine übrigen Kreaturen eines Mädchens wegen wird aufgeben wollen, das seinen Begierden nichts mehr zu verlangen übrig gelassen hat, und die fesselnden Künste einer Buhlerinn so wenig versteht?" (III/1, S. 299) Darauf, daß Sara sich nicht nur einbilde, sie habe ihre Unschuld verloren, obwohl doch „faktisch nichts passiert" sei – so Inge Stephan („So ist die Tugend nur ein Gespenst", S. 9) –, weist Wittkowski hin: Väter und Töchter im bürgerlichen Drama, S. 473.

Diese konventionelle Vorgeschichte markiert die Folie, vor der das Drama ein Geschehen kontrastiv entfaltet, das Lessing mit der ausgereiften psychologischen Sensibilität der Empfindsamkeit einrichtet. Herkömmliche inhaltliche und strukturelle Vorgaben (der tödliche Schluß aus der Trauerspieltradition; die väterliche Autoritätsgestalt aus dem Konzept der *patria potestas*; die Konstellation von Verführer und verführter Unschuld aus der Romantradition Richardsons; der Code der Tränen aus der empfindsamen Ideologie des *Herzens*) geraten dabei in ein dramatisches Beziehungsgeflecht, in dem sie ihre eindeutige Legitimation durch die Formtradition verlieren; sie werden den Geboten psychologischer Motiviertheit als neuer Begründungsinstanz unterworfen. Aus dem interferierenden Seelenleben der Figuren leitet sich das Bühnengeschehen her, das im zeitgenössischen Konzept der *zärtlichen Liebe* seinen Bezugspunkt hat. Diesem ordnen sich die Familienangehörigen zu. Gleich der Eingang des Dramas macht dem Zuschauer deutlich: Es ereignet sich etwas Unerhörtes, das alle Dimensionen der tradierten patriarchalischen Ordnung sprengt. In Sir William, der das Gasthaus zusammen mit seinem Diener Waitwell betritt, erscheint ein zutiefst gewandelter Vater, ein Vater, der dem Leitbild der empfindsamen Familienideologie entspricht. Der Diener bemerkt mitleidig: „Ach, Sie weinen schon wieder, schon wieder, Sir! – Sir!" Und Sir William bestätigt die angesprochene empfindsame Haltung: „Laß mich weinen, alter ehrlicher Diener. Oder verdient sie etwa meine Tränen nicht?" (I/1, S. 267) Aus dem Vater als dem Garanten der traditionalen Ordnung ist der Vertreter eines empfindsamen Ethos geworden, der das Gefühl über das Gesetz stellt. Zwar beging Sara einen Rechtsbruch, indem sie die väterliche Ordnung verletzte, aber ihr Vater reagierte nur anfänglich, indem er sie verstieß, als Inhaber der *patria potestas*. Dann jedoch wird aus dem Rechtsinhaber ein Gefühlsbetroffener, der „die Rechte der väterlichen Gewalt" gegen die „Vorrechte der väterlichen Huld" (III/3, S. 303) eintauschen möchte. Er reist Sara nach, nicht um sie zu strafen, sondern um ihre Liebe und Zuwendung zurückzugewinnen. Der Verlust der Tochter ist für ihn mehr und anderes als die Störung einer Familienordnung, die im Akt der Bestrafung wiederherzustellen wäre. Jenseits aller gesellschaftlichen Normen, die vorschreiben, was im Falle sexueller Verfehlungen zu tun ist, erfährt er sich durch die Flucht seiner Tochter als ein Vater, der von ihrer Zuneigung emotional abhängig ist: „Ich kann sie nicht länger entbehren; sie ist die Stütze meines Alters, und wenn sie nicht den traurigen Rest meines Lebens versüßen hilft, wer soll es denn thun?" (I/1, S. 268) Die persönliche, von Eigennutz nicht ganz freie Bindung triumphiert nicht nur über die patriarchalische, sondern sogar über die moralische Ordnung: Er wolle lieber „von einer lasterhaften Tochter, als von keiner, geliebt seyn" (I/1, S. 268), so der Vater. Seine Gefühle negieren alle überkommenen Wertvorstellungen, indem sie das traditionelle Abhängigkeitsverhältnis des Kindes vom Vater, das ökonomisch, rechtlich und religiös fundiert ist, in eine gefühlsmäßige Abhängigkeit des Vaters vom Kind umkehren. (Musikmeister Miller aus *Kabale und Liebe* wird Sir William hierin folgen.)

In dieser Umkehrung scheint das inhaltlich Neue von Lessings Drama zu liegen: Er füllt die überlieferte Tragödienform mit empfindsamem Gehalt, indem er aus dem strafenden einen zärtlichen Vater macht, der nicht mehr auf Rache sinnt und dabei ein tragisches Scheitern seiner Tochter in Kauf nimmt, sondern dem es einzig und allein darum geht, die emotionale Bindung an seine Tochter zu erneuern. Wenn aber die Verbindung von traditioneller Form und neuartigem, empfindsamem Gehalt das Innovative des ersten bürgerlichen Trauerspiels ist, dann stellt sich allerdings die Frage, wie sich Gehalt und Form vermitteln. Hat Lessing sich nicht eine Schwierigkeit eingehandelt, die er nur mechanisch lösen konnte? Mußte die Verbindung eines zärtlichen Vaters, der seine Tochter trotz ihrer Vergehen wieder in die Arme schließen will, mit der Gattung Trauerspiel, die ein tödliches Ende vorschreibt, nicht sehr künstlich geraten, da ein innerdramatisch motivierter Zusammenhang zwischen Gang und Ausgang des Geschehens bei dieser hybriden Anlage kaum herstellbar war? Der überkommenen Möglichkeit, daß die Tochter durch patriarchalische Gewalt ins Unglück getrieben und so das tragische Ende motiviert wird, beraubt sich Lessing durch die Neukonzeption der Vatergestalt. Und darüber hinaus tut er alles, um die Handlungsfolge bis an den Rand des Happy Ending zu führen, so daß auf den ersten Blick der Umschlag in ein tödliches Ende willkürlich erscheint. Am Ende des 3. Aktes – Sir William hatte der Tochter brieflich seine Verzeihung mitgeteilt, Sara nahm sie nach einigem ungläubigen Zögern freudig an und konnte Mellefont darüber beruhigen, daß ihr Vater keineswegs die Absicht habe, sie zu trennen – sieht alles danach aus, als könne der Vorhang fallen vor einem Schlußtableau, das Vater, Tochter und künftigen Schwiegersohn einem gerührten Publikum als wiedervereinte kleine Familie gezeigt hätte. Die von Gellert programmatisch entfaltete und prototypisch verwirklichte Gattungserwartung *Rührkomödie*, die Lessings Drama mit einem gewissen Nachdruck aufruft, wäre erfüllt – ganz so, wie es das Schema vorschreibt: Die Familie als Zentrum der Privatsphäre bildet den Handlungsrahmen, das Geschehen situiert sich jenseits von Politik und Macht, hochgestellte Personen kommen nicht vor, die Figuren sprechen nicht im klassizistischen Versmaß des Alexandriners, sondern in einer der Alltagssprache angenäherten Prosa, und allenthalben ist von Zärtlichkeit, Verzeihung, Nachsicht die Rede; es geht also auch hier um eine – wie es Gellert für die Rührkomödie als konstitutiv ansieht –

> angenehm unruhige Liebe, welche zwar in verschiedene Hindernisse und Beschwerlichkeiten verwickelt wird, die sie entweder vermehren oder schwächen, die aber alle glücklich überstiegen werden.[259]

[259] Gellert: Abhandlung für das rührende Lustspiel, S. 153.

Aber es kommt anders als die Gattungsindizien erwarten lassen: Lessings Drama endet mit dem Tod der Liebenden. Läßt sich nun daraus folgern, daß die Vermittlung zwischen einem auf Verzeihung und Versöhnung hin angelegten Geschehen und dessen tödlichem Ausgang rein äußerlich sei, motiviert einzig vom wirkungsästhetischen Zweck, beim Zuschauer Tränen hervorzurufen?

So wenigstens mag es Lessings theoretische Trauerspielkonzeption nahelegen, die er ein Jahr später im Briefwechsel mit Mendelssohn und Nicolai zur Diskussion stellt.[260] Gemäß seiner empfindsamen Anthropologie gründet die Moralität des Menschen in seiner Empfindungsfähigkeit. Sie zu steigern, ist deshalb die Aufgabe einer Tragödie, die den Menschen bessern will. Ihr Zweck ist es nicht – wie bei Gottsched –, den Zuschauer durch die sinnliche Einkleidung eines *moralischen Satzes* in spezielle Verhaltensnormen einzuüben, sondern seine Gefühlsdisposition so zu entfalten, daß diese sich in verschiedensten Situationen als moralische Tat konkretisiert. Aus diesem Grund versucht Lessing immer wieder genauer zu bestimmen, „was das Trauerspiel für Leidenschaften erregt"[261]. Auf der Bühne können die verschiedensten Affekte dargestellt werden – beim Zuschauer, der sich mit den Protagonisten des fiktiven Geschehens identifiziert, soll jedoch nur ein einziger Affekt erregt werden: das „Mitleid". Hervorgerufen von den auf der Bühne präsentierten speziellen Affekten des Zorns, der Liebe, des Hasses usw., ist das „Mitleid" für Lessing das von allen inhaltlichen Bestimmungen abgezogene reale Empfinden der verschiedensten fiktiven Empfindungen. Durch die Tragödie wird es eingeübt. Die mitfühlende Rezeption

> soll *unsre Fähigkeit, Mitleid zu fühlen*, erweitern. Sie soll uns nicht blos lehren, gegen diesen oder jenen Unglücklichen Mitleid zu fühlen, sondern sie soll uns so weit fühlbar machen, daß uns der Unglückliche zu allen Zeiten, und unter allen Gestalten, rühren und für sich einnehmen muß.[262]

Es geht Lessing um die vom Drama in der Erregung des Mitleids vermittelte Erfahrung, daß die anderen Mitmenschen sind, zu denen eine emotionale Verbindung hergestellt werden kann. Nur so können die Grenzen der distanzierenden Wahrnehmung überschritten werden, um in praktizierter Intersubjektivität die

[260] Anlaß des Briefwechsels ist Nicolais *Abhandlung vom Trauerspiele* (1757), dessen Quintessenz er Lessing im Brief vom 31. August 1756 mitteilt. Auf ihn reagiert Lessing im November des gleichen Jahres und zieht auch Mendelssohn in die briefliche Debatte hinein, die sich dann über ein halbes Jahr erstreckt; insgesamt werden 19, z. T. sehr umfängliche Briefe gewechselt. Siehe Lessing, Mendelssohn, Nicolai: Briefwechsel über das Trauerspiel.

[261] Ebd., S. 53.

[262] Ebd., S. 55.

Welt aus der Perspektive des Gegenübers wahrzunehmen. Hierauf basiert nach Lessing eine Moralität, die sich von der spezifischen Wirklichkeit des Mitmenschen bestimmen läßt. Mitleid und Tugend stehen also in einem strikten Kausalzusammenhang, wie Lessing programmatisch formuliert:

Der mitleidigste Mensch ist der beste Mensch, zu allen gesellschaftlichen Tugenden, zu allen Arten der Großmuth der aufgelegteste. Wer uns also mitleidig macht, macht uns besser und tugendhafter, und das Trauerspiel, das jenes thut, thut auch dieses, oder – es thut jenes, um dieses thun zu können.[263]

Wenn Lessing dem „Mitleid" moralische Qualitäten zuspricht, dann bedeutet das zweierlei: Zum einen löst er die Moral aus der Bindung an abstrakte Sollenssätze und zum anderen aus der Bindung an das subjektivistische Gefühl. Moralität, als Fähigkeit zum Mitleid gefaßt, erhält eine intersubjektive Dimension; sie wird zur Empathie, die die mitempfundene Lage des Nächsten zum Maßstab guten Handelns macht.

Die ethische Legitimation des Mitleids als des wirkungsästhetischen Zwecks der Tragödie legt nun die Vermutung nahe, Lessing habe den Tod Saras als Mittel eingesetzt, um beim Zuschauer die mitleidsbezeugenden Tränen zu erzeugen, die das Trauerspiel hervorrufen soll: „Und nur diese Thränen des Mitleids, und der sich fühlenden Menschlichkeit, sind die Absicht des Trauerspiels, oder es kann gar keine haben."[264] Fast alle Literaturwissenschaftler haben demgemäß das Motiv für Saras Tod in dem Zweck der Tränenerzeugung gesehen. Als „wirkungssicherer Auslöser überwältigender Zuschauertränen" wird er charakterisiert,[265] oder es wird davon gesprochen, er sei „nur Funktion und Mittel für die Absicht des bürgerlichen Trauerspiels: die rührende Wirkung auf den Zuschauer"[266]. Immer wieder wird deshalb entschieden betont, daß Gang und Ausgang des Geschehens nur in einem zufälligen, nicht aber in einem notwendigen Zusammenhang stünden. Allein wirkungsästhetische Gründe seien es, die zu Saras Tod führten, mit ihrem Charakter habe ihr Schicksal dagegen nichts zu tun. So fragt Gerhard Fricke:

Weshalb stirbt Sara, obwohl doch die äußeren und inneren Vorbedingungen für einen ‚glücklichen' Ausgang nahezu vollständig beisammen sind? Es fehlt jede innere, ja sogar jede äußere Notwendigkeit, sie stirbt nicht einmal als Opfer einer Intrige, sondern auf Grund des zufälligen Zusammentreffens unglücklicher Umstände.[267]

263 Ebd.

264 Lessing: Vorrede zu: Des Herrn Jacob Thomson sämtliche Trauerspiele, S. 68.

265 Barner: Zu viel Thränen – nur Keime von Thränen, S. 92.

266 Schröder: Gotthold Ephraim Lessing. Sprache und Drama, S. 176; ähnlich auch Weber: Das Menschenbild des bürgerlichen Trauerspiels, S. 54; Fricke: Bemerkungen zu Lessings *Freigeist* und *Miss Sara Sampson*, S. 108.

267 Ebd., S. 115.

Bereits ein zeitgenössischer Rezensent betont das Willkürliche des Ausgangs, für das allein der Zwang der Gattung verantwortlich sei:

Dreymal habe ich das Trauerspiel schon gelesen, und noch weis ich nicht, *wie* und *warum* ein *Mellefont* es aufschob, die *Miß* zu heyrathen? Eben so wenig weis ich, warum der alte Vater seine Tochter nicht eher zu sehen bekömmt, als in der letzten Handlung, da sie stirbt –? Nun das mußte ja seyn, wenn es ein Trauerspiel werden sollte! – Eine vortreffliche Entschuldigung![268]

Lessing selbst hätte diese Entschuldigung sicherlich nicht akzeptiert. Denn ein bloß gattungsästhetisches Motiv für ein trauriges Ende, ohne dessen zwingende Begründung aus dem Geschehenszusammenhang des Dramas heraus, wäre auch für ihn ein Zeichen dramatischen Unvermögens. So kolportiert er in der *Hamburgischen Dramaturgie* das Gespräch zweier Zuschauer über ein unmotiviertes tödliches Dramenende, um die geringe Qualität des Stückes darzulegen: „In einem [...] Trauerspiele, wo eine von den Hauptpersonen ganz aus heiler Haut starb, fragte ein Zuschauer seinen Nachbar: Aber woran stirbt sie denn? – Woran? am fünften Akte; antwortete dieser." Lessing fügt hinzu: „In Wahrheit; der fünfte Akt ist eine garstige böse Staupe, die manchen hinreißt, dem die ersten vier Akte ein weit längeres Leben versprachen."[269] Für sein eigenes Stück läßt er diese Kritik nicht gelten. Die *Hamburgische Dramaturgie* legt auf innerdramatische Kausalität zwischen Charakter und Unglück den allergrößten Wert. Und die dort entwickelten dramaturgischen Richtlinien[270] nimmt Lessing auch für seine *Miß Sara Sampson* in Anspruch.[271]

Aber ist nicht Marwood von der Art jener „Staupe", fährt nicht sie – wie gemeinhin konstatiert[272] – wie eine *Dea ex machina* auf Sara nieder, um sie zu ermorden? Denn was hat die Bluttat der Marwood, die ihren Liebhaber Mellefont

268 Dusch: Vermischte kritische und satyrische Schriften, S. 225.

269 Lessing: Hamburgische Dramaturgie, 2. Stück, S. 194.

270 Schon im *Briefwechsel über das Trauerspiel*, in dem Lessing betont, daß ohne „den Fehler [des Helden], der das Unglück über ihn zieht, sein Charakter und sein Unglück kein *Ganzes* ausmachen würden" (S. 83), expliziter dann noch in seiner *Hamburgischen Dramaturgie*, erhebt er die Motiviertheit des Schicksals durch den Charakter zum Gütesiegel eines Dramas, das zeigen muß, „daß diese Charaktere unter diesen Umständen solche Facta hervor zu bringen pflegen, und hervor bringen müssen". Lessing: Hamburgische Dramaturgie, 33. Stück, S. 346.

271 Siehe dazu Lessings Verteidigung seines Dramas in der *Hamburgischen Dramaturgie*, 14. Stück, S. 250 ff., gegen einen kritischen Rezensenten.

272 Siehe z. B. Hettner: Geschichte der deutschen Literatur im achtzehnten Jahrhundert, S. 697: „Die Katastrophe entspringt [...] nicht mit innerer Notwendigkeit; ein ganz fremdes Motiv, die rachsüchtige Eifersucht einer gekränkten Nebenbuhlerin wird gewaltsam als Deus ex Machina herbeigezogen"; ganz entschieden auch Pikulik: „Bürgerliches Trauerspiel" und Empfindsamkeit, S. 165 ff.

nicht halten konnte und aus Rache und Zorn dessen neue Geliebte Sara vergiftet, mit deren Charakter zu tun? Schließlich erscheint die eine als Auswurf des Lasters und die andere im Glanz der Tugend.

So sehr nun auch der äußere Anschein gegen den von Lessing geforderten Zusammenhang von Charakter und Unglück spricht, so sagt dies noch nichts über den *inneren* Geschehenszusammenhang aus. Auf diesen aber hat sich die Aufmerksamkeit auch deshalb zu verlagern, weil Lessing selbst ihn gegen den „materiellen Begriff" jener „Kunstrichter" hervorhebt, die „in keinem Trauerspiele Handlung [finden], als wo der Liebhaber zu Füssen fällt, die Prinzessin ohnmächtig wird, die Helden sich balgen", wobei ihnen niemals einfällt, „daß auch jeder innere Kampf von Leidenschaften, jede Folge von verschiedenen Gedanken, wo eine die andere aufhebt, eine Handlung sey"[273].

Die erhöhte Aufmerksamkeit auf den *inneren* Handlungszusammenhang lenkt den Blick auf die Situation, in der Marwood Sara vergiftet. Vielleicht finden sich hier Anzeichen dafür, daß die Bluttat nicht einfach als äußeres Geschehen über die Protagonistin hereinbricht, sondern mit ihrer ausweglosen psychischen Lage motivational vermittelt ist. Denkbar ist, daß Sara selbst zu sterben wünscht, weil ihr die ungelöste Situation zwischen Ehe und Liebe so unerträglich ist, daß sie Marwood geradezu zu ihrer Mörderin beruft, um von ihrer irdischen Existenz erlöst zu werden. Im folgenden versuche ich, den Tod Saras als von ihr gewünschten und initiierten zu zeigen, motiviert durch die Einsicht, daß ihre Liebe nicht zur Ehe werden kann. Durch diesen Nachweis könnte zugleich die Problematik der *Liebesheirat* als Movens der dramatischen Entwicklung und ihres Ausgangs bestimmt werden, und es könnte gezeigt werden, daß das Trauerspiel als szenische Analyse des neuen Ideologems der *Liebesheirat* zu verstehen ist.

Ausgangspunkt meiner Deutung innerer, motivationaler Handlungsketten sind die Umstände, die zur Auseinandersetzung zwischen Sara und Marwood führen. Mellefont, der ehemalige Geliebte von Marwood, der einer Liebe übersatt ist, die als erotisches Gesellschaftsspiel den Regeln geltender Prestigeordnungen folgt und der Vertreibung von Langeweile dient, verliebt sich in die tugendhafte Sara. Sie hat er aus dem väterlichen Haus entführt, um mit ihr nach Frankreich zu fliehen und sie dort zu heiraten. Beide sitzen sie jetzt in einem Gasthaus, aus der Heirat ist bislang nichts geworden, weil Mellefont immer wieder Gründe findet, sie hinauszuzögern. Dann taucht Marwood in dem Gasthaus auf, um Mellefont wieder für sich zu gewinnen. Bevor es zur Begegnung zwischen Sara und Marwood kommt, hat diese eine Aussprache mit Mellefont, in der er ihr erklärt, daß er nie zu ihr zurückkehren werde. Sie kann ihn jedoch dazu bewegen, sie unter falschem Namen und als vermeintliche Verwandte der

[273] Lessing: Fabeln. Nebst Abhandlungen, S. 434f.

Rivalin Sara vorzustellen. Es entwickelt sich ein hochdramatisches Gespräch zwischen Sara und Marwood, bis diese schließlich Gift in die Arznei ihrer ohnmächtigen Rivalin mischt; Sara trinkt davon und stirbt in einem langen fünften Akt, unter Anteilnahme von Vater und Geliebtem.

Zunächst: Wie kommt es dazu, daß Marwood Sara vergiftet, obwohl sie das Gift eigentlich für sich gedacht hatte? Ihr Sinneswandel scheint unbegründet. Und selbst wenn die Tat als Ausdruck ihrer Eifersucht plausibel wäre, was hätte Saras Charakter mit diesem Mord zu tun, wie bilden ihr Charakter und ihr Unglück ein kausales „Ganzes", auf das Lessing so viel Wert legt. Sara ist augenscheinlich Opfer und nicht Täterin. Allein zwischen Marwoods Charakter und ihrem Handeln scheint ein Zusammenhang zu bestehen. Eine genauere Analyse des Rededuells zwischen den beiden Frauen hat zu erweisen, ob dieser Schein trügt.

In der Maske einer angeblichen Anverwandten Mellefonts verschafft sich Marwood Zutritt zu Sara, um ihre Nebenbuhlerin, an die sie ihren Geliebten abtreten mußte, mit einer genau kalkulierten Geschichte seelisch zu verletzen. Im Selbstgespräch gewinnt Marwood (und mit ihr der Zuschauer) zunächst Klarheit über ihre Absichten:

> Die Wahrheiten von dem Mellefont werden ihr vielleicht nichts neues seyn; die Verleumdungen wird sie vielleicht nicht glauben; und die Drohungen vielleicht verachten. Aber doch soll sie Wahrheit, Verleumdung und Drohungen von mir hören. Es wäre schlecht, wenn sie in ihrem Gemüthe ganz und gar keinen Stachel zurück ließen. (IV/5, S. 325)

Kurz danach trifft sie auf Sara, die nicht ahnt, daß sie es mit Marwood zu tun hat. Als beide allein sind, betont Sara ihr künftiges Glück, zunächst mit allem Nachdruck. Doch schon die Frage, ob sie „nicht das glücklichste Frauenzimmer mit meinem Mellefont" (IV/8, S. 327) werde, meldet Zweifel dadurch an, daß sie Bestätigung fordert; und als diese dann zwar gegeben, jedoch mit einem „aber" und einer bedeutungsschweren Pause versehen wird, ist es um Saras Ruhe geschehen. In höchster Erregung verlangt sie nach einer näheren Erklärung. Marwoods listiges Ausweichen, das Saras Zweifel in dem vorgeblichen Bemühen, ihn zu zerstreuen, noch verstärkt, provoziert bei dieser ein apodiktisches „Ich weiß, daß er mich liebt – –" (IV/8, S. 328), das eine Phase massiver Selbstüberredung einleitet. Um sich gegen jeden Zweifel zu immunisieren, grenzt Sara ihre Liebe entschieden von der Liebe Marwoods zu Mellefont ab – noch immer nicht ahnend, daß ihre Gesprächspartnerin Marwood selbst ist. Zu entschuldigen sei, wenn aufgrund „menschliche[r] Schwachheit", die „Schranken [...], die uns die Tugend bey der Liebe setzt" (IV/8, S. 329), durchbrochen werden, nicht aber wenn – wie bei Marwood – die Liebe Ausfluß einer lasterhaften Gesinnung sei. Mellefont habe deshalb recht getan, eine solch lasterhafte Geliebte zu verlassen; er werde jedoch keinesfalls – so der mitschwingende Gedanke der Selbstversicherung – die tugendhafte Liebe zu ihr preisgeben.

Um nun Saras Urteil über Marwood zu widerlegen, erzählt die angebliche Anverwandte Mellefonts die rührende Geschichte einer selbstlosen Liebe. Es sei nämlich Marwood gewesen, die Mellefont verlassen habe, damit dieser die Erbschaftsbedingung erfüllen könne, eine „weitläuftige Anverwandte zu heiraten" (IV/8, S. 331); und sie habe sich nur auf sein inständiges Drängen hin wieder mit ihm verbunden, ohne auf einer Heirat zu bestehen, da diese zum Verlust der Erbschaft geführt hätte. Bei aller zunächst von Sara hierfür bekundeten Hochachtung ist es dann letztlich doch dieser Verzicht auf die Heirat, den sie zum entschiedenen Differenzpunkt zwischen sich und Marwood erhebt:

SARA. Wenn ich der Marwood Erfahrung gehabt hätte, so würde ich den Fehltritt gewiß nicht gethan haben, der mich mit ihr in eine so erniedrigende Parallel setzt. Hätte ich ihn aber doch gethan, so würde ich wenigstens nicht zehn Jahr darinn verharret seyn. Es ist ganz etwas anders, aus Unwissenheit auf das Laster treffen; und ganz etwas anders, es kennen und dem ungeachtet mit ihm vertraulich werden. (IV/8, S. 335)

Daß Sara sich so entschieden von dem außerehelichen Liebesverhältnis der Marwood abgrenzt und dabei vielleicht den Eindruck moralischer Überheblichkeit erweckt,[274] erklärt sich als panische Abwehrreaktion, die in Saras religiöser Überzeugung vom sakramentalen Charakter der Ehe gründet. Eine Liebe, die nicht in der Institution Ehe aufgehoben wird, würde das moralische Fundament ihrer gesamten Existenz zerstören, so daß ihr ganzes Denken darum kreist, „ihm [d. i. Mellefont] ein Band angenehm zu machen, ohne welches auch die aufrichtigste Liebe eine unheilige Leidenschaft bleibet." (IV/8, S. 333)

Mellefonts ständige Vertagung der Heirat aber hat längst Saras Glaube an die Realisierbarkeit ihrer Liebesmoral erschüttert. Diese Zweifel werden nun durch Marwood zu einem Gefühl der Ausweglosigkeit gesteigert, indem diese Liebe und Ehe als zwei für Mellefont nicht zu vereinbarende Dinge hinstellt.

MARWOOD. Er hat einen gewissen Punkt, über welchen er sich nicht bringen läßt, und sobald er diesen scharf in das Gesicht bekömmt, springt er ab. Gesetzt aber, Miß, Sie wären die einzige Glückliche, bey welcher sich alle Umstände wider ihn erklärten; gesetzt Sie brächten ihn dahin, daß er seinen nunmehr zur Natur gewordenen Abscheu gegen ein förmliches Joch überwinden müßte: glaubten Sie wohl dadurch seines Herzens versichert zu seyn?
SARA. Ich Unglückliche! Was muß ich hören!
MARWOOD. Nichts weniger. Alsdann würde er eben am allerersten in die Arme derje-

[274] So Ter-Nedden: Lessings Trauerspiele, S. 104 ff., der Sara „ihr liebloses und selbstgerechtes Verhalten gegenüber ihrer unglücklichen Rivalin" (S. 107) vorwirft und in ihrer mangelnden Vergebungsbereitschaft die wahre Schuld erblickt.

nigen zurückeilen, die auf seine Freyheit so eifersüchtig nicht gewesen. Sie würden seine Gemahlinn heißen, und jene würde es seyn. (Ebd.)

Daß diese Prognose in Sara „schreckliche Vorstellungen" (ebd.) hervorruft, liegt auf der Hand. Denn sie gerät in ein unüberwindliches Dilemma: In der Ehe mit Mellefont droht der Verlust seiner Liebe, eine Liebe außerhalb der Ehe ist jedoch für sie eine „unheilige Leidenschaft". Auf die Beziehung zu Mellefont aber ist sie moralisch angewiesen,[275] denn nur sie kann ihre Flucht aus dem Elternhaus und den Verlust der Unschuld legitimieren.

Da Sara an Mellefont gebunden ist, droht auch ihr das Schicksal einer außerehelichen Liebesbeziehung, sollte dieser weiterhin die Heirat verweigern. Nicht nur Saras Unruhe, ihr ängstliches Befragen der angeblichen Verwandten Mellefonts, sondern auch ihr kniefälliges Flehen, „mich und Marwood nicht in einen Rang zu setzen" (IV/8, S. 336), lassen ahnen, wie stark sie in Mellefonts ehemaliger Geliebter das eigene drohende Schicksal abwehrt. Diese Ahnung wird zur Gewißheit, nachdem Marwood sich zu erkennen gibt, woraufhin Sara „voller Erschrecken auffspringt, und sich zitternd zurückzieht":

Sie, Marwood? – Ha! Nun erkenn' ich sie – nun erkenn' ich sie, die mördrische Retterinn, deren Dolche mich ein warnender Traum Preis gab. (IV/8, S. 336)

Diese plötzliche Erkenntnis Saras macht unabweisbar deutlich, wie sehr sie in Marwood sich selbst in ihrem künftigen Schicksal erfährt. Denn in dem Traum, an den sie sich erinnert, fühlt sich Sara nicht von einer beliebigen, sondern „von einer mir ähnlichen Person" (I/7, S. 275) bedroht. Zugleich signalisiert ihr geradezu flehentliches Bitten, sie nicht mit Marwood „in einen Rang zu setzen", wie sehr sie zu verdrängen sucht, was sich ihr in der Traumerinnerung als Ähnlichkeit mit Marwood aufdrängt.

Erst diese panische Reaktion Saras ist es, die Marwood in einem Reflexionsmonolog (IV/9, S. 336 f.) auf den Gedanken bringt, das von ihr mitgeführte Gift nicht – wie geplant – zum Selbstmord, sondern zum Mord an Sara zu verwenden. Sara nennt Marwood „mördrische Retterinn" – und erst daraufhin wird diese tatsächlich zur Mörderin. Zu behaupten, Sara bestimme Marwood zu ihrer Mörderin, geht also keineswegs zu weit. Wenn Sara aber nicht – wie gemeinhin angenommen – das bloß passive Opfer einer ausgestochenen Nebenbuhlerin ist, dann kann auch Marwood nicht mehr ohne weiteres als bloße *Deu ex machina* angesehen werden, die das sich anbahnende Familienglück von außen zerstört. Damit aber erweist sich die Frage nach der inneren Motiviertheit des Geschehens als Frage danach, warum Sara die Marwood zu ihrer Mör-

[275] Siehe I/7, S. 275: Sara zu Mellefont: „Es sey Liebe oder Verführung, es sey Glück oder Unglück, das mich Ihnen in die Arme geworfen hat; ich bin in meinem Herzen die Ihrige, und werde es ewig seyn."

derin bestimmt und warum sie sie dabei mit dem Oxymoron einer „mördrischen Retterinn" belegt.

Aufschlußreich sind hier die sich verschiebenden Erinnerungen an den Traum, aus dem Sara am frühen Morgen voller Unruhe und Pein erwacht, um ihn sogleich Mellefont in allen Einzelheiten zu erzählen:

Ach, könnte ich Ihnen nur halb so lebhaft die Schrecken meiner vorigen Nacht erzählen, als ich sie gefühlt habe! – Von Weinen und Klagen, meinen einzigen Beschäfftigungen, ermüdet, sank ich mit halb geschlossenen Augenliedern auf das Bett zurück. Die Natur wollte sich einen Augenblick erholen, neue Thränen zu sammeln. Aber noch schlief ich nicht ganz, als ich mich auf einmal an dem schroffsten Theile des schrecklichsten Felsen sahe. Sie giengen vor mir her, und ich folgte Ihnen mit schwankenden ängstlichen Schritten, die dann und wann ein Blick stärkte, welchen Sie auf mich zurückwarfen. Schnell hörte ich hinter mir ein freundliches Rufen, welches mir still zu stehen befahl. Es war der Ton meines Vaters – Ich Elende! kann ich denn nichts von ihm vergessen? Ach! wo ihm sein Gedächtniß eben so grausame Dienste leistet; wo er auch mich nicht vergessen kann! – Doch er hat mich vergessen. Trost! grausamer Trost für seine Sara! – Hören Sie nur, Mellefont; indem ich mich nach dieser bekannten Stimme umsehen wollte, gleitete mein Fuß; ich wankte und sollte eben in den Abgrund herab stürzen, als ich mich, noch zur rechten Zeit, von einer mir ähnlichen Person zurückgehalten fühlte. Schon wollte ich ihr den feurigsten Dank abstatten, als sie einen Dolch aus dem Busen zog. Ich rettete dich, schrie sie, um dich zu verderben! Sie holte mit der bewaffneten Hand aus – und ach! ich erwachte mit dem Stiche. Wachend fühlte ich noch alles, was ein tödlicher Stich schmerzhaftes haben kann; ohne das zu empfinden, was er angenehmes haben muß: das Ende der Pein in dem Ende des Lebens hoffen zu dürfen. (I/7, S. 274f.)

Der Traum Saras ist offensichtlich innerlich-imaginativer Reflex ihrer sie zutiefst bedrängenden Lage; er verarbeitet ihre Angst, den Weg aus der Herkunfts- in die Zeugungsfamilie nicht gehen zu können. Im Traum folgt sie Mellefont voller Ängstlichkeit auf schmalem Grat, gestärkt von seinem Blick (seinem immer wieder erneuerten Heiratsversprechen). Als sie dann die Stimme ihres Vaters hört, kommt sie ins Schwanken und droht abzustürzen. Die Freundlichkeit seiner mahnenden Stimme potenziert ihre Bedrängnis – es ist eine Verpflichtung aus Zuneigung, nicht durch Autorität, die der Vater anmahnt. Eingespannt zwischen dem Vater als dem Repräsentanten göttlicher Ordnung, die um des Seelenheils willen die Heirat vorschreibt, und dem Liebhaber, der die Ehe nicht will, strauchelt sie aus „Rücksicht", als sie sich „nach dieser bekannten Stimme umsehen wollte". Doch stürzt sie daraufhin nicht zu Tode. Der Traum blockiert die Zuweisung der Schuld an den Geliebten, der sie zur gefährlichen Gratwanderung verlockte, und an den Vater, der ihr „still zu stehen" befahl, und verschiebt sie auf eine ihr „ähnliche Person" – letztlich damit auf sie selbst –, doch in einer figürlichen Multiplizierung, da Saras tiefe Frömmigkeit das Verbot des Selbstmordes selbst im Traum reproduziert. „Ich rettete dich, schrie sie [d. i. die Sara ähnliche Person], um dich zu verderben!"

(I/7, S. 275) In der paradoxen Verknüpfung von Rettung und Verderben und deren Bindung an ihr Alter ego realisieren sich zwei widersprüchliche Impulse; durch ihre geträumte Errettung entschuldet Sara Vater und Geliebten und durch die Verschiebung des Verderbens auf die ihr „ähnliche Person" vermag sie den tabuisierten Suizidgedanken zu träumen. In ihrer anschließenden Reflexion spricht sie den Todeswunsch aus („das Ende der Pein in dem Ende des Lebens hoffen zu dürfen") und macht damit den Sinn des Traums, die Artikulation latenter Todessehnsucht, explizit.

Gewiß gilt, was in bezug auf Saras Traum schon mehrfach bemerkt wurde: „Er enthält in durchsichtiger Verkleidung und einer fast pedantischen Analogie die gesamte Geschehnisabfolge und insbesondere diejenige des Auftritts IV/ 8."[276] Aber aus dieser Analogie ist nicht zu schließen, daß der Traum nur zukunftsgewisse Vorausdeutung sei, dessen dramaturgische Funktion allein darin bestehe, den Zusammenhang der Handlungsabfolge in der ahnungsvollen Gespanntheit der Zuschauer zu sichern. Denn Saras Traum nimmt das zukünftige Geschehen nicht bloß vorweg, sondern er erzeugt dieses Geschehen ursächlich, indem er Teil eines kommunikativen Konnexes wird: Er spielt Sara das Deutungsmuster der „mördrischen Retterinn" zu, das sie dann auf Marwood appliziert. Als diese in der Verhaltenszuweisung eine Handlungsoption erkennt, wird der Traum zu einer Art sich selbst erfüllender Prophezeiung, die verursacht, was sie vorhersagt.

Wieso aber identifiziert Sara in ihrer Traumerinnerung die Marwood, nachdem sie diese kennengelernt hat, mit der ihr „ähnlichen Person" des Traums? Die Antwort liefert die bereits analysierte Auseinandersetzung zwischen den beiden Frauen. Deutlich wird, daß Sara in Marwood das auch sie bedrohende Schicksal einer ehelosen Liebesbeziehung erfährt. Im Traumbericht lieferte ihr die Verschiebung der Selbsttötung auf das Alter ego die Leerstelle der „ähnlichen Person", die sie nun mit Marwood besetzt, deren schicksalhafte „Ähnlichkeit" einer ebenfalls ehelosen Liebesbeziehung sie für diese Position qualifiziert. Aber, so ist weiter zu fragen, warum beschwört Sara Marwood gerade zu diesem Zeitpunkt als ihre Mörderin und gibt damit Anlaß zu ihrem eigenen Tod, und warum verknüpft sie die Vorstellung von ihrer Mörderin und Retterin in einer gegenüber der Traumerzählung veränderten Zuordnung? Dort war die Rettung Mittel zum Verderben, jetzt hingegen wird ihr die Ermordung zur Rettung.

Diese Fragen nötigen zu einer eingehenden Analyse von Saras Situation, die ihr Traum zum Ausdruck bringt. Daß er die Lage Saras verarbeitet, erkennt sie

[276] Schröder: Gotthold Ephraim Lessing. Sprache und Drama, S. 177; vgl. Durzak: Äußere und innere Handlung in *Miss Sara Sampson*, S. 51; Reh: Die Rettung der Menschlichkeit, S. 174.

selbst, indem sie Mellefont, der ihren Traum zur Ausgeburt bloßer Einbildung verharmlost, entschieden widerspricht:

Klagen Sie den Himmel nicht an! Er hat die Einbildungen in unserer Gewalt gelassen. Sie richten sich nach unsern Thaten, und wenn diese unsern Pflichten und der Tugend gemäß sind, so dienen die sie begleitenden Einbildungen zur Vermehrung unserer Ruhe und unseres Vergnügens. (I/7, S. 274)

„Ruhe" und „Vergnügen" aber hat Sara in den acht Wochen ihres Aufenthalts im Gasthaus nicht gefunden. Es ist schon merkwürdig: Da flieht sie mit ihrem Liebhaber aus dem väterlichen Haus, und gemeinsam finden beide in einem kleinen Wirtshaus ihre Zuflucht – aber nichts als Jammern und Wehklagen ist von Sara zu vernehmen. Schon die Wahl des Ortes ist bezeichnend. Natürlich hat Lessing das Gasthaus auch als Ort gewählt, der das Zusammentreffen unterschiedlichster Leute motiviert; ähnlich wird er in der *Minna* verfahren. Hier wie dort ist der Ort jedoch mehr als ein bloß dramaturgisches Mittel, um verschiedene Personen in einem Handlungsraum so zusammenzuführen, daß Aktionen entstehen können. Der Ort hat auch symbolische Funktion. Es ist ein Ort, der im Kontrast zur Dauerhaftigkeit einer empfindsamen Familie steht, die als Wunschtraum vor Saras Auge steht:

Glückliche Tage, wenn mein Vater, wenn Sie, wenn Arabella, meine kindliche Ehrfurcht, meine vertrauliche Liebe, meine sorgsame Freundschaft um die Wette beschäftigen werden! (V/4, S. 342)

Wenn Sir William dieses Lokal mit der von Befremden und Entsetzen zeugenden Bemerkung betritt „Hier meine Tochter? Hier in diesem elenden Wirtshause?", dann hebt er nicht nur das Kaschemmenhafte dieses Ortes hervor, sondern betont auch, daß sich an dieser Umgebung der soziale und moralische Reputationsverlust seiner Tochter ablesen läßt. Hier hat sich Sara nicht niedergelassen, um ein Leben in weltabgeschiedener Zweisamkeit zu führen, sondern hier mußte sie bislang ausharren, weil es für sie keinen sozialen und moralischen Ort gab, an dem sie ihre Liebe zu Mellefont mit den Geboten von Gesellschaft und Kirche verbinden konnte. Aus der Herkunftsfamilie ist sie ausgebrochen, in der Zeugungsfamilie ist sie nicht angelangt, im Gasthaus ist sie ‚gestrandet'. Nichts als tiefe Niedergeschlagenheit kennzeichnet ihre Stimmung. So stellt man sich kein Liebespaar vor, das nach geglückter Flucht in Liebe vereint ist, und so zeichnet die Tradition nicht sein Bild.[277] Anders als ein zeitgenössischer Rezensent wie selbstverständlich annimmt,[278] schlafen sie nicht einmal

[277] Frenzel: Art.: Die heimliche Liebesbeziehung.

[278] Siehe Dusch: Vermischte kritische und satyrische Schriften, S. 221: „Ich setze voraus, daß sie beyde in einer Kammer schliefen."

in einem Zimmer, sondern in benachbarten Räumen. Zwischen ihnen eilt die Dienerin Betty hin und her, um zu sehen, ob Mellefont schon aufgestanden ist, denn Sara will ihm ihren verstörenden Traum erzählen. Er hat ihr ihre Situation nachdrücklich veranschaulicht. Sie erfährt sich nicht als Geliebte, die sich jenseits aller normativen Ordnungen dem Geliebten in der Absolutheit ihres Gefühls verbunden weiß, sondern als Tochter, deren Liebe alle Ordnungen, die der Gesellschaft, der Familie und der Religion, verletzt. So sieht sie sich auf einem schmalen Grat wandeln, in einer gefährlichen Grauzone zwischen Mellefont und ihrem Vater.

Der einzige Ausweg aus dieser für sie unhaltbaren Gratwanderung wäre für Sara die Ehe, in der sie eine „Einwilligung des Himmels" (I/7, S. 274) zu ihrem Tun sieht. Erst dadurch, so glaubt sie, wird der Widerspruch zwischen der von ihr als göttlich empfundenen normativen Ordnung, die sie verletzt hat, und ihrer Liebe aufgehoben. Daß Sara so nachdrücklich auf der sakramentalen Einbindung ihrer Liebe in die göttliche Ordnung besteht, macht deutlich, wie sehr religiöse Wertvorstellungen zu einem Teil ihrer Person geworden sind. Für sie ist es nicht wichtig, vor der Welt legitimiert zu sein, ihr geht es ganz allein um die Übereinstimmung ihres Handelns mit der göttlichen Ordnung. Anders als Marwood, die eine Heirat mit Mellefont erzwingen will, um ihre Existenz gesellschaftlich zu sichern – im Wissen darum, daß sie „für ihre im Abzuge begriffene[n] Reize einen Gemahl" braucht (IV/8, S. 334) –, kann Sara auf jede äußere Beglaubigung ihrer Beziehung durch eine öffentliche Heiratszeremonie verzichten.

SARA. [. . .] Sie sollen mich erklären können, für was Sie wollen. Ich will Ihren Namen nicht führen; Sie sollen unsere Verbindung so geheim halten, als Sie es für gut befinden; und ich will derselben ewig unwerth seyn, wenn ich mir in den Sinn kommen lasse, einen andern Vortheil, als die Beruhigung meines Gewissens, daraus zu ziehen. (I/7, S. 276)

Daß Sara den gesellschaftlichen Aspekt der Ehe ignoriert, verweist mit allem Nachdruck darauf, welch andere Bedeutung für sie die Heirat hat. Nicht ihre äußere Reputation, sondern ihre innere Identität steht für sie auf dem Spiel, wenn Mellefont ihr die Ehe verweigert. Durch Marwoods aufreizende Rede ist ihr nun zur Gewißheit geworden, daß sie Mellefont nicht zur Ehe wird bewegen können.

Erst vor diesem Hintergrund wird deutlich, warum Sara in ihrer Traumerinnerung Marwood mit dem Oxymoron einer „mördrische[n] Retterinn" (IV/8, S. 336) belegt. Denn eine Ermordung durch Marwood erscheint ihr als „Rettung" vor einem Leben, das sie aufgrund der Heiratsscheu Mellefonts nicht tugendhaft zu führen vermag. Doch während Sara im Traum die Rettung als tödliche Verderbnis erschien, da sie sich aufgrund ihrer außerehelichen Liebesbeziehung sündig wähnte, ist der Tod für sie jetzt eine Erlösung – nicht nur eine von der „Pein" eines ehelosen Lebens, wie ehemals, sondern auch eine zum ewigen Leben. Diese Bedeutungsveränderung kommt nicht von ungefähr: Denn zwischenzeitlich hat der Vater ihr verziehen – für Sara ist dies zugleich Zeichen göttlicher Vergebung; dadurch wird ihr „Verbrechen" für sie zum bloßen „Irrtum", wie sie Marwood gegenüber betont (IV/8, S. 335); und in der Folge erscheint ihr der Tod nicht mehr als Verderbnis, sondern als Rettung. Marwood rettet Sara vor dem weltlichen Leben, das sie wegen Mellefonts Heiratsscheu nicht tugendhaft zu führen vermag, und ermöglicht ihr das ewige Leben. Geradezu sentenzenhaft spricht Sara von ihrem Tod als göttlichem Gnadenakt:

> Die bewährte Tugend muß Gott der Welt lange zum Beyspiele lassen, und nur die schwache Tugend, die allzu vielen Prüfungen vielleicht unterliegen würde, hebt er plötzlich aus den gefährlichen Schranken – (V/10, S. 350)

Wenn nun Saras Tod die Konsequenz ihrer Situation ist, die sie zur ewigen unehelichen Geliebten verdammt, und sich somit ihr Charakter und ihr Schicksal durchaus zusammenschließen, so ist der vielfach erhobene Einwand entkräftet, „daß Saras Tod nicht einleuchtend motiviert ist"[279], da

> das neue Unglück, das von der Marwood ausgeht, [...] in keinem inneren Zusammenhang mit der Heldin [steht], sondern [...] ein Ereignis [ist], das von außen über sie kommt,[280]

und zwar entkräftet durch den Nachweis, daß Sara aus ihrem Todeswunsch heraus den Mord selbst provoziert, der folglich ein verkappter Selbstmord ist.

Deutlich geworden sind die existentiellen Schwierigkeiten, die das neue Konzept der *Liebesheirat* für eine Frau mit sich bringen kann, die Liebe und Ehe aus religiösen Gründen zu verbinden sucht, dabei aber scheitert, weil der Geliebte die Heirat verweigert. Aus Liebe läßt sich Sara auf Mellefont ein, doch damit emanzipiert sie sich nicht von der patriarchalisch verfaßten Welt, in der sich über Gott, den leiblichen Vater und den Ehemann Strafinstanzen etablieren, die mit sozialer Ächtung, familialer Verstoßung und ewiger Verdammnis drohen, wenn ihre Gebote überschritten werden. Ganz im Gegenteil – sie bleibt ihnen unterworfen, selbst wenn der Vater ihr die voreheliche Liebesbeziehung verzeiht und sie dies als Manifestation göttlicher Vergebung deutet. Denn durch das väterliche Verzeihen mögen zwar die äußeren Sanktionen der sozialen Ächtung und der familialen Verstoßung wegfallen, und Sara mag dies auch als Zeichen göttlicher Vergebung deuten; damit aber eröffnet sich für sie keineswegs der Freiraum einer Beziehung, die allein der Liebe gilt. Denn sie fühlt sich weiterhin den religiösen Geboten unterworfen, die eine außereheliche Liebesbeziehung strikt untersagen. Von daher vermag allein der Tod sie vor einer Existenz

279 Barner u. a.: Lessing. Epoche, Werk, Wirkung, S. 173.
280 Pikulik: „Bürgerliches Trauerspiel" und Empfindsamkeit, S. 166.

zu retten, die sie nicht unter das von ihr als göttlich erfahrene Sittengesetz der Ehe zu stellen vermag, da der Liebhaber nicht bereit ist, Ehemann zu werden.

Wenn sich folglich der Schluß des Dramas als Hinweis darauf deuten läßt, wie die verinnerlichten, religiös gebundenen Wertvorstellungen einer Frau zur Katastrophe führen können, wenn der Mann den Übergang von der Herkunfts- in die Zeugungsfamilie blockiert, dann bliebe immer noch der mögliche Einwand, daß zumindest Mellefonts Heiratsscheu ein kontingentes Faktum sei, das zwar die mit dem Konzept der *Liebesheirat* verbundene religiöse Problematik erfahrbar mache, selbst aber mit dem neuen Modell nichts zu tun habe. Denn seine Weigerung zu heiraten, verweise ja auf nichts anderes als auf einen bloßen Charakterfehler; er sei halt ein bindungsscheuer Mann, den zwar das sexuelle Abenteuer reize, der aber keine dauerhafte Beziehung eingehen wolle. Hierfür spreche schon seine Vergangenheit, die sicherlich nach dem bürgerlichen Urteil der damaligen Zeit lasterhaft war. Sein Leben verlief im Stil eines adligen Libertins in freizügiger Sinnenfreude, sorglos im Umgang mit Geld und Frauen.[281] Für ihn war die Liebe ein galantes Gesellschaftsspiel ohne große seelische Beteiligung, mehr dem Zeitvertreib als der Erfahrung intensiver Zweisamkeit verpflichtet. Mellefont selbst sieht seine Vergangenheit durchaus kritisch; allerdings betrachtet er sie als abgeschlossene Phase seines Lebens und spricht von den „ehemaligen Ausschweifungen" (I/7, S. 278), die er Sara gebeichtet habe. Im Gegensatz zu seinen früheren Liebschaften ist seine Liebe zu Sara – daran läßt das Drama keinen Zweifel – von tiefen Empfindungen geprägt. Und doch weigert er sich seit langem mit fadenscheinigen Ausreden, sie zu heiraten. Warum tut er das, obgleich er Sara dadurch in tiefe Verzweiflung stürzt? Ist es wirklich ein bloßer Charakterfehler, eine habituelle Ehescheu, wie Marwood meint, wenn sie davon spricht, Mellefont habe „einen gewissen Punkt, über welchen er sich nicht bringen läßt, und sobald er diesen scharf in das Gesicht bekömmt, springt er ab." (IV/8, S. 333)

Was auf den ersten Blick als charakterlicher Defekt erscheint, erweist sich jedoch bei genauerer Betrachtung als Effekt des in sich widersprüchlichen bürgerlich- empfindsamen Konzepts der *Liebesheirat*. Im Gespräch mit seinem Diener Norton betont Mellefont den Gegensatz von Liebe und Ehe unter dem Gesichtspunkt von Freiwilligkeit und Zwang, und in seinem grüblerischen Monolog benennt er die Problematik der *Liebesheirat* präzis:

Was für ein Räthsel bin ich mir selbst! Wofür soll ich mich halten? Für einen Thoren? oder für einen Bösewicht? – oder für beides? – Herz, was für ein Schalk bist du! – Ich liebe den Engel, so ein Teufel ich auch seyn mag. – Ich lieb' ihn? Ja, gewiß, gewiß ich lieb' ihn. [. . .] Und doch, doch – – Ich erschrecke, mir es selbst zu sagen – [. . .] Und doch fürchte ich mich vor dem Augenblicke, der sie auf ewig, vor dem Angesichte der Welt, zu der meinigen ma-

[281] Zur Kulturgeschichte des Libertins siehe Schneider: Der Libertin.

chen wird. [...] Sara Sampson, meine Geliebte! Wie viel Seligkeiten liegen in diesen Worten! Sara Sampson, meine Ehegattinn! – Die Hälfte dieser Seligkeiten ist verschwunden! und die andre Hälfte – wird verschwinden. (IV/2, S. 318)

Nicht mangelnde Liebe ist es, die Mellefont vor der Heirat zurückschrecken läßt, sondern genau umgekehrt: Seine Liebe, die in der Freiwilligkeit ihren höchsten Ausdruck findet, ist es, die ihn den Zwang der Ehe fliehen läßt, der die Liebe zu einer Forderung macht und damit ihres Wesens entkleidet. Die Hochzeit bedeutet für Mellefont eine Gefahr für die Unmittelbarkeit seines Gefühls, denn durch die Ehe würde die freiwillig geschenkte Liebe zur Pflicht werden. Nicht weil er Angst vor der Bindung hat, flieht er die Ehe, sondern weil er die Liebe nicht als Verpflichtung akzeptieren kann. Liebe ist für ihn Ausdruck freiwilliger Zuneigung, nicht Resultat einzufordernden Verhaltens. „Die Liebe will nicht, daß man sich anders als durch sie allein gebunden fühlt", hatte schon Montaigne konstatiert.[282] Neu ist also Mellefonts Einsicht, daß die Ehe die Liebe vernichte, keineswegs. Doch brisant wird das Problem erst um die Mitte des 18. Jahrhunderts, als – wenigstens dem normativen Anspruch nach – Ehe auf Liebe zu gründen ist. Denn solange objektive gesellschaftliche Gegebenheiten wie Name, Geld, Macht, Prestige oder auch Arbeitskraft als Heiratsgründe fungieren, entsteht keine Spannung zwischen der erotischen Beziehung, die ihren Ort außerhalb der rechtsverbindlichen Ordnung im Raum gesellschaftlicher Unverbindlichkeit hat, und der transsubjektiven Rechtsinstitution Ehe, auf deren Basis sich die geburtsständische Ordnung reproduziert. Eine individuelle Liebesbeziehung zwischen den Eheleuten ist nach dem normativen Anspruch der Institution Ehe nicht notwendig. Erst als der Anspruch erhoben wird, Ehe und Liebe hätten eins zu sein, entsteht das Dilemma zwischen Freiwilligkeit und Zwang. Denn wenn das Gefühl auf Freiwilligkeit beruht, die Institution aber Zwang ausübt, wie lassen sich beide Momente verbinden? Wenn man aus Liebe heiratet, muß man dann auch seinen Ehepartner lieben, weil man ihn geheiratet hat? Bekommt so die Ehe nicht einen Forderungscharakter, der gerade ihr Fundament, die freiwillige Liebe, zerstört? Das ist das Problem, das Mellefont umtreibt. Wenn er also die Ehe zu vermeiden trachtet, ist das nicht primär Ausdruck eines Charakterfehlers, sondern Reflex des paradoxen Konzepts der *Liebesheirat*, das die individuelle Liebesbeziehung zur Grundlage einer institutionellen Ordnung macht und damit ihres individuellen Charakters entkleidet, diesen aber zugleich als konstitutiv für die Ehe bestimmt.

Sara bleiben solche Überlegungen fremd. Für sie hingegen entfaltet sich ein komplementär dazu stehendes Dilemma: das von Liebe und religiösem Gebot. Auch wenn sie sich in ihrer Liebe zu Mellefont zunächst darüber hinweggesetzt hat und auch wenn väterliches Verzeihen und göttliche Vergebung diese Sün-

[282] Montaigne: Die Essais, S. 314.

denschuld getilgt haben, so bleibt für sie doch weiterhin eine Liebe, die nicht durch das Sakrament der Ehe legitimiert wird, ein Verstoß gegen den Willen Gottes, eine Todsünde, die zur ewigen Verdammnis führt. Mellefonts Ehescheu trifft sie folglich im Innersten. Die Freiwilligkeit der Liebe, auf der er besteht, um sie in ihrer Einzigartigkeit gegenüber aller Konventionalität zu erfahren, widerspricht ihrer religiös geprägten Identität und endet, nachdem ihr im väterlichen Verzeihen die göttliche Vergebung gewiß ist, in der Bestimmung der Marwood zu ihrer „mördrischen Retterin" (IV/8, S. 336).

Lessings Drama unterzieht die sich neu etablierende Vorstellung einer Verbindung von Ehe und Liebe schon zur Zeit ihrer Entstehung einer kritischen Probe und läßt sie an den beiden Protagonisten auf jeweils figurenspezifische Weise fragwürdig werden: an Sara als Widerspruch zwischen individuellem Gefühl und religiösem Gebot, an Mellefont als Widerspruch zwischen prätendierter Freiwilligkeit und ideologischem Gebot. Die beiden Konstituenten der *Liebesheirat,* Spontaneität und Verbindlichkeit, sind in keine lebbare Balance zu bringen. Entweder wird die Liebe dem religiösen Gebot der Ehe unterworfen (Sara) oder die Heirat um der Liebe willen verworfen (Mellefont). Die Tatsache, daß es nicht zur Hochzeit kommt, spiegelt – über den Gattungszwang der Tragödie hinaus – in den unvereinbaren Werthaltungen der Figuren die Unvereinbarkeit der widersprüchlichen Postulate. Deutlich wird, daß die Ansprüche des Begehrens und die der Ordnung nicht zur Deckung zu bringen sind. In diesem Sinn arrangiert Lessing Aspekte der *Liebesheirat* zu einem konfliktträchtigen Psychodrama, dessen traditionale und wirkungsprogrammatische Merkmale innerdramatisch so motiviert werden, daß sie zum Problem entfalten, was das Konzept der *Liebesheirat* als Postulat ausstellt.

4.

„Ich allein in seinen Händen? – Nimmermehr, mein Vater. – Oder Sie sind nicht mein Vater."
(Lessing)

Zum Verhältnis von Liebe und Familie in Lessings *Emilia Galotti*

Sara kann den Weg von der Herkunfts- in die Zeugungsfamilie nicht gehen, da Mellefont keine Ehe mit ihr eingeht. Ihr bleibt nur die sündige Ortlosigkeit zwischen der Welt ihres Vaters und der ihres Geliebten. Tochter kann sie nicht mehr sein, da ihre Liebe sich über die väterliche Autorität hinwegsetzte, Ehefrau kann sie nicht werden, da Mellefont die Heirat verweigert. Und so findet sie keine Möglichkeit, in Übereinstimmung mit sich und ihren religiösen Überzeugungen zu leben; Ausdruck hierfür ist ihr Aufenthaltsort: ein Gasthof, der ihr keine Heimat bietet. Eigentlich Zwischenstation eines Weges, ist er doch fast schon dauerhafter Aufenthaltsort geworden und wird zur äußeren Chiffre der inneren Befindlichkeit Saras, die ihren emotionalen, sozialen und religiösen Ort verloren hat. Erst im aktlangen Sterben kann sie diesen Ort als jenseitigen imaginieren, vermag sie die Herkunftsfamilie mit der Zeugungsfamilie zu versöhnen, indem sie im Tod zwischen Vater und Liebhaber einen familialen Zusammenhang stiftet, der ihr im Leben nicht möglich war.

Bei Emilia sieht das alles ganz anders aus; fast könnte man meinen, hier gestalte Lessing das genaue Gegenteil. Während Sara ihre Liebe zum Vater nicht durch Heirat mit der zum Geliebten zu verbinden vermochte, scheint bei Emilia kein Widerspruch zwischen Familienliebe und Geschlechterliebe zu bestehen. Sie muß sich nicht von ihrem Vater abwenden, um sich dem Geliebten zuwenden zu können; ihre Liebe als Tochter und ihre Liebe als Braut sind nur zwei Seiten einer Medaille. Denn sie verbindet sich mit Appiani, einem Mann, der in allem dem entspricht, was Odoardo sich von einem Schwiegersohn wünscht. Und er ist noch mehr als das: Er vermittelt dem Vater den Eindruck, seine Existenz werde als Wunscherfüllung fortgeführt. Was ihm selbst nicht möglich war, verspricht Appiani zu verwirklichen:

> Kaum kann ichs erwarten, diesen würdigen jungen Mann meinen Sohn zu nennen. Alles entzückt mich an ihm. Und vor allem der Entschluß, in seinen väterlichen Thälern sich selbst zu leben. (II/4, S. 396)[283]

[283] Stellenangaben direkt im Text nach Lessing: Emilia Galotti.

So wie der Vater in Appiani den idealen Schwiegersohn sieht, so dieser in Odoardo den idealen Schwiegervater, von dem er Emilia vorschwärmt, so als wolle er nicht sie, sondern ihn heiraten:

Welch ein Mann, meine Emilia, Ihr Vater! Das Muster aller männlichen Tugend! Zu was für Gesinnungen erhebt sich meine Seele in seiner Gegenwart! Nie ist mein Entschluß immer gut, immer edel zu seyn, lebendiger, als wenn ich ihn sehe – wenn ich ihn mir denke. Und womit sonst, als mit der Erfüllung dieses Entschlusses kann ich mich der Ehre würdig machen, sein Sohn zu heißen; – der Ihrige zu seyn, meine Emilia? (II/7, S. 403)

Appiani ist zunächst Sohn, dann erst Ehemann; die erweiterte Familie Odoardos präformiert die neu zu gründende, die so als Fortsetzung jener zu figurieren verspricht.

Besser könnte der Übergang von der Herkunftsfamilie in die Zeugungsfamilie gar nicht gelingen. Vater und künftiger Schwiegersohn bilden so sehr eine moralische Einheit, daß Emilia mit der Heirat mehr verwirklicht als nur die Liebe zu Appiani: In ihrem Heiratswunsch erfüllt sie den ihres Vaters, nicht weil dieser ihr den künftigen Ehemann zuweist, sondern weil sie seinen Wunsch so sehr verinnerlicht hat, daß es keiner äußeren Gebote bedarf, um ihrer Liebe das rechte Ziel anzuweisen. Noch als Braut hat Emilia „keine höheren Tugenden als Frömmigkeit und Gehorsam", wie Lessing seinem Bruder Karl im Brief vom 10. 2. 1772 mitteilt.[284] Sie löst sich nicht vom Elternhaus ab, um sich ihrem Ehemann zuwenden zu können, ihre familial geprägte Identität erfährt keine Veränderung, als sie Geliebte wird. Als Braut bleibt sie Tochter, die im Bräutigam die verjüngte Version ihres Vaters liebt. Anders als Sara, die sich gegen den Vater wendet, indem sie sich dem Liebhaber zuwendet, anders aber auch als Luise Miller, deren Liebhaber keineswegs den Wünschen des Vaters entspricht, gibt es bei Emilia keinerlei emotionale Diskrepanzen. Familienliebe, die Liebe der Tochter zum Vater, setzt sich bruchlos fort in der Geschlechterliebe, der Liebe der Frau zum Mann.

Auf emotionaler Ebene reproduziert sie damit nahezu das altständische Muster, nach dem die Heirat Verknüpfungsmodus einer genealogischen Kette ist, die sich in die Zukunft verlängert – dies im deutlichen Kontrast zum Konzept der modernen *Liebesheirat*. Nach diesem beginnt mit jeder Heirat etwas Neues; sie ist im wahrsten Sinne eine Familiengründung und nicht die Reproduktion der tradierten Familienordnung, als deren bloßes Glied und Repräsentant der einzelne fungiert. Emilia hingegen erfüllt die Wünsche ihres Vaters; sie will mit Appiani keine neue eigenständige Familie gründen, sondern die Wertwelt des Vaters festigen, der im auserkorenen Schwiegersohn sein von ihm selbst nicht zu verwirklichendes Ideal sieht. Die patriarchalische Welt Odoardos scheint in den Tälern von Piemont, wohin Appiani und Emilia ziehen wollen, in ihre volle

[284] Siehe Lessing: Briefe von und an Lessing 1770–1776, S. 352.

Wirklichkeit zu treten – gemäß dem Schematismus der Empfindsamkeit, nach dem die wahre Existenz des Menschen allein in der gesellschaftsunbezüglichen Lebensform einer privatistischen Rückzugsmoral gesichert werden kann, die personale Integrität in der Gesellschaft des Hofes und der Stadt hingegen aufs äußerste gefährdet ist.

Appiani und mit ihm Emilia wollen sich diesen Gefahren endgültig entziehen; als zukünftigen Wohnort haben sie die Täler von Piemont ausgewählt – eine Naturidylle, die Odoardo im deutlichen Kontrast zur höfischen Welt der Etikette und des Zeremoniells als Ort einer Autonomie bestimmt, an dem man – dem empfindsamen Diskurs gemäß – in Übereinstimmung mit seinem inneren Wesen authentisch leben kann. Odoardo, bislang zu Kompromissen genötigt, da Frau und Tochter sich nicht seiner Vorstellungswelt fügten und in der Stadt lebten, scheint endlich mit seinem künftigen Schwiegersohn ans Ziel all seiner Wünsche gelangt zu sein. Denn Appiani verwirklicht das hohe Ethos empfindsamer Privatmoral; ihm geht es nicht darum, durch „bücken, schmeicheln und kriechen [. . .] ein Glück zu machen, dessen er nicht bedarf" (II/4, S. 397), er strebt nicht nach einer Ehre, „die für ihn keine wäre" (II/4, S. 397), sondern sein Ziel ist es, „in seinen väterlichen Thälern sich selbst zu leben" (II/4, S. 396).

Einen besseren Schwiegersohn, der all das zu realisieren sucht, was im empfindsamen Diskurs an unverbrüchlichen Werten vorgesehen ist, hätte Odoardo – so glaubt er – gar nicht finden können. Und so ist nicht eigentlich Emilia, sondern er am Morgen des Hochzeitstages der glücklichste Mensch. Sein Lebensziel, die idyllische Existenz fern höfischer Umtriebe und städtischen Gebarens, scheint über die Vermittlung seiner Tochter in seinem Stellvertreter Appiani wahr zu werden; alle seine Ängste und Befürchtungen sind zerstoben. Sie haben ihn bis zu diesem Zeitpunkt zutiefst beunruhigt – nicht, weil er für sich selbst fürchtete, sondern weil er glaubte, Emilia könne in dem kleinen zeitlichen Zwischenraum, in dem sie nicht mehr Tochter in der behütenden Familie und noch nicht Frau in der behütenden Ehe ist, ein Unheil widerfahren. Am liebsten würde er dieses Interim gänzlich eliminieren. Das jedoch macht das Konzept der *Liebesheirat* unmöglich, das der Tochter einräumt, begehrt zu werden und auf dieses Begehren mit einem Begehren zu antworten, das seine Erfüllung an die Heirat bindet. Es muß eine Zeitspanne geben, die es dem potentiellen Ehemann erlaubt, der Tochter emotionell nahe zu kommen. Und es muß einen Ort geben, wo dies möglich ist. Deshalb kann Emilia nicht auf dem Landgut des Vaters leben, verborgen den Blicken der brautsuchenden Männer, sondern sie muß in die Stadt, der Obhut der Mutter überantwortet, damit sie sich als heiratsbereite Frau zeigen kann. Claudia spricht diesen Sachverhalt nachdrücklich aus:

Aber laß mich heute nur ein einziges für diese Stadt, für diese Nähe des Hofes sprechen, die deiner strengen Tugend so verhaßt sind. – Hier, nur hier konnte die Liebe zusammen bringen, was für einander geschaffen war. Hier nur konnte der Graf Emilien finden; und fand sie. (II/4, S. 397)

Odoardo vermag Claudia nicht zu widersprechen. Auch wenn es ihm nicht gefällt, daß Frau und Tochter in der Stadt leben, während er in der Einsamkeit seines Landgutes bleibt, die Notwendigkeit, die Familie kurzfristig nach außen zu öffnen, damit die Tochter zur Braut werden kann, ist unter dem Primat der *Liebesheirat* nicht zu umgehen. Der Schutzraum der Familie muß sich öffnen, die Tochter muß an seinen Rand treten, damit der Bräutigam sie in den neuen Schutzraum der Ehe führen kann, wo die Frau erneut von der Gesellschaft abgeschlossen und auf einen familialen Binnenraum verwiesen wird. Doch auch diese zeitweilige Öffnung der Familie darf nicht ohne Kontrolle der Eltern bleiben. Odoardos erster Auftritt veranschaulicht diese Haltung. Seine prompte Frage, als er hört, Emilia sei in die Kirche gegangen: „Ganz allein?" (II/2, S. 394), zeigt sein patriarchalisches Kontrollbedürfnis überdeutlich; und als seine Frau beschwichtigend einwendet: „Die wenigen Schritte – –" fällt er ihr ins Wort mit einer Bemerkung, die sein Mißtrauen in die Standhaftigkeit seiner Tochter offensichtlich macht: „Einer ist genug zu einem Fehltritt! –" (II/2, S. 394) Odoardo hält seine Tochter für so gefährdet, daß er selbst im unbeaufsichtigten Kirchgang am Hochzeitstag eine Gelegenheit für einen Verführer sieht. Die Unverdächtigkeit der Umstände markiert das Ausmaß seines Mißtrauens.

Für Odoardo ist die Aufsichtspflicht der Eltern gegenüber der heiratsfähigen Tochter unabweisbar. Tieferer Grund dieser Kontrolle ist die Angst vor einer Sexualität, die sich nicht den Ordnungen der Ehe fügt. In Lessings erstem bürgerlichen Trauerspiel *Miß Sara Sampson* kommt der Vater Sir William dieser Pflicht nicht nach; er schützt die Tochter nicht vor dem Verführer Mellefont und macht sich über sein Versagen die bittersten Vorwürfe:

Ich habe selbst den größten Fehler bey diesem Unglücke begangen. Ohne mich würde Sara diesen gefährlichen Mann nicht haben kennen lernen. Ich verstattete ihm, wegen einer Verbindlichkeit, die ich gegen ihn zu haben glaubte, einen allzufreyen Zutritt in meinem Hause. (III/1, S. 299)

Anders als Sir William ist Odoardo viel rigoroser. Für ihn gehört es zu den genuinen Aufgaben der Eltern zu kontrollieren, ob die Bewerber nicht nur vorgeben, Heiratskandidaten zu sein. Die Warnung vor Heiratsschwindlern, die Mahnung zur elterlichen Obacht auf die Jungfräulichkeit gehören zum moralisch-literarischen Kanon der Zeit. Odoardos beständige Angst vor einer vorehelichen Verführung seiner Tochter folgt dem zeitgenössischen Diskurs, der Tugend artikuliert, um Sinnlichkeit zu bannen. Wie sehr diese Angst Ausdruck seines patriarchalischen Selbstverständnisses ist, zeigt seine selbstbezügliche Rede angesichts des hypothetischen Falls, der Liebhaber könne sich als Verführer und nicht als Bräutigam entpuppen:

Ha! wenn ich mir einbilde – Das gerade wäre der Ort, wo *ich* [Hervorhebung von mir] am tödtlichsten zu verwunden bin! – Ein Wollüstling, der bewundert, begehrt. – Claudia! Claudia! der bloße Gedanke setzt mich in Wut. (II/4, S. 398)

Claudias Bericht von der Begegnung des Prinzen mit Emilia im Haus der Grimaldis bestätigt Odoardos väterliche Ängste. Während die Mutter im zuvorkommenden Verhalten des Prinzen den Ausdruck seiner Wertschätzung sieht, wittert der Vater eine Gefahr für die Integrität nicht nur der Tochter, sondern mehr noch seiner selbst. Denn eine Tochter, die ihre Unschuld verloren hat, ohne dafür die Ehe gewonnen zu haben, diskreditiert den Vater, der als Schutzgarant der Familie dafür zu sorgen hat, daß der Übergang in die neue Familie nicht von einem Verführer zerstört wird – ein Fall, dessen tödliche Konsequenzen in *Miß Sara Sampson* entfaltet werden.

Doch scheint Odoardos Befürchtung gegenstandslos zu sein. Die heikle Zwischenphase, in der sich die Familie ein Stück weit zu öffnen hat, damit ein Mann für die Tochter zum Bräutigam werden kann, ist fast überwunden. Nur noch wenige Stunden und die Hochzeit findet statt, die Emilia aus der Gefahrenzone des verführenden Mannes in die Sicherheitszone des schützenden Ehemanns überführt – in die Täler von Piemont, die Odoardo nach dem Muster des Hof-Land-Topos zu einer „Unschuld und Ruhe" (II/4, S. 397) garantierenden, erotisch gefahrlosen Sphäre stilisiert.

Doch es kommt ganz anders: In die behütete Initiation der Tochter zur Ehefrau (als Fahrt in der Kutsche veranschaulicht) interveniert das Begehren des Prinzen. Es setzt die Bürgermoral der Familie einer vernichtenden Probe auf ihre Lebenstauglichkeit aus. Die Reaktionen Emilias und ihres Vaters auf die erotische Annäherung des Prinzen, auf den Überfall, auf die Ermordung Appianis und auf die Versuche, Vater und Tochter zu trennen, ihre Unbeholfenheit und Schwäche bringen die Problematik des neuen Konzepts der *Liebesheirat* zutage, die zwar der Tochter das Recht der Gattenwahl zugesteht, ihr aber keinen Erfahrungsraum außerhalb der Familie einräumt, in dem sie gesellschaftliche und erotische Kompetenz entwickeln könnte. Zweimal ist Emilia vor dem Überfall mit dem Begehren des Prinzen konfrontiert worden, zweimal wußte sie nicht angemessen zu reagieren, vermochte sie nicht, Gefühl und Verstand in die Balance selbstbestimmten Handelns zu bringen. Das erste Mal sind es die Erlebnisse auf der Vegghia im Haus des Kanzlers Grimaldi, die Emilia in völlige Konfusion geraten lassen.

Emilia. [...] Ich kenne das Haus der Grimaldi. Es ist das Haus der Freude. Eine Stunde da, unter den Augen meiner Mutter; – und es erhob sich so mancher Tumult in meiner Seele, den die strengsten Uebungen der Religion kaum in Wochen besänftigen konnten! – Der Religion! Und welcher Religion? (V/7, S. 449)

Von der Begegnung mit dem Prinzen und von ihren Gefühlen spricht Emilia nicht. Zu schließen ist, daß der äußere Glanz, die festliche Stimmung, die aufwendige Garderobe und die „Sprache der Galanterie" (II/6, S. 402), wie die Mutter formuliert, den Tumult ihrer Seele verursacht haben. Denn für Emilia war dies alles ganz ungewohnt; sie kannte nur die schlichte ‚Natürlichkeit' von Kleidern „fliegend und frey" und von Haar „in seinem eignen braunen Glanze; in Locken, wie sie die Natur schlug" (II/7, S. 404). Ihre geplante Hochzeitsfeier in der Abgeschiedenheit des Landgutes im Kreis weniger Freunde könnte in keinem größeren Kontrast zur Vegghia im Haus der Grimaldi stehen. Dieses „Haus der Freude", das Odoardo in seiner Abwehr der höfischen Welt in die Nähe eines Freudenhauses rückt, (V/7, S. 449)[285] entzieht sich den von Emilia in ihrer familialen Sozialisation erworbenen Mustern der Erlebnisverarbeitung. Einzig die Religion steht ihr zur Verfügung – allerdings nicht als Instrument produktiver Bewältigung der zur familialen Lebenswelt konträr stehenden Erlebnisse, sondern als repressives Abwehrtraining (in „strengsten Uebungen"; V/7, S. 449).

Die zweite Begegnung Emilias mit dem Prinzen verläuft für sie nahezu konvulsivisch. Völlig außer sich, von Verfolgungswahn ergriffen, stürzt sie ins Zimmer der Mutter. Claudia gelingt es nur mit Mühe, sie so zu beruhigen, daß sie den Grund ihrer „ängstlichen Verwirrung" (II/6, S. 398) angeben kann. Art und Inhalt ihres Berichts werfen ein bezeichnendes Licht auf ihre durch keinerlei außerfamiliale Sozialbezüge geprägte Rollenidentität als Tochter. In zunehmender, wohlabgestufter Konkretisierung über „etwas", „es", „ihn", „ihn selbst", „den Prinzen" teilt sie der Mutter mit, daß dieser sich ihr in der Kirche auf unschickliche Weise genähert habe. Doch nicht erst die Wahrnehmung des Prinzen, sondern allein schon die mit keiner bestimmten Person verbundene Tatsache einer erotischen Annäherung versetzt sie in äußerste Furcht.[286] Daß sie durch die Situation allerdings in irgendeiner Weise selbst erotisch affiziert ist, signalisiert ihr Bericht an keiner Stelle. Auch der von Odoardo als „eitel" gebrandmarkten Mutter liegt eine solche Annahme völlig fern; sie erwartet geradezu, daß Emilia dem Prinzen ihre äußerste Verachtung gezeigt habe: „Ich will

[285] Wierlacher: Das Haus der Freude, S. 148, hat nachdrücklich darauf hingewiesen, daß Emilia mit den Worten des „Predigers" des Alten Testaments (Ecclesiastes 7, 3–4) mit dem „Haus der Freude" das „Haus der Lebensfreude, der Lebenszugewandtheit, des Lebensgenusses" meint. Erst gegen Ende des 18. Jahrhunderts werde mit dem Ausdruck auch ein Bordell bezeichnet.

[286] Peter Horst Neumann erwägt, ob sich in Emilias Gebrauch des „es" nicht schon Freudsche Fragestellungen abzeichnen. „Bemerkenswert bleibt es wohl doch, daß Lessing durch den Gebrauch des Fürwortes ‚es' den Prinzen als Verkörperung des Eros in die Anonymität verweist und so Emilia das Affiziertsein gerade jenes unterdrückten Triebbereiches aussprechen läßt, für dessen Bezeichnung Sigmund Freud kein besseres Wort hat finden können." Neumann: Der Preis der Mündigkeit, S. 46; ähnlich auch Reh: Die Rettung der Menschlichkeit, S. 210 f.

hoffen, daß du deiner mächtig genug warest, ihm in Einem Blicke alle die Verachtung zu bezeigen, die er verdienet." (II/6, S. 400) Emilia muß dies jedoch verneinen, allerdings nicht, weil eine uneingestandene Zuneigung ihr die geforderte Abweisung unmöglich gemacht hätte, sondern weil sie wie paralysiert war. Unfähig, einen zweiten Blick auf den Prinzen zu werfen, floh sie, wurde aber vom Prinzen in der Halle der Kirche festgehalten und angesprochen. Einzig von dem Gedanken erfüllt, keine Aufmerksamkeit zu erregen, gelangte sie schließlich auf die Straße und nach Hause – mit dem Gefühl, vom Prinzen bis auf die Treppe verfolgt zu werden.

Goethes Vermutung, Emilia liebe den Prinzen, andernfalls „hätte sie ihn ablaufen lassen,"[287] verkennt ihre spezifischen Sozialisationsbedingungen. Als „fromme" und „gehorsame" Tochter hat sie nie die Fähigkeit erworben, mit außerfamilialen Erfahrungen umzugehen.[288] Denn alles Außerfamiliäre wurde ihr als Laster präsentiert, das sie zu meiden habe. Und entsprechend verhält sie sich. Ignorierungsversuche sind die einzige Reaktion auf die Provokation des Prinzen. Dabei zeigt ihre Verwendung des Pronomens „es", daß es nicht seine Person ist, sondern die vom väterlichen Gebot als Laster inkriminierte Leidenschaft, die sie zu ignorieren wünscht.

EMILIA. O daß laute Donner mich verhindert hätten, mehr zu hören! – Es sprach von Schönheit, von Liebe – Es klagte, daß dieser Tag, welcher mein Glück mache, – wenn er es anders mache – sein Unglück auf immer entscheide. – Es beschwor mich – hören mußt' ich dieß alles. Aber ich blickte nicht um; ich wollte thun, als ob ich es nicht hörte. – Was konnt' ich sonst? – Meinen guten Engel bitten, mich mit Taubheit zu schlagen; und wann auch, wann auch auf immer! – Das bat ich; das war das einzige, was ich beten konnte. (II/6, S. 399f.)

Emilias Angst vor der aus dem Familienverband ausgegrenzten Leidenschaft reflektiert nur das väterliche Verbot. Sie resultiert keineswegs aus der Erfahrung, daß ihre Sinnlichkeit mächtiger sei als das Tabu, sondern sie ist das Produkt des Tabus, das die Bedrohlichkeit des Sinnlichen unterstellt. Nur so ist ihre Annahme verständlich, sie habe dem Werben des Prinzen wenigstens insoweit nachgegeben, als sie ihm geantwortet habe (II/6). Daß diese Annahme allein das Produkt ihrer Angst ist, demonstriert der Bericht des Prinzen von seiner Begegnung mit Emilia in der Kirche. Er habe bei ihr nur „sprachlose Bestürzung"

287 Riemer: Mittheilungen über Goethe, zitiert nach Steinmetz (Hrsg.): Lessing – ein unpoetischer Dichter, S. 230.

288 Lessing selbst hingegen kannte das Werk von Baldassare Castiglione: Il Libro del Cortegiano und die in ihm ausgearbeiteten Ratschläge, wie sich eine Frau auf schickliche Weise zur Wehr setzen könne; Castiglione: Das Buch vom Hofmann, S. 302 f.; Muncker: Vorrede, S. XV. Daß er seine Kenntnis nicht Emilia unterlegt, zeigt sein Bestreben, sie als eine ausschließlich familienzentrierte Person zu präsentieren.

(III/5, S. 417) hervorgerufen, seine Werbung sei ein völliger Fehlschlag gewesen:

Mit allen Schmeicheleyen und Betheuerungen konnt' ich ihr auch nicht ein Wort auspressen. Stumm und niedergeschlagen und zitternd stand sie da; wie eine Verbrecherinn, die ihr Todesurtheil höret. (III/3, S. 414)

Fast wie eine programmatische Äußerung Lessings klingt es, wenn Claudia Emilias Erlebnis in der Kirche kommentiert: „Die Furcht hat ihren besondern Sinn, meine Tochter!" (II/6, S. 401) Doch nicht den Lessingschen Sinn der *Furcht* als selbstbezüglichen Mitleids[289] hat Claudia im Auge. Sie legt vielmehr alles darauf an, das Erlebnis nicht zur produktiven Erfahrung für die Tochter werden zu lassen. Ihr ganzes Bemühen ist darauf gerichtet, den Selbstbezug der *Furcht*, die Erfahrungen unterhalb der Schwelle der Rationalität vermittelt,[290] zu eliminieren, indem sie Emilias Erlebnisse verharmlost: „Nimm es für einen Traum, was dir begegnet ist. Auch wird es noch weniger Folgen haben, als ein Traum." (II/6, S. 401) Aber auch das umgekehrte Verfahren wendet Claudia an, um Emilia von der produktiven Verarbeitung ihrer Erfahrung abzuschneiden. Sie depotenziert nicht nur die bedrohliche Wirklichkeit zum Traum, sondern sie verharmlost auch den bedrängenden Traum zur plausiblen Wirklichkeit. Emilia träumte, daß sich die Steine des Geschmeides, welches ihr Appiani schenkte, in lauter Perlen verwandelten, und deutete die Perlen als Tränen. Ihre unheilvollen Ahnungen kurz vor der Heirat werden von der Mutter abgewiesen, indem sie dem Traum einen planen Realitätsgehalt unterschiebt: „Kind! Die Bedeutung ist träumerischer, als der Traum. – Warest du nicht von je her eine grössere Liebhaberinn von Perlen, als von Steinen?" (II/7, S. 404)[291]

[289] Siehe dazu die zentralen Passagen Lessings zum Verhältnis von *Furcht* und *Mitleid* im 74. bis 78. Stück der *Hamburgischen Dramaturgie*. Lessing hatte die Worte Claudias allerdings zunächst Emilia in den Mund gelegt, jedoch auf Anraten des Bruders, der einen Abschreibfehler vermutete (Brief von Karl Lessing vom 3. 2. 1772; Briefe von und an Lessing 1770–1776, S. 344), sie dann als Aussage Claudias gekennzeichnet: „Die Stelle [...] *Die Furcht hat ihren besondern Sinn*; muß ich Dir gestehen, ist, so wie sie ist, zwar kein Fehler des Abschreibers. Doch laß ich mir Deine Veränderung gefallen. Im Grunde soll es gar keine besondere tiefe Anmerkung sein, welche Emilia freilich in ihrer Verfassung nicht machen könnte; sondern sie soll bloß damit sagen wollen, daß sie nun wohl sehe, die Furcht habe sie getäuscht. Aber freilich, der Ausdruck ist ein wenig zu gesucht. Wenn es der Claudia in den Mund gelegt wird, so laß hinter das Wort *Sinn* nur einen Strich (–) setzen, daß es mit dem Folgenden nicht zusammen ausgesprochen wird." (Lessing an Karl am 10. 2. 1772; ebd., S. 351)

[290] Siehe dazu Vf.: Das Besondere und das Allgemeine, bes. S. 273 ff.

[291] Lessing selbst weist in einer brieflichen Mitteilung vom 10. 2. 1772 an seinen Bruder Karl darauf hin, daß Claudia Emilias Traum nur rational deute, darüber hinaus aber ein unaufgelöster Rest bei Emilia bleibe. „Emilia glaubt nicht an den Traum; sondern

In doppelter Weise wirken die Eltern an dem Gewebe, das Emilia von außerfamilialen Erfahrungen abschirmt: der Vater durch Kontrolle und die Mutter durch Verharmlosung. Da Emilia auf diese Weise alle außerfamilialen Erfahrungen verwehrt sind, kann sie ein positives Selbstbild nur als Familienangehörige gewinnen, indem sie sich nach Maßgabe der an sie herangetragenen Erwartungen der Eltern verhält. Gemäß dieser normativen Verhaltenserwartungen wehrt Emilia alles ab, was die Familienordnung stören könnte, und befolgt nur, was dieser zuträglich ist. Sie unterwirft sich dem Rat der Mutter, um Dissonanzen mit dem Vater und dem zukünftigen Ehemann zu vermeiden; sie akzeptiert die Deutungen der Mutter, um Dissonanzen mit sich selbst zu vermeiden; und sie realisiert in ihrer Liebe zu Appiani das väterliche Gebot, um Dissonanzen mit dem familialen Wertsystem zu vermeiden. Bis zum Hochzeitstag greifen diese familienstabilisierenden Mechanismen – das Begehren des Prinzen scheint eine vorübergegangene Gefahr zu sein –, doch durch den Überfall werden sie außer Kraft gesetzt. Gewaltsam wird Emilia aus dem Schutzraum der Familie herausgerissen. Der kurzgeschlossene, durch Kontrolle und Mißtrauen flankierte Weg in den doppelten Schutzraum von Ehe und weltabgewandter Idylle ist mit der Ermordung des Bräutigams definitiv zerstört – Emilia befindet sich auf dem Lustschloß zu Dosalo, fern der Sphäre, die ihr bislang Sicherheit im Erleben und Handeln garantierte.

Doch dann trifft Odoardo auf dem Lustschloß ein, und der Zuschauer erwartet, er werde Emilia aus der Gewalt des Prinzen befreien, um sie wieder seiner Obhut zu unterstellen. Einiges spricht sogar dafür, daß er das Verbrechen des Prinzen ahnden wird. Orsina, die ehemalige Mätresse, stachelt ihn auf, indem ihre Worte zielgenau den Punkt treffen, um den Odoardos Sorgen im Hinblick auf die Tochter beständig kreisen – ihre sexuelle Unberührtheit: „Des Morgens, sprach der Prinz Ihre Tochter in der Messe; des Nachmittags, hat er sie auf seinem Lust – Lustschlosse." (IV/7, S. 435) Als Orsina Odoardo dann noch einen Dolch überreicht, ist für den Zuschauer der weitere Gang des Geschehens vorgezeichnet: Der Vater wird die Tochter nicht nur aus den Händen ihres Entführers befreien, sondern er wird auch den Mord an Appiani rächen und sich so als der erweisen, als den ihn das Dramengeschehen bislang gezeigt hat – als Vertreter einer rigoristischen Moral, die sich strikt gegenüber der zur Inkarnation des Lasters erhobenen Sphäre des Hofes zu behaupten weiß.

Doch wiederum – ähnlich wie in Lessings Dramen *Miß Sara Sampson* und *Minna von Barnhelm* – entspricht das Geschehen nicht der dramatisch aufge-

sie erkennt mit ihrer Mutter den Traum für sehr natürlich: wegen ihres größern Geschmacks an Perlen als an Steinen. Aber, ob sie schon nicht an den Traum als Vorbedeutung glaubt: so darf er doch gar wohl sonst Eindrücke auf sie machen." (Briefe von und an Lessing 1770–1776, S. 352)

bauten Zuschauererwartung. Ist der Überfall, der Emilias zunächst problemfrei erscheinenden Übergang aus der Herkunfts- in die Zeugungsfamilie abrupt zerstört, noch als kontingentes Faktum anzusehen, so wirft der Fortgang des Geschehens ein bezeichnendes Licht auf die Geltungsschwäche einer privatistischen Moral, die in Abwehrreflexen und Abgrenzungswünschen ihre Unfähigkeit reflektiert, sich sowohl mit der inneren als auch mit der äußeren Natur des Menschen produktiv auseinanderzusetzen. Die zeitgenössische Moralkonzeption der Weltabgewandtheit, die Odoardo repräsentiert und Appiani realisieren wollte, will beide Bereiche – den der inneren und der äußeren menschlichen Natur – entschärfen: in der Ehe und in der Idylle. Doch dieses Programm potenziert geradezu die Kraft des Ausgegrenzten, des Eros und der Gesellschaft; nur was ausgegrenzt wird, kann einbrechen. Das ist die ideologische Implikation des Überfalls, der die Tochter aus dem patriarchalischen Behütungs- und Aufsichtsraum herausreißt. Als bleibende Abhängigkeit der Moral von dem, was sie inkriminiert, offenbart sie sich in Odoardos Verhalten auf dem Lustschloß. Dort wird er hingehalten und mehrfach alleine zurückgelassen – Augenblicke, in denen seine Selbstgespräche ein bezeichnendes Licht auf seine psychische Disposition werfen.

Seine Monologkette beginnt, nachdem Orsina ihn mit einer gezielten Redestrategie affektiv zur Ermordung des Prinzen aufgestachelt hat.[292] Odoardos Räsonnement im ersten Monolog (V/2, S. 439f.) neutralisiert jedoch diesen Handlungsimpuls, indem er die Tugend mit dem Erleiden und das Laster mit dem Handeln koppelt. Nach seiner handlungsdispensierenden Frage: „Was hat die gekränkte Tugend mit der Rache des Lasters zu schaffen?" (V/2, S. 440), kompensiert er seine Passivität durch eine entlastende Bestrafungsphantasie, in der das schlechte Gewissen den Prinzen quält. Unfähig zur Aktion, entwirft er eine Phantasiewelt, in der er befehlen kann, was der Traum dem Prinzen antun soll.

> ODOARDO. Wenn nun bald ihn Sättigung und Eckel von Lüsten zu Lüsten treiben; so vergälle die Erinnerung, diese eine Lust nicht gebüßet zu haben, ihm den Genuß aller! In jedem Traume führe der blutige Bräutigam ihm die Braut vor das Bette; und wann er dennoch den wollüstigen Arm nach ihr ausstreckt: so höre er plötzlich das Hohngelächter der Hölle, und erwache! (V/2, S. 440)

Der zweite Monolog, der von der Ankündigung Marinellis, die Tochter müsse nach Guastalla gebracht werden, ausgelöst wird, erweist Odoardo zunehmend als handlungsohnmächtigen Untertanen. Hatte er sich im ersten Monolog noch in der Irrealität des Tagtraumes eine Handlungsvollmacht ausgestellt, so ist er jetzt sogar prinzipiell bereit, sich dem Spruch des Prinzen zu unterwerfen. Zwar

[292] Zur Analyse dieser Redestrategie siehe Schröder: Gotthold Ephraim Lessing. Sprache und Drama, S. 191–198.

unterliegt er auch in diesem Selbstgespräch zunächst einem affektbestimmten Handlungsimpuls, aber wiederum kämpft sein „Verstand" diesen nieder.

Mit dir will ich es wohl aufnehmen. Wer kein Gesetz achtet, ist eben so mächtig, als wer kein Gesetz hat. Das weißt du nicht? Komm an! komm an! – Aber, sieh da! Schon wieder; schon wieder rennet der Zorn mit dem Verstande davon. (V/4, S. 441)

Zunächst suspendiert er für sich die absolutistische Staatsordnung, indem er Gesetzessouveränität mit Gesetzesmißachtung gleichsetzt und daraufhin dem Prinzen den Kampf ansagt. Doch mit den Kategorien stoizistischer Affektkontrolle definiert er sein politisches Aufbegehren in ein psychologisches Problem um, schneidet damit den Weg zur Praxis ab und unterwirft sich den Gegebenheiten. Seine spontane In-Frage-Stellung des Rechtsverhältnisses zwischen Fürst und Untertan weicht der Willfährigkeit, die den Rechtsspruch Hettores abwartet und so die diskreditierte Rechtsordnung wieder akzeptiert. Die Haltung, die Odoardo einnimmt, als der Prinz ihm gegenübertritt, ratifiziert dann nur noch seine vorweg schon vollzogene Unterwerfung.[293] Er reagiert nicht als einer, der mit dem Mörder seines innig geliebten Schwiegersohnes konfrontiert wird, sondern als Untertan, wenn er auf die leutselige Begrüßung Hettore Gonzagas hin diesen mit „gnädiger Herr" anredet und „Selbst itzt [. . .] um Verzeihung" (V/5, S. 442) bittet. Noch in seinem höhnisch-triumphierenden „Nun, mein Herr?" (V/5, S. 443), mit dem er Marinelli zu verstehen gibt, dieser habe zu Unrecht behauptet, Emilia werde nach Guastalla gebracht, artikuliert sich bloß die Genugtuung eines Untertans, dem der Fürst die Verfügungsgewalt über die eigene Tochter belassen hat – ein Triumph, der die Souveränität des Fürsten affirmiert.

Doch Odoardos Genugtuung ist von kurzer Dauer. Denn die auf das Interesse des Prinzen, Emilia von ihrer Familie abzusondern, gerichtete intrigante Redeführung Marinellis, in die Hettore Gonzaga sogleich einstimmt, verschafft dem Begehren des Herrschers eine juristische Scheinlegitimation. Emilia soll zum Zwecke des Verhörs in „besondere Verwahrung" (V/5, S. 445) genommen werden. Erst diese Provokation seines patriarchalischen Selbstverständnisses läßt Odoardo voller Empörung zum Dolch greifen, um den Prinzen umzubringen. Doch sein spontaner Handlungsimpuls wird durch die herrschaftlich-leutselige Beschwichtigung Hettores sofort paralysiert: „DER PRINZ. (*schmeichelhaft auf ihn zutretend*) Fassen Sie sich, lieber Galotti –" (V/5, S. 445) Odoardo läßt sich die Rolle des aufbrausenden Kindes zuschreiben und beruhigt

[293] Diese Unfähigkeit, im Umgang mit höhergestellten Personen verhaltenssicher aufzutreten, hat Garve für das Bürgertum insgesamt konstatiert und sie als das „bürgerliche Air" bezeichnet: „Die Verlegenheit, im Umgang mit Höhern, ist das Charakteristische bürgerlicher Sitten." Garve: Ueber die Maxime Rochefoucaults, S. [641].

sich: „ODOARDO. (*bey Seite, indem er die Hand leer wieder heraus zieht*) Das sprach sein Engel!" (V/5, S. 445) Während Odoardo dann – alleingelassen im Saal des Lustschlosses – auf die Ankunft Emilias wartet, verfällt er in resignativen Sarkasmus. Fast will es scheinen, als beherzige er das Bonmot der Orsina: „wer über gewisse Dinge den Verstand nicht verlieret, der hat keinen zu verlieren." (IV/7, S. 434) Des Verstandes aber bleibt er nur allzu mächtig. Denn genau wie in seinen beiden vorangegangenen Monologen setzt auch diesmal an der Schwelle vom Handlungsimpuls zur Handlung die rationale Selbstkontrolle ein und verhindert sein Eingreifen.[294] An die Stelle der Bestrafungs- und Machtphantasien tritt jetzt eine Rettungsphantasie, durch die sich Odoardo von seiner väterlichen Pflicht suspendiert, die Tochter zu beschützen. Seine eigene Ohnmacht kompensiert er durch die Allmacht Gottes, dem er die Rettungstat zuweist, während er selbst fliehen will.

ODOARDO. Fort, fort! Ich will sie nicht erwarten. Nein! – (*gegen den Himmel*) Wer sie unschuldig in diesen Abgrund gestürzt hat, der ziehe sie wieder heraus. Was braucht er meine Hand dazu? Fort! (V/6, S. 446 f.)

In diesem Moment tritt Emilia auf. Sie weiß nichts von der Absicht Odoardos, sich heimlich davonzumachen und ihr Schicksal Gott – in Wirklichkeit also dem Prinzen – zu überlassen. Sie registriert nur die Unruhe ihres Vaters, die in einem auffälligen Kontrast zu ihrer Ruhe steht. Sie kennt den gesamten Hintergrund des arrangierten Überfalls, und ihr Wille ist einzig darauf gerichtet, mit dem Vater aus dem Machtbereich des Prinzen zu fliehen: „Lassen Sie uns fliehen, mein Vater!" (V/7, S. 447), fordert sie ihn inständig auf. Die Grenze ist nicht weit;[295] und so charakterisiert das resignative Abwinken des Vaters mehr dessen Psyche als die reale Situation: „Fliehen? – Was hätt' es dann für Noth? – Du bist, du bleibst in den Händen deines Räubers." (V/7, S. 447) Die objektive Ausweglosigkeit aber, die das abwehrende Argument des Vaters behauptet, spiegelt nur seine psychische Desorientierung. Was der Zuschauer bereits weiß und was sich Emilia höchstens in der Unruhe Odoardos andeutete, wird für sie in diesem Moment zur unabweisbaren Erfahrung. Ihr Vater, Vertreter einer weltabgewandten Moralität, die – wie es die Doktrin der Empfindsamkeit will – ihren Ort einzig in der Familie hat, versagt angesichts einer höfischen Welt, gegen deren Intrigenspiel mit Moralität nichts auszurichten ist. Moral und Politik, aufrichtige Gesin-

[294] Ganz anders interpretiert Kommerell die Funktion des Verstandes, wenn er Odoardos tragischen Fehler darin sieht, daß dieser „sich seine Besonnenheit in jeder schwierigen Lage verdunkeln läßt". Kommerell: Lessing und Aristoteles, S. 128 f.

[295] Angelo, einer der Bedienten, macht deutlich, daß durchaus eine Möglichkeit besteht, aus dem Machtbereich des Prinzen zu fliehen, da die Grenze in wenigen Stunden zu erreichen ist. Gegen Mittag war der Überfall, und der Bediente will noch am gleichen Tag über die Grenze. (III/2, S. 413)

nung und raffiniertes Handeln lassen sich nicht zusammenfügen. Das Drama widerspricht dem Programm des *redlichen Mannes am Hofe*, das es in Camillo Rota aufruft, und das der gleichnamige Roman von Johann Michael von Loen vertritt. Odoardo ist handlungsunfähig und erfüllt nicht die ihm als Vater obliegende Aufgabe, seine Tochter zu schützen. Der Auflösung seiner Familie setzt er nichts entgegen, sondern nimmt es als unabwendbar hin, daß Emilia von ihren Eltern getrennt und der Macht des Prinzen unterstellt werden soll. Damit aber versagt Odoardo als Schutzgarant seiner Familie. Ganz folgerichtig stellt Emilia daraufhin nachdrücklich seine Rolle als Vater in Frage: „Ich allein in seinen Händen? – Nimmermehr, mein Vater. – Oder Sie sind nicht mein Vater." (V/7, S. 448)

Bislang war Emilia die „fromme" und „gehorsame" Tochter; doch plötzlich muß sie erfahren, daß der Vater sich nicht komplementär zu ihrer Tochterrolle verhält. Denn ihre Frömmigkeit und ihr Gehorsam reflektieren eine väterliche Macht, die sie vor den Übergriffen einer als lasterhaft deklarierten Welt schützt. Doch diese Macht wird von ihrem Vater nicht realisiert. Emilia signalisiert ihm daraufhin, daß sie seine Willfährigkeit nicht zu akzeptieren bereit ist: „Gut, lassen Sie mich nur; lassen Sie mich nur. – Ich will doch sehn, wer mich hält, – wer mich zwingt, – wer der Mensch ist, der einen Menschen zwingen kann." (V/7, S. 448) Kritisiert Emilia dann im weiteren Verlauf der Auseinandersetzung die väterliche Gleichsetzung von Ruhe und Passivität mit einer rhetorischen Frage als unannehmbar („Aber was nennen sie ruhig seyn? Die Hände in den Schooß legen? Leiden, was man nicht sollte? Dulden, was man nicht dürfte?" V/7, S. 448), so stuft sie danach das von Odoardo als Faktizität akzeptierte Geschehen in den Rang einer bloßen Möglichkeit zurück, dem Widerstand zu leisten sei.

ODOARDO. [...] Denke nur: unter dem Vorwande einer gerichtlichen Untersuchung, – o des höllischen Gauckelspieles! – reißt er dich aus unsern Armen, und bringt dich zur Grimaldi.

EMILIA. Reißt mich? bringt mich? – Will mich reißen; will mich bringen: will! will! – Als ob wir, wir keinen Willen hätten, mein Vater! (V/7, S. 448)

Die an den Vater gebundene Familienordnung, die diesem die Handlungsvorschrift und ihr die Befolgung der Handlungsanweisung zuschreibt, ist für Emilia gestört. Um sie zu restituieren, verkehrt sie das Verhältnis zwischen Vater und Tochter in sein Gegenteil: Sie versucht ihren Willen im suggestiven „als ob wir, wir keinen Willen hätten, mein Vater" auch zu dem seinen zu machen. Im verdoppelten „wir" beschwört sie eine Gemeinsamkeit, die wieder durch seine Autorität bestimmt sein soll.

Emilias geradezu emphatisches Bemühen, den Vater wieder in die von ihm preisgegebene Position des handlungsmächtigen Familienoberhaupts einzusetzen, verweist auf die Erschütterung ihrer töchterlichen Rollenidentität dadurch, daß sich ihr Vater als patriarchale Schutzmacht auflöst. Diese Erschütterung bewirkt aber gerade nicht, daß Emilia sich als von ihrem Tochterdasein unabhängiges Selbst erfährt, sondern folgt nur den Implikationen der Familienordnung, die mit der Notwendigkeit des väterlichen Schutzes zugleich die Wehrlosigkeit der Tochter gegenüber der Außenwelt behauptet und den Wegfall des Vaters als Schutzgaranten mit der Angst assoziiert, dieser feindseligen Welt nicht standhalten zu können. Dies ist der Hintergrund, der Emilias für viele so erstaunliche Ausspruch, sie sei verführbar, konturiert: „Ich habe Blut, mein Vater; so jugendliches, so warmes Blut, als eine. Auch meine Sinne, sind Sinne. Ich stehe für nichts. Ich bin für nichts gut" (V/7, S. 448 f.).[296] Man hat versucht, Emilias Selbstbekundung durch die Annahme zu rechtfertigen, hier artikuliere sie ihr Recht auf sinnlich-erotische Liebe.[297] Manche – wie z. B. Goethe – unterstellen sogar, daß Emilia den Prinzen heimlich liebe, sich und dem Vater diese Liebe aber nicht eingestehen könne und deshalb den Tod als Schutz vor der eigenen Sinnlichkeit suche. Nur so könne sie deren Erfüllung, die mit ihren Tugendvorstellungen nicht vereinbar sei, verhindern. Denn „wenn sie ihn liebe, müsse sie sogar zuletzt lieber fordern zu sterben, um jenes Haus zu vermeiden"[298]. Ich gehe hingegen davon aus, daß Emilias Rede von ihrer Sinnlichkeit sich nicht unmittelbar aus ihrer affektiven Reaktion auf den Prinzen ableitet, sondern über ihre Sozialisation vermittelt ist. Diese läßt sie gerade in der Lage, in der sie sich befindet, ihre Sinnlichkeit imaginativ erfahren. Damit soll ihr das „jugendliche, so warme Blut" (V/7, S. 448 f.), von dem sie spricht, nicht abgesprochen werden, sondern es soll aufgewiesen werden, wie der Geschehenszusammenhang des Dramas motiviert, daß Emilia in einer Situation, die durch Überfall, Mord und Gewahrsam gekennzeichnet ist, auf für viele überraschende Weise Sinnlichkeit als Möglichkeit ihres Selbst antizipiert.

Um das zu klären, muß ein kurzer Blick auf Emilias Sozialisation geworfen werden; zunächst besaß sie als Tochter im umfriedeten, von der großen Welt abgegrenzten Bereich der Familie eine Sicherheit des Erlebens und Handelns, die vom Vater garantiert wurde. Und noch als Braut blieb sie Tochter, die in ihrer Liebe zu Appiani die Wunschwelt ihres Vaters zum eigenen Wollen machte. Über den Tugendrigorismus ihres Vaters wurde ihr dabei vermittelt, daß allein in Ehe und Familie eine moralische Existenz zu führen sei – außerhalb dieser

[296] Schon zeitgenössische Rezensenten waren mehr als irritiert über Emilias Bekenntnis zur Verführbarkeit; siehe z. B. Johann Jakob Engel: Briefe über *Emilia Galotti*, abgedr. in Steinmetz (Hrsg.): Lessing – ein unpoetischer Dichter, S. 102–104; Matthias Claudius: Über *Emilia Galotti*, Auszug, ebd., S. 88 f.

[297] So z. B. Mauser: „Ich stehe für nichts", S. 184 f.

[298] Goethe, aus: Friedrich Wilhelm Riemer: Mittheilungen über Goethe, zitiert nach Steinmetz (Hrsg.): Lessing – ein unpoetischer Dichter, S. 231.

Sphäre hingegen herrsche das Laster, so daß selbst noch der Weg in die Kirche, wie Odoardo forderte, durch Begleitpersonen abzuschirmen sei (II/2, S. 394). Jede Begegnung außerhalb der Familie – so die implizite Botschaft ihrer Erziehung – sei von Sinnlichkeit und Verführung bedroht. Dadurch nun, daß Odoardo als Beschützer der Tochter versagt und sich so die von ihm markierte Grenze zwischen der tugendhaften Familie und der von ihm als lasterhaft deklarierten Welt auflöst, fühlt sich Emilia hilflos den Verlockungen der Welt ausgesetzt. In der Rede von ihrer Verführbarkeit artikuliert sie somit die Erfahrung einer Tochter, die den Schutzraum der Familie, die – nach zeitgenössischem Verständnis – Sinnlichkeit nur als eheliche Liebe zuläßt und in dieser Funktionalisierung entschärft, verlassen mußte und sich dem von Odoardo zum Hort des Lasters deklarierten fremden Raum der Außenwelt ausgesetzt sieht. Der Verlust der patriarchalen Kontrollinstanz, die beanspruchte, sie vor ihrer Sinnlichkeit zu schützen, erzeugt bei ihr den Glauben, sie selbst könne ihre Sinnlichkeit nicht beherrschen. Doch folgt diese Selbsteinschätzung nicht – wie in aller Regel konstatiert – selbstbewußten Erfahrungen mit ihrem Triebleben; sie ist vielmehr Produkt ihrer Phantasien, die eine Erziehung reflektieren, die in dem Verlangen, sogar den kürzesten Weg außer Haus nicht unkontrolliert zu lassen, ihr beständig die Unfähigkeit unterstellte, der Welt zu widerstehen. Denn im Akt der Kontrolle wird Emilia nicht nur das Verbot mitgeteilt, sich nicht auf die außerfamiliale Welt einzulassen, sondern es wird ihr zugleich Verführbarkeit durch diese Welt zugeschrieben – hierdurch legitimiert sich das Verbot, das in der vom Konzept der *Liebesheirat* ausgehenden Sorge gründet, der Liebhaber könne sich weigern, zugleich Bräutigam zu sein, und so verhindern, daß die Tochter Ehefrau wird – wie es in *Miß Sara Sampson* szenisch gestaltet ist.

So geht von der Abschirmung vor der Welt eine doppelte Botschaft an Emilia aus: die eine, die besagt, hüte dich vor der Welt, denn diese ist lasterhaft; und die andere, hüte dich vor der Welt, denn du bist verführbar. Als sie den Vater nicht mehr als Beschützer erfährt, tritt die Botschaft ihrer Erziehung in Kraft, ohne den vom Vater konstituierten Schutzraum der Familie sei sie hilflos den Verlokkungen der Welt ausgeliefert. Emilias Rede von ihrer Verführbarkeit artikuliert damit die anerzogene Angst, außerhalb der Familie dem erotischen Begehren nicht standhalten zu können.[299] Da ihr beständig signalisiert wurde, Tugend

[299] Lessing hat an anderer Stelle explizit auf den Zusammenhang zwischen Verführbarkeit und Abschirmung von der Welt hingewiesen, wenn er anläßlich der Aufführung des Stückes *Die Mütterschule* von Nivelle de la Chaussée auf das gleichnamige Stück von Marivaux zu sprechen kommt. Dieser präsentiere „die Geschichte einer Mutter, die ihre Tochter, um ein recht gutes gehorsames Kind an ihr zu haben, in aller Einfalt erziehet, ohne alle Welt und Erfahrung läßt: und wie geht es damit? Wie man leicht erraten kann. Das liebe Mädchen hat ein empfindliches Herz; sie weiß keiner Gefahr auszuwei-

und Familie seien eins und nur als ehelich gebändigte sei Sexualität gefahrlos, reagiert sie folglich ganz konsequent, wenn sie annimmt, daß die Sexualität sie überwältige, sobald die ,Domestizierungsformen' von Familie und Ehe zerbrechen.

Deutlich wird: Lessings Drama vermittelt uns Emilias ,Verführbarkeit' nicht als unabgeleitetes Faktum ihrer Sexualität, sondern als Sozialisationsprodukt einer ängstlich ausgrenzenden Erziehung zur Tugend. Insofern führt das Drama in die Genese zurück, was Emilia als Tatsächlichkeit erfährt, wenn sie glaubt, verführbar zu sein. Ihre Unfähigkeit, dem Prinzen gegenüber verhaltenssicher aufzutreten, den Aufruhr ihres Inneren, den seine Annäherung bei ihr hervorruft, interpretiert sie zwar als Zeichen emotionaler Affiziertheit, aber die Umstände, unter denen sie eine solche Deutung vornimmt, nämlich rückblickend aus dem Gefühl familialer Schutzlosigkeit heraus, verweisen auf soziale Verhältnisse und auf die familial implantierte Wertordnung, die sich der Erfahrung sexueller Attraktion einschreiben. Ihre Verwirrung außerhalb der Familie erscheint Emilia – ganz wie es ihr der Vater in seinen Verboten implizit mitteilte – jetzt, wo sich die väterliche Kontrollinstanz auflöst, die Laster von Tugend zu trennen versprochen hat, als ,Verführbarkeit'. Wenn sie also auf dem Lustschloß davon redet, sie sei verführbar, so nicht, weil sie in der Begegnung mit dem Prinzen ihre Sinnlichkeit entdeckt, sondern weil sie letztlich in ihrem Glauben an die Verführbarkeit genau das realisiert, was ihr in der Erziehung mitgeteilt wurde. Emilias Selbstbekundung ist also nicht das Bekenntnis einer selbstbewußten Frau zu ihrem substantiellen Gefühl, das die Moralität der patriarchalen Ordnung sprengt – ganz im Gegenteil: Es ist eine in Akten der Kontrolle zugewiesene Sinnlichkeit, die Emilia mit dem Wegfall dieser Kontrolle als Gefahr an sich entdeckt. Emilias angstbesetzte Rede von ihrer Verführbarkeit erweist sich als Reflex einer patriarchalischen Machtbeziehung, die der Frau die Unfähigkeit zuweist, dem männlichen Begehren im unbewachten außerfamilialen Raum standzuhalten, und damit geradezu diese Unfähigkeit produziert, nicht nur im faktischen Verhalten der Frau, sondern auch in ihrer Selbsteinschätzung.

Lessing zeigt, wie dieser Mechanismus auf Emilia einwirkt, was er in ihrem Inneren bewirkt, wie sie diesen diagnostiziert und welche Konsequenzen sie daraus zieht – sie inszeniert ihren Tod. Damit ist nicht nur die Frage aufgeworfen: Warum stirbt Emilia Galotti?, sondern auch: Warum stirbt sie auf solch eigentümliche Weise? Beide Fragen versetzen nicht nur Zuschauer, sondern auch Interpreten immer wieder in Unruhe, so daß bislang eine Fülle unter-

chen, weil sie keine Gefahr kennet; sie verliebt sich in den ersten in den besten, ohne Mamma darum zu fragen, und Mamma mag dem Himmel danken, daß es noch so gut abläuft." (Hamburgische Dramaturgie, 21. Stück, S. 284)

schiedlichster Antworten gegeben wurde, die sich wechselseitig häufig genug ausschließen. Emilias Tod ist aber auch über alle Maßen irritierend: Warum bringt ein Vater seine Tochter um, „dem ihre Tugend werter ist, als ihr Leben"? – so Lessing im Brief an Nicolai vom 21. 1. 1758.[300] Zwar kennen wir den Täter, aber unklar bleibt, ob es sich um einen Totschlag im Affekt handelt oder um eine Tötung auf Verlangen, einen verkappten Inzest oder einen verwickelten Fall von Notwehr, ob ein Sühnetod vorliegt und worin dabei die Schuld Emilias liegt. Und weiter wäre zu fragen, ob sie das Opfer der rigoristischen Tugend ihres Vaters wird oder des herrscherlichen Begehrens. All diese Fragen haben bislang keine definitive Antwort gefunden – deshalb bleibt auch ungewiß, wofür ihr Tod eigentlich steht. Ist er ein Zeichen für den Triumph der Tugend über das Laster oder Hinweis auf die Unfähigkeit des Bürgers, seine Tugendhaftigkeit aktiv zu behaupten, ist er als Kritik an privatistischer Moralität oder an höfischer Lasterhaftigkeit zu verstehen? Zum Abschluß einer sich über zweihundert Jahre erstreckenden Debatte, die ihre Brisanz und Intensität aus dem bislang unaufgeklärten Tod einer Tochter empfängt, konstatiert Barner neben anderen:

> Wie viel auch an ‚dialogischer Motivation' vorzufinden ist – sie kann nicht jenes Defizit an pragmatischer Motivierung des von Lessing gewählten Schlusses der *Emilia Galotti* aufwiegen, aus dem das grundsätzliche und wohl kaum zu bewältigende Dilemma jeder Deutung dieses Stückes resultiert.[301]

Trotz dieses fast schon resignativen Resümees soll noch einmal der Versuch unternommen werden, vor dem Hintergrund der aufgewiesenen Sozialisation Emilias die *Art* ihres Todes zu verstehen. Das häufiger profilierte Heroentum ihres Todes ist nicht als Ergebnis ihres plötzlichen und damit unplausiblen Wandels zur „stoischen Heldin" „mit dem Geiste einer Römerin" zu deuten – so Anton von Klein[302] –, sondern als die ihr einzig verbleibende integre Handlungsmöglichkeit in einer ausweglosen Lage: Emilia wurde glauben gemacht, sie könne nur als behütete Tochter und Ehefrau tugendhaft sein; andererseits erfährt sie, daß ihr Vater nicht mehr Garant des familialen Schutzraums ist und daß durch den Tod des Bräutigams der Rückzug in die weltabgeschiedene Idylle nicht mehr möglich ist. Wie löst Emilia das Dilemma, von den patriarchalischen Instanzen abgetrennt zu sein, die ihr die Gefahr der Triebnatur suggerierten, indem sie sich als Sicherungen dagegen herausstellten? Die Antwort lautet: Sie löst es über das spezifische Arrangement ihres Todes, das den Vater wieder zum

[300] Lessing: Briefe von und an Lessing 1743–1770, S. 267.

[301] Barner u. a.: Lessing. Epoche, Werk, Wirkung, S. 211; ähnlich Steinmetz: Emilia Galotti, S. 87 ff.

[302] Anton von Klein: Ueber Lessings Meinung vom heroischen Trauerspiel und über *Emilia Galotti*, zitiert nach Steinmetz (Hrsg.): Lessing – ein unpoetischer Dichter, S. 114–119, S. 118.

Garanten ihrer Tugend werden läßt und sie, in komplementärer Ergänzung dazu, wieder zur „gehorsamen" und „frommen" Tochter, die gegen Sinnlichkeit gesichert ist – diesmal für immer.

Daß ihr Tod ein wirkliches Handeln ist und nicht nur eine Flucht, zeigt sich daran, wie sie ihren Tod initiiert und inszeniert, um das patriarchalische Schutzverhältnis wiederherzustellen. Nicht von ungefähr spielt sie dabei auf die Virginia-Sage an.

EMILIA. [...] (*in einem bittern Tone, während daß sie die Rose zerpflückt*) Ehedem wohl gab es einen Vater, der seine Tochter von der Schande zu retten, ihr den ersten den besten Stahl in das Herz senkte – ihr zum zweyten das Leben gab. Aber alle solche Thaten sind von ehedem! Solcher Väter giebt es keinen mehr! (V/7, S. 449)

Offensichtlich deutet Emilia die von Livius überlieferte Geschichte der Virginia um.[303] Denn dem römischen Vater geht es nicht darum, seine Tochter vor der Schande zu bewahren, sondern vor der konkreten Unfreiheit. Sie soll Sklavin des Appius Claudius werden und damit ihren politisch-rechtlichen Status als Freie verlieren. Deshalb tötet er sie und ruft damit einen Volksaufstand hervor. Dieses Moment tritt für Emilia und Odoardo völlig in den Hintergrund. Weder geht es um die Bewahrung der Freiheit Emilias – Odoardo wäre sogar das höchste Maß an Unfreiheit, ihre Verwahrung „in dem tiefsten Kerker" (V/5, S. 445) gerade recht –, noch geht es um ein direktes politisches Fanal. Denn alles spielt sich in geschlossenen Räumen ab. Es handelt sich um „eine modernisierte, von allem Staatsinteresse befreiete Virginia" – wie Lessing am 1.3.1772 an seinen Bruder Karl schreibt.[304]

Markiert wird damit eine Akzentverlagerung. An die Stelle der Öffentlichkeitssphäre, in der der Konflikt zwischen gesellschaftlichen Schichten die Tötung der Tochter zum Politikum macht, tritt die Privatsphäre eines innerfamilialen Konflikts zwischen Vater und Tochter. Hierin manifestiert sich nicht nur die veränderte politische Realität eines absolutistischen Staatswesens, in dem öffentlicher und privater Bereich nicht mehr direkt aufeinander bezogen sind, sondern auch die damit verbundene Konsequenz der Privatisierung einer familialen Existenz, die abgetrennt ist von der Sphäre der Macht. Die Evokation des historischen Musters fordert zum Vergleich auf und charakterisiert die Lage der Bühnengegenwart durch Kontrast. Ist der römische Vater als unumschränkter Herrscher über die *familia* Inhaber einer *patria potestas*, der seine rechtliche Stellung als Freier korrespondiert, so ist Odoardo der politisch entmündigte Untertan, der sich in der Familie moralisch festigt, angesichts der Übergriffe der Macht jedoch handlungsunfähig ist. Virginius löst sein Selbstverständnis als

303 Zur Quellen- und Stoffgeschichte siehe Lessing: Emilia Galotti. Erläuterungen und Dokumente, S. 27 ff.

304 Lessing: Briefe von und an Lessing 1770–1776, S. 362.

handlungsmächtiges Subjekt durch die Tat ein; Emilia hingegen muß ihren Vater erst zur Tat überreden. Da Odoardos Handlungsohnmacht sowohl sein paternales als auch ihr töchterliches Selbstverständnis diskreditiert, will sie ihn zur Identifikation mit dem historischen Vorbild zwingen. Dieses vertritt für sie das Beziehungsmuster patriarchaler Autorität, das es um jeden Preis zu bewahren gilt – auch um den ihrer Selbstvernichtung. Es geht ihr also nicht um die Rettung ihrer „anatomische[n] Unschuld", wie Ludwig Börne in einer sarkastischen Bemerkung betont,[305] sondern um die Rettung ihrer ideologischen Unschuld als Tochter.

Dies gelingt ihr allerdings nur in der Aufspaltung ihrer Person in eine sinnliche und eine moralische Existenz. Denn die Familienordnung, die Emilia bislang ein Leben frei von den Gefahren unkontrollierter Sinnlichkeit versprach, ist zerfallen. Abgetrennt von den patriarchalen Ordnungen der Affektkontrolle muß der Körper vernichtet werden, damit die Moral überleben kann. Alte, christlich geprägte Vorstellungen von der Abtötung fleischlicher Begierden spielen hinein, und diese religiöse Version nimmt Emilia auf, wenn sie auf das Verhalten der Heiligen hinweist, die in die Fluten sprangen, um den Verlokkungen der Sinnlichkeit zu entgehen (V/7, S. 449).

Diese religiöse Einfärbung der Haltung Emilias verbindet sich mit ihrem Selbstverständnis als Tochter, wenn sie die Tat des Virginius als Zeugungsakt deutet: „– ihr zum zweyten das Leben gab" (V/7, S. 449). Mag man hier durchaus auch einen „Hauch von Inzest"[306] verspüren – bei der frommen Emilia liegt der Bezug auf christliche Glaubensinhalte näher. Im ersten Petrusbrief heißt es, Gott habe die Christen „neu gezeugt zum Leben, auf das wir hoffen dürfen durch die Auferstehung Jesu Christi von den Toten" (1.3). Tod und Wiedergeburt Christi, an denen der Christ durch die Taufe teilhat, sind geläufige christliche Glaubensinhalte. Wenn Emilia diesen Zusammenhang aufruft und ihn zugleich auf ihren Vater überträgt, so tut sie genau das, was schon Sara tat: Sie sakralisiert ihren Vater. Odoardo soll für sie zum allmächtigen Gottvater werden, der ihr im Durchgang durch den Tod „zum zweyten Male das Leben" gibt.

Diese Idealisierung des Vaters im religiösen Vorstellungshorizont reflektiert Emilias erschüttertes Selbstverständnis als patriarchal bestimmte Tochter, die den Verlust des männlichen Schutz- und Kontrollraums kompensiert, indem sie die Allmacht Gottes auf ihren Vater versammelt und ihre Tötung zur Neuzeugung umdeutet. Im Bild des die Tochter umarmenden Vaters und der seine Hand küssenden Tochter wird dann am Ende noch einmal das sakralisierte familiale

[305] Ludwig Börne: *Emilia Galotti* von Lessing, zitiert nach Steinmetz (Hrsg.): Lessing – ein unpoetischer Dichter, S. 247.

[306] Neumann: Der Preis der Mündigkeit, S. 49.

Verhältnis von Schutz und Gehorsam evoziert und zugleich in seinen desaströsen Momenten offenbar: Die schützende, väterliche Umarmung der Tochter ist zugleich tödliche Umarmung. Die von Kontrolle und Mißtrauen geprägte Erziehung, die außerhalb des familialen Schutzraumes nur Laster und Wollust zu sehen vermag, offenbart sich als tödliches Versäumnis; verhindert wird ein verhaltenssicherer Umgang mit der inneren und äußeren Natur des eigenen Menschseins.

Insofern bringt Lessings Drama mit dem „Schicksal einer Tochter, die von ihrem Vater umgebracht wird, dem ihre Tugend werter ist, als ihr Leben", wie Lessing formuliert,[307] nicht ein singuläres Schicksal zur Anschauung. Denn daß Emilia von Odoardo getötet wird, gründet nicht primär in beider unableitbaren individuellen Charaktereigenschaften, sondern in beider überindividuellen Eigenschaften als Tochter und Vater einer Ordnung, die durch Verbot und Kontrolle die außerfamiliale Welt aus ihrer Sphäre ausklammern will und in der Konfrontation mit ihr versagt. Wie viele andere Dramen der Zeit auch entfaltet Lessings Stück einen Problemzusammenhang, der auf den durch das Konzept der *Liebesheirat* krisenhaft gewordenen Übergang von der Herkunfts- in die Zeugungsfamilie fokussiert ist. Anders als viele andere Dramen jedoch reflektiert es die Problematik indirekt; gezeigt wird, was passiert, wenn die durch Übereinstimmung von Vater und künftigem Schwiegersohn hermetisierte Sphäre weltabgewandter Familialität gewaltsam aufgebrochen wird. Emilia, der durch permanente Kontrolle suggeriert wurde, sie sei unmündig, unfähig, den Gefahren der Sinnlichkeit selbstbestimmt zu begegnen, ratifiziert diese Botschaft ihrer Erziehung, indem sie, als der familiale Schutzraum auf dem Lustschloß zusammenbricht, mit dem Hinweis auf ihre Verführbarkeit nur die ihr zugesprochene Unfähigkeit artikuliert, ihre Sinnlichkeit eigenständig zu beherrschen. Und so ruft sie voller Verzweiflung ihren Vater noch einmal dazu auf, das verinnerlichte patriarchalische Bild zu realisieren, sie moralisch gegen die inneren und äußeren Bedrohungen zu sichern – um den Preis des Lebens.

In Emilias Tötung kulminiert eine Thematik, die das Drama in vielen seiner Aspekte zusammenfügt: das spannungsreiche Verhältnis von Sinnlichkeit und Tugend. Die zeitgenössischen Diskurse der Empfindsamkeit haben nachdrücklich darauf hingewiesen, wie das mit dem Konzept der *Liebesheirat* einhergehende Problem der Sinnlichkeit ideologisch zu entschärfen ist. Zwar hat die Heirat auf Liebe zu gründen, diese aber darf erst in der Ehe zur Sexualität werden. Gerade die Frauen haben, so wird ihnen vom zeitgenössischen Schrifttum, das im Motiv der *verführten Unschuld* die unheilvollen Konse-

[307] Brief an Karl Lessing vom 21. 1. 1758, in: Briefe von und an Lessing 1743–1770, S. 267.

quenzen vor Augen führt, als Garanten dafür einzustehen, daß sich die Liebe vor der Ehe von Sexualität frei halte, sich allein als *zärtliche Liebe* äußere. Damit die Frau dies leisten kann, bedarf sie des Schutzraums der Familie, an dem sich alles Begehren des Mannes solange bricht, bis er Ehemann geworden ist und so wieder zum Schutzgaranten der Frau wird, die er im Binnenraum der Familie den Ansprüchen einer amoralischen Sinnlichkeit entzieht. Im Wunschbild der weltabgeschiedenen Idylle, das den alten Topos der Polarität von verderbtem Hofleben und unschuldigem Landleben[308] aufgreift und unter dem Aspekt des Schutzes vor einem „Wollüstling, der bewundert, begehrt" – so Odoardo (II/4, S. 398) – reformuliert, manifestiert sich das Dilemma der *Liebesheirat*, die einerseits der Frau affektive Zuneigung zum Mann vor der Ehe zugestehen muß, auf daß die Liebe erfahren und gelebt werden kann, die ihr aber zugleich Jungfräulichkeit und Unerfahrenheit abverlangt, um dem auswählenden Ehemann dem im Konzept der *Liebesheirat* fest verankerten Anspruch auf Einzigartigkeit zu garantieren.

Lessings Drama entfaltet dieses Dilemma der Frau ideologiekritisch bis zum tödlichen Ende. Damit aber ist das Drama durchaus etwas anderes und mehr „als die alte Römische Geschichte der Virginia in einer modernen Einkleidung", wie Lessing beschwichtigend dem Herzog Karl von Braunschweig mitteilt.[309] Denn was Lessing in der *Hamburgischen Dramaturgie* als Aufgabe des Genies bestimmt, wenn es „in dem Felde der Geschichte arbeitet", hat er selbst geleistet. Er hat „die unnützen Schätze des Gedächtnisses in Nahrungen des Geistes"[310] verwandelt, indem er in Modifikation der römischen Virginia-Sage zeigt, daß die nur mit einer gesellschaftsabgewandten Moralität ausgestatteten Personen unfähig sind, mit den Ansprüchen der äußeren Welt und der inneren Natur handlungsmächtig und selbstbestimmt umzugehen. Das aber ist für die Zuschauer „Nahrung des Geistes", die sie zum Nachdenken nötigt. Denn mit der dramatischen Entfaltung dieses Zusammenhangs unterwirft Lessing ein zentrales Element bürgerlichen Selbstverständnisses den Bedingungen eines fiktional erstellten Szenariums. Die popularphilosophischen Darstellungen der Zeit propagieren nachdrücklich Ehe und Familie als wahre Horte der Tugend, in denen sich Sinnlichkeit in *zärtliche Liebe* transformiert. Nur wer sich strikt gegen die als lasterhaft deklarierte große Welt abgrenzt, ist vor den zerstörerischen Kräften der Leidenschaft gefeit. Deshalb ist, besonders für die Frau, der Weg von der Herkunfts- in die Zeugungsfamilie kurz zu halten und permanent zu kontrollieren. Lessings Drama entfaltet die diesen Vorstellungen inhärente Problematik einer Moralität, die in der familienexternen Sphäre nur das

[308] Zu diesem Topos allgemein siehe Uhlig: Hofkritik; Kiesel: ‚Bei Hof, bei Höll'.

[309] Brief Anfang März 1772, in: Briefe von und an Lessing 1770–1776, S. 365.

[310] Lessing: Hamburgische Dramaturgie, 30. Stück, S. 329.

schlechthin Andere sieht, dem man sich entziehen müsse, indem es die im Konzept der *Liebesheirat* abgeblendete Spannung von Sinnlichkeit und Moralität und die damit einhergehende patriarchale Formierung der Frau bis in die Konsequenz des Todes treibt.

5.

„So soll sich der Mann alles erlauben, was dem Weibe geziemet? Welches bestimmte die Natur zur Stütze des andern?"
(Lessing)

Zum Verhältnis von Liebe und Recht in Lessings *Minna von Barnhelm*[311]

Die Thematisierung einer Sphäre des Privaten, in der sich die Protagonisten im Widerspiel von Normen und Wünschen, im Interferenzraum äußerer Zwänge und innerer Widersprüche bewegen, zugespitzt auf den Übergang der Töchter von der Herkunfts- in die Zeugungsfamilie, findet sich nicht nur in Lessings bürgerlichen Trauerspielen *Miß Sara Sampson* und *Emilia Galotti*. Schon in einer seiner frühen Komödien, die noch weitgehend dem Schema der sächsischen Typenkomödie verpflichtet sind, macht Lessing deutlich, daß sich Liebe und Ehe keineswegs den Ordnungsgeboten zeitgenössischer Moralphilosophie fügen. In Lessings *Freigeist* (1749)[312] kalkuliert der Vater Lisidor bei der Verheiratung seiner Töchter so, wie es der Rationalismus der Frühaufklärung will: Er prüft die Gemütsübereinstimmung zwischen seinen Töchtern und den ins Auge gefaßten künftigen Schwiegersöhnen und kommt zu dem vernünftigen Schluß: Die unbekümmerte Henriette soll den weltzugewandten Freigeist Adrast bekommen und die religiöse Juliane den ruhigen Geistlichen Theophan.

LISIDOR. [...] Die Juliane ist eine geborne Priesterfrau; und Henriette – – in ganz Deutschland muß kein Mädchen zu finden sein, das sich für Ihn, Adrast, besser schickte. Hübsch, munter, fix; sie singt; sie tanzt; sie spielt; kurz, sie ist meine leibhafte Tochter. Juliane dargegen ist die liebe heilige Einfalt. (I/3, S. 371)

Die Zuordnung müßte gemäß den Regeln einer *vernünftigen Liebe*, wie sie in den Traktaten der Zeit nachhaltig propagiert wird, Garantie gelingender Zweisamkeit sein. Die vier so aufeinander Verwiesenen versuchen denn auch, dem väterlichen Vernunftgebot zu gehorchen. Aber gegen alle Einsichten der Vernunft rebelliert die Stimme des Herzens. Die Emotionen folgen nicht den Gesetzen der Rationalität, die Liebe fügt sich nicht der patriarchalen Fürsorglichkeit, sondern stiftet wider jede kalkulierende Einsicht Beziehungen zwischen

311 Mit dem historischen Gehalt des Dramas befaßt sich meine Studie: Liebe und Ehe.

312 Lessing: Freigeist; Stellenangaben direkt im Text.

Adrast und Juliane und zwischen Theophan und Henriette. Theophan berichtet von den merkwürdigen Vorgängen in seinem Inneren:

Ich habe mir Mühe genug gegeben, meine Hochachtung in Liebe zu verwandeln. Aber eben bei dieser Bemühung habe ich Gelegenheit gehabt, es oft sehr deutlich zu merken, daß sich Juliane einen ähnlichen Zwang antue. Sie wollte mich lieben, und liebte mich nicht. Das Herz nimmt keine Gründe an, und will in diesem, wie in andern Stücken, seine Unabhängigkeit von dem Verstande behaupten. Man kann es tyrannisieren, aber nicht zwingen. Und was hilft es, sich selbst zum Märtyrer seiner Überlegungen zu machen, wenn man gewiß weiß, daß man keine Beruhigung dabei finden kann? Ich erbarmte mich also Julianens, – – oder vielmehr, ich erbarmte mich meiner selbst. Ich unterdrückte meine wachsende Neigung gegen eine andre Person nicht länger, und sahe es mit Vernügen, daß auch Juliane zu ohnmächtig oder zu nachsehend war, der ihrigen zu widerstehen. (V/3, S. 434f.)

Der Konflikt scheint vorprogrammiert. Gegen das väterliche Gebot, das den Regeln der *Vernunft* folgt, um eine harmonische Ehe zu stiften, stehen die Emotionen der Heiratskandidaten, die das Glück der Zweisamkeit auf Liebe gründen wollen. Doch es kommt nicht zur Auseinandersetzung. Der Vater entsagt seiner *patria potestas* und gibt in derbem Wohlwollen seinen Segen zu dem, was das *Herz* an Beziehungen gestiftet hat:

Seid ihr aber nicht wunderliches Volk! Ich wollte jedem zu seinem Rocke egales Futter geben; aber ich sehe wohl, euer Geschmack ist bunt. Der Fromme sollte die Fromme, und der Lustige die Lustige haben: nichts; der Fromme will die Lustige, und der Lustige die Fromme. (V/7, S. 443)

Die hinzueilende Großmutter fügt noch eine pädagogische Merkregel an, und die Komödie kommt – der Gattung gemäß – zu ihrem glücklichen Ende.

Das Lustspiel bannt das Konfliktpotential im guten Schluß. Dies gelingt in aller Regel dadurch, daß die Konflikte klein gehalten werden; die Diskrepanzen zwischen Wollen und Sollen, die Widrigkeiten der Verhältnisse, die Borniertheiten der Charaktere, die Problematik von Entscheidungen – all das, was Tragödien zum ausweglosen Konflikt zuspitzen, führen die Komödien zu einer Lösung, die häufig die Heirat zum Siegel stabilisierten Glücks erhebt. Auch in Lessings Komödie *Minna von Barnhelm*[313] scheinen die angespielten Konflikte nicht besonders gravierend zu sein. Denn auch hier wird das Ziel der Heirat nach allerlei Verwicklungen glücklich erreicht.

Die Fabel des Dramas ist schnell erzählt. In einem Wirtshaus hält sich der aus dem Militärdienst entlassene Major von Tellheim auf, vollständig mittellos. Der Wirt hat ihm ein äußerst dürftiges Quartier angewiesen, da er seit mehreren Monaten die Rechnung für die besseren Zimmer zur Straße hin nicht zahlen

313 Lessing: Minna von Barnhelm; Stellenangaben direkt im Text.

kann. Doch obwohl er ohne einen Pfennig dasteht, lehnt er die finanziellen Hilfsangebote seiner ehemaligen Untergebenen, die sie ihm geradezu aufdrängen, strikt ab. Lieber versetzt er sein letztes Wertstück, einen Ring, der ihm ans Herz gewachsen ist, um seine Schulden zu bezahlen und um noch einige Monate sein dürftiges Leben im Gasthaus fristen zu können. Er ist sogar dort noch großzügig, wo er nichts mehr zu verschenken hat, und verzichtet auf Gelder, die ihm rechtmäßig zustehen. Kurze Zeit nach Einsetzen des dramatischen Geschehens kommt dann Minna in eben diesem Gasthof an, nimmt die vormals von Tellheim belegten Zimmer ein, erfährt etwas später, daß der Gesuchte, ihr Verlobter, ebenfalls in diesem Gasthaus wohnt, und ist sofort bereit, seine Schulden zu begleichen und sich in Liebe mit ihm zu verbinden. Somit steht dem glücklichen Ende eigentlich nichts mehr im Wege – und das bereits im ersten Akt.

Doch bei ihrer ersten Begegnung erweist sich Tellheim als äußerst spröde; er will das Eheversprechen, das er Minna gegeben hat, nicht einlösen – dies, obwohl er Minna liebt, wie er auf ihr nachdrückliches Fragen bekennen muß. Die sich zwischen Tellheim und Minna entspinnende Auseinandersetzung kreist dann um den Punkt, ob die Eheverweigerung von Tellheim mit guten Gründen zu rechtfertigen sei, oder ob er aufgrund falscher Wertvorstellungen ein Verhalten an den Tag lege, das den mitmenschlichen Bezug zugunsten eines veräußerlichten Ehrprinzips preisgibt. So empfindet es zumindest Minna. Und deshalb unternimmt sie vieles, um ihn wieder aus dieser Fixierung zu lösen. Zuletzt spinnt sie sogar eine Intrige, indem sie Tellheim glauben macht, sie sei von ihrem Oheim enterbt und verstoßen. Erst diese Intrige, so scheint es, bringt Tellheim dazu, im Akt provozierten Mitleids wieder auf Minna zuzugehen. Doch in einer Art von Rollentausch verweigert jetzt Minna, nachdem Tellheim zuvor durch das königliche Handschreiben rehabilitiert wurde, die Ehe und spielt ihm daraufhin sogar noch in der Ringintrige ihre Entlobung vor. Erst nach allerlei Mißverständnissen und Verwicklungen steht dann zum Schluß, wie es sich für eine Komödie gehört, das glückliche Ende in Form einer Doppelhochzeit unmittelbar bevor.

Die Inhaltsangabe mag den Eindruck erwecken, als entfalte das Drama bei allem Anspielungsreichtum letztlich die Auseinandersetzung zwischen zwei Charakteren unterschiedlicher Wertorientierung, als gehe es um den Widerstreit zwischen dem äußeren Aspekt der *Ehre* und dem inneren des *Herzens*, wobei am Ende die Liebe dank der bis zur Raffinesse gehenden Klugheit Minnas über alle inneren und äußeren Verhärtungen Tellheims triumphiert. Es siegt die Liebe über die Ordnungsgebote der Gesellschaft, und besiegelt wird dieser Sieg gattungsgemäß mit der Hochzeit. So wenigstens ist Lessings Drama häufig verstanden worden – als ein hochdifferenziertes Kommunikationsspiel zwischen zwei Menschen, die sich im Widerspiel von

Annäherung und Abweisung am Ende ihrer Liebe im Gleichheitszeichen des *Herzens* gewiß werden und so die Asymmetrie der Geschlechter überwinden.

Daß das Drama mehr reflektiert als nur individualpsychologisch zu fassende charakterologische Haltungen, ist nicht sofort zu erkennen angesichts des komplexen Geschehens und seiner Informationsstruktur, die erst im 6. Auftritt des 4. Aufzugs Tellheims wahre Motive preisgibt.[314] Erst wenn diese Motive in ihrer historischen Plausibilität erarbeitet und als „verborgne Organisation"[315] des Dramas aus dem Zusammenhang zeitgeschichtlicher Elemente ermittelt werden, zeigt sich, daß Lessings Komödie eine Problematik entfaltet, die dem Konzept der *Liebesheirat* inhärent ist. Es geht um den Doppelaspekt der Ehe, die als Liebesgemeinschaft die emotionale Gleichheit der Liebenden postuliert und als rechtliche Institution die soziale Ungleichheit der Geschlechter fortsetzt. Lessings Komödie thematisiert den Widerstreit zwischen dem äußeren und inneren Aspekt der *Liebesheirat* in charakterologischer Vermittlung. Allerdings muß der die personalen Umstände modellierende zeitgenössische Gehalt von Lessings Drama als konstitutiv für seinen Bedeutungsaufbau erkannt werden; andernfalls erschließt sich das prekäre Verhältnis zwischen dem Gleichheitsanspruch, den Ehe als Liebesbeziehung erhebt, und der Ungleichheitspraxis, die sie als Rechtsinstitution betreibt, nicht als das Konfliktzentrum des Dramas.

Zunächst scheint es allerdings einfach nur um die emotionale Erziehung Tellheims durch Minnas gewitzte Zuwendung zu gehen. Etliche Elemente des Dramas aber fügen sich dieser schlichten Erklärung nicht, machen stutzig und lenken den Blick auf den inneren Handlungszusammenhang und somit auf tieferliegende Bedeutungsschichten des Dramas. So erstaunt man, daß Tellheim noch über ein halbes Jahr nach Kriegsende in einem Gasthaus in Berlin untätig herumsitzt, obwohl er gänzlich mittellos ist und als entlassener Soldat auch keinerlei Aufgaben mehr zu erfüllen hat. Warum kehrt er nicht zu seinen Anverwandten nach Kurland zurück, sondern schickt lediglich seinen Bedienten in den sechs Monaten nach Kriegsende zweimal dorthin (II/6, S. 40)? Warum bleibt er als Nicht-Preuße in Preußen und ist sogar bereit, in ein äußerst dürftiges Quartier umzuziehen, als seine Mittel für ein besseres Quartier nicht mehr reichen? Was hält ihn so sehr in Berlin, daß er Just auf die Suche nach dem billigsten Gasthof in der Stadt schickt (I/10, S. 21)? Warum versetzt er sein letztes Wertstück, einen liebgewonnenen Ring, um noch etwas länger in Berlin müßig gehen zu können? Warum hat er kurz nach Kriegsende nur ein einziges Mal an Minna geschrieben, um ihr mitzuteilen „ich nähere mich der Erfüllung meiner Wünsche" (II/1, S. 30), dies ohne jede nähere Erläuterung? Und warum

[314] Zu Einzelheiten siehe Michelsen: Die Verbergung der Kunst.
[315] Lessing: Hamburgische Dramaturgie, 32. Stück, S. 339.

brach er dann den Kontakt zu ihr ohne Angabe von Gründen und ohne Mitteilung einer Adresse ab?

Dies alles ist erstaunlich genug. Die Verwunderung nimmt noch zu, sieht man, wie sehr sich Tellheim gegen ein Liebesglück sperrt, das er durch die bloße Einwilligung in die Ehe mit Minna sofort realisieren könnte. Minna hat Geld und liebt Tellheim, auch er liebt sie, und eine Heirat würde ihn zugleich aus seiner finanziellen Misere befreien. Trotzdem verweigert er die Ehe, die Minna ihm geradezu aufdrängt. Wie kann jemand so unvernünftig sein und sowohl sein emotionales als auch sein materielles Glück nicht wollen? Das mag der beim Rezipienten provozierte Eindruck sein; dem zeitgenössischen Zuschauer könnte dabei das vertraute Schema der sächsischen Typenkomödie als Antwort in den Sinn gekommen sein, das Unvernunft (Laster) und Unglück in einen moralphilosophischen Zusammenhang bringt.

Doch Lessing spielt diese formgeschichtliche Erklärungsmöglichkeit für Tellheims Verhalten nur an, um sie im Fortgang des dramatischen Geschehens zu dementieren. Denn was im überlieferten Komödienschema zum guten Ende führt – die Überwindung der Unvernunft des Protagonisten –, das ist in Lessings Lustspiel *Minna von Barnhelm* keineswegs der Schlußstein des dramatischen Geschehens. Denn als Tellheim vom vermeintlichen Unglück Minnas erfahren hat und alles daran setzt, die bislang abgelehnte Ehe zu schließen, als also Minnas Intrige ihr Ziel erreicht zu haben scheint, da verweigert plötzlich sie in einer auf den ersten Blick spiegelbildlichen Entsprechung zu Tellheims früherer Haltung die Heirat – mit dem Ergebnis eines tiefen Zerwürfnisses, auf das dann recht abrupt die Hochzeit folgt.

Offensichtlich ist, daß Lessing im Wechselspiel von Ehewunsch und Eheverweigerung ein auf den ersten Blick höchst unplausibles Verhalten der beiden Protagonisten zur Schau stellt. Dies ist um so erstaunlicher, als er nicht erst in seiner kurze Zeit später entstandenen *Hamburgischen Dramaturgie* auf Plausibilität der Haltungen und Kausalität der Handlungsfolge den allergrößten Wert legt. Strikte psychologische Motivation und zwingende Verknüpfung aller Handlungsschritte erhebt er geradezu zum Gütekriterium gelungener Dichtung. Und da soll er ein Werk geschaffen haben, das seinen eigenen Forderungen so kraß widerspricht?

Wenn Lessing so entschieden die Zwangsläufigkeit im Handeln der Protagonisten betont und dabei Charakter und Umstände in ein striktes Bedingungsverhältnis setzt, dann sollte man diesen Zusammenhang ganz genau in den Blick nehmen. Tellheim selbst verweist auf die Zwangsläufigkeit seines Tuns, um Minna sein abweisendes Verhalten zu erklären. Er leide innere Qualen, „seit dem mir Vernunft und Notwendigkeit befehlen, Minna von Barnhelm zu vergessen." (II/9, S. 44) In Minnas Augen quält er sich jedoch ohne gewichtigen Grund; denn was kann zwei Liebende schon daran hindern, sich zu lieben? Doch wenn auch Minnas Wertorientierung Tellheim von vornherein keine echte Rechtfertigungsmöglichkeit einräumt, so versucht er dennoch, sein Verhalten über seine Situation zu rechtfertigen:

Ich bin Tellheim, der verabschiedete, der an seiner Ehre gekränkte, der Kriepel, der Bettler. – Jenem, mein Fräulein, versprachen Sie Sich: wollen Sie diesem Wort halten? – (II/9, S. 45 f.)

Für Minna ist das überhaupt keine Frage. Was Tellheim voller Emphase als die Misere seiner Existenz herausstreicht, das wird von ihr nur spielerisch aufgegriffen, indem sie allein den ökonomischen Aspekt betont, um ihn zur bloßen Marginalie herabzustufen:

Das klingt sehr tragisch! – Doch, mein Herr, bis ich jenen wieder finde, – in die Tellheims bin ich nun einmal vernarret, – dieser wird mir schon aus der Not helfen müssen. – Deine Hand, lieber Bettler! *indem sie ihn bei der Hand ergreift.* (II/9, S. 46)

In den Augen Minnas ist Tellheims Versuch, sein Verhalten zu begründen, kläglich gescheitert. Sie fühlt sich in ihrer Vormeinung bestätigt, daß er nichtigen ökonomischen Dingen zu großen Einfluß auf sein Verhalten einräume. Was Minna an Tellheims Lage allein registriert, ist die finanzielle Misere. Nun kann Armut zwar durchaus ein objektives Ehehindernis sein, da im 18. Jahrhundert die Heirat vielfach an ökonomische Voraussetzungen geknüpft wird; aber angesichts des von Minna so deutlich herausgestellten Reichtums wirkt Tellheims Verhalten überzogen. Es erscheint als hochmütige Weigerung, sich von einer Frau aus finanzieller Misere helfen zu lassen – um so hochmütiger und unangemessener, als es durchaus gesellschaftliche Praxis war, sich durch Heirat mit einer wohlhabenden Frau ökonomisch zu sanieren.

Tellheim allerdings sieht das anders. Seine Umstände ließen ihm nur die Möglichkeit der Entsagung. Deshalb habe er unter großen inneren Qualen den Entschluß zu endgültiger Trennung gefaßt:

Sie nie, nie wieder zu sehen. – Oder doch so entschlossen, so fest entschlossen, – keine Niederträchtigkeit zu begehen, – Sie keine Unbesonnenheit begehen zu lassen – (II/9, S. 46)

Würde Tellheim tatsächlich im Falle der Heirat mit Minna eine „Niederträchtigkeit" begehen, die zu verurteilen wäre? Und wäre Minnas Zustimmung zur Ehe tatsächlich ein Akt der „Unbesonnenheit", der Bedauern nach sich ziehen würde? Für Minna sind das alles Hirngespinste. Die Ehe, die Tellheim in der Perspektive unheilvoller Konsequenzen sieht, betrachtet sie als die Lösung des Problems. Wer aber hat recht? Bislang sicherlich Minna, so der Eindruck nach den ersten beiden Akten. Sie hat Geld und sie liebt ihn; Tellheim hat keines und liebt sie ebenfalls – was ist da selbstverständlicher als eine Ehe, in der die Besitzunterschiede in der Gemeinsamkeit einer Liebesbeziehung aufgehoben sind. Für

Minna ist die Sache klar, und im Gespräch mit ihrer Zofe stellt sie dann auch die entsprechende Diagnose:

Bloß ein wenig zu viel Stolz, Franciska, scheint mir in seiner Aufführung zu sein. Denn auch seiner Geliebten sein Glück nicht wollen zu danken haben, ist Stolz, unverzeihlicher Stolz! (III/12, S. 68)

Doch bevor Minna ihre Diagnose so explizit ausspricht, unternimmt Tellheim noch einmal den Versuch, sein Verhalten ausführlich zu begründen. Im Gespräch mit ihr ist er bislang nicht so recht zu Wort gekommen, auch fühlte er sich mißverstanden, und so wählt er den Brief, um in aller Ausführlichkeit und ohne Gefahr, unterbrochen zu werden, seine Lage schildern zu können. Nachdem der Brief in sechs verschiedenen Szenen erwähnt wurde, tritt er in der sechsten Szene des vierten Aktes endlich ins Zentrum der Auseinandersetzung. Die im Brief niedergelegten Schlüsselinformationen können nun szenisch präsent werden, und so scheint die Auflösung von Tellheims befremdlichem Verhalten unmittelbar bevorzustehen. In seiner Antwort auf Minnas Frage „Was schrieben Sie mir denn, lieber Tellheim?" gibt er zunächst das Thema an, in dessen Horizont sich die Erörterung abspielen wird: „Nichts, als was mir die Ehre befiehlt." (IV/6, S. 80) Mit dem Wort „Ehre" charakterisiert Tellheim den Motivationskern seines Verhaltens und markiert damit zugleich das Zentrum, um das der Dialog in verschiedenen Ansätzen kreisen wird. Der Ausdruck spielte bisher kaum eine Rolle und fällt nun gleich sechzehnmal (einmal in Form von „Ehrenwort"). Um welche Art von Ehre mag es sich bei Tellheim handeln, wenn er mit soviel Insistenz immer wieder davon spricht, er „sei an seiner Ehre gekränkt"? (so in II/9, S. 45 und zweimal in IV/6, S. 80 und 83) Auf Anhieb ist dies keineswegs offensichtlich.

Nach einigem Hin und Her, in dem Minna Tellheim nachzuweisen sucht, daß seine Lage keineswegs so auswegslos sei, wie er sie sieht, daß er im Grunde Nichtigkeiten hochspiele, kommt er endlich dazu, die Verhältnisse, die in seinen Augen für ihn und seine Beziehung zu Minna so unheilvoll sind, ausführlich zu schildern:

v. Tellheim. Sie erinnern Sich, gnädiges Fräulein, daß ich Ordre hatte, in den Ämtern Ihrer Gegend die Kontribution mit der äußersten Strenge bar beizutreiben. Ich wollte mir diese Strenge ersparen, und schoß die fehlende Summe selbst vor. –
Das Fräulein. Ja wohl erinnere ich mich. – Ich liebte Sie um dieser Tat willen, ohne Sie noch gesehen zu haben.
v. Tellheim. Die Stände gaben mir ihren Wechsel, und diesen wollte ich, bei Zeichnung des Friedens, unter die zu ratihabierende Schulden eintragen lassen. Der Wechsel ward für gültig erkannt, aber mir ward das Eigentum desselben streitig gemacht. Man zog spöttisch das Maul, als ich versicherte, die Valute bar hergegeben zu haben. Man erklärte ihn für eine Bestechung, für das Gratial der Stände, weil ich sobald mit ihnen auf die niedrigste Summe einig geworden war, mit der ich mich nur im äußersten Notfall zu be-

gnügen, Vollmacht hatte. So kam der Wechsel aus meinen Händen, und wenn er bezahlt wird, wird er sicherlich nicht an mich bezahlt. – Hierdurch, mein Fräulein, halte ich meine Ehre für gekränkt; nicht durch den Abschied, den ich gefordert haben würde, wenn ich ihn nicht bekommen hätte. – Sie sind ernsthaft, mein Fräulein? Warum lachen Sie nicht? Ha, ha, ha! Ich lache ja. (IV/6, S. 83)

Mit bitterem Sarkasmus reagiert Tellheim auf Minnas Versuche, sein Verhalten in das Licht des Lächerlichen zu tauchen. Er ist fest davon überzeugt, daß ihr nach dieser Schilderung das Lachen im Hals steckenbleiben müßte. Doch woher nimmt er diese Gewißheit? Minna hatte doch unmittelbar zuvor deutlich gezeigt, was davon zu halten sei, wenn Tellheim sich einen „abgedankten, an seiner Ehre gekränkten Officier, einen Kriepel, einen Bettler" (IV/6, S. 80) nennt. Nichts als Übertreibung kann sie hierin sehen; und entsprechend hatte sie seine Selbstcharakterisierung resümiert: „Weil Sie verabschiedet sind, nennen Sie Sich an Ihrer Ehre gekränkt: weil Sie einen Schuß in dem Arme haben, machen Sie Sich zu einem Kriepel" (IV/6, S. 82). Der Effekt ist klar: Wer sich wegen seiner Verabschiedung an der Ehre gekränkt fühlt und sich wegen einer Armverletzung gleich zum Krüppel erklärt, übertreibt und macht sich dadurch lächerlich. Doch Tellheim widerspricht nachdrücklich. Er vermag sein Verhalten keineswegs als lächerlich anzusehen; für ihn ist seine Lage unheilvoll und ohne jede Handlungsalternative. Zunächst weist er Minna darauf hin, daß seine Ehrkränkung keineswegs in dem „Abschied [gründet], den ich gefordert haben würde, wenn ich ihn nicht bekommen hätte" (IV/6, S. 83). Fast schon verzweifelt versucht er ihr einsichtig zu machen, daß sie keineswegs seine „Umstände weit richtiger" (IV/6, S. 82) als er selbst zu beurteilen vermag, daß ihr „Lachen" auf sie zurückfällt, da sie den Ernst seiner Lage verkennt. Zwei Fragen sind es, die sich in diesem Zusammenhang aufdrängen: Worin genau besteht eigentlich Tellheims Lage, die sein eheabweisendes Verhalten begründen und seine verletzte „Ehre" zum verhaltensbestimmenden Motiv machen soll? Und warum kann oder will Minna dies nicht verstehen?

In Einzelheiten stellt sich Tellheims Situation folgendermaßen dar: Er hatte den Befehl bekommen, bei den thüringischen Ständen Sachsens „die Kontribution mit der äußersten Strenge bar beizutreiben" (IV/6, S. 83). Hier wird auf den historischen Tatbestand angespielt, daß Friedrich II. den Siebenjährigen Krieg wesentlich dadurch finanzierte, daß er die besetzten Gebiete zwang, an Preußen Geldzahlungen zu leisten, wobei er seinen Offizieren befahl, das Geld mit brutaler Gewalt einzutreiben. Vor allem das Land Sachsen wurde unnachsichtig geschröpft, die sächsischen Stände an den Rand des ökonomischen Ruins getrieben. Doch Tellheim sah sich nicht in der Lage, die Forderungen durchzusetzen – so die Vorgeschichte des Dramas. Er hatte Mitleid mit den thüringischen Ständen Sachsens, die in ihrem Elend die geforderte Summe nicht vollständig aufbringen konnten, wollte keine Gewalt anwenden, um den Rest des

Geldes doch noch zu bekommen, und „schoß die fehlende Summe selbst vor" (ebd.). Das heißt nun nicht, daß Tellheim die gesamte von Preußen geforderte Kontributionssumme aus eigener Tasche zahlte, sondern daß er den Ständen den Differenzbetrag zwischen der „niedrigste[n] Summe [...], mit der ich mich nur im äußersten Notfall zu begnügen, Vollmacht hatte" (ebd.), und dem von ihnen tatsächlich aufgebrachten Geldbetrag lieh – nämlich genau 2000 Pistolen. Die Stände gaben ihm daraufhin einen Wechsel über diesen Betrag.

Tellheim präsentierte diesen Wechsel, wie es im Friedensvertrag von Hubertusburg vorgesehen war, bei der preußischen Behörde, die dafür zuständig war, die Forderungen der Gläubiger gegenüber den sächsischen Schuldnern zu sichern.[316] Hierauf spielt Tellheims Wendung an, er habe seine Forderungen an die sächsischen Stände „bei Zeichnung des Friedens, unter die zu ratihabierende Schulden eintragen lassen." Die Behörde registrierte diesen Wechsel, bezweifelte aber, daß Tellheim die 2000 Pistolen den sächsischen Ständen tatsächlich vorgeschossen habe; sie ging vielmehr davon aus, daß die Stände ihn mit diesem Geld bestochen hätten, damit er nur die Minimalforderung an sie erhebe – ein Verdacht, der nicht abwegig war, denn Bestechung war damals an der Tagesordnung.[317] Tellheim spricht die gegen ihn erhobenen Beschuldigungen nachdrücklich aus:

> Man erklärte ihn [d. i. den Wechsel] für eine Bestechung, für das Gratial der Stände, weil ich sobald mit ihnen auf die niedrigste Summe einig geworden war, mit der ich mich nur im äußersten Notfall zu begnügen, Vollmacht hatte. (IV/6, S. 83)

Wegen des gar nicht so abwegigen Verdachts, Tellheim habe aufgrund von Bestechung die geringstmögliche Summe an Kontributionsleistungen akzeptiert, wurde eine Untersuchung anberaumt und der Delinquent in eine Art ambulante

316 Siehe dazu *Friedens=Tractat*. Im Friedensvertrag wird im Artikel VII und im „Separat-Artikel" genau geregelt, wie die Privatgläubiger ihre Ansprüche gegenüber den Sachsen sichern können. Zu diesem Zweck wird ein „Fonds d'Amortissement" gegründet, dem die preußischen Gläubiger beitreten können, damit ihnen ihre Kapitalien nebst Zinsen unter Garantie des „Königs in Pohlen, Churfürsten zu Sachsen [...] binnen einem billigmässigen Zeitraum wieder erstattet werden sollen".

317 Siehe hierzu Müller: Ämterkäuflichkeit; Gerhard: Amtsträger zwischen Krongewalt und Ständen, bes. S. 242. Wie sehr Friedrich II. einerseits Bestechung zwar als nützliches Mittel zum eigenen Vorteil bestimmte, andererseits darin aber ein strikt zu bekämpfendes Übel sah, wenn es um die eigenen Beamten ging, macht besonders sein *Politisches Testament von 1752* deutlich: „Die Bestechung der Kabinettssekretäre, der Sekretäre in den Departements für auswärtige, Kriegs- und Finanzangelegenheiten, sowie der Legationssekretäre könnte den Staatsgeschäften den größten Abbruch tun. Deshalb habe ich unbekannte Aufpasser, die sie beobachten und ihre Schritte mit größter Aufmerksamkeit verfolgen." (S. 219)

Untersuchungshaft genommen. Sein „schriftlich gegebenes Ehrenwort, nicht eher von hier zu gehen, als bis man mich völlig entladen habe" (IV/6, S. 85), bindet ihn an Berlin. Erst dies erklärt, was den Zuschauer zu Beginn des Dramas verwundern mußte: daß ein Mann von Tellheims Tatkraft seit einem halben Jahr müßig und mittellos in einem Wirtshaus lebt und weder zu seiner Familie nach Kurland zurückkehrt, noch den Kontakt zu seiner Verlobten sucht. Daß Tellheim in Berlin festgehalten wird, ist keineswegs eine übertriebene Maßnahme der Behörde. Denn bei dem Bestechungsvorwurf geht es um die erhebliche Summe von 2000 Pistolen. Zum Vergleich: für 2000 Pistolen könnte Tellheim fast 28 Jahre lang Kost und Logis in den besten Räumen seines Wirtshauses nehmen,[318] und das Freischulzengericht, das Werner verkauft – immerhin ein Gut mit eigener Gerichtsbarkeit und Steuerfreiheit –, bringt einen Erlös von etwas über 2000 Pistolen.

Die Worte, mit denen Tellheim seinen Bericht beschließt: „Hierdurch, mein Fräulein, halte ich meine Ehre für gekränkt; nicht durch den Abschied, den ich gefordert haben würde, wenn ich ihn nicht bekommen hätte" (IV/6, S. 83), sollen klarstellen, daß Minnas charakterologische Interpretation seines spröden Verhaltens zu kurz greift, daß sein Problem vielmehr im Vorwurf der Bestechung in Tateinheit mit Unterschlagung und Betrug besteht. Seine Lage ist brisant. Dem heutigen Rechtsgrundsatz „In dubio pro reo" entgegen, liegt die Beweislast bei ihm. Und die Beweislage ist für ihn nicht günstig. Wie soll er nachweisen können, daß ein Teilbetrag der Kontributionen damals aus seiner eigenen Tasche kam, wenn dem Zeugnis der sächsischen Stände der Beweiswert aberkannt ist? Sollte das schwebende Verfahren zu einer Verurteilung Tellheims führen, so ist – nach allem, was die zeitgenössischen Rechtsvorschriften an Sanktionen vorschreiben – mit Sicherheit damit zu rechnen, daß er für längere Zeit inhaftiert wird. So heißt es im einschlägigen Bestechungsparagraphen:

> Diener des Staats, welche für die Ausrichtung ihres Amts Geschenke oder Gaben, wozu die Gesetze sie nicht ausdrücklich berechtigen, annehmen, oder durch Andere für ihre Rechnung nehmen lassen, sollen, wenn auch kein Verdacht einer Pflichtwidrigkeit vorhanden ist, um den vierfachen Betrag des Empfangenen bestraft werden.[319]

Im darauf folgenden Paragraphen wird hinzugefügt, daß bei „erheblichem Verdacht" der Staatsdiener

> außer der Geldstrafe, auch die Cassation, und im Falle einer klar erwiesenen Verletzung der Amtspflicht, überdies noch drey- bis sechsjährige Zuchthaus- oder Festungsstrafe verwirkt.[320]

[318] Seine Rechnung über 5 Monate beläuft sich auf 30 Friedrichsdor = 30 Pistolen; siehe I/10, S. 24.

[319] ALR, 2. Theil, 20. Titel, 8. Abschnitt, § 360.

[320] Ebd., § 361.

Tellheim steht unter dem Verdacht einer „Verletzung der Amtspflicht"; ob er ihn ausräumen kann, ist – auch für ihn – ganz ungewiß; denn seinen Beteuerungen wird nicht geglaubt.

Die angeführten Strafbestimmungen stehen nun nicht nur auf dem Papier einer Gesetzgebung, die erst dreißig Jahre nach Ende des Siebenjährigen Krieges die Falltypen der Bestechlichkeit auf systematische Weise kodifiziert, sondern sie sind Teil einer zeitgenössischen Realität, die bereits ihren lexikalischen Niederschlag gefunden hat. So heißt es unter dem Stichwort „Bestechung" im *Zedler*:

> Bestechung ist ein öffentl. Verbrechen, da einer Magistrats=Person oder Bedienten etwas gegeben wird, damit der Bestochene sein Amt thun oder es auch unterlassen möge, wird an dem Bestochenen willkürlich, auch wohl mit dem Tode bestraft.[321]

Was der *Zedler* als Lexikonwissen artikuliert, verweist auf die rigorose Strafpraxis um die Mitte des 18. Jahrhunderts. In Fällen entdeckter Korruption und Veruntreuung wurden in aller Regel drakonische Strafen ausgesprochen.[322] Insbesondere traf dies auf die Betrügereien der preußischen Beschaffungsoffiziere zu, so daß der König am 15. Mai 1762 befahl, daß alle Offiziere, die in dieser Angelegenheit schuldig würden, „nach Befinden der Umstände cassiret und auf Zeitlebens zur Festung gebracht werden"[323]. Erst vor diesem zeitgeschichtlichen Hintergrund mag deutlich werden, wie sehr nicht nur das kodifizierte Rechtssystem, sondern auch die herrschende Strafpraxis in die fiktionale Welt des Dramas hineinragen, so daß sie als handlungsbestimmende Bedingungen erkennbar werden. Gegen Minnas Deutung, sein Verhalten sei Ausdruck einer ideologischen Fixierung auf die Ehre, wird sichtbar, wie sehr er vielmehr durch das Netzwerk der Paragraphen fixiert ist. Zunächst sind es also äußere Zwänge, die sein Verhalten bestimmen; sie wirken sich allerdings stark auf seine seelische Verfassung aus. So kann man zwar zu Recht konstatieren, daß „Tellheim sich verstockt und trotzig isoliert, mit aller Welt bricht und jede vernünftige Kommunikation selbst mit seinen Freunden und Vertrauten verweigert"[324]. Die Ursache darf aber nicht primär in seinem Charakter gesehen werden; sie liegt vielmehr in erster Linie in den Umständen, auf die er dann gemäß seiner Gesinnung spezifisch reagiert. Offensichtlich ist: Tellheim hat – wie Minna mit Bitterkeit feststellt – „für alles andere Gefühl sich verhärtet" (IV/6, S. 84). Doch geht ihre Diagnose, der die Literaturwissenschaftler in aller Regel folgen, fehl,

[321] Zedler: Art.: Bestechung.

[322] Neugebauer: Zur neueren Deutung der Preußischen Verwaltung im 17. und 18. Jahrhundert in vergleichender Sicht, bes. S. 565–577.

[323] Friedrich II.: Politische Correspondenz, S. 439f.

[324] Schröder: Lessing. *Minna von Barnhelm*, S. 57.

wenn sie als Grund „das Gespenst der Ehre" (ebd.) und nicht den rechtlichen Sachverhalt nennt und damit die manifesten Motive Tellheims verkennt, die ihn die Ehe verweigern lassen.

Denn wenn ein Mann, gegen den ein Verfahren wegen passiver Bestechlichkeit schwebt und der im Falle seiner Verurteilung mit einer beträchtlichen Strafe rechnen muß, die versprochene Ehe verweigert, um die Geliebte nicht in seinen Konflikt hineinzuziehen, dann ist sein Verhalten nicht nur motiviert, sondern auch moralisch gerechtfertigt. Mitbedacht werden muß, wie sehr im 18. Jahrhundert Ehe und Familie eine Rechtseinheit bildeten, die Frau also keineswegs als eigenständiges Rechtssubjekt existierte und in jedem Fall von der Verurteilung des Mannes mitbetroffen war. Sollte also Minna durch Heirat in die Rechtsgemeinschaft *Ehe* eintreten, so würde sie am Rechtsstatus Tellheims partizipieren; seine Verurteilung zöge zumindest ihre gesellschaftliche Diskriminierung nach sich, unter Umständen sogar die Konfiszierung ihres Vermögens. So werden erst gegen Ende des Dramas die wahren Motive Tellheims deutlich – wenigstens für einen Rezipienten, der mit den kriegsgeschichtlichen Umständen vertraut ist.

Wenn Tellheims Verhalten soweit als Ausdruck seines Verantwortungsbewußtseins im Angesicht seiner drohenden Verurteilung verständlich wird, so gilt dies keineswegs für das sich anschließende dramatische Geschehen, das jetzt von Amts wegen einen anderen Lauf zu nehmen beginnt. Bislang mußte Tellheim davon ausgehen, daß in seiner Sache nichts geschehen ist. Doch jetzt erfährt er, daß Bewegung in sie gekommen ist – offensichtlich zu seinen Gunsten. (In Wirklichkeit hat allerdings schon vor Einsetzen der Bühnenhandlung der Glücksumschwung stattgefunden – der Bote hatte ihn nur noch nicht erreicht.) In einer szenisch verdeckten Begegnung mit dem Kriegszahlmeister teilte dieser Tellheim mit, er dürfe Berlin verlassen, sei mithin aus der Untersuchungshaft entlassen:

> Denn nur jetzt erklärte mir der Kriegszahlmeister, daß der König alles niedergeschlagen habe, was wider mich urgieret worden; und daß ich mein schriftlich gegebenes Ehrenwort, nicht eher von hier zu gehen, als bis man mich völlig entladen habe, wieder zurücknehmen könne. – Das wird es aber auch alles sein. Man wird mich wollen laufen lassen. (IV/6, S. 85 f.)

Das Motiv Tellheims, das nach langer Überblendung durch Minnas Sehweise erkennbar geworden ist, scheint sich kurze Zeit später als gewichtige Rechtfertigung wieder aufzulösen. Denn schwinden die strafrechtlichen Konsequenzen einer möglichen Verurteilung wegen passiver Bestechung, so schwinden auch die guten Gründe, Minna wegen abträglicher Folgen für sie nicht zu heiraten. Tellheim weigert sich jedoch weiterhin entschieden, Berlin zu verlassen, um mit Minna eine Familie zu gründen:

> Man wird mich wollen laufen lassen. Allein man irrt sich; ich werde nicht laufen. Eher soll mich hier das äußerste Elend, vor den Augen meiner Verleumder, verzehren. –

DAS FRÄULEIN. Hartnäckiger Mann!
v. TELLHEIM. Ich brauche keine Gnade; ich will Gerechtigkeit. Meine Ehre – (ebd.)

Unterwirft sich Tellheim nicht doch rückhaltlos dem Gesetz der Ehre? Die im Possessivpronomen *Meine* sich artikulierende Emphase läßt den Eindruck entstehen, er beharre weiterhin auf einem Ehrgefühl, das nur zum Schein für einen kurzen Moment als Verantwortungsgefühl erkennbar wurde. Es hat den Anschein, als würde erst jetzt der letzte Vorhang vor Tellheims Motiven aufgezogen. Glaubte man zunächst, er ließe sich aus falschem Stolz in finanziellen Dingen nicht helfen, trat statt dessen dann seine Verantwortung für Minnas Schicksal in den Vordergrund, so sieht es jetzt ganz danach aus, als sei er zutiefst starrsinnig und rechthaberisch, wenn er in nahezu masochistischer Verbissenheit an einer Lage festhält, die sich zu seinen Gunsten aufzulösen beginnt.

Gegen diese Vermutungen muß jedoch der Sachverhalt hervorgehoben werden, daß zwar die strafrechtliche Verfolgung gegen Tellheim eingestellt scheint, er damit aber keineswegs seinen juristisch einwandfreien Leumund wiedererlangt hat. Denn auch wenn das Verfahren gegen ihn aus Gnade eingestellt wird, so ist damit seine Unschuld noch nicht explizit festgestellt. Im Gegenteil – ein Gnadenerweis setzt implizit die Schuld voraus. Akzeptierte Tellheim also, daß man ihm die Strafe gnadenhalber erläßt, gebe er zugleich seine Schuld zu. In den Augen der Gesellschaft bliebe er weiterhin ein „Bescholtener", der nur aufgrund königlicher Großmut der gerechten Strafe entgangen sei. Weil aber Tellheim mit der Annahme der Gnade zugleich seine Schuld anerkennen würde, wehrt er sich strikt dagegen, daß ihm Gnade vor Recht ergehe: „Ich brauche keine Gnade; ich will Gerechtigkeit" (IV/6, S. 86). Es geht ihm um die Wiederherstellung seiner gesellschaftlichen Reputation durch eine obrigkeitliche Erklärung, letztlich des Königs, der als oberste Rechtsinstanz vor der Gesellschaft Schuld und Unschuld feststellt. Tellheim beharrt auf einem Freispruch wegen erwiesener Unschuld und gibt sich nicht damit zufrieden, daß man ihn wird „wollen laufen lassen" (IV/6, S. 85 f.).

Doch auch wenn er aus guten Gründen auf einer offiziellen Rehabilitation besteht, so zeigt sich darin doch eine Außenorientierung, der die gesellschaftliche Reputation wichtiger ist als die private Liebe. Denn jetzt, da keine Verurteilung mehr droht, könnte er Minna doch heiraten. Daß er dies nicht tut, ist sicherlich auch Resultat emotionaler Verhärtung – Reaktion darauf, daß ihm eine noble Tat, die gar die Liebe Minnas weckte,[325] derart zum Vorwurf gemacht wird.

[325] Siehe IV/6, S. 84: „DAS FRÄULEIN. [...] Ohne diese Tat, würde ich nie begierig gewesen sein, Sie kennen zu lernen. Sie wissen, ich kam uneingeladen in die erste Gesellschaft, wo ich Sie zu finden glaubte. Ich kam bloß Ihrentwegen. Ich kam in dem festen Vorsatze, Sie zu lieben, – ich liebte Sie schon!"

Minna hingegen vermag diese Zusammenhänge nicht einzusehen. Was ihre Liebe hervorrufe, könne nicht zugleich Ursache für die Verfolgung des Staates sein – so ihre Meinung, die von einer Identität zwischen Moral und Recht ausgeht. Tellheim allerdings mußte erfahren, daß zwischen beiden Bereichen keineswegs die Einheit vorliegt, die Minna voraussetzt, sondern eine krasse Divergenz – für ihn Grund zur Verbitterung. Als innerer Reflex seiner äußeren Lage macht sie ihn unfähig, die Konventionen einfach zu vergessen, um mit Minna ein Leben in liebender Zweisamkeit zu führen.

Doch das vom dramatischen Geschehen und Tellheims Selbstcharakterisierung evozierte Vor-Urteil, er verharre in selbstbezüglicher Gekränktheit und habe Minna darüber völlig aus dem Blick verloren, trifft als psychologische Erklärung nur mittelbar zu. Denn wenn Tellheim immer noch darauf besteht, nur als „unbescholtener Mann" (IV/6, S. 86) die Ehe mit Minna eingehen zu können, so ist diese Haltung primär weiterhin Ausdruck seiner rechtlichen Verantwortlichkeit für Minnas ständisches Schicksal. Auch die Heirat mit einem Mann, dessen Leumund juristisch nicht einwandfrei ist, wäre nämlich für sie konfliktträchtig. Denn wenn es nach der glaubhaften Intrige Minnas schon ausreicht, sich dem vormundschaftlichen Heiratsgebot zu widersetzen, um enterbt und verstoßen zu werden – für eine Adlige die soziale Vernichtung –, wieviel eher würden diese gravierenden Folgen eintreten, wenn sie einen „bescholtenen" Mann heiratete. Ohne juristische Rehabilitation muß Tellheim nach seiner Kenntnis der Lage weiterhin davon ausgehen, daß eine Heirat mit ihm für Minna schlimme Folgen hätte. Zwar droht jetzt nicht mehr die Sanktionsgewalt preußischer Justizorgane, aber doch die des sächsischen Vormunds.

Tellheims Motive, die Ehe zu verweigern, lassen sich auch vor dem Hintergrund seiner veränderten Lage weiterhin partnerbezogen deuten. Sie sind bestimmt von den ideologisch fixierten Rollen von Mann und Frau, die diesen zu Schutz und Verantwortung und jene zu Unterwerfung und Folgsamkeit verpflichten. Doch Minna fügt sich nicht dem zeitgenössischen Schematismus der Geschlechterrollen, der die Frau zum Objekt männlicher Entscheidungen macht, die demütig zu akzeptieren sind. Ganz anders als Sara Sampson, die Mellefonts Heiratsverweigerung in resignative Verzweiflung und verklärten Tod treibt, anders auch als Emilia Galotti, die als gehorsame Tochter außerfamilialen Ereignissen hilflos gegenübersteht, ist Minna von Barnhelm eine couragierte Frau, die nicht wartet, bis der Mann auf sie zukommt, sondern Tellheim nachreist, ihn zur Rede stellt, seine Einwände nicht gelten läßt und auf dem Gleichheitsrecht einer Liebe beharrt, vor der die gesellschaftliche Ordnung mit ihrer geschlechtstypologischen Ausdifferenzierung von verantwortlichem Mann und abhängiger Frau nichtig wird. Für sie gilt, was in den *Wahlverwandtschaften* sentenzenhaft als Eigentümlichkeit der Liebe herausgestellt wird: „Denn so ist die Liebe beschaffen, daß sie allein Recht zu haben glaubt und alle anderen

Rechte vor ihr verschwinden."[326] Dem *Verantwortungsethiker* Tellheim, der die Konsequenzen seines Handelns zur moralischen Richtschnur erhebt, steht sie als *Gesinnungsethikerin* gegenüber, für die die gute Absicht bestimmende Antriebsquelle zwischenmenschlichen Agierens ist.[327] Bei beiden ist die moralische Haltung allerdings nicht Ausdruck unvermittelter Charakterdisposition, sondern Reflex ihrer jeweiligen Lage, die zu unterschiedlichen Beziehungsdefinitionen führt. Wünscht Minna aus Liebe die Rolle des Fräuleins mit der der Ehefrau zu vertauschen, so befürchtet Tellheim aus Rechtsgründen ihre Statusänderung von einer Adligen zu einer gesellschaftlichen Außenseiterin.

Diesen Konflikt im Beziehungsverständnis interpretiere ich als dramatische Artikulation der inneren Widersprüchlichkeit der *Liebesheirat*. Deren Momente treten im Handlungsverlauf des Dramas auseinander, verteilen sich auf zwei Figuren und spielen vor dem Hintergrund spezifischer Umstände ihre Unvereinbarkeit vor. Für Minna ist die Ehe eine Liebesgemeinschaft diesseits aller gesellschaftlichen Gegebenheiten, allein vom Gefühl legitimiert. Aufgrund dieser Ehevorstellung kann sie die gravierenden Momente der Anklage gegen Tellheim abblenden. Und sie *muß* sie abblenden, zum einen, um ihre Liebe in die Dauer der Ehe überführen zu können, zum anderen, um am Absolutheitspathos der intimen Beziehung festhalten zu können. Für Tellheim hingegen ist die Ehe in erster Linie Rechtsgemeinschaft, so daß er, weil er die negativen Konsequenzen für Minna befürchtet, auf die Ehe verzichtet – gemäß seiner Maxime „Es ist eine nichtswürdige Liebe, die kein Bedenken trägt, ihren Gegenstand der Verachtung auszusetzen." (IV/6, S. 86)

Die Beziehungsdebatte, in der Tellheim den juristischen Gegebenheiten großes Gewicht zubilligt (auch psychisch), weil er die gesellschaftlichen Konsequenzen befürchtet, während Minna diese abblendet, weil sie die emotionalen Konsequenzen befürchtet, scheiterte bislang mit einer gewissen Zwangsläufigkeit. Bezeichnenderweise verändert Tellheim sein Verhalten jedoch gänzlich, als ihm Minna ihre soziale Diskreditierung durch den Oheim vorspielt. Franziska berichtet, was ihr Minna aufgetragen hat: „Der Graf von Bruchsall hat das Fräulein enterbt, weil sie keinen Mann von seiner Hand annehmen wollte. Alles ver-

[326] Goethe: Die Wahlverwandtschaften, S. 354; zugespitzter bei Marie von Ebner-Eschenbach: „Die Liebe hat nicht nur Rechte, sie hat auch immer recht." Ebner-Eschenbach: Aphorismen, S. 869.

[327] Der Unterscheidung zwischen Gesinnungs- und Verantwortungsethik folgt Max Weber, der davon ausgeht, „daß alles ethisch orientierte Handeln unter *zwei* voneinander grundverschiedenen, unaustragbar gegensätzlichen Maximen stehen kann": unter der gesinnungsethischen, die – religiös gefaßt – meint: „‚Der Christ tut recht und stellt den Erfolg Gott anheim' –, *oder* unter der verantwortungsethischen: daß man für die (voraussehbaren) *Folgen* seines Handelns aufzukommen hat." Weber: Gesammelte Politische Schriften, S. 551 f.

ließ, alles verachtete sie hierauf." (IV/7, S. 88) Aufgrund dieser Information wird auf einmal, ohne jedes Zögern, aus dem Eheverweigerer Tellheim ein entschiedener Heiratsbefürworter. Angesichts der vorgetäuschten und von ihm vorbehaltlos geglaubten unheilvollen Lage Minnas wird ihm die eigene Unbescholtenheit so unwichtig, daß er keine Stunde länger mehr warten will, um Berlin mit ihr zu verlassen. Gleich am nächsten Tag möchte er sie heiraten.

Warum dieser plötzliche Umschwung? Minna hat Tellheim glauben gemacht, sie sei aufgrund des patriarchalischen Rechtsspruchs ihres Vormunds enterbt und verstoßen. Folglich braucht er nun nicht mehr die negativen gesellschaftlichen Folgen, die eine Heirat mit dem „bescholtenen" Tellheim für sie haben würde, zu befürchten. Sie sei bereits – so glaubt er – gesellschaftlich diskriminiert, könne es durch eine Heirat mit ihm also gar nicht mehr werden. Von dieser Sorge befreit, setzt er sofort alles daran, Minna so schnell wie möglich zu heiraten. Dabei haben sich seine grundsätzlichen Motive nicht geändert; er bleibt weiterhin der patriarchalischen Rolle eines Mannes verhaftet, der sich für das Schicksal der Frau verantwortlich fühlt. Glaubte er sie vorher davor bewahren zu müssen, durch die Heirat mit ihm gesellschaftlich diskriminiert zu werden, so will er sie jetzt vor den Folgen der Verstoßung durch den Vormund schützen, indem er sie im Binnenraum der Ehe unter seine Obhut nimmt. Tellheim handelt damit weiterhin gemäß der zeitgenössischen männlichen Geschlechterrolle, die, rechtlich kodifiziert und gesellschaftlich etabliert, Teil seiner Persönlichkeit geworden ist. Bislang hatten ihm die Umstände die aktive Komponente seiner Rolle beschnitten, er blieb in seiner Heiratsverweigerung nur negativ auf sie fixiert. Jetzt kann er sie als Beschützer der schutzbefohlenen Frau positiv wahrnehmen. Seine wiedererwachte Unternehmungslust, nachdem er von Minnas vermeintlichem Unglück erfahren hat, äußert sich keineswegs als „eher reflexhafte, blinde Aktivität, die nicht recht weiß, wohin"; sie ist auch nicht ein Hinweis darauf, daß er noch nicht „wieder voll bei sich selbst" ist.[328] Vielmehr zeigt sein Verhalten, daß er jetzt seinem Selbstverständnis entsprechend agieren kann – als ein Mann, dem der Schutz der Frau obliegt. Wenn er sie im Binnenraum der Ehe allen Angriffen der Gesellschaft entzieht, können ihr die Widrigkeiten der Welt nichts anhaben. Was ihr widerfuhr, wird so irrelevant. Denn: „Alles, was Minna verlieren konnte, ist nicht Minna." (V/9, S. 100) Die Trennung von Person und Außenwelt, die er für sich selbst nicht gelten läßt, appliziert er auf Minna. Das bedeutet die Aberkennung ihrer sozialen Existenz. Folglich tut Tellheim Minnas (angeblichen) Verlust an Reputation als bloße Beiläufigkeit ab, da er alles wiedergutmachen könne, was sie an gesellschaftlicher Diskriminierung dadurch erleiden mußte, daß sie den Heiratsgeboten des Oheims nicht folgte und an ihm festhielt:

[328] Giese: Glück, Fortüne und Happy Ending, S. 34.

Ich bin diese Ursache; durch mich, Minna, verlieren Sie Freunde und Anverwandte, Vermögen und Vaterland. Durch mich, in mir müssen Sie alles dieses wiederfinden, oder ich habe das Verderben der Liebenswürdigsten Ihres Geschlechts auf meiner Seele. (V/5, S. 95 f.)

Tellheim malt ihr aus, wie sie beide jenseits der herrschenden gesellschaftlichen Ordnung in liebender Zweisamkeit leben werden:

Morgen verbinde uns das heiligste Band; und sodann wollen wir um uns sehen, und wollen in der ganzen weiten bewohnten Welt den stillsten, heitersten, lachendsten Winkel suchen, dem zum Paradiese nichts fehlt, als ein glückliches Paar. Da wollen wir wohnen; da soll jeder unsrer Tage – (V/9, S. 100)

Tellheim vermag seine Idylle nicht weiter auszumalen; denn Minna reagiert hierauf zwar durchaus gerührt, äußert aber dann: „Sie sind sehr grausam, Tellheim, mir ein Glück so reizend darzustellen, dem ich entsagen muß" (ebd.). In der Zwischenzeit ist nämlich ein Glückswandel eingetreten – doch nicht vom Glück ins Unglück, sondern umgekehrt vom Unglück ins Glück. Tellheim ist durch ein Schreiben des Königs vollständig rehabilitiert. Ihm wird die juristische Ehre wieder zugesprochen, die durch den Vorwurf der Bestechlichkeit aufs schwerste in Frage gestellt war:

„Mein lieber Major von Tellheim!
Ich tue Euch zu wissen, daß der Handel, der mich um Eure Ehre besorgt machte, sich zu Eurem Vorteil aufgekläret hat. Mein Bruder war des nähern davon unterrichtet, und sein Zeugnis hat Euch für mehr als unschuldig erkläret. Die Hofstaatskasse hat Ordre, Euch den bewußten Wechsel wieder auszuliefern, und die getanen Vorschüsse zu bezahlen; auch habe ich befohlen, daß alles, was die Feldkriegskassen wider Eure Rechnungen urgieren, niedergeschlagen werde. Meldet mir, ob Euch Eure Gesundheit erlaubet, wieder Dienste zu nehmen. Ich möchte nicht gern einen Mann von Eurer Bravour und Denkungsart entbehren. Ich bin Euer wohlaffektionierter König etc." (V/9, S. 98)

Merkwürdig ist, daß Tellheim die Kernaussage des Briefes so wiedergibt, als sei er an Minna adressiert. „Er enthält" sagt er, und jetzt folgt – markiert durch einen Gedankenstrich – eine Pause, die die Zuschauererwartung erzeugt, Tellheim wiederhole noch einmal, durch den Brief sei seine Ehre wiederhergestellt. Doch setzt er seine Rede fort mit den Worten: „was *Ihnen* Ihr Oheim nicht nehmen kann. Sie müssen ihn lesen; lesen Sie doch!" (V/9, S. 98; Hervorhebung von mir) Er bezieht den Brief unmittelbar auf Minnas Schicksal. Wieso aber kann ihr der Oheim das nicht nehmen, was der Brief enthält? Im Brief ist von Minna überhaupt nicht die Rede, viel weniger noch davon, daß die angeblich Enterbte und Verfemte wieder in ihre alten Rechte und in ihr altes Ansehen eingesetzt ist. Der Brief enthält einzig und allein die Rehabilitation Tellheims. Wenn dieser nun die Botschaft im Bezug auf Minna deutet, dann heißt das: Seine „Unbescholtenheit" erscheint ihm unmittelbar als Funktion für Minna, die durch die Eheschließung mit ihm ihre angeblich zerstörte gesellschaftliche Reputation wiedererlangen würde.

Eigentlich könnte das Stück jetzt mit einem Happy-End schließen. Doch dem Klatschen der Zuschauer kommt Minna zuvor. Auf Tellheims Anlauf zur geteilten Freude reagiert sie spröde:

Nun, was sagen Sie hierzu, mein Fräulein?
DAS FRÄULEIN. *indem sie den Brief wieder zusammenschlägt, und zurückgiebt* Ich? nichts.
V. TELLHEIM. Nichts?
DAS FRÄULEIN. Doch ja: daß Ihr König, der ein großer Mann ist, auch wohl ein guter Mann sein mag. – Aber was geht mich das an? Er ist nicht mein König. (V/9, S. 99)

Tellheim ist zutiefst darüber enttäuscht, daß Minna den Brief des Königs als bedeutungslos für sich und ihr gemeinsames Schicksal abtut, daß sie nicht auf die positiven Folgen für ihre Beziehung eingeht, sondern ausschließlich die positiven Folgen für Tellheim bedenkt: „Und sonst sagen Sie nichts? Nichts von Rücksicht auf *uns* selbst?" (V/9, S. 99; Hervorhebung von mir) Minna reagiert keineswegs so, wie Tellheim es als selbstverständlich erwartet: voller Freude über die jetzt mögliche Heirat. Dies ist erstaunlich genug, war doch die Ehe mit Tellheim von Anbeginn ihr sehnlichster Wunsch. Warum weigert sich Minna plötzlich, die Ehe einzugehen, als Tellheim die rechtlichen Hindernisse überwunden hat. Ist es die Rache der Abgewiesenen? Oder ist es Ausdruck der Intimitätsproblematik: Das Zurückweichen des einen provoziert die Annäherung des anderen und umgekehrt? Oder liegt diesem Verhalten ein spezifischeres Problem zugrunde?

Da Minna nun – ebenso wie Tellheim zu Beginn des Dramas – selbst Gründe für ihr Verhalten anführt, sind diese eingehend zu prüfen. Genaugenommen sind es allerdings gar nicht ihre eigenen Gründe, sondern diejenigen Tellheims, die sie jetzt ebenfalls für sich in Anspruch nimmt – unter dem Gesichtspunkt: Was dem einen moralisch recht ist, das muß dem anderen moralisch billig sein. Minna stellt sich mit dem gleichen Recht unter die gleiche moralische Pflicht wie Tellheim. So wie er sie nicht in seine damalige Lage der „Bescholtenheit" hineinziehen wollte, so könne sie ihn jetzt umgekehrt nicht in ihre (angebliche) Lage der Enterbten und Verfemten hineinziehen. Um ihre Haltung zu rechtfertigen, übernimmt sie seine Grundsätze fast wörtlich. Tellheims Maxime lautet: „Es ist ein nichtswürdiger Mann, der sich nicht schämet, sein ganzes Glück einem Frauenzimmer zu verdanken, dessen blinde Zärtlichkeit –" (IV/6, S. 86). Hier wird er von Minna unterbrochen. Bei ihr heißt es dann etwas später: „Es ist eine nichtswürdige Kreatur, die sich nicht schämet, ihr ganzes Glück der blinden Zärtlichkeit eines Mannes zu verdanken!" (V/9, S. 102) Es mag der Eindruck entstehen, Minna habe sich Tellheims Maxime vollständig zu eigen gemacht, um deren Verbindlichkeitsanspruch im eigenen Handeln zu erproben.

Doch nur auf den ersten Blick wird Tellheim – wie tendenziell fast alle Interpreten konstatieren –[329] „planmäßig mit den Reden und Redensarten konfrontiert, die er zuvor gebraucht hat"[330]. Keineswegs nimmt Minna „ihn beim Wort und zwingt ihn, es zurückzunehmen"[331]. Denn ein signifikanter Unterschied besteht zwischen dem Gedankenstrich am Ende der Tellheimschen Rede und dem Ausrufezeichen, mit dem Minna ihre Rede zu einem markanten Abschluß bringt. Von Anfang an, schon in der handschriftlichen Reinschrift, hat Lessing hier unterschieden. Minna fällt Tellheim ins Wort, er kann seine Ausführung nicht zu Ende bringen; dafür steht der Gedankenstrich. Syntaktisch unvollständig, betreibt der Satz die Suggestion dessen, was ihn ergänzen würde: Er betont die negativen Konsequenzen, die die „blinde Zärtlichkeit" für Minna haben würde, sollte sie den damals noch „bescholtenen" Tellheim heiraten.

Der syntaktische Abbruch aber markiert dialogische Unterbrechung und versprachlicht einen psychischen Vorgang der Abwehr. Er charakterisiert Minnas Position, die vom verrechtlichten Primat männlicher Verantwortlichkeit nichts hören will. Wenn sie Tellheims elliptischen Satz aufgreift und in einen exklamatorischen Aussagesatz transformiert, so evoziert sie nur durch einen oberflächlichen Gleichklang eine Übereinstimmung der Maximen. Der Ausrufcharakter führt den intentionalen Widerspruch durch, und die syntaktische Parallelität der Sätze drückt semantische Konfrontation aus. Eine analoge Weiterführung, die die Konsequenzen einer Heirat bedenkt, ist von ihr gar nicht beabsichtigt. Wenn sie diejenige eine „nichtswürdige Kreatur" nennt, „die sich nicht schämet, ihr ganzes Glück der blinden Zärtlichkeit eines Mannes zu verdanken", so äußert sich hier die Besorgnis um die eigene moralische Integrität, so geht es ihr um die Selbstachtung einer Frau, die gegen die zeittypische Rollenkomplementarität von beschützendem Mann und schutzbefohlener Frau opponiert.

Deutlich wird, wie sehr Minna durch Tellheims Verhalten in ihrem Selbstverständnis als autonome Person dadurch getroffen ist, daß er sie in seinem Handeln primär unter dem Gesichtspunkt gesellschaftlicher Konsequenzen sieht und sie so auf die vom Mann zu beschützende Frau reduziert – einmal durch

329 Eine Ausnahme ist Michelsen: Die Verbergung der Kunst, dessen subtiler Ausführung die vorliegende Interpretation vieles verdankt.

330 Schröder: Lessing. *Minna von Barnhelm*, S. 58f.; siehe auch Martini: Riccaut, die Sprache und das Spiel in Lessings Lustspiel *Minna von Barnhelm*, S. 423: „Sie [d. i. Minna] nimmt Tellheim seine eigenen Waffen, sie zwingt ihn, seine eigenen Argumente zu bestreiten und zurückzunehmen, und drängt ihn, indem sie ihn zitiert und auf seine eigenen Worte festlegt, noch mehr als in den vorausgegangenen Dialogen in die Enge. Im Schein der Zustimmung fixiert sie ihn in der falschen Lage, in die er sich gebracht hat, und hilft sie ihm zugleich zu einer Selbsterkenntnis, die er bisher verfehlte."

331 Ebd., S. 425.

seine Eheverweigerung, die negative Folgen einer Heirat für Minna vermeiden will, das andere Mal durch seinen Ehewunsch, der negative Folgen kompensieren will. Doch die patriarchale Ethik der Verantwortung produziert ihre Negativität dadurch, daß sie Minna zu einem Objekt entmündigt, von dem der Mann immer schon weiß, was für es das Beste ist: „Das Fräulein von Barnhelm verdienet einen unbescholtenen Mann." (IV/6, S. 86) In dieser Behauptung, die als Feststellung daherkommt, zeigt sich, daß Verantwortlichkeit die Symmetrie und Wechselseitigkeit der Liebesbeziehung destruiert. Denn Minna fragt gar nicht nach einem „unbescholtenen Mann". Bescholtenheit ist für sie kein Kriterium. In Rücksicht auf ständische Gegebenheiten und den guten Leumund hat sie ihre Beziehung zu Tellheim nie bestimmt. Sie sieht sich nicht als ein „Fräulein", dem es um Rang und Prestige geht, sondern als „Minna", der es um eine Liebe geht, in der die Liebenden einander als Individuen wahrnehmen, jenseits aller gutgemeinten Gesten sorgender Verfügung.

Erst in dieser Perspektive, die Minnas Wertwelt ernst nimmt, wird verständlich, daß sie sich gegenüber Tellheims Verantwortungsbewußtsein als eine Person zur Geltung bringen will, die sich als Subjekt der Liebe erfährt. Hier liegt die eigentliche Funktion ihrer Ringintrige, die auf den ersten Blick als bloßes Verwirrspiel erscheint. Kurz vor Ende des Dramas beginnt Minna dieses Spiel, das Tellheim endgültig glauben macht, sie habe die Beziehung zu ihm unwiderruflich aufgekündigt. Zwar ist der Verlobungsring, den sie ihm zurückgibt, sein eigener – insofern bekräftigt sie objektiv die Verbindung zwischen ihnen –, aber zugleich suggeriert sie ihm, es sei der ihre, so daß er glauben muß, sie entlobe sich. Kommunikationstheoretisch ließe sich von „paradoxer Intervention" sprechen, von einer Handlung, die die Haltung des anderen vordergründig bekräftigt, um sie zu ändern.[332] Genau dies tut Minna: Sie akzentuiert Tellheims Außenorientierung, indem sie seine Sichtweise der Ehe als Institution, die den Partner gesellschaftlich bestimme, bestätigt: Sie betont, daß er für seine Karriere eine „unbescholtene Gattin" (V/9, S. 101) brauche, die sie (angeblich) nicht sei, und erweckt durch die Ringübergabe den Eindruck, sie wolle deshalb mit ihm brechen.

Minna erscheint Tellheim daraufhin in einem ganz neuen Licht. Ihr drohender Verlust verschiebt seine Wertrelevanzen von der Welt der sozialen Normen auf die Person der Geliebten. Tellheim vollzieht einen emotionalen Schnitt zwischen Minna und dem äußeren Lebenskontext und sensibilisiert sich für eine Liebe diesseits gesellschaftlicher Rücksichten und patriarchaler Verantwortlichkeit. Er signalisiert diese neue Sensibilität in seiner vordergründigen Beschimpfung Minnas, die er als „Falsche" und „Ungetreue" (V/10, S. 104) anspricht. Unterhalb des explizit Ausgesagten aber offenbart er auf diese Weise

[332] Watzlawick, Weakland, Fisch: Lösungen, bes. S. 159 ff.

seine tiefe Betroffenheit darüber, daß Minna sich ihm (angeblich) entziehen will. Er spürt in der Angst vor ihrem Verlust am eigenen Leib, was ihm die Beziehung zu ihr bedeutet. Seine Beschimpfung erweist sich von daher genaugenommen als Affirmation einer Liebe, die sich aus den Bedingtheiten gesellschaftlicher Rücksichten löst und nur noch die Einzigartigkeit der Person sieht, von der er glaubt, sie wolle mit ihm brechen. Genau so versteht Minna Tellheims Verhalten:

Nein, ich kann es nicht bereuen, mir den Anblick Ihres ganzen Herzens verschafft zu haben! – Ah, was sind Sie für ein Mann! – Umarmen Sie Ihre Minna, Ihre glückliche Minna; aber durch nichts glücklicher, als durch Sie! *sie fällt ihm in die Arme.* (V/12, S. 106)

Gegen alle tatsächlichen und vermeintlichen Umstände seiner und ihrer Lage, die Tellheim dazu nötigten, die Ehe als Institution von den gesellschaftlichen Konsequenzen für den Ehepartner her zu sehen, bringt Minna sich in unmittelbarer Präsenz zur Geltung, indem sie Tellheim ihren Verlust erfahrbar macht. Seine Beschimpfung, die ihr den „Anblick seines ganzen Herzens verschafft hat“, erfährt sie als sicheres Zeichen seiner Liebe, die die Kruste des von den Diskursen der Zeit als natürlich deklarierten männlichen Selbstverständnisses durchbricht. Tellheims Verhalten war bis zu diesem Zeitpunkt von dieser geschlechtstypologischen Ideologie geprägt; so hatte er zuvor Minna nur rhetorisch gefragt: „Welches [Geschlecht] bestimmte die Natur zur Stütze des andern?“ (V/9, S. 102)[333] Sie widersetzt sich jedoch dieser Asymmetrie einer Geschlechterbeziehung. „Gleichheit ist allein das feste Band der Liebe“ (V/9, S. 101) – so Minna, die Tellheim aus den Rollenzwängen männlichen Verhaltens befreit, indem sie sich mittels ihrer Intrige als eigenständiges Wesen zur Geltung bringt, das die Selbstverständlichkeit geschlechtstypologischer Regeln patriarchaler Verantwortlichkeit an der zwischenmenschlichen Unmittelbarkeit zerbrechen läßt. Das ist der Erfolg der Ringintrige, die Tellheims Gefühle über

333 In dem erfolgreichen Werk (bis 1832 erlebte es 10 Auflagen) von Campe: Väterlicher Rath für meine Tochter, gerinnt diese Auffassung vom Verhältnis des stützenden Mannes und der zu stützenden Frau zum emblematischen Bild – „er die Eiche, sie der Efeu, der einen Theil seiner Lebenskraft aus den Lebenskräften der Eiche saugt, der mit ihr in die Lüfte wächst, mit ihr den Stürmen trotzt, mit ihr steht und mit ihr fällt – ohne sie ein niedriges Gesträuch, das von jedem vorübergehenden Fuß zertreten wird“ (S. 23). Seit der Antike wird allerdings üblicherweise die Verbindung zwischen Ulme und Weinrebe hergestellt (siehe hierzu Grimm: Art.: Ulme) und als „Vermählung“ bezeichnet (Schmidt: Die Geschichte des Genie-Gedankens, Bd. 1, S. 235); im Hinblick auf das Verhältnis der Geschlechter zueinander siehe Hausen: „... eine Ulme für das schwankende Efeu“; der Bildwechsel von Ulme – Wein zu Eiche – Efeu erweist sich als Verschärfung des Abhängigkeitsverhältnisses: aus der Stütze wird der Ernährer.

sein männliches Rollengebaren, das sich so rücksichtsvoll gibt, triumphieren lassen.

Erst danach schließt das Drama mit der Aussicht auf eine Doppelhochzeit. Die Konfliktstruktur zwischen der egalitären Liebesbeziehung und der patriarchalischen Ehebeziehung, zwischen der individuellen Glückserfüllung im gemeinsamen Gefühl und dem äußeren Regelzwang rechtlicher Strukturen wird so vom glücklichen Ende der Komödie überstrahlt. Was den Handlungsverlauf des Dramas im Wechselspiel von Annäherung und Abweisung, von Heiratswunsch und Eheverweigerung bestimmte – der Normenkonflikt zwischen der rechtlichen und der emotionalen Seite der ehelichen Beziehung –, das wird am Ende stillgestellt.

Daß dabei allein ein Zufall – Tellheims Rehabilitierung aufgrund eines Votums vom Bruder des Königs –, nicht aber Minnas kalkulierendes Intrigenspiel die Liebesbeziehung in die Ehebeziehung zu überführen erlaubt, indiziert – trotz aller Entschiedenheit, mit der Minna die emotionale Basis der Beziehung freilegt – den Primat gesellschaftlicher Praxis über die Autarkieansprüche der Liebe. Zudem: Auch der Weg, den Minna einschlägt, um Tellheim aus seiner asymmetrischen Rollenkonzeption zu lösen, verstößt diametral gegen die Intention, die Liebe als Gleichheitsband zu entfalten. Nur über die Intrige, die sie zur wissenden Spielleiterin und Tellheim zum Objekt ihrer Inszenierung macht, gelingt es ihr, Gleichheit im Gefühl herzustellen. Dabei ist ihr Erfolg bis zum letzten Moment fragwürdig; das Spiel droht ihr beinahe zu entgleiten.

So signalisiert das Drama die realen Grenzen der Liebe, ehe es sie über die Widrigkeiten gesellschaftlicher Zwänge triumphieren läßt: Das Happy-End ist mit einem strukturellen Vorbehalt versehen. Denn wenn auch der Konflikt in der Komödie gelöst wird, so bleibt er doch latent vorhanden. Denn die Rechtsbeziehung der Geschlechter läßt sich nicht einfach durch ihre Gefühlsbeziehung ersetzen, solange diese sich im gesetzlich strukturierten Sozialraum der Ehe verwirklichen will. Zwar mag Minnas Haltung der geburtsständischen Ordnung ihre emotionale Geltungskraft entziehen, doch behält diese weiterhin ihre faktische Gesetzeskraft. Die feudale Ordnung, die Standeszugehörigkeit zum Kriterium gesellschaftlicher Partizipation macht, und dies rechtlich durch eine Fülle von Ebenbürtigkeitsregeln bei Eheschließungen sichert, ist nicht einfach durch Gefühlsbeziehungen außer Kraft zu setzen, die in der Einzigartigkeit des Geliebten gründen. Es bedarf in Tellheims Lage schon der königlichen Rehabilitation, die wie ein „Deus-ex-machina-Coup"[334] von außen das Geschehen ins Positive wendet, um die Gefühlsbeziehung der Liebe in die Rechtsbeziehung der Ehe überführen zu können. Im Happy-End der Komödie löst sich somit nicht

[334] Barner u. a.: Lessing. Epoche, Werk, Wirkung, S. 257.

das Problem auf, sondern es kommt nur die Problementfaltung an ein Ende. Deutlich wird: Die mit der Heirat vollzogene Verbindung von Liebesgemeinschaft und Rechtsinstitution ist nur möglich, wenn die Verhältnisse danach sind.

6.

„Aber so verlässest du mich, unedler Romeo! Siehst nicht, daß deine Julie für dich stirbt –" (Lenz)

Zum Verhältnis von Liebe und Literatur in Lenz' *Der Hofmeister oder Vorteile der Privaterziehung*

Lessings Komödie *Minna von Barnhelm* endet gattungsgemäß mit der Aussicht auf eine Hochzeit – sogar auf eine Doppelhochzeit. Minna, die zunächst von Tellheim verlassene Braut, schafft es mit Courage, Raffinesse und einer gewissen Lust am intriganten Spiel, Tellheims emotionale Verhärtung aufzubrechen, so daß er ihr am Ende „den Anblick [seines] ganzen Herzens" (V/12, S. 106) gewährt, seine Liebe rückhaltlos bekennt und zugleich der Heirat zustimmt – denn das äußere Hindernis, die Anklage wegen Bestechung, ist zu diesem Zeitpunkt ja aus dem Weg geräumt. Der Zufall wollte es, daß der König von Tellheims Unschuld erfuhr, diesen daraufhin rehabilitierte und so alle rechtlichen Blockaden der Eheschließung beseitigte.

In der so ganz anders gebauten Komödie von Lenz gibt es ebenfalls ein Zusammenspiel von Zufall und Heirat – in hypertropher Steigerung. Gleich drei Heiraten kündigen sich an, und auch die Zufälle häufen sich – bis zur Unglaubwürdigkeit. Vom rechtzeitigen Eintreffen des Vaters, als seine Tochter sich umzubringen sucht, über eine Fülle anderer unglaublicher Fügungen bis hin zum termingerechten Lotteriegewinn entfaltet sich ein Geschehenszusammenhang, der allem widerspricht, was Lessing in seiner *Hamburgischen Dramaturgie* theoretisch fordert und in seinen Dramen praktisch realisiert. Zwar spielt auch in *Minna von Barnhelm* der Zufall eine Rolle, doch ist er nur Ermöglichungsgrund für die Hochzeit als glückliches Ende. Ansonsten besteht das dramatische Geschehen aus psychologisch und intersubjektiv erklärlichem Verhalten. In der Darstellung eines solchen Verhaltens sieht Lessing das „Lehrreiche" der Dichtung, „weil das Lehrreiche nicht in den bloßen Factis, sondern in der Erkenntnis bestehet, daß diese Charaktere unter diesen Umständen solche Facta hervor zu bringen pflegen, und hervor bringen müssen"[335]. Lessing geht von komplexen Charakteren aus, die im Bedingungsgefüge äußerer Umstände und innerer Be-

[335] Lessing: Hamburgische Dramaturgie, 33. Stück, S. 346.

findlichkeiten reden, fühlen und handeln und so ein Geschehen entfalten, aus dem alles Unbestimmte ausgeschlossen bleibt.

Am Maßstab dieser von Lessing vertretenen Literaturvorstellung kann das Drama von Lenz nur als Ausdruck seines Unvermögens gedeutet werden. Offensichtlich formen die disparaten Elemente des *Hofmeister* kein „Ganzes [...], das völlig sich rundet, wo eines aus dem andern sich völlig erkläret"[336]. Das Drama von Lenz zersplittert in 35 Einzelszenen und zerfasert die Handlung in viele Episoden, wobei der Zufall Regie führt, so daß ein durchgängiger Hauptstrang kaum mehr zu erkennen ist. Von Schlüssigkeit, wie sie Lessing vor dem Hintergrund der zeitgenössischen Theodizee-Konzeption für das Drama fordert, das ein „Schattenriß von dem Ganzen des ewigen Schöpfers" zu sein habe, auf daß dem Zuschauer die Heterogenität der empirischen Wahrnehmungswelt auf den „ewigen unendlichen Zusammenhang [...] aller Dinge"[337] durchsichtig werde, findet sich in Lenz' Drama keine Spur. Die Ordnungsgarantien der Metaphysik weichen den Kontingenzerfahrungen von Tatsächlichkeiten – ein Tatbestand, der im von Gedanken der Theodizee, Erziehung und Vervollkommnung geprägten 18. Jahrhundert um so bemerkenswerter ist, als es überhaupt „dem seit Jahrhunderten auf Teleologie programmierten Menschen [...] schwer-[fällt], mit der Entdeckung des Zufalls als einer objektiven ontologischen Kategorie fertig zu werden"[338].

Zur dominanten Zufälligkeit, die die einzelnen Ereignisse unglaubwürdig macht, kommt hinzu, daß das Verhalten der über zahlreiche verschiedene Orte verteilten Figuren nicht nur oftmals unmotiviert erscheint, sondern auch kaum einen Anflug von Selbstmächtigkeit verspüren läßt, die der *Sturm und Drang*, zu dessen Hauptrepräsentanten Lenz zählt, propagiert. Indem das Drama von Lenz das Konzept der Selbstmächtigkeit problematisiert, entfaltet es auf überraschend neue Weise die Thematik der *Liebesheirat*. Bislang folgten die Dramen einem Schema, das seine Konstituenten aus der Widersprüchlichkeit des zeitgenössischen Konzepts der Ehe als Liebesgemeinschaft und gesellschaftliche Institution bezog. Sie entfalteten diese Widersprüchlichkeit sehr unterschiedlich: unter den Aspekten ständischer Normen (Gottschedin: *Die ungleiche Heirath*), seelischer Transparenz (Gellert: *Die zärtlichen Schwestern*), religiöser Bindungen (Lessing: *Miß Sara Sampson*), familialer Abschirmung (Lessing: *Emilia Galotti*) und rechtlicher Bestimmungen (Lessing: *Minna von Barnhelm*). Gemeinsam war ihren Figuren, daß sie im Bedingungsfeld äußerer Zwänge und innerer Überzeugungen und im Interdependenzgefüge affektiver

[336] Ebd., 79. Stück, S. 577.
[337] Ebd.
[338] Köhler: Der literarische Zufall, das Mögliche und die Notwendigkeit, S. 100.

Bindungen und egoistischer Interessen agierten und so die dem Konzept der *Liebesheirat* inhärenten Probleme szenisch präzisierten.

Im Drama von Lenz sieht dies ganz anders aus. Hier handeln keine substantiellen Charaktere, die scheitern, weil die Verhältnisse nicht danach sind, oder die den Hafen der Ehe erreichen, weil sich zum Schluß alles zum Guten fügt, sondern hier werden Dramenfiguren nach Ordnungsmustern, die über sie verfügen, aufeinander verwiesen. So sind die Beziehungen der Personen wesentlich literarisch vermittelt, und zwar auf zwei Ebenen: innerdramatisch fungiert Literatur als Modell der Beziehungsdefinition zwischen Figuren; diese machen die Rollenangebote der Literatur zum Bestimmungsgrund ihres Fühlens, Handelns und Redens – in diesem Fall spreche ich von der *personalen Intertextualität* des Dramas. Gesamtdramatisch stiften literarische Muster einen transpersonalen Sinnzusammenhang, der das Bewußtsein der Protagonisten überwölbt – das nenne ich die *strukturelle Intertextualität* des Dramas. Beide Dimensionen verbinden sich zur kritischen Aussage über das zeitgenössische Konzept des autonomen Individuums – hiermit spreche ich am Schluß meiner Ausführungen zu Lenz die *charakterkritische Dimension* des Dramas an.

Im Zusammenspiel dieser Dimensionen inszeniert das Drama zu seinem guten Abschluß eine Harmonie, die das Geschehen mit der Ankündigung von drei Hochzeiten in eine Familienidylle einmünden läßt, in der sich der Sohn mit der Mutter (der alte Pätus mit Marthe), der Vater mit dem Sohn (der alte Pätus mit dem jungen Pätus; Herr von Berg mit Sohn Fritz), der Vater mit der Tochter (der Major mit Gustchen; Herr Rehaar mit Jungfer Rehaar) und der Liebhaber mit der Geliebten (Fritz von Berg mit Gustchen; der junge Pätus mit Jungfer Rehaar) versöhnen. Besonders in seinem harmonistischen Ende nimmt sich das Stück wie eine Metakomödie aus, die eigene Formelemente kritisch reflektiert und dabei ideologische Implikate der verarbeiteten Form anschaulich werden läßt.

Im folgenden werde ich also weder immanent noch psychologisch analysieren, wie das Drama von Lenz die Widersprüchlichkeit des Konzepts *Liebesheirat* szenisch entfaltet. Vielmehr geht es mir darum aufzuzeigen, wie es die Unvereinbarkeit der Wirklichkeit mit dem Harmoniebild *Heirat* in der Differenz zwischen harmonischem Schluß und dem ganz Anderen der Realität inszeniert. Das Drama muß die soziale Wirklichkeit als Bedingungsmoment dramatischen Geschehens – um den Preis von Wahrscheinlichkeit und Plausibilität – negieren, damit es als Komödie glücklich enden kann. Dadurch gerät es in einen Widerspruch zu den von ihm evozierten Bedingungen der Empirie, die die harmonistische Gattungskonvention als unwahr erweisen.

Nach dieser pauschalen Vorausdeutung auf die Interpretationsergebnisse werde ich die formkritische Deutung der *strukturellen Intertextualität*, die aufzeigt, wie die Personen des Dramas nach Mustern arrangiert werden, die über ihre Köpfe hinweg wirken, mit einer inhaltskritischen Deutung der *personalen Intertextualität* verbinden, die aufzeigt, wie sich die Personen über literarische Muster untereinander und mit sich selbst vermitteln. Besonders offensichtlich wird letztere Dimension bei der berühmten Selbstkastration Läuffers, gemeinhin das Zeichen für den sozialkritischen Gehalt des Dramas. So wenigstens wollte es Brecht (und mit ihm viele andere) sehen,[339] wenn er nachdrücklich auf die gesellschaftliche Repression hinweist, die sich im „Libidoverzicht" manifestiere.[340] Diese Deutung findet im Drama allerdings nur geringen Anhalt. Als psychische Aspekte der Tat werden nicht tiefe Verzweiflung, innere Konflikte, der selbstquälerische Kampf angesichts übermächtiger äußerer Umstände gezeigt; vielmehr scheint sie dem Protagonisten ohne rechte Motivation mehr zufällig zu widerfahren. Als Wenzeslaus Läuffer nachdrücklich nach den Gründen seiner auffälligen Befindlichkeit befragt, äußert dieser lapidar: „Ich weiß nicht, ob ich recht getan – Ich habe mich kastriert ..."[341] Einen kausalen Wirkungszusammenhang spart die Handlungsabfolge aus, auf psychologische Plausibilität verzichtet das innerdramatische Geschehen, eine soziale Anklage wird nicht erhoben. Es ist vielmehr eine literarische Reminiszenz, die die Brücke zwischen Motiv und Tat bildet. Lange vor seiner Selbstkastration – mehr als ein Jahr ist seitdem vergangen – äußert Läuffer gegenüber Gustchen: „Es könnte mir gehen wie Abälard –" (II/5, S. 69). Als mögliches Motiv wird auf ein literarisches Modell angespielt; nach einem Jahr wird es in die Tat überführt. Aus der Kastration von Abälard wird die Selbstkastration von Läuffer, ohne daß an späterer Stelle die literarische Vorbildfigur als prägende Instanz aufgerufen würde. Zuschreibung und Kommentierung der Tat werden über Literatur geleistet. Das Drama läßt sogar offen, ob Läuffer diesem Modell bewußt oder unbewußt folgt. Gegen jede innere Motivierung wird ein äußerer Handlungszusammenhang etabliert, der literarischen Mustern folgt, in die sich die Personen als inhaltliche Füllung vorgegebener Formen einfügen.

Das genannte Beispiel ist kein Einzelfall; es verweist auf ein Strukturprinzip des gesamten Textes und stellt einen entscheidenden Ansatzpunkt zu seiner Deutung dar. Literatur entfaltet in diesem Drama eine verhaltensregulierende Kraft, die Intentionen prägt, Handlungen motiviert und Beziehungen stiftet. Wie sich die Protagonisten zu sich selbst und anderen verhalten, wie sie fühlen

339 Siehe Brecht: Zu *Der Hofmeister*, bes. S. 1235 f.; kritisch dazu Zimmermann: Marginalien zur Hofmeister-Thematik.

340 Siehe dazu auch Werner: Soziale Unfreiheit und ‚Bürgerliche Intelligenz' im 18. Jahrhundert, S. 238; ähnlich Mattenklott: Melancholie in der Dramatik des Sturm und Drang, S. 161.

341 Lenz: Der Hofmeister, V/3, S. 102; im folgenden wird direkt im laufenden Text zitiert.

und reden, folgt vorgegebenen Diskursen, die über sie verfügen – als seien die Akteure bloß Funktionen tradierter Muster, über die sie vermittelt werden.

Faßbar wird die Dimension *personaler Intertextualität* des Dramas vor allem in dem Beziehungsspiel zwischen Gustchen, Fritz und Läuffer. Literarisch inszeniert wird die Beziehung ein erstes Mal, als Fritz sein Studium in Halle aufnehmen muß. In der 5. Szene des 1. Aktes nehmen er und Gustchen Abschied und schwören, aufeinander zu warten und nach seiner Rückkehr zu heiraten. Die Trennungssituation, die mit ihrer Ablösung von Elternhaus und Kindheit entsteht, wird von ihnen als literarisches Rollenspiel zelebriert, das die Besonderheit des Augenblicks einer übernommenen Sinngebung unterwirft. Gustchen und Fritz evozieren die literarischen Rollen von Romeo und Julia, um ihre Situation artikulierbar zu machen, und werten sie durch die ästhetische Überformung zugleich auf. Die Diffusität ihrer Situation weicht und erhält die klare Kontur einer literarischen Beziehung.

FRITZ. Sie werden nicht Wort halten Gustchen: Sie werden mir nicht schreiben, wenn Sie in Heidelbrunn sind, und dann werd ich mich zu Tode grämen.
GUSTCHEN. Glaubst du denn, daß deine Juliette so unbeständig sein kann? O nein; ich bin ein Frauenzimmer; die Mannspersonen allein sind unbeständig.
FRITZ. Nein, Gustchen, die Frauenzimmer allein sind's. Ja wenn alle Julietten wären! – Wissen Sie was? Wenn Sie an mich schreiben, nennen Sie mich Ihren Romeo; tun Sie mir den Gefallen: ich versichere Sie, ich werd in allen Stücken Romeo sein, und wenn ich erst einen Degen trage! O ich kann mich auch erstechen, wenn's dazu kommt. (I/5, S. 50)

Das literarische Modell fungiert als Liebesversicherung. Hierbei drängt die Liebe nicht zu genuinem Ausdruck, sondern die Literatur drängt die beiden in ein vorgegebenes Verhältnis. Sie nähern sich nicht in empfindungsbezogener Rede und Gegenrede, ihre Sprache kommuniziert weniger Gefühle als dramatische Formeln; sie fixiert die Wahrnehmung des Gegenüber und die Selbstpräsentation an literarische Muster, deren Pathos beide ihrer Situation für angemessen halten.

War die zitierte Fiktion zunächst nur Ausdruck der Zweisamkeit von Gustchen und Fritz, so wird die Gemeinsamkeit zunehmend selbst zur literarischen Fiktion. Beide schwören sich Treue nach dem Modell ihrer literarischen Vorbilder. Fritz spricht Gustchen als „mein englisches" (I/5, S. 51) an und küßt sie. Er agiert als Romeo, der seine Julia verläßt. Wirklichkeit und Fiktion bilden ein Amalgam, das in der Suggestion von Individualität und Intensität besteht. Nicht Gefühle finden ihren authentischen Ausdruck, sondern der kopierte Ausdruck fiktionaler Authentizität verleiht dem diffusen Empfinden Form und Sprache und überführt subjektive Ungewißheit in intersubjektive Verbindlichkeit. Durch Anspielungen suggerieren sie wechselseitig Standfestigkeit und Treue, heben die Abschiedssituation in die Dimension des Tragischen und kompensieren so deren relative Banalität durch literarische Dignität.

Das Drama verdeutlicht nicht im Lichte von *Romeo und Julia* die Tragik von Gustchen und Fritz, sondern zeigt, wie ihr angemaßter Anspruch von Tragik ins Lächerliche pathetischer Gefühle umschlägt. Der Geheime Rat spricht dies unmißverständlich aus, indem er in die Rolle des nüchternen Realisten schlüpft, der der Literatur jede wirklichkeitserfassende Kraft abspricht:

Ich habe nichts dawider, daß ihr euch gern seht, daß ihr euch lieb habt, daß ihr's euch sagt, wie lieb ihr euch habt; aber Narrheiten müßt ihr nicht machen; keine Affen von uns Alten sein, eh ihr so reif seid als wir; keine Romane spielen wollen, die nur in der ausschweifenden Einbildungskraft eines hungrigen Poeten ausgeheckt sind und von denen ihr in der heutigen Welt keinen Schatten der Wirklichkeit antrefft. (I/6, S. 53)

Das *Romeo und Julia*-Motiv wird im zweiten Akt, fünfte Szene, erneut aufgegriffen, jetzt zwischen Läuffer und Gustchen.[342] Diesmal dominiert Gustchen das Sprachspiel und entfaltet eine literarische Szenerie, in die sie Läuffer zu integrieren sucht. Wieder ruft sie die Identifikation mit Julia auf, während Läuffer, der das Spiel nicht kennt, fremd danebensteht. Er dient Gustchen als Medium, durch das sie sich als Julia auf ihren Romeo-Fritz beziehen will. Ausgangssituation ist wiederum eine Trennungssituation. Läuffer will seine Hofmeisterstelle aufgeben. Das in der ersten Trennungssituation zwischen Fritz und Gustchen entfaltete literarische Pathos wird nun von ihr auf die neue Situation übertragen und erhält so einen doppelt abgeleiteten Status. Die jetzt artikulierten Gefühle sind die nachgeahmten Gefühle der ersten Situation, die wiederum die nachgeahmten Gefühle literarischer Muster sind. Läuffer wird mit Fritz identifiziert, der mit Romeo identifiziert wurde. Gustchen eröffnet, nachdem sie von Läuffers Absicht erfahren hat, den Dienst zu quittieren, ihre literarische Inszenierung mit den Worten: „Grausamer, und was werd ich denn anfangen?" (II/5, S. 67) Läuffer weiß nicht, was gespielt wird; die Offerte, in die Welt des literarischen Pathos einzutreten, sich deren Bedingungen von Rede und Tat zu unterwerfen, prallt an ihm ab; ihm steht der Sinn nach anderem. Gustchen läßt jedoch nicht locker; sie ergreift das Wort und die Initiative, „nimmt seine Hand" und spricht in exaltierter Liebesrhetorik: „O Tod! Tod! warum erbarmst du dich nicht!" (II/5, S. 68) Doch noch immer springt der Funken nicht auf Läuffer über. Die ihn bedrängenden Probleme seiner Hofmeister-Existenz immunisieren ihn zunächst gegen das literarische Spiel. Von einer „leidenschaftliche[n] Zuneigung zu seiner Schülerin", die Schöne in der Szene II/2 entdeckt haben will, findet sich hier keine Spur.[343] Doch Gustchen ist zäh.

[342] Wie bewußt Lenz dieses Thema wählt, wird dadurch deutlich, daß in der Handschrift die entsprechenden Passagen fehlen, er sie also erst für den Druck als ihm wichtig eingefügt hat. Die Handschrift wird zitiert nach Lenz: Der Hofmeister. Synoptische Ausgabe, S. 66.

[343] Schöne: Säkularisation als sprachbildende Kraft, S. 93.

Sie versucht weiterhin, mit Hilfe literarischer Versatzstücke eine fiktive Welt aufzubauen, in der sie sich und Läuffer die Rollen unglücklich Liebender zuweist. Für den abwesenden Fritz wird jetzt Läuffer als sein Stellvertreter in die Rolle „Romeo“ eingewiesen. Dessen Hand wird ihr zum Anlaß, sich die Hand von Fritz als die Romeos zu wünschen: „O Romeo! wenn dies deine Hand wäre –“ (II/5, S. 68). Gustchen spielt Liebe nach Maßgabe der Literatur; in Fritz findet sie den imaginativen, in Läuffer den körperlichen Repräsentanten. Weder Gefühl noch Ausdruck sind authentisch, wenn Gustchen eine Abschiedsszene nach den Regeln der dramatischen Vorgabe inszeniert. Beide sind vorab vermittelt. Nur der Schein von Authentizität wird durch die Wiederholung von überkommenen Ausdrucksfragmenten erzeugt. Dabei ist der authentische Ausdruck immer schon Kopie; das authentische Gefühl ist situativer Effekt, eher produziert von sprachlichen Formeln, als daß es diesen vorausginge und in ihnen einen repräsentierenden Ausdruck fände. Gustchen zu Läuffer:

Aber so verlässest du mich, unedler Romeo! Siehst nicht, daß deine Julie für Dich stirbt – von der ganzen Welt, von ihrer ganzen Familie gehaßt, verachtet, ausgespyen. *drückt seine Hand an ihre Augen* O unmenschlicher Romeo! (II/5, S. 67)

Läuffer, dem nichts ferner liegt, als in dem von Gustchen inszenierten Spiel eine vorgegebene Rolle – und das noch stellvertretend für den abwesenden Fritz – einzunehmen, steht daraufhin auf: „Was schwärmst du wieder?“ Dieser ernüchternde Einwand führt Gustchen dazu, ihr Spiel zu thematisieren. Noch weiß sie, was sie tut: „Es ist ein Monolog aus einem Trauerspiel, den ich gern rezitiere, wenn ich Sorgen habe.“ (II/5, S. 68) Doch zunehmend verfällt sie ihrer fiktiven Welt, verliert sie das Bewußtsein für die literarische Vermittlung ihrer Selbstinszenierung. Das Ich der Rolle löst sich im Rollen-Ich auf und erfährt tragische Würde aus zweiter Hand – gegen jede Realität. So zelebriert sie das Verbot von Fritz' Vater, Briefe zu schreiben, um dem Liebespathos den richtigen Aufschwung ins Unbedingte zu verleihen. In der 1. Szene des 6. Aktes hatte der Geheime Rat ausdrücklich einen Briefwechsel zwischen Gustchen und Fritz erlaubt, wenn auch mit Einschränkungen. Sie aber adaptiert das Kommunikationsverbot des Shakespeareschen Liebespaars, um im Gefühlsüberschwang Julia nachzufolgen: „Deines Vaters Verbot, Briefe mit mir zu wechseln; aber die Liebe setzt über Meere und Ströme, über Verbot und Todesgefahr selbst “ (II/5, S. 68f.).

Während Gustchen am Ende ihres langen literarisch geprägten Monologs vollständig zum Teil ihrer Inszenierung wird und Läuffer, dessen Hand sie „inbrünstig“ (II/5, S. 69) küßt, im emphatischen Überschwang zum „göttlichen Romeo!“ (II/5, S. 69) erhebt, spürt Läuffer das Prekäre der fiktionalisierten Situation. Während Gustchen die Realität zugunsten der Fiktion suspendiert und so ihre Lage literarisch erhöht, assoziiert er im Gegenzug seine problematische

Situation mit einer historischen Gestalt, ohne dabei allerdings zur Klarheit eines Gedankens vorzudringen. Dem wechselseitigen Händeküssen folgt sein ahnungsvolles: „Es könnte mir gehen wie Abälard –" (II/5, S. 69). Abälard, der seine Schülerin Héloïse verführte, heimlich heiratete und von ihrem Vormund überfallen und entmannt wurde, steht Läuffer vage als drohendes Schicksal vor Augen. Auf diese Vagheit legt Lenz großen Wert. Nicht von ungefähr hat er sie in der publizierten Fassung ausdrücklich herausgestellt. Was hier diffus bleibt, führt die vielfach explizitere Berliner Handschrift aus:

Ich hab Ursache zu vermuthen daß es mit dir nicht zum besten steht und wenn einer deiner Verwandten nur das geringste einmal merkte, könnt' es mir gehen wie Abälard –[344]

Die Berliner Handschrift entfaltet nun einen kurzen Dialog, der die Geschichte von Abälard anspricht. Es kommt ein Gespräch zustande, in dem Gustchen recht eindeutig auf die Vermutung Läuffers eingeht, sie könne schwanger sein:

Was hast du zu vermuthen? ich versichere dich du irrst dich. Wenn es so weit kommt, werde ich dirs gewiß vorher sagen. Ich befind mich nicht wohl, das ists alles – Aber sage mir wie gieng es dem Abä – Abard – wie hieß er? was war des für einen?[345]

Gegenüber der Handschrift läßt das Druckmanuskript hingegen bewußt vieles offen, auch für die Figuren. Ihre Lage wird ihnen nur ganz ungefähr deutlich und artikulierbar (woraus allerdings nicht zu schließen ist, daß Gustchen von Läuffer nicht geschwängert wurde).[346] Ein Dialog, in dem es um Verständigung

[344] Lenz: Der Hofmeister. Synoptische Ausgabe, S. 66.

[345] Ebd.

[346] Die Handschrift spricht auch hier eine deutlichere Sprache. Fritz erhält einen Brief von Seiffenblase; heißt es in der Druckfassung: „so werden Sie auch wohl den Unglücksfall nicht wissen mit dem Hofmeister, welcher aus Ihres gnädigen Onkels Hause ist gejagt worden, weil er Ihre Kusine genothzüchtigt, worüber sie sich so zu Gemüth gezogen, daß sie in einen Teich gesprungen" (V/6, S. 145), so steht in der Handschrift: „welcher Ihre gnädige Cousine verführt hat und deshalb ist aus dem Hause gejagt worden, worüber sie sich also sehr gegrämt hat, daß sie in einen Teich gesprungen nachdem sie vorher von einem Sohn ist entbunden worden". Lenz: Der Hofmeister. Synoptische Ausgabe, S. 144. Stellt die Handschrift einen expliziten Bezug zwischen dem Geschlechtsverkehr von Läuffer und Gustchen und deren Schwangerschaft her, so läßt die Druckfassung dies offen. Hinzu kommt die Irritation der Zeitdauer. Nachdem schon ein zeitgenössischer Rezensent moniert hatte, daß Gustchens „Kind nach der mäßigsten Rechnung 13 bis 14 Monat in Mutterleibe geblieben ist" (in: Lenz: Der Hofmeister. Erläuterungen und Dokumente, S. 105 f.), ist neuerdings von einigen Interpreten Läuffer und Gustchen erneut die Rechnung aufgemacht worden, um den Vaterschaftsnachweis zu führen. Ausgangspunkt ist die Feststellung, daß zwischen der letzten Begegnung der beiden in II/5 bis zur Geburt des Kindes in IV/2 über ein Jahr vergangen ist. Daraus schließt Lappe: Wer hat Gustchens Kind gezeugt?, nicht Läuffer, sondern Pätus habe das Kind während seiner Ab-

geht, findet nicht statt; Meinungen werden nicht geäußert, Vermutungen nicht zurückgewiesen, Verständnisfragen nicht gestellt. Die Reden sind eher „Streiflichter auf den Gemütszustand einer Person“[347], Zeichen dafür, wie sehr die Figuren in sich verschlossen bleiben, sich selbst fremd sind und sich dem anderen nicht in partnerbezogenem Zwiegespräch öffnen.

Auf Läuffers „Es könnte mir gehen wir Abälard“ entgegnet Gustchen: „Du irrst dich – Meine Krankheit liegt im Gemüt – Niemand wird dich mutmaßen.“ (II/5, S. 69) In dieser Dialogsequenz ist kaum noch etwas explizit; alles ist unter die Oberfläche gedrängt, der Verständigung mit dem Partner und dem eigenen Verständnis so weit entzogen, das eine Klärung von Situation und Beziehung unmöglich wird. „Hast du die neue Heloïse gelesen“? (II/5, S. 69) Mit dieser Frage fährt Gustchen fort – Zeichen dafür, wie sehr sie sich in ihrem privaten Assoziationsgeflecht verfängt und dabei sich und Läuffer aus dem Blick verliert. Julie, die neue Héloïse aus Rousseaus Roman, entsagt der Liebe zu ihrem Hauslehrer, heiratet einen tugendhaften Mann, bekommt von ihm Kinder, führt ein ehrbares Leben, während der Geliebte als Hausfreund in moralischer Distanz bleibt, bis dann Julie im Sterben den Schleier der Täuschung zerreißt, hinter dem sie, auch vor sich selbst, ihre leidenschaftliche Liebe zu ihrem Hauslehrer verbarg. Doch der Inhalt des Romans wird von Gustchen und Läuffer nicht zur Klärung der eigenen Beziehung genutzt, er entspringt, reduziert auf einen Lektürehinweis, einem diffusen Konnotationsimpuls, der sich im Aussprechen schon erschöpft.

Deutlich wird: Literatur dient den Protagonisten nicht als Medium der Selbsterkenntnis, sie trägt nicht zur Klärung ihrer Situation bei – im Gegenteil: Die literarische Reminiszenz erzeugt das Leben, Wirklichkeit wird zum Effekt eines Rollenspiels. Vor allem Gustchen agiert im Rahmen literarischer Vorstellungsbilder, deren leibhaftige Erfüllung sie sein will.[348] Hierbei sind die literarischen Rollen keineswegs mit den jeweiligen Situationen vermittelt, sondern sie vermitteln die Personen inhaltlich vage mit einem Gefühlsgehalt. So ahmt das Drama von Lenz nicht nur das empirische Leben nach – das ist seine mimetische

wesenheit von Halle gezeugt, wohingegen Knopf: Noch einmal: Pätus, Seiffenblase für den Vater hält; siehe dazu die Erwiderung von Lappe: Noch einmal zur Vaterschaftsfrage in Lenz' *Hofmeister*. Plausibler scheint es mir, von einem biologischen Lapsus von Lenz auszugehen, woraus allerdings kaum zu folgern ist, Lenz hätte nicht über die Dauer einer Schwangerschaft Bescheid gewußt – so Schmiedt: Wie revolutionär ist das Drama des Sturm und Drang, S. 52, Anm. 17, der darauf hinweist, daß Lenz auch in seiner Plautus-Übersetzung *Die Buhlschwester* von einer zwölfmonatigen Schwangerschaft spricht.

[347] Inbar: Shakespeare in Deutschland, S. 206.

[348] Siehe dazu auch Lenz' Trauerspielkonzept *Zum Weinen oder Weil ihrs so haben wollt*. Dort heißt es über die vier Protagonisten des Dramas: Alle „haben ihre Idee im Kopf und lieben in ihren Geliebten nur ihre Idee.“ (S. 568)

Dimension, die sich in den sozialkritischen Aspekten zeigt –, sondern die fiktiven Figuren *im* Drama ahmen auch die Literatur nach – hier zeigt sich seine *personale Intertextualität*, die deutlich macht, wie sehr die Protagonisten Mustern der Literatur folgen. Sie reproduzieren nicht selbstbestimmt als autonome Individuen, sondern fremdbestimmt auf ungefähre Weise, was ihnen literarische Gestalten vorgemacht haben.

Hier reflektiert sich mehr als die individuelle Unfähigkeit der Protagonisten, ihrem Empfinden authentischen Ausdruck zu verleihen. Verwiesen wird auf ein generelleres Problem der Zeit: Mit der Ausrufung des Individuums, das sich aus allen Vermittlungszusammenhängen zu lösen hat, sich authentisch und unverwechselbar zur Geltung bringen soll, ist zugleich die Vorstellung verbunden, daß auch die Beziehung zum Gegenüber unmittelbar sein soll bzw. alle bestehenden Vermittlungen zu durchbrechen habe, allein bestimmt von und bezogen auf die Individualität des Gegenüber. Freilich bergen diese Postulate konzeptionelle Probleme: Wie ist Einzigartigkeit kommunizierbar? Ist sie letztlich nicht Produkt einer Sprache, die sie nach Maßgabe ihrer Muster herstellt und damit hinterrücks ihres Authentizitätsanspruchs entkleidet? Ist nicht auch die Liebe, die sich als Gefühl unvergleichlich, ja unaussprechlich dünkt, literarisch entworfen, damit vorgegebenen Redeordnungen verpflichtet, in die die Personen als deren Funktionen eintreten?

Lenz' Drama *Der Hofmeister* macht dies jenseits seiner sozialkritischen Außenseite zu seinem Thema, indem es *mimetisch reflektiert*, wie Menschen durch vorgegebene Deutungsmuster in ihrem Erleben und Handeln präformiert sind. Es verdeutlicht, daß die zeitgenössische Liebeskonzeption, die Einzigartigkeit zum Quellgrund und Bezugspunkt der Liebe erhebt und damit jede Allgemeinverbindlichkeit negiert, selbst Produkt diskursiver Zuschreibungen ist. Es macht so auf die Sprachinduziertheit von Gefühlen und Verhaltensweisen aufmerksam. Wenn zwei sich lieben, so lieben sie sich immer auch nach Mustern, die sich aus der Tradition speisen und die Liebenden übersteigen, die zwar glauben, was ihnen widerfährt, sei unvergleichlich, die bei dieser Deutung der Beziehung aber auf literarisch gestaltete Muster der Unvergleichlichkeit rekurrieren – ein Verhalten, das bei Gustchen besonders eklatant ins Auge springt.

Die Tektonik des Dramas verschärft auf der Ebene *struktureller Intertextualität*, auf der die Personen zu Handlungszusammenhängen formiert werden, in die sie unvermittelt über die Figurenperspektive hineingestellt werden, diesen Befund der Pseudoauthentizität. Auf die Bedeutung dieses transsubjektiven Bezugssystems des Dramas, das auf die gesamtdramatische Organisation des Geschehens zielt, hat Albrecht Schöne anhand eines biblischen Motives aufmerksam gemacht. In seinem Buch *Säkularisation als sprachbildende Kraft*[349]

[349] Schöne: Säkularisation als sprachbildende Kraft, S. 92–138.

weist er auf die prägende Kraft des Modells vom *Verlorenen Sohn* hin, das zwischen verschiedenen dramatischen Ereignissen Verkettungen stiftet, die quer zur Logik, zur Psycho-Logik und zur Wahrscheinlichkeit stehen.[350] Lenz verwirklicht diese Modellbeziehung zwischen Vater und verlorenem Sohn in fast jeder menschlichen Beziehung, unabhängig vom Geschlecht und ohne Rücksicht auf äußere und innere Motiviertheit. Indem er diese Beziehungsstruktur mit Notwendigkeit und Selbstverständlichkeit jenseits aller sozialen und persönlichen Umstände der Figuren realisiert, suggeriere er – so Schöne – eine schicksalhafte Unausweichlichkeit und damit eine „höhere Rechtfertigung von Trennung und Zerwürfnis"[351].

Offen bleibt jedoch, ob mit der Parabel vom *Verlorenen Sohn* als verborgenem Strukturprinzip die besondere, im wahrsten Sinne des Wortes merkwürdige Charakter- und Handlungsgestaltung des *Hofmeister* zureichend erfaßt ist. Ein Indiz dafür, daß der Bezug auf das transsubjektive Bezugssystem des *Verlorenen Sohnes* interpretatorisch nicht ausreicht, ist der Tatbestand, daß die Figuren des Dramas selbst literarische Motive, Muster und Vorlagen direkt oder indirekt zitieren, daß im Lenzschen Drama also auch eine *personale Intertextualität* angelegt ist, die sich von der *strukturellen* dadurch unterscheidet, daß die dramatischen Figuren selbst Literatur zur Einflußgröße, wenn nicht zum Vorbild ihres Fühlens und Handelns machen. So liest Gustchen tagein, tagaus Trauerspiele (I/4, S. 49), sie und Fritz gestalten ihre Abschiedsszene – bewußt und ausdrücklich – nach Shakespeares *Romeo und Julia* (I/5, S. 50), und sie prophezeit ihrem jugendlichen Geliebten „Ja Sie werden's machen, wie im Gellert steht: Er besah die Spitz' und Schneide, und steckt' ihn langsam wieder ein" (I/5, S. 50). Später gehen Fritz, Pätus und Bollwerk zu einer Aufführung der „Döbblinsche[n] Gesellschaft", die Lessings *Minna von Barnhelm* (II/3, S. 64ff.) gibt. Auch in einer weiteren Liebesszene zitiert Gustchen Shakespeares *Romeo und Julia*, diesmal mit einem anderen Liebhaber, ihrem Lehrer Läuffer. Entsprechend antizipiert Läuffer sein zukünftiges Schicksal als Wiederholung des Abälardschen, woraufhin Gustchen in bezug auf ihre eigene Situation *Die neue Héloïse* von Rousseau einfällt. (II/5, S. 69) Von den Freunden Fritz und Pätus behauptet der Herr von Seiffenblase, sie spielten die Komödie von *Damon und Pythias*. (III/3, S. 81)

Der *Hofmeister* enthält also nicht nur ein, sondern zahlreiche literarische Muster, die von den Figuren nachgelebt und für die eigenen Beziehungsdefinitionen funktionalisiert werden. Zum Teil modellieren die literarischen Vorbilder

[350] Als rührseliges „Familiengemälde" hat Lenz die Verzeihung des Vaters dem Sohn gegenüber dramatisch gestaltet in: Die beiden Alten; siehe dazu Sørensen: Herrschaft und Zärtlichkeit, S. 145f. u. S. 220, Anm. 67.

[351] Schöne: Säkularisation als sprachbildende Kraft, S. 135.

die Szenen zwischen den Figuren, zum Teil aber überwölben kulturell tradierte Beziehungssequenzen das Handlungsgeschehen als transsubjektive Sinnebene des Dramas. Schöne hat letztere in den Blick genommen – in meiner Terminologie: die *strukturelle Intertextualität*. Auch hier zeigt das Drama die Personen nicht als Handelnde, die selbstgesteckte Ziele erreichen wollen, sondern gleichsam als abhängige Variablen, die in eine vorgegebene Gleichung integriert werden. Diese konstelliert die Figuren zu einem dramatischen Ende, das ihnen ohne intentionales Tun widerfährt, weil das transsubjektive Muster es so will. Wenn Schöne – nicht ohne gewisse Gewaltsamkeiten – die Dominanz des vom biblischen Gleichnis vorgegebenen Allgemeinen über das Individuelle der einzelnen binnendramatischen Schicksale konstatiert, dann läßt sich das mit interpretatorischem Gewinn auch für das Schlußtableau des Dramas feststellen.[352]

Nachdem im *Hofmeister* die Kinder ihre familiale Herkunftswelt verlassen haben und in viele Richtungen verstreut wurden, kehren sie zum Schluß des Dramas alle wieder in den Mittelpunkt der Familienordnung zurück – eine dreifache Heirat ist dann Siegel für eine Zukunft, die alle Zwistigkeiten und Widrigkeiten, alle Niedertracht und Rachsucht der Vergangenheit auslöschen wird. Mit diesem Schluß ordnet sich Lenz' Drama in die europäische Komödientradition ein,[353] die in der *Neuen Komödie* von Terenz eines ihrer Vorbilder findet[354] und – bei allem Wandel historischer Gehalte – auch für das Familienschauspiel des letzten Drittels des 18. Jahrhunderts strukturbestimmend ist.[355] Paradigmatisch für den Gang des Geschehens ist ein Ablaufschema, demgemäß das Drama nach allerlei Verwicklungen, Intrigen, Unglücksfällen, unstandesgemäßem Verhalten, Leichtfertigkeiten und ehrgeizigem Aufstiegsstreben mit der Restauration der durch dieses Verhalten zeitweilig zerrütteten Familienordnung endet. Sie wird dem Zuschauer am Schluß im gestellten Bild harmonischer Eintracht als eine allen Zeitumständen enthobene Lebensform des wahren Glücks präsen-

[352] Generell zur Tektonik des Dramas, die gekennzeichnet ist durch die Auflösung einer durchgängigen Bühnenhandlung „in der bildhaften Verdichtung sozialer Situationen zum Tableau", siehe Unger: Handeln im Drama, S. 201–213, Zitat S. 267.

[353] Zu Lenz' intensiver Beschäftigung mit Plautus, insbes. seinen aktualisierenden Übersetzungen *Lustspiele nach dem Plautus*, siehe Pelzer: Das Modell der ‚alten' Komödie; auch Bauer: „Plautinisches" bei Jakob Michael Reinhold Lenz.

[354] Zu Einzelheiten siehe Fuhrmann: Lizenzen und Tabus des Lachens; auf die Bezüge von Lenz' *Hofmeister* zur hellenistisch-römischen Komödientradition mit ihrem dreiphasigen Muster von intakter Familie – Destruktion der Familienordnung – deren Wiederherstellung im Verlauf des Stückes, weist hin Sørensen: Herrschaft und Zärtlichkeit, S. 160 f.

[355] Siehe hierzu Ladendorf: Die Familie unter dem Patronat des Deus-ex-machina, bes. S. 111 ff.

tiert.[356] Damit aber ist das dynamische Geschehen von vornherein auf seine Aufhebung hin angelegt. Nicht von ungefähr signalisieren viele Gattungsbezeichnungen, daß die Aufhebung der Handlungsdynamik im Schlußtableau Ziel und Intention des Dramas ist. So bezeichnet Gustav Friedrich Wilhelm Großmann sein Drama *Nicht mehr als sechs Schüsseln* als „Familiengemälde". August Wilhelm Iffland wählt die gleiche Bezeichnung für sein Drama *Verbrechen aus Ehrsucht*, und Friedrich Ulrich Ludwig Schröder variiert diese für sein Stück *Der Vetter aus Lissabon* zum „bürgerlichen Familiengemälde".[357]

Lenz reiht sich nicht nur mit seinem Stück *Die beiden Alten*, das ebenfalls die Gattungsbezeichnung „Ein Familiengemälde" trägt, explizit in diese Tradition ein,[358] sondern folgt schon in seinem ersten Dramenversuch, dem Fragment gebliebenen *Verwundeten Bräutigam*[359], dem seit Gellert in Deutschland etablierten Schema der Rührkomödie. Deren Muster gemäß endet das Geschehen, nachdem ein aufbegehrender Diener zunächst den Protagonisten Schönwald schwer verletzt hatte, mit der Aussicht auf die schon lange angekündigte Hochzeit. Der Bräutigam ist außer Lebensgefahr, und die Familienangehörigen versammeln sich zum Schlußtableau um sein Bett, um dem gerührten Publikum ihre Harmonie als zeitenthobene Glücksverheißung darzubieten.[360] Auf den ersten Blick stellt sich der *Hofmeister* prononciert in die Reihe der Stücke, die in einer glücklichen Heirat alle Widersprüche, Verwirrungen, Intrigen und Mißverständnisse aufheben. Und während die von der Empfindsamkeit beeinflußten Familienschauspiele der Zeit es meist nur zu *einer* Hochzeit, bestenfalls zur Doppelhochzeit bringen, wie Diderots *Père de famille* und Lessings *Minna von Barnhelm*, übertrumpft Lenz sie noch mit der Aussicht auf eine dreifache Heirat. Wie in der Trivialdramatik der Zeit vielfach üblich, nun aber höchst akzentuiert, lösen sich die Turbulenzen des Geschehens in allumfassender Versöhnung auf.

[356] Im Hinblick auf Diderot und dessen Programmatik des Schlußtableaus siehe Szondi: Tableau und coup de théâtre; zur Mode der gestellten „lebenden Bilder" siehe Langen: Attitüde und Tableau in der Goethezeit.

[357] Zu Einzelheiten und weiteren Belegen siehe Schaer: Die Gesellschaft im deutschen bürgerlichen Drama, S. 22 ff. und S. 189; Hinck: Das deutsche Lustspiel des 17. und 18. Jahrhunderts und die italienische Komödie, S. 354 f.; zur theoretischen Verwendung dieser Gattungsbezeichnung seit der Mitte der fünfziger Jahre des 18. Jahrhunderts siehe Wierlacher: Das bürgerliche Drama, S. 41.

[358] Zuerst publiziert in: Flüchtige Aufsätze von Lenz, Zürich 1776, zuvor hat Lenz es 1775 vor der Straßburger literarischen Gesellschaft vorgetragen.

[359] Lenz: Der verwundete Bräutigam.

[360] Auf den Zusammenhang dieses Endes mit dem des *Hofmeisters* als dem einer „kontrafaktischen Destabilisierung des eigenen Jugendwerkes" (S. 483) weist Wirtz hin: Das Ende der Hermetik.

Doch der Schein trivialdramatischer Harmonisierung verfliegt, wenn man den Geschehensablauf, der zu diesem Ende führt, näher beleuchtet. Bereits Zeitgenossen haben an der unübersehbaren Artifizialität des dramatischen Ganges und der offensichtlichen Häufung der Zufälle Anstoß genommen. So schreibt Wieland im 3. Stück des 7. Bandes des *Teutschen Merkur* von 1774:

Um der Kunst willen, das heißt, um ein Stück, das einmal nicht Trauerspiel seyn sollte, nicht tragisch zu enden, ist die Entwicklung unnatürlich übereilt worden. Aussöhnungen, Verzeihungen, Wiedervereinigungen, Lotterien, Heyrathen folgen Schlag auf Schlag, so viele Schwierigkeiten allen diesem entgegenstanden. Am unnatürlichsten und übereiltesten ist des Hofmeisters Schicksal.[361]

Später kritisiert Friedrich Hebbel dann die Zufälligkeiten, die die Personen auf nicht nachvollziehbare Weise zusammenführen:

sie finden sich zusammen, wie König und Dame und Bube im Kartenspiel zusammen kommen, und ihr Schicksal ist dann am Ende auch ein Kartenschicksal, eine rohe willkürliche Combination des Zufalls.[362]

Um zu dem guten Komödienende dreier Hochzeiten zu kommen, nimmt Lenz offenkundig keinerlei Rücksicht auf Plausibilität des Geschehens und psychologische Motivation der Protagonisten. Eine stringente Verknüpfung der Handlungsabfolge wird zugunsten des Zufalls, der alles auf harmonische Weise fügt, suspendiert. Da rettet der Vater seine Tochter, als sie gerade ins Wasser springen will, weil er zufällig vorbeireitet (IV/4, S. 93), da trifft die blinde Marthe mit dem Kind Gustchens auf dem Arm zufällig Läuffer und erzählt ihm dessen Geschichte (V/1, S. 99f.), da fügt es der Zufall, daß der Geheime Rat Jungfer Rehaar vor den Nachstellungen des Herrn von Seiffenblase schützen kann (V/7, S. 109), da kommt Fritz „eben jetzt“ (V/11, S. 119) zum Versöhnungsfinale zurück, da entbrennt Pätus im richtigen Augenblick in Liebe zur Jungfer Rehaar (V/11, S. 119), und da werden alle finanziellen Probleme gelöst, weil ein Lotteriegewinn zufällig Geld ins Haus bringt (V/8, S. 110). Hinzu kommen Versöhnungen, welche zerbrochene Familienbeziehungen aufs schönste restaurieren; und dies, obwohl das ganze Stück von Gewalt durchzogen ist. Ohrfeigen und Beleidigungen sind noch harmlosere Formen der Aggression, auch Schüsse fallen, ein Duell findet statt, Hausfriedensbruch wird begangen, ein Vater will denjenigen, der seine Tochter geschwängert hat, erschießen, die Mutter eines unehelichen Kindes begeht einen Selbstmordversuch, der Vater des Kindes kastriert sich, ein anderer Vater verstößt seine blinde Mutter und läßt sie in Armut darben; Ehestreitereien sind an der Tagesordnung, Kinder begehren gegen ihre Eltern auf, Eltern versuchen, ihre Kinder zu disziplinieren, es kommt zu Kerker-

361 Zit. nach Lenz: Der Hofmeister. Erläuterungen und Dokumente, S. 103.
362 Ebd., S. 125.

haft und Verstoßung. Doch am Ende findet die Versöhnung statt: Der Major verzeiht seiner Tochter alles, das uneheliche Kind von Gustchen ist für Fritz weder Thema noch Hindernis, sondern Anlaß, die Vermählung und die Adoption des unehelichen Kindes mit Enthusiasmus zu proklamieren. Das Versöhnen nimmt kein Ende. Der Geheime Rat söhnt sich mit seinem Sohn Fritz aus, der alte Pätus mit der von ihm verstoßenen Mutter, die zufällig Gustchen aufgenommen hatte, und Pätus will die Jungfer Rehaar heiraten. Überall Liebe, Nachsicht, Hilfsbereitschaft, Reue. Und am Ende stehen drei Hochzeiten ins Haus, Zeichen dafür, daß alle ideologischen, rechtlichen, ständischen und moralischen Schwierigkeiten überwunden sind. Die Heirat triumphiert über alles; Eigennutz und Standesbewußtsein, physische und soziale Realitäten gelten nichts angesichts einer Schlußharmonie, die alle inneren und äußeren Bedingtheiten der Existenz auslöscht.

Ist es die Utopie eines besseren Daseins, die als Familienharmonie der gesellschaftlichen Ordnung entgegengesetzt wird? Läßt sich der Schluß als „Aufruf zu unverstellter, aus Verstehen und Verzeihen sich erneuernder Mitmenschlichkeit"[363] verstehen? Ist es die Flucht aus gesellschaftlichen Widersprüchen in die Harmonie zwischenmenschlicher Beziehungen? Handelt es sich um die Lösung einer Krise, die entfremdete Beziehungen in „neue Familienbeziehungen" einmünden läßt, in der die „edelen Herzen" die alten patriarchalischen Machtverhältnisse in neue emotionale Familienverhältnisse transformieren?[364] Ist also das Dramenende Ausdruck moralischer Emanzipation von sozialen Zwängen? Wird hier Gleichheit im Zwischenmenschlichen postuliert, wo soziale Ungleichheit im Gesellschaftlichen nicht aufzuheben ist? Oder umgekehrt: Verweist der Schluß, „dessen ohnehin fadenscheinige Harmonie nur durch Häufung extravagantester Wendungen zu erzielen war [...] auf eine Gesellschaftsordnung, in der der gute Ausgang dem Glück überlassen bleibt?"[365]

Bei allen Deutungsversuchen, die von solchen Fragen ausgehen, bleibt zu bedenken, daß dem Schein-Charakter des Schlusses ein spezifisches Moment der Kritik innewohnt. Denn in der forcierten Unwahrscheinlichkeit des Schlusses stellt das Drama heraus, wie die Versöhnung als Formzitat des zeitgenössischen Familienschauspiels nur um den Preis stringenter Handlungsführung und plausibler Motivation zustande kommen kann. Nicht die Akteure sind es, die sich kraft ihrer moralischen Größe und ihrer vernünftigen Einsicht miteinander versöhnen, sondern sie werden versöhnt nach Maßgabe eines literarischen Modells, das über sie verfügt. Sie agieren gleichsam nur als Erfüllungsgehilfen eines Komödienschemas, das sich am Schluß ad absurdum führt, indem das

[363] Titel: „Nachahmung der Natur", S. 259.

[364] Siehe dazu Hinderer: Jakob Michael Reinhold Lenz. *Der Hofmeister*, S. 79.

[365] Profitlich: Der Zufall als Problem der Dramaturgie, S. 176.

Drama deutlich macht, daß der Handlungsausgang allein dem Zufall und der Mißachtung von Psycho-Logik geschuldet ist.

Der Schluß des Dramas ruft in seiner übersteigerten Form der dreifachen Hochzeit die Tradition der Komödienschlüsse auf und führt sie ins Unsinnige. Dadurch unterstreicht er, was schon die *personale* und die *strukturelle Intertextualität* des Dramas verdeutlicht haben – daß die Akteure nicht selbstbestimmt handeln, sondern Realisatoren zitierter Modelle sind. Nur weil sie als substanzlose Akteure kein Gedächtnis, keine verinnerlichten Normen, keine geglaubten Überzeugungen haben, vermögen sie problemlos die Harmonie zu stiften, die ihnen das literarische Muster vorschreibt. Diese Figurenkonzeption übt Kritik am zeitgenössischen Ideologem des autonomen Ich, das sich durch Übereinstimmung mit sich selbst auszeichnet und eine innere Geschichte hat, in der Erfahrungen und Erlebnisse nicht nur Spuren hinterlassen, sondern sich zu einem charakterologischen Zusammenhang verknüpfen. Dieser soll Fundament einer Persönlichkeit sein, die als Ganzes den Zusammenhang von Gefühl und Ausdruck, Gedanke und Tat garantiert. Programmatisch hatte Friedrich von Blanckenburg in seinem *Versuch über den Roman*[366] die Abbildung dieses Zusammenhangs als narrative Leistung des Romanautors gefordert, als Beschreibung von Individualität, die im Prozeß ihrer literarischen Herstellung vorausgesetzt wird. Lenz vermag diesem Postulat der sprachlichen Erzeugung von Individualität im Verfahren hermeneutischer Kohärenzstiftung zwischen Teil und Ganzem im Zeichen integraler Persönlichkeit nicht zu folgen. Das Disparate und Dissonante entzieht sich für ihn der literarischen Formung zum Kontinuierlichen und Konsistenten,[367] die Figuren erscheinen ihm als „Ball der Umstände" – ein Problem, das er in seiner Schrift *Über die Natur unsres Geistes* thematisiert:

> Jemehr ich in mir selbst forsche und über mich nachdenke, destomehr finde ich Gründe zu zweifeln, ob ich auch wirklich ein selbständiges von niemand abhangendes Wesen sei, wie ich doch den brennenden Wunsch in mir fühle. Ich weiß nicht der Gedanke ein Produkt der Natur zu sein, das alles nur ihr und dem Zusammenlauf zufälliger Ursachen zu danken habe, das von ihren Einflüssen lediglich abhange und seiner Zerstörung mit völliger Ergebung in ihre höheren Ratschlüsse entgegensehen müsse, hat etwas Schröckendes – Vernichtendes in sich.[368]

Lenz hat zwar immer wieder seinen Zweifeln am Autonomiestatus des Ich und seiner leidvollen Erfahrung, nicht Herr seiner selbst und der Umstände zu sein,

[366] Blanckenburg: Versuch uber den Roman.

[367] Am Beispiel der Erzählung *Das Tagebuch* von Lenz aus dem Jahr 1774 zeigt Verena Ehrich-Haefeli, daß dieser sich dem Programm erzählter Individualität nicht fügt, indem er die Wahrnehmungspartikel keinem vorausgesetzten Ganzen einer Individualität zuordnet. Ehrich-Haefeli: Individualität als narrative Leistung?, S. 65 ff.

[368] Lenz: Über die Natur unsres Geistes, S. 619.

den Begriff der Personalität entgegengehalten als Form des Selbstbewußtseins gegenüber der Heteronomität der „sie affizierenden Gegenstände"[369]. Die Dramenfiguren fügen sich jedoch nicht seinen Wünschen. Nicht die theoretische Proklamation einer Ich-Autonomie, sondern die praktische Erfahrung der Ich-Dissoziation ist für das Stück konstitutiv geworden. Es zeigt Figuren, die zwar in der jeweiligen Situation nach intersubjektiv verbindlichen und nachvollziehbaren Gefühls- und Verhaltensmustern reagieren, aber nicht einmal ein emotionales Gedächtnis aufweisen, das sie über den Moment hinaus an Ereignissen leiden ließe – von einer Entwicklung ihrer Persönlichkeit durch Erfahrung ganz zu schweigen. Die Protagonisten sind unfähig, ihre „Empfindungen mit vergangenen zusammenzuhalten, gegeneinander abzuwägen zu ordnen und zu übersehen"[370]. Nach Lenz ist diese Gefühlsstrukturierung aber Voraussetzung dafür, daß man sagen kann, man fühle sich.

Ohne genuine Identität, die sich aus dem Inneren heraus, durch ein individuelles Erleben von Welt, verbunden mit authentischen Gefühlen und durchlebten psychischen Konflikten, bildet, imaginieren sich die Figuren des Dramas nur eine literarische Subjektivität. Sie sagen: Ich bin (wie) Julia, du mein Romeo, mir wird es ergehen wie Abälard, ich habe die Gemütskrankheit von Héloïse, wir sind Freunde wie Damon und Pythias etc. Sie suggerieren sich Bedeutsamkeit, indem sie sich in fremden Rollen auflösen. Sie handeln und erleben nicht aus der Einheit eines durchgängigen Ich, sondern ihre Personalität fluktuiert. Daher formiert sich kein auf Authentizität gründender Zusammenhang zwischen Situationen und Emotionen. So verrinnt das Gravierende (uneheliche Schwangerschaft, Selbstmordversuch, Selbstkastration) ohne emotionale Teilnahme, so gerinnt das Beiläufige (Abschiedsszene, momentane Langeweile) zum falschen Pathos.

Lenz' Drama entwirft das Verhalten der Figuren und ihre Konstellierungen vom Formklischee der Literatur her – ein konzeptioneller Zug, der in der Konstruktion des Schlusses besonders greifbar wird, jedoch das ganze Stück durchzieht. Es läßt die Figuren sowohl auf der Ebene der *personalen* als auch auf der der *strukturellen Intertextualität* als abhängige Variable erscheinen. Auf diese Weise fügen sich die beiden Intertextualitätsebenen des Dramas zur einheitlichen kritischen Aussage über das zeitgenössische Ideologem des autonomen Individuums. Damit tritt die *charakterkritische Dimension* des Dramas in den Vordergrund. Sie steht auf den ersten Blick im Widerspruch zu Überlegungen, die Lenz in seinen 1771/72 vor der literarischen Gesellschaft in Straßburg vorgetragenen und 1774 publizierten *Anmerkungen über das Theater*[371] äußert. Dort

[369] Ebd., S. 621.
[370] Ebd.
[371] Zur Entstehungsgeschichte siehe kurz: Luserke: J. M. R. Lenz, S. 23.

bekundet er seine Sehnsucht nach großen, handlungsmächtigen Gestalten, die nicht mit sich geschehen ließen, was ihnen die Umstände auferlegen. Für das Drama fordert er prometheische Charaktere, solche, „die sich ihre Begebenheiten erschaffen, die selbstständig und unveränderlich die ganze große Maschine selbst drehen, ohne die Gottheiten in den Wolken anders nötig zu haben, als [...] zu Zuschauern"[372]. Dies gelte allerdings nur für die Tragödie der Zukunft; in ihr äußere sich der „Charakter" im selbstbestimmten Handeln, hier agiere der Mensch als Herr seiner Geschicke – anders als im antiken Drama, in dem Mythos und Schicksal handlungsdominierende Mächte seien.[373] Die im *Sturm und Drang* vielfach artikulierte Idee von den „großen Kerls" findet hier ihren Widerhall – doch nicht als Programm für die dramatische Gestaltung zeitgenössischer Realität, sondern als Utopie, die die Komödien als Sehnsucht gerade dadurch aufrufen, daß sie die Negation handlungsmächtiger Subjekte darstellen. Für Lenz ist die mit tragischen Elementen angereicherte Komödie Durchgangsstadium zur Tragödie – auch als didaktisches Mittel, um den Zuschauer für die Tragödie und für die in ihr dargestellten handlungsmächtigen Subjekte zu erziehen[374] – so Lenz in seiner [Selbst-]*Rezension des Menoza,* in der er fordert:

> Daher müssen unsere deutschen Komödienschreiber komisch und tragisch zugleich schreiben, weil das Volk, für das sie schreiben, oder doch wenigstens schreiben sollten, ein solcher Mischmasch von Kultur und Rohigkeit, Sittigkeit und Wildheit ist. So erschafft der komische Dichter dem tragischen sein Publikum.[375]

Die aufklärerische Intention einer Vervollkommnung des Menschen klingt hier an; doch aus der damit verbundenen Funktionalisierung der Gattungen für das Leben wird hier eine für die Literatur. Ob allerdings das Programm, durch die Negation selbstbestimmter Helden in der Komödie die Zuschauer auf deren Gestaltung in der Tragödie gleichsam ex negativo vorzubereiten, mehr als ein beiläufiger Einfall war, mag dahingestellt bleiben – Lenz hat diesen Gedanken nicht weiter ausgeführt. In der Komödie dagegen haben die Figuren als abhängige Größen des Geschehensablaufs zu fungieren – so führen es die *Anmerkungen* weiter aus. Was nach Lenz Aristoteles für die Tragödie konstatiert – die Handlungsohnmacht der Akteure angesichts von Mythos und Schicksal –, überträgt er auf die Komödie. Sie soll die Handlungen über die Charaktere dominieren lassen:

372 Lenz: Anmerkungen übers Theater, S. 654.

373 Zu Einzelheiten siehe Martini: Die Einheit der Konzeption in J. M. R. Lenz' *Anmerkungen übers Theater*, S. 168.

374 Siehe Schwarz: Dasein und Realität, S. 69.

375 Lenz: Rezension des Neuen Menoza von dem Verfasser selbst aufgesetzt, S. 703 f.

Meiner Meinung nach wäre immer der Hauptgedanke einer Komödie *eine Sache*, einer Tragödie *eine Person*. [...] Im Trauerspiele [...] sind die Handlungen um der Person willen da [...]. In der Komödie aber gehe ich von den Handlungen aus, und lasse Personen Teil dran nehmen welche ich will.[376]

Für Lenz ist die Komödie das geeignete Medium, die Herrschaft der Verhältnisse und die Handlungsohnmacht des einzelnen auf die Bühne zu bringen. In seinem Aufsatz *Über Götz von Berlichingen* stellt er am Beispiel eines typisierten Lebenslaufs solche fremdbestimmten Personen vor:

Wir werden geboren – unsere Eltern geben uns Brot und Kleid – unsere Lehrer drücken in unser Hirn Worte, Sprachen, Wissenschaften, – irgend ein artiges Mädchen drückt in unser Herz den Wunsch es eigen zu besitzen, es in unsere Arme als unser Eigentum zu schließen, wenn sich nicht gar ein tierisch Bedürfnis mit hineinmischt – es entsteht eine Lücke in der Republik wo wir hineinpassen – unsere Freunde, Verwandte, Gönner setzen an und stoßen uns glücklich hinein – wir drehen uns eine Zeitlang in diesem Platz herum wie die andern Räder und stoßen und treiben – bis wir wenns noch so ordentlich geht abgestumpft sind und zuletzt wieder einem neuen Rade Platz machen müssen – das ist, meine Herren! ohne Ruhm zu melden unsere Biographie – und was bleibt nun der Mensch noch anders als eine vorzüglich-künstliche kleine Maschine, die in die große Maschine, die wir Welt, Weltbegebenheiten, Weltläufte nennen besser oder schlimmer hineinpaßt.[377]

Im *Hofmeister* zeigt Lenz Personen, die zunächst in die „Weltläufte" „schlimmer" hineinpassen – das macht den sozialkritischen Realismus seines Dramas aus – und die dann aufgrund einer Fülle von Zufällen „besser" in sie hineinpassen – das macht das Komödienhafte seines Dramas aus. Lenz vereinbart dabei zweierlei: Seine Komödiendefinition, nach der die Umstände die Protagonisten dominieren, und das von der Tradition vorgegebene glückliche Ende der Komödie, die Heirat. Der Zufall stellt die Verbindung her, indem er den von Aristoteles bis Lessing postulierten Zusammenhang von Charakter und Schicksal negiert.[378] Die Personen sind nicht ihres Glückes Schmied. Die auf-

376 Lenz: Anmerkungen übers Theater, S. 669f.

377 Lenz: Über *Götz von Berlichingen*, S. 637.

378 Lenz praktiziert hier, was 200 Jahre später Max Frisch in seinem Konzept der Zufallsdramaturgie als Reflex zeitgenössischer Erfahrungen theoretisch formulieren wird: „Die Fabel, die den Eindruck zu erwecken sucht, daß sie nur so und nichts anders habe verlaufen können, hat zwar immer etwas Befriedigendes, aber sie bleibt unwahr: sie befriedigt lediglich eine Dramaturgie, die uns als klassisches Erbe belastet: Eine Dramaturgie der Fügung, eine Dramaturgie der Peripetie. Was dieses große Erbe anrichtet nicht nur im literarischen Urteil, sondern sogar im Lebensgefühl: im Grunde erwartet man immer, es komme einmal die klassische Situation, wo meine Entscheidung schlichterdings in Schicksal mündet, und sie kommt nicht. Es gibt große Auftritte, mag sein, aber keine Peripetie. Tatsächlich sehen wir, wo immer Leben sich abspielt, etwas viel Aufregenderes: es

klärerische Utopie der Einheit von Vernunft, Tugend, Vollkommenheit und Glück wird durch das Happy-End der dreifachen Hochzeit, das gerade nicht dem Charakter und Handeln der Protagonisten entspringt, *ex positivo* als eine Illusion erwiesen, die das Formklischee *Komödie* erzeugt. Auf dessen täuschende Kraft verweist z. B. der zu Besuch weilende Graf in Goethes *Wahlverwandtschaften*:

So verführen uns die Lustspiele, die wir immer wiederholen sehen, zu solchen Einbildungen, die mit dem Gange der Welt nicht zusammentreffen. In der Komödie sehen wir eine Heirat als das letzte Ziel eines durch die Hindernisse mehrerer Akte verschobenen Wunsches, und im Augenblick, da es erreicht ist, fällt der Vorhang und die momentane Befriedigung klingt bei uns nach. In der Welt ist es anders; da wird hinten immer fort gespielt, und wenn der Vorhang wieder aufgeht, mag man gern nichts weiter davon sehen noch hören.[379]

Lenz' Drama führt diese komödieninduzierte „momentane Befriedigung", von der der Graf spricht, ad absurdum, indem es ihr den Boden der Wahrscheinlichkeit entzieht. Die Diskreditierung der literarischen Konvention leistet das Stück, indem es die Diskrepanz zwischen seinem realistischen Gehalt und seinem harmonistischen Schluß herausstellt. Es unterschlägt am Ende die Momente drohenden Scheiterns, die es im Verweis auf die Empirie aufbaute, um den Gattungscharakter der Komödie zu wahren. Doch indem es das glückliche Ende in einer Übererfüllung der Konvention inszeniert, macht es dessen Irrealität deutlich, zeigt es, daß „uns die Lustspiele, die wir immer wiederholen sehen, zu solchen Einbildungen [verführen], die mit dem Gange der Welt nicht zusammentreffen." Insofern ist das Drama von Lenz gattungskritisch; es demonstriert mit den ausgestellten Unwahrscheinlichkeiten, wie wenig der literarische Strukturzwang einer in Heiraten einmündenden Schlußversöhnung zur Erfassung einer Wirklichkeit taugt, in der keinesfalls alle Widrigkeiten des Alltags und alle Verhärtungen des Herzens im glücklichen Ende überwunden werden. Nur wenn die Wirklichkeit nicht mehr den Geboten kausaler und psychologischer Gesetzmäßigkeiten unterläge, könnte wirklich werden, was das Drama um den Preis dieser Gesetzmäßigkeiten als Happy-End zelebriert: Hochzeiten als Aufhebung aller Entzweiung. Da das nicht so ist, scheint in dem um den Preis von Realitätsgerechtigkeit entfalteten literarischen Schein der Versöhnung als Gegenbild die unversöhnliche Realität auf.

Lenz' Drama ist aber nicht nur auf der strukturellen Ebene ein ‚Metastück',

summiert sich aus Handlungen, die zufällig bleiben, es hätte auch anders sein können, und es gibt keine Handlung und keine Unterlassung, die für die Zukunft nicht Varianten zuließe. [...] So bleibt, damit eine Geschichte trotz ihrer Zufälligkeit überzeugt, nur eine Dramaturgie, die eben die Zufälligkeit akzentuiert." Frisch: Tagebuch 1966–1971, S. 87 f.

379 Goethe: Die Wahlverwandtschaften, S. 340.

indem es die Irrealität des glücklichen Endes einer dreifachen Hochzeit ausstellt und so die ‚Verführungskraft' des Formtyps *Komödie* geradezu zelebriert, sondern es ist auch auf der personalen Ebene von literarischen Mustern bestimmt, nach denen sich Personen des Dramas zueinander in Beziehung setzen. Die Protagonisten im *Hofmeister* finden sich ohne eigenes Zutun, weil es das literarische Muster so fügt, und zugleich verfehlen sie sich radikal, weil sie tradierten Literaturmodellen nachleben, literarisch gezeugte Wunschbilder auf das Gegenüber projizieren und so die Literatur nicht als Raum zur Kommunikation erfahren, sondern als Schablonen der Verkennung. Dabei kann nicht einmal von einem wirklichen Mißverstehen die Rede sein. Denn die Figuren sind nicht psychologisch ausgelegt, sie spielen in vorgegebenen Mustern, ohne einen autonomen Sinn hervorzubringen, der sich als Versöhnung offenbaren würde oder im Mißverstehen zu verfehlen wäre.

Insgesamt also erweitert sich mit dem Drama von Lenz die bislang verfolgte Perspektive; der *Hofmeister* handelt von modellierenden Ideologemen, von der Macht literarischer Verhaltensanweisungen und von der Substanzlosigkeit der Akteure, der Unmöglichkeit, sich in authentische Verhältnisse zu sich selbst, den anderen und den Widrigkeiten der Realität zu setzen. Diese Feststellungen, die scheinbar nichts mit der auf den ersten Blick auffälligen sozialkritischen Dimension des Stückes zu tun haben, leiten sich vom Ende des Dramas mit seinen drei Heiraten her. Zu ihnen kommt es, allen gesellschaftlichen Determinanten, allem persönlichen Mißverstehen, aller väterlichen Ignoranz und allem Erlebten zum Trotz – und das nur, weil im fiktionalen Raum des Komödienschlusses alles so arrangiert wird, daß das Unharmonische der Wirklichkeit nur in seiner Ausgrenzung aufscheint.

7.

„Mutter! Rabenmutter! schlaf, – schlaf ewig! – deine Tochter ist zur Hure gemacht –" (Wagner)

Zum Verhältnis von Liebe und Gewalt in Wagners *Die Kindermörderin*

In Lenz' *Der Hofmeister* stellt eine prononcierte Zufallsdramaturgie das glückliche Ende einer dreifachen Hochzeit her. Erfüllt wird damit die Gattungsnorm *Komödie* und irrealisiert wird zugleich das Versöhnungsmodell *Heirat*. Dieses erweist sich als literarisches Gebilde, das die Wirklichkeit *ex positivo* als unharmonische ausweist. Auch Wagners Trauerspiel *Die Kindermörderin* bemüht den Zufall als dramaturgisches Prinzip – jedoch nur, um die Problemlage um so deutlicher zu exponieren. Es ist nämlich nicht so – wie zu zeigen sein wird –, daß Evchen Humbrecht ihr Kind deshalb umbringt, weil v. Gröningseck sich zufällig verspätet, und daß sich andernfalls alle Probleme mit der von ihm ernsthaft gewollten Heirat aufgelöst hätten. Wäre dies der Fall, erwiese sich der Zufall, den Lenz' Stück zur Formkritik einsetzt, bei Wagner als schlechte Kontingenz. Die Komplexität des dramatischen Konflikts geriete zur Beiläufigkeit einer bloßen Verspätung. Hingegen – und dies macht die dramaturgische Qualität des Dramas von Wagner aus – markiert die Zufallsstruktur nur die Oberfläche des Schlußgeschehens. Sie entzieht Evchens Verzweiflungstat zwar dem schnellen interpretatorischen Zugriff, macht aber deren verborgenen Motivationskern um so deutlicher.

Dieser kristallisiert sich im höchst subtilen Spannungsgefüge von Liebe und Gewalt – zwei Formen zwischenmenschlichen Umgangs, die nur auf den ersten Blick nichts miteinander zu tun haben. Häufig genug vermischen sich die beiden Bereiche – die Skala der Übergänge ist breit und fein gefächert –: sie reicht von der sexuellen Gewalt auf der einen Seite bis zur entmündigenden Fürsorge auf der anderen Seite. Die Literatur ist voll der unterschiedlichsten Amalgamierungen von Liebe und Gewalt – fast könnte man sagen, das jeweilige Mischungsverhältnis sei eines ihrer Hauptthemen. So stellt eine Vielzahl der Dramen des 18. Jahrhunderts die Beziehungen zwischen den Geschlechtern als subtile Verschränkungen von Gewalt und Liebe dar, die die eindimensionale Täter-Opfer-Zuordnung auflösen und an deren Stelle komplexere Interdependenzverhältnisse setzen.

In Wagners Drama *Die Kindermörderin* verflechten sich weibliche Wünsche, sexuelle Gewalt, gesellschaftliche Ehrbarkeitsnormen und patriarchalisches Machtgebaren so eng, daß die Protagonistin in der Tötung ihres unehelich geborenen Kindes, in der sich liebende Zuwendung als zerstörende Gewalt offenbart, den einzigen Ausweg sieht. Wie kommt es dazu? v. Gröningseck, adliger Offizier und Untermieter beim Metzgermeister Humbrecht, geht während dessen häuslicher Abwesenheit mit Frau Humbrecht und ihrer Tochter auf einen Karnevalsball; morgens gegen halb drei Uhr nehmen sie ein Frühstück in einem den beiden Frauen unbekannten Lokal ein, Evchen möchte danach wieder zum Tanzen. Doch es kommt ganz anders: v. Gröningseck schaltet die Mutter durch Schlafpulver aus, nötigt Evchen im Nebenraum zum Geschlechtsverkehr, verspricht ihr danach die Ehe, fährt zu seinen Eltern, um seine Angelegenheiten zu regeln, kommt aufgrund einer Krankheit aber später als geplant zurück. Evchen, die schwanger ist, zieht sich zunächst in die Familie zurück, flüchtet dann, bringt ihr Kind heimlich zur Welt und tötet es. Der kurz danach mit den besten Absichten zurückkehrende v. Gröningseck überrascht sie bei ihrer Verzweiflungstat, die alle gesellschaftlichen Rehabilitationsversuche erübrigt. Dennoch wollen die Männer (Vater, Magister, v. Gröningseck) mit patriarchalisch-fürsorglichem Eifer ihre Begnadigung erwirken – so das scheinbar offene Ende des Dramas.

Wie in vielen anderen Dramen des 18. Jahrhunderts geht es auch hier um die Heiratsproblematik, und auch diesmal spielen Standesgegensätze eine wichtige Rolle. Diese sind jedoch nur die Ausdrucksseite eines tieferliegenden Konfliktpotentials, das nicht in plakativer Schuldzuweisung darauf reduziert werden kann, daß ein Adliger ein bürgerliches Mädchen sitzen läßt. Schon die Tatsache, daß v. Gröningseck Evchen wirklich heiraten will und nur der Zufall seiner Krankheit ihn hindert, rechtzeitig zurückzukommen, zeigt, daß eine vorschnelle Diagnose, die den Adligen in eine negative Perspektive rückt, oberflächlich bleibt. Ebenso oberflächlich wäre es, Evchen nur als überwältigtes Bürgermädchen zu sehen, das dem adligen Offizier mit Distanz begegnet. Sie läßt sich ja auf ihn ein. Es ist für sie eine große Freude, ihn auf den Ball zu begleiten; und selbst nach ihrer Vergewaltigung und Schwängerung räumt sie auf die Vorhaltungen von v. Gröningseck, sie sei (schon vor der Ballnacht) immer errötet, wenn er ihr Zimmer betreten habe, ein: „ich liebte sie, so wie ich sie kennen lernte, jetzt kann ichs ihnen sagen – sonst hätten sie mich nicht so schwach gefunden."[380]

Nicht v. Gröningseck, sondern Evchen verhält sich unstandesgemäß. Ihr Vater, Repräsentant der Zunftordnung, hätte nie und nimmer geduldet, daß sie

[380] Zitiert wird im folgenden im laufenden Text nach Wagner: Die Kindermörderin; Zitat: IV, S. 51.

mit einem Offizier einen Faschingsball besucht. Der Rahmen der Vergnügungen ist für ihn durch die Zunftordnung strikt vorgegeben; sein altständisches Bewußtsein verbietet, daß Ehefrau und Tochter an Lustbarkeiten teilnehmen, die außerhalb der zünftigen Welt liegen. Deshalb warten beide, bis er verreist ist, um den verbotenen Ball zu besuchen. Sie wissen, daß sie hiermit gegen die Regeln der Zunft verstoßen, die Umgang nur innerhalb klar abgegrenzter Berufsschichten zulassen. Ihr Verhalten signalisiert in gewisser Weise die ‚neue' Zeit, in der ständische Gebundenheit sich zu lockern beginnt. Insbesondere für die Tochter gelten deren Regeln nicht mehr uneingeschränkt; ihre Welt ist weiter, diffuser und damit konfliktträchtiger geworden – gerade auch in Heiratsangelegenheiten. Mit dem neu aufkommenden Leitbild der *Liebesheirat* wird die alte Ordnung des Zunftwesens, die streng regelt, unter welchen Voraussetzungen eine Ehe geschlossen werden darf, hinfällig. An die Stelle materieller und sozialer Werte soll bei der Wahl des Ehepartners nun Liebe treten. Die aber muß erfahren, gezeigt und praktiziert werden, und zwar vor der Ehe, zu der erst die geprüfte Liebe ermächtigt. Gleichzeitig aber gilt weiterhin und vielfach verstärkt, daß die Frau jungfräulich in die Ehe zu gehen habe – dies wird zu ihrer wichtigsten Mitgift, die materielle und soziale Erwägungen zweitrangig werden läßt. Die Problematik, die sich daraus besonders für die Frau ergibt, vertuscht das Konzept der *empfindsamen Liebe* u. a. mit Hilfe des Leitworts *Zärtlichkeit*, das eine Semantik asexueller Affektivität propagiert. *Zärtlich* sollen die Frauen sein, dem Drängen der Männer nur im erlaubten Rahmen der Keuschheit nachgeben, diese erst auf dem Altar der Ehe opfern – als Zeichen ausschließlicher Zugehörigkeit. Das Konzept der *Liebesheirat* enthält so für die unverheiratete Frau zwei konfliktträchtige Anweisungen: Vor der Ehe ist nur Emotionalität geboten und Sexualität untersagt, nach der Heirat ist beides gefordert. Die Frau wird dadurch in einen Konflikt gestellt, der sie zerreiben kann: Dem anderen Geschlecht gegenüber muß sie ihre Gefühle zulassen, sie darf lieben und geliebt werden; sie darf dabei jedoch dem Begehren nicht nachgeben und muß auch das des Mannes entschieden in die Schranken weisen – solange, bis die Hochzeit gebietet, was zuvor verboten war.

Daß gerade die Zeit vor der Ehe für die Frau eine besonders repressive und widersprüchliche Situation ist und eine Fülle innerer und äußerer Konflikte erzeugt, zeigt Wagners Drama *Die Kindermörderin* besonders eindringlich. An der Gestalt des Evchen entwickelt es die über die Standesproblematik hinausgreifende Problemlage einer jungen Frau, die im Spannungsfeld von Emotionalität und Sexualität, gesellschaftlicher Norm und patriarchalischer Macht, Liebe und Gewalt zerrieben wird – mit einem Ausgang, der nur auf den ersten Blick offen ist. Erst dessen genauere Analyse, die die spezifische innere und äußere Situation Evchens verdeutlicht, kann herausstellen, daß es für sie keine Rettung gibt und das Drama zu einem katastrophalen Ende gelangen muß.

In der Besprechung eines anonymen Rezensenten zu Wagners *Kindermörderin*, die am 10. Mai 1777 in der Zugabe zu den *Göttingischen Anzeigen von gelehrten Sachen* (19. Stück, S. 301 f.) veröffentlicht wurde, heißt es über das offene Ende:

[Evchen] vernimmt, daß ihre Schande bekannt ist. Aus Verzweiflung, und um ihr Leben abzukürzen, tödtet sie das Kind, da eben der wirklich tugendhafte Verführer wiederkömmt, sie zu ehlichen verspricht, der Vater ihr willig vergiebt, und sie glücklich seyn könnte. Nicht unklug läßt der Verfasser den Vorhang fallen, ohne daß der Leser zuversichtlich das Schicksal der Unglücklichen weiß, für die der Bräutigam um Gnade zu flehen abgeht, und in Ansehung der günstigen Umstände solche zu erhalten hoffen kan.[381]

Vor allem das Ende beschreibt der Rezensent richtig. Evchen, die ihr Kind aus Verzweiflung umbringt, wird am Ende vom Vater verziehen; und der durch Krankheit aufgehaltene Bräutigam will alles tun, um ihre Begnadigung zu erwirken – an Geld zum Zwecke der Bestechung soll es nicht mangeln. Humbrecht „klopft" dem vermeintlichen Schwiegersohn in spe „auf die Schulter" mit den Worten:

Wenn sie Geld brauchen, mein Herr! Reisegeld! sie verstehn mich doch? – tausend, zwey, dreytausend Gulden auch liegen parat zu Hauß! – und zehntausend gäb ich drum, wenn der Ball mit allen seinen Folgen beym Teufel wär! – (VI, S. 85)

Mit diesen Worten endet das Drama und entläßt den Zuschauer mit der Hoffnung, daß Evchen der Todesstrafe entgeht – und sei es mit Hilfe von Bestechungsgeldern.[382]

Mit diesem Ausblick ruft Wagners Trauerspiel literarische Gestaltungen[383] und zeitgenössische Erörterungen zur Kindstötung auf, in denen durchgängig dafür geworben wird, die Tötung des Kindes durch die ledige Mutter von den Motiven und nicht allein vom Tatbestand her zu beurteilen. Wenn der oben zitierte Rezensent davon spricht, daß Evchen „in Ansehung der günstigen Umstände [Gnade] [...] zu erhalten hoffen kan", so signalisiert dies: Er glaubt an die Wirksamkeit der breiten Reformdiskussion, die von der Frage ausgeht, „welches [...] die besten ausführbaren Mittel [sind], dem Kindermord abzuhelfen, ohne die Unzucht zu begünstigen?" – so die Preisaufgabe der Zeitschrift *Rheini-*

[381] Zitiert nach dem Anhang zu: Wagner: Die Kindermörderin, S. 144 f.

[382] Daß es hier um Bestechungsgelder geht, deutet Wagner selbst an: „Was *Humbrecht* am Ende des ganzen Stücks von *Reisegeld* [...] sagt, scheint uns nicht so wörtlich gemeynt zu seyn: Wie? wenn er gewisse *geheime Ausgaben*, die man nicht gern *öffentlich* nennt, mit darunter verstünde?" Ebd., S. 142.

[383] Zu den vielfältigen literarischen Bearbeitungen des Kindsmordmotivs siehe Weber: Die Kindsmörderin im deutschen Schrifttum von 1770–1795; Rameckers: Der Kindesmord in der Literatur der Sturm-und-Drang-Periode; Haupt: *Die Kindermörderin*.

sche Beiträge zur Gelehrsamkeit von 1780.[384] Sie wurde in zahlreichen Zeitschriften publiziert und wollte die vielfältigen Erörterungen zu dieser sozialen, religiösen, moralischen und rechtlichen Thematik einer aufgeklärten Lösung zuführen. Die Resonanz war unvergleichlich. Fast vierhundert Antworten gingen ein, darüber hinaus gab es zahlreiche Autoren, die ihre Überlegungen direkt veröffentlichten. Der Preis wurde gleich dreimal vergeben,[385] da jeder der drei Preisrichter anders entschied. Entgegen der üblichen gesellschaftlichen und juristischen Praxis, allein den Tatbestand der Kindstötung zu verzeichnen, wird in den preisgekrönten Schriften der Blick auf die Ursachen gelenkt, den Motiven nachgeforscht, Vorschläge zur Vermeidung werden gemacht, und es wird für ein humanes Strafmaß plädiert. Als Milderungsgründe werden gesellschaftliche Umstände und herrschende Wertvorstellungen, ökonomische Widrigkeiten und die Gewissenlosigkeit der Verführer angeführt.

Diese Sicht opponiert gegen eine Strafrechtspraxis, die bis in die zweite Hälfte des 18. Jahrhunderts den Kindsmord in aller Regel ohne Rücksicht auf Motive und Situation der Täterin einzig und allein vom Tatbestand her beurteilt und strikt mit dem Tode bestraft. Wenn der Magister im Stück berichtet, daß „alle Quartal die Verordnungen von der Kanzel gelesen [werden], die unsre Könige wegen den Duellen, dem Hausdiebstahl und dem Kindermord gemacht haben" (V, S. 57), dann ist für alle zeitgenössischen Zuschauer klar, daß die Kirchenbesucher nachdrücklich daran erinnert werden, daß auf Kindesmord die Todesstrafe steht – grausam vollstreckt nach den Vorschriften der *Peinlichen Gerichtsordnung Kaiser Karls V. von 1532*:

> Jtem wellichs weip jr kindt, das leben vnd glidmass empfanngenn het, heimlicher bosshafftiger williger weise ertodet, Die werdenn gewonlich weis lebendig vergraben vnnd gepfaelet. Aber darjnnen Verzweifellung zuverhüetten, Mogen dieselbigen vbellthaterin, jnn wellichem gericht die bequemlicheit dess wassers darzu vorhandenn ist, ertrenckt werden; Wa aber sollich vbell offt geschehe, Wollen wir die gemellte gewonheit des vergrabens Vnnd pfalenns vmb merrer forcht willen sollicher bosshafftigen weiber auch zulassenn, oder aber das vor dem erdrenncken die vbellthaterin mitt gluenden Zangen gerissen werde, Alles nach Rat der Rechtverstenndigen.[386]

[384] Vgl. dazu Rameckers: Der Kindesmord in der Literatur der Sturm-und-Drang-Periode, S. 83.

[385] Es sind dies die Beiträge von Pfeil, Klippstein und Kreuzfeld, die unter dem Titel *Drei Preisschriften über die Frage: Welches sind die besten ausführbarsten Mittel dem Kindermorde abzuhelfen, ohne die Unzucht zu begünstigen?* 1784 in Mannheim publiziert wurden. Zur Darstellung und Analyse der Preisschriften siehe Rameckers: Der Kindesmord in der Literatur der Sturm-und-Drang-Periode, S. 82–90; Schwarz: Die Kindestötung in ihrem Wandel vom qualifizierten zum privilegierten Delikt, S. 131–208; Wächtershäuser: Das Verbrechen des Kindesmordes im Zeitalter der Aufklärung; Weber: Die Kindsmörderin im deutschen Schrifttum von 1770–1795, S. 16–59; Ulbricht: Kindsmord und Aufklärung in Deutschland, S. 217–328.

[386] Die Peinliche Gerichtsordnung Kaiser Karls V., S. 67 f.

Die breite Diskussion über die Ursachen und Verhinderungen des Kindesmordes wirkt sich zunehmend auf diese Strafpraxis aus, die dann auch mildernde Umstände gelten läßt und nicht mehr ausnahmslos die Todesstrafe verhängt.[387]

Wagners Drama fügt sich als ein frühes Beispiel in diesen Diskussionszusammenhang. Es zeigt die ausweglose Lage Evchens als Resultat gesellschaftlicher Diskriminierung, ökonomischer Depravierung, familialer Verstoßung und verinnerlichter Scham und inszeniert die Hoffnung, ihr möge Gnade vor Recht widerfahren. Das wenigstens scheint die Schlußsequenz zu signalisieren, die sich im juristischen Kontext bewegt. Zunächst stellt der Fiskal fest: „Das Gesetz, welches die Kindermörderinnen zum Schwerdt verdammt, ist deutlich, und hat seit vielen Jahren keine Exception gelitten" (VI, S. 84), um dann in Anspielung auf die aufgeklärte Rechtspraxis hinzuzufügen: „freilich! es kommt vieles auf die Umstände an!" (VI, S. 85) So mag das offene Ende die innerdramatisch artikulierte Utopie einer humanen Obrigkeit aufscheinen lassen, die der Zuschauer für seine Wirklichkeit einfordern soll.[388]

Warum aber endet das Drama mit dem bloßen Hoffnungsschimmer auf Begnadigung Evchens, warum nicht mit der Heirat, der ohne den dramaturgischen Zufall der Verspätung v. Gröningsecks nichts im Wege stünde? Alles sieht zunächst danach aus, als verursache allein die Verspätung des Bräutigams Evchens Verzweiflungstat. Wäre er etwas früher gekommen: Evchen hätte ihn heiraten können, der Vater wäre versöhnt, die gesellschaftliche Ehre wiederhergestellt und die qualvolle Vergangenheit könnte einer frohen Zukunft weichen. So scheint es, nimmt man den Handlungsablauf nur oberflächlich in den Blick. Entsprechend wird immer wieder darauf hingewiesen, daß gerade die Zufälligkeit die Tragik des traurigen Endes vernichte, es sei „ohne innere Notwendigkeit"[389]. Rechtfertigen ließe sich dieses Urteil von Wagners späterer Bearbeitung her, die zeigt, daß sein „Trauerspiel" mit wenigen Veränderungen in ein Familienschauspiel zeitgenössischer Provenienz umzugestalten war. Nun läßt Wagner den Vater rechtzeitig, bevor Evchen ihr Kind umbringt, auftauchen, die

[387] Siehe Schwarz: Die Kindestötung in ihrem Wandel vom qualifizierten zum privilegierten Delikt, S. 8; Wächtershäuser: Das Verbrechen des Kindesmordes im Zeitalter der Aufklärung, faßt die Veränderungen der Gesetzgebung in einem Abschlußkapitel (S. 145–148) zusammen.

[388] So Werner: Literarische als gesellschaftliche Form, S. 172 f.

[389] Hinck: Produktive Rezeption heute, S. 264; an anderer Stelle heißt es bei ihm: „Wäre der – geläuterte – Verführer, Leutnant v. Gröningseck, nur ein paar Minuten früher erschienen, wäre der Kindesmord verhindert worden." Hinck: Metamorphosen eines Wiegenliedes, S. 295; ähnlich ebenfalls Mayer: Vater und Tochter, S. 144; ders.: Heinrich Leopold Wagners Trauerspiel *Die Kindermörderin*, S. 90; Kindermann (Hrsg.): Kampf um das soziale Ordnungsgefüge, S. 12; Werner: Literarische als gesellschaftliche Form, S. 91; Guthke: Das deutsche bürgerliche Trauerspiel, S. 81.

Mutter stirbt nicht, die elterliche Bereitschaft zur Vergebung trifft auf Evchens übergroße Dankbarkeit; und endlich kommt auch v. Gröningseck, der noch einmal erklärt, daß er Evchen zur Frau nehmen und mit ihr auf seinen Gütern leben wolle:

Da will ich Zeitlebens allen meinen Witz, alle meine Geisteskräften aufbieten, dich so glücklich zu machen, als unaussprechlich unglücklich du beynahe durch mich geworden wärst. – Alle unsere Verwandten hier fordere ich auf von Zeit zu Zeit Zeugen der Zärtlichkeit zu seyn, mit der ich dir und der theuren Frucht unserer Liebe bis ins Grab begegnen werde.[390]

So endet das Drama, das jetzt den pädagogischen Titel trägt *Evchen Humbrecht oder Ihr Mütter, merkt's Euch*, mit der Ankündigung einer Hochzeit und der Verheißung immerwährenden Glücks – ganz wie es dem trivialen Familienschauspiel der Zeit eigentümlich ist, das zunehmend zum bestimmenden literarischen Muster wird.[391] Wagner hat sich dem wandelnden Publikumsgeschmack angepaßt, nicht ohne sich zugleich in seiner beigefügten Einleitung süffisant davon zu distanzieren:

Indessen bewog mich doch dieses zu einer Zeit, wo ich grade was bessers zu thun nicht gestimmt war, selbst Hand anzulegen, und den in der *Kindermörderinn* behandelten Stoff so zu modificiren, daß er auch in unsern delikaten tugendlallenden Zeiten auf unsrer sogenannten gereinigten Bühne mit Ehren erscheinen dörfte. [...] Da es nur denenjenigen neueren Trauerspiel-Dichtern erlaubt ist traurige Katastrophen anzubringen, denen man es bey jeder Scene ansieht, daß es ihr Ernst nicht ist, und daß die Leute auf dem Theater nur so zum Spaß sterben, so hab ich um allen meinen Zuschauern eine schlaflose Nacht zu erspahren auch die Mühe über mich genommen dem Ding am Ende eine andre Wendung zu geben, wofür mir, wie ich gewiß weiß die meisten Dank wissen werden.[392]

Wagner hat richtig prophezeit: Zwar wurde auch die ursprüngliche Fassung in Pest und Preßburg gespielt, die ins Trivialdramatische abgebogene Verharmlosung aber hatte bis Anfang des 19. Jahrhunderts Erfolg.[393]

Doch dadurch, daß Wagner Evchens Vater rechtzeitig erscheinen läßt und nicht mehr zu spät, vollzieht sich mehr als ein Gattungswechsel vom „Trauerspiel" – so Wagners ursprüngliche Gattungszuordnung – zum sentimentalen Familienschauspiel; es verändert sich aufgrund dieser kleinen zeitlichen Verschiebung die Gesamtaussage über Evchens Leidensgeschichte. Zwar haben Literaturwissenschaftler die Verspätung, mit der ihr Vater und v. Gröningseck bei Evchen eintreffen, als zufällig angesehen, und von daher von einer „Tragödie des

390 Anhang zu Wagner: Die Kindermörderin, S. 132.

391 Siehe dazu Schaer: Die Gesellschaft im deutschen bürgerlichen Drama; vgl. auch Krause: Das Trivialdrama der Goethezeit.

392 Anhang zu Wagner: Die Kindermörderin, S. 122 f.

393 Siehe Fechner: Nachwort zu Wagner: Die Kindermörderin, S. 161–172, S. 171 f.

Zuspät"[394] gesprochen, die Evchens Tat und Schicksal von den kontingenten Umständen her bestimmt, doch zeigt ein genauer Blick auf Ursachen und Motive ihrer Kindstötung, daß keineswegs dadurch „von den Ursachen für die Verzweiflungstat der Kindesmutter [...] abgelenkt" wird, daß der Vater erst nach der Tat eintrifft und v. Gröningseck „eine Stunde zu spät von seiner Reise zurückkehrt"[395]. Das genaue Gegenteil ist der Fall: Hierdurch werden die Ursachen für Evchens Verzweiflungstat erst deutlich. In der Originalfassung gibt es für sie von einem bestimmten Zeitpunkt an, der nichts mit der Verspätung des Vaters und v. Gröningsecks zu tun hat, keine auch nur annähernd lebenswerte Zukunft mehr. Von hier an will sie den Tod des Kindes und ihren eigenen, denn sie kann sich kein Leben mehr denken, das die Vergangenheit zu bewältigen vermag. Warum aber ist ihre Verzweiflung so abgrundtief, daß ihr die Tötung des Kindes und ihre Hinrichtung als einziger Ausweg erscheinen? Warum ersehnt sie nicht mehr die Verzeihung des Vaters und auch nicht die Ehe mit v. Gröningseck? Aufgrund welcher Tatbestände will sie nur noch die Vernichtung?

Der Grund ihrer Verzweiflung und ihres Vernichtungswillens besteht nicht einfach darin, daß sie die Hoffnung auf väterliche Verzeihung und die Heirat mit v. Gröningseck aufgegeben hat. So mag es auf den ersten Blick aussehen: v. Gröningseck hatte versprochen, sie nach fünf Monaten, dem Zeitpunkt seiner rechtlichen Unabhängigkeit („majorenn"; I, S. 17) zu heiraten; von der Reise zur Regelung seiner Vermögensverhältnisse wollte er in zwei Monaten zurück sein (IV, S. 52 u. 54). Doch Evchen wartet vergeblich, so daß sie ihr Kind fernab von ihrem Elternhaus und ohne den Beistand seines Vaters zur Welt bringen muß. Zudem haben die gefälschten Briefe v. Hasenpoths ihr Zutrauen in v. Gröningsecks Aufrichtigkeit erschüttert (V, S. 55) und ihren Ruf ruiniert (V, S. 61 ff.), so daß sie allen Grund zur Flucht hat.

Daß sie ohne jede Hoffnung ist, jemals wieder ein lebenswertes Dasein zu führen, liegt jedoch an etwas anderem. Wir müssen Evchens Psychogramm ermitteln, um den Motiven für ihren Vernichtungswillen auf die Spur zu kommen. Hier ist zunächst festzuhalten, daß die Deutung, sie töte ihr Kind, weil ihr Vater zu spät kommt, nicht zutrifft. In Wahrheit verhält es sich umgekehrt: Weil Evchen ihr Kind und indirekt damit sich selbst töten will, schickt sie Frau Marthan so zu ihrem Vater, daß er erst nach vollbrachter Tat eintreffen kann. Evchen verhindert geradezu, daß er ihrer Tat durch Verzeihung zuvorkommt. Zufall spielt hier keine Rolle, Evchens Absicht bestimmt das Geschehen. Wie aber steht es mit dem zweiten Faktum – der verspäteten Rückkehr von v. Gröningseck?

Es scheint, als verursache diese Verspätung die unheilvolle Tat. Doch der Ein-

[394] Kindermann (Hrsg.): Kampf um das soziale Ordnungsgefüge, S. 12.
[395] Hinck: Produktive Rezeption heute, S. 264.

druck täuscht. Zum Zeitpunkt der Tat sieht Evchen für sich und ihr Kind keineswegs mehr die Rettung in einer Ehe mit v. Gröningseck, selbst wenn dieser rechtzeitig zurückkäme und auf Heirat drängte. Noch bevor sie ihr Kind tötet, entsagt sie entschieden der Heirat mit ihm. Sie ersticht es also nicht aus Verzweiflung darüber, daß v. Gröningseck sie in ihrem Elend allein läßt, sondern weil er für sie, käme er zurück, zu einem Unheil würde, gegenüber dem der Tod ihr als kleineres Übel erscheint. Das ist merkwürdig und bedarf der näheren Analyse, hatte Evchen doch lange Zeit alle Hoffnung auf eine Ehe mit v. Gröningseck gesetzt. Diese Hoffnung sucht Frau Marthan, die warmherzige und mitleidsvolle Waschfrau, zu der sich Evchen in ihrer Verzweiflung flüchtete, noch einmal aufzurufen:

O sie kann noch glücklicher wieder werden; vielleicht kommt er doch wieder, wo sie sichs gar nicht vermuthet.

Darauf Evchens erstaunliche Reaktion:

Wieder! – Er sollte wiederkommen! Frau Marthan, sieht sies, ich bin nur ein Weibsbild, aber – wenn er wiederkommt, mir wieder unter die Augen tritt, so stoß ich ihm mit der einen Hand diesen Brief hier, sieht sie – (*zieht ihn aus der Tasche.*) unter die Nase, und mit der andern bohr ich ihm ein Brodmesser ins Herz. – Er hats um mich verdient! – vorher hab ich ihn (*auf den Brief deutend, und ihn wieder einsteckend*) nicht ganz verstanden; sie [d. i. Frau Marthan] hat mir erst die Augen geöfnet. – (VI, S. 78f.)

Evchens Reaktion ist eindeutig: Für sie ist die lange Zeit sehnlichst erhoffte Heirat unmöglich geworden, auch wenn v. Gröningseck sie noch wollte. Jede Hoffnung ist zerstoben; sie hat das Kind und sich zum Tod bestimmt und schickt daraufhin Frau Marthan zu ihrem Vater, um das Kind ungestört töten zu können.

Wie kommt sie zu diesem verzweifelten Entschluß? Bewirkt dies die Briefintrige des Leutnants v. Hasenpoth, der ihr einen gefälschten Brief zuspielte, um ihr weiszumachen, v. Gröningseck denke gar nicht daran, sie zu heiraten, sondern schlage ihr v. Hasenpoth als Liebhaber vor? Fünf Wochen sind vergangen (VI, S. 72), seitdem sie diesen Brief bekam, dessen Inhalt ihr nicht ganz klar wurde: „Die Spöttereyen über den Ort, wo wir uns näher kennen lernten, versteh ich nicht einmal; mag sie nicht verstehn!" (V, S. 55) Doch nachdem Frau Marthan ihr erzählt hat, was ihr zu Ohren gekommen ist – Evchen sei in „ein Bordel gegangen", „und da hat sie und der Uffezier der Mutter etwas zu trinken gegeben, daß sie einschlief" (VI, S. 74), wird ihr die Verruchtheit v. Gröningsecks klar. Diese besteht nicht darin, daß er sie – dem gefälschten Brief nach – mit seinem Heiratsversprechen getäuscht hat, sondern darin, daß er sie über die Umstände ihrer sexuellen Begegnung im unklaren ließ. Erst als ihr Frau Marthan „die Augen geöfnet" hat (VI, S. 79), erkennt sie, daß v. Gröningseck alles geplant hatte. Bis dahin konnte sie überzeugt sein, er sei von seinen Trieben übermannt worden; sie glaubte ihm, wenn er vom „unglücklichen Augenblick, da ich im Taumel" war (IV, S. 50), sprach. Dieser Glaube ist jetzt dem Wissen gewichen, daß er sie absichtlich ins Bordell führte und der Mutter heimtückisch Schlafpulver in den Punsch mischte.

Evchen. Diese zwey Umstände, die ich von ihr [d. i. Frau Marthan] erfahren, zeigen mir die ganze schwarze Seele des Niederträchtigen, der mich so tief herabsetzte. – Noch blieb mir immer wenigstens ein Schatten von Hofnung übrig, nun ist auch *der* verschwunden, und mit ihm alles – nun kann ich nichts mehr, als – (*stokt, sieht mitleidsvoll ihr Kind an.*) (VI, S. 78)

Mit der Erkenntnis Evchens, daß v. Gröningsecks Verhalten in gezielter Manipulation bestand, keineswegs aber spontaner Triebüberwältigung entsprang, ist für sie jeder Ausblick in eine erträgliche Zukunft unmöglich. Solange sie die Vergewaltigung als spontane Affekthandlung rechtfertigen konnte, war sie bereit, ihn zu heiraten; jetzt will sie ihn umbringen, käme er, um sein Heiratsversprechen einzulösen.

Angefangen hatte alles in dem besagten Bordell, von dem Evchen bis zu diesem Zeitpunkt nicht wußte, um was für ein Haus es sich handelt. Das Drama beginnt medias in res. Der Ort: „*Ein schlechtes Zimmer im Wirthshaus zum gelben Kreutz*" (I, S. 5); die Zeit: gegen 2.30 Uhr am frühen Morgen; die Situation: Leutnant v. Gröningseck führt Frau Humbrecht und ihre Tochter Evchen, zusammen vom Faschingsball kommend, in ein beiden unbekanntes Lokal, um mit ihnen zu frühstücken. Das wenigstens glauben Mutter und Tochter. In Wirklichkeit ist der Leutnant sexuell an Evchen interessiert. Immer wieder nähert er sich ihr, um sie zu küssen, sie zu berühren, findet aber bei Evchen nicht das Entgegenkommen, das er sich wünscht. Seine Küsse zwingt er ihr auf, sie erwidert sie nicht (I, S. 5, 10 u. 12). Er stößt das Licht um und nähert sich ihr unschicklich in der Dunkelheit, sie schreit „pfuy!" (I, S. 6) und wirft ihm „*heimlich einen drohenden Blick zu*" (I, S. 7). Ihr Wunsch ist, möglichst schnell wieder auf den Ball zu kommen, um zu tanzen; seine heimtückische Absicht ist, die Mutter durch einen Schlaftrunk auszuschalten und Evchen willfährig zu machen. Sobald der Schlaftrunk wirkt, wendet sich v. Gröningseck dem Objekt seiner sexuellen Begierde zu:

Sey doch kein Kind, ma chere! was ists denn weiter? – wir kommen noch zeitig genug wieder auf den Ball. – (*sieht ihr starr unter die Augen.*) – Bist du mir gut Evchen?
Evchen. Ums Himmelswillen sehn sie mich nicht so an; ich kanns nicht ausstehn.
v. Gröningseck. Warum denn nicht, Närrchen? (*küßt ihr mit vieler Hitze die Hand, und sieht ihr bey jedem Kuß wieder starr in die Augen.*)
Evchen. Darum! – ich will nicht. – (*Er will sie umarmen und küssen, sie sträubt sich, reißt sich los, und lauft der Kammer zu.*) Mutter! Mutter ich bin verlohren. –
v. Gröningseck. (*ihr nacheilend.*) Du sollst mir doch nicht entlaufen! – (*schmeißt die Kammerthür zu. Innwendig Getös; die alte Wirthin und Marianel kommen, stellen sich aber als hörten sie nichts; nach und nach wirds stiller.*) (I, S. 16)

Was geschieht in der Kammer? Verführt oder vergewaltigt v. Gröningseck Evchen? Immer wieder spricht die Sekundärliteratur von „Verführung"[396], allenfalls von einer „brutalen Verführung"[397]. Entsprechend wird v. Gröningseck als „Verführer"[398], „skrupelloser Verführer"[399] oder „bedenkenloser Verführer"[400] apostrophiert. Nur wenige Interpreten sprechen von „Vergewaltigung", ohne daraus allerdings Konsequenzen für die Deutung des Geschehens und des Verhaltens der Protagonistin zu ziehen.[401] Ihnen hält Hans-Dieter Weber entgegen: „Eine Vergewaltigung muß in dieser Szene nicht erkennen, wer sie nicht sucht. Vor dem sie bedrängenden Mann sucht Evchen nicht ins Freie zu fliehen, sondern ins Enge – sie war ihm längst verfallen."[402] Evchen flieht also, so seine Argumentation, absichtlich nicht aus dem Gasthaus, sondern in eine Kammer, denn letztlich will sie, was v. Gröningseck anstrebt – den Beischlaf.

Hat Evchen sich nur geziert, sich ein wenig gesträubt, weil dies von Frauen so erwartet wird? Hat sie v. Gröningseck nur ein wenig reizen wollen, um seine Lust zu stimulieren? Leutnant von Hasenpoth, der „compagnon de debauche" (III, S. 33), sieht das so; er kenne die Frauen:

Ich hab wenig Frauenzimmer angetroffen, die nicht sehnlichst wünschten bestürmt zu werden, und noch die erste zu sehn, die nicht nach der Niederlage ein paar Krokodilsthränen geweint hätte. – Das ist schon in der Art so! (III, S. 35)

Bezeichnend ist, daß v. Gröningseck diese Perspektive, die ihn moralisch entlasten würde, nicht übernimmt. Er weiß es besser und läßt die Rede v. Hasenpoths nicht gelten:

v. Gröningseck. (*mit verbißner Wuth.*) Ausbund aller Libertins! – Danks meinem bösen Gewissen, daß ich dir so gedultig zuhöre – *das* macht mich zur Memme, zum Poltron – und doch steh ich nicht dafür, daß ichs noch lang bleib (III, S. 35).

[396] Siehe Fechner: Nachwort zu Wagner: Die Kindermörderin, S. 161–172. S. 166 f.; Sørensen: Herrschaft und Zärtlichkeit, S. 138; Pilz: Deutsche Kindesmordtragödien, S. 18; Weber: Die Kindsmörderin im deutschen Schrifttum, S. 83 ff.; Kafitz: Grundzüge einer Geschichte des deutschen Dramas von Lessing bis zum Naturalismus, S. 98.

[397] Haupt: *Die Kindermörderin*, S. 286.

[398] Kaiser: Aufklärung, Empfindsamkeit, Sturm und Drang, S. 230.

[399] Hinck: Produktive Rezeption heute, S. 264.

[400] Guthke: Das deutsche bürgerliche Trauerspiel, S. 81; ebenso Erich Schmidt, der Wagner im Vergleich zu Goethe als „ein an Talent so unendlich schwächere[n] Anfänger" bezeichnet, denn „er verstand es nicht, das langsame Wachsen der Neigung darzustellen, und führte die Verführung nackt vor." (S. 62) Schmidt: Heinrich Leopold Wagner; ähnlich Genton: La Vie et les Opinions de Heinrich Leopold Wagner, S. 231.

[401] Siehe Huyssen: Drama des Sturm und Drang, der von den „Bordell- und Vergewaltigungsszenen des ersten Aktes" spricht (S. 175); schwankend zwischen „Verführung" und „Vergewaltigung" Werner: Literarische als gesellschaftliche Form, S. 85 und 159.

[402] Weber: Kindesmord als tragische Handlung, S. 91.

Für v. Gröningseck ist klar: Er hat Evchen gegen ihren Willen zum Geschlechtsverkehr gezwungen – von einem anfänglichen Sträuben, das in lustvolle Zustimmung übergeht, kann in seinen Augen nur ein „Ausbund aller Libertins" sprechen. Evchens Reaktionen, als sie den Tatort fluchtartig verläßt, sprechen eine eindeutige Sprache.

EVCHEN. (*stürzt wieder aus dem Nebenzimmer heraus, auf ihre Mutter hin.*) – Mutter! Rabenmutter! schlaf, – schlaf ewig! – deine Tochter ist zur Hure gemacht. – (*fällt schluchzend ihrer Mutter auf die Brust; der Lieutenant geht ein paarmal die Stub auf und ab, endlich stellt er sich vor sie.*)
V. GRÖNINGSECK. So wollen sie denn gar nicht Raison annehmen, Mademoiselle? – wollen sich selbst fürs Teufels Gewalt prostituiren? – alle Welt wissen lassen, was jetzt unter uns ist? (I, S. 17)

Evchen ist nach dem Geschlechtsakt von blankem Entsetzen gepackt. Keineswegs *„giebt sie vor, sie wär übertölpelt worden"*, sondern *„sie* [ist] *es wirklich"* (so Wagners kritischer Einspruch gegen Karl Lessings verharmlosende Bearbeitung).[403] Laut schreit Evchen heraus, was v. Gröningseck ihr angetan hat – in ihrem Verhalten spricht nichts für ein Einverständnis, das im Verborgenen läßt, was geschehen ist. Die Jungfernschaft, das höchste Gut von Töchtern aus zünftigem Haus, von dem ihre Heiratsfähigkeit abhängt, wurde ihr gewaltsam genommen, ohne daß sie die Nötigung nachweisen könnte.[404] Wie ihr Vater reagieren würde, bekäme er davon Kenntnis, macht das Drama unmißverständlich deutlich.

HUMBRECHT. – die schöne Jungfer dahinten hat sich von einem Serjeanten eins anmessen lassen, die Mutter weiß drum und läßt alles so hingehen: [...] Jetzt marsch! und kündig ihnen das Logis auf: du weißt jetzt, warum? – [...] Meine eigne Tochter litt ich keine Stund mehr im Haus, wenn sie sich so weit vergieng. – (III, S. 31)

Nicht weil Meister Humbrecht ein gespanntes Verhältnis zur Sexualität hat, reagiert er so entschieden, sondern weil er den Geboten der gesellschaftlichen Ordnung gehorcht, kann er außerehelichen Geschlechtsverkehr auf keinen Fall dulden. Als Mitglied der Straßburger Zunft der Metzger und als angesehener

[403] In: Frankfurter Gelehrte Anzeigen 1777, S. 100–108, Hervorhebung von Wagner, abgedr. in Anhang zu Wagner: Die Kindermörderin, S. 137–143, S. 142.

[404] Siehe Orschel: Metamorphosen, S. 148: Der vergewaltigten Frau oblag „der Beweis, daß ‚der Raub der Ehre' gegen ihren Widerstand erfolgt war. Daher wurde auch damals nicht jede Vergewaltigung als Notzucht geahndet. [...] Zum Tatbestand der Notzucht gehörte auch, daß die vergewaltigte Frau das ‚Gerüfte' erhebt und sofort, wenn sie aus der Gewalt des Notzüchters entkommen ist, ‚mit zerbrochenem Leib, mit flatterndem Haar und zerrissen sich gebend ihre Not klagt'. Gelang ihr der Beweis ihres Widerstandes nicht, so war ihre standesgemäße Heiratsfähigkeit vernichtet und ihre soziale Existenz zerstört".

Bürger und Steuerzahler[405] hat er für die Ordnung der Familie zu sorgen. Und dazu gehört ganz wesentlich die Unbescholtenheit der Tochter – ihre Jungfernschaft, höchstes Gut einer unverheirateten Frau, deren Sexualität strikt auf die künftige Ehe beschränkt ist.

Für die Frau bedeutete Bewahrung der Familienehre strikteste Beachtung der Ausschließlichkeit des Geschlechtsverkehrs mit dem legitimen Mann. Voreheliche Sexualität ist dadurch genauso wie außereheliche prinzipiell ausgeschlossen.[406]

Während dieses Gebot in bäuerlichen und adligen Kreisen nicht strikt galt, war in der zünftigen Welt des Handwerks der Geschlechtsverkehr für Frauen rigoros an die Ehe gebunden. Das hängt mit dem hohen Stellenwert der *ehrlichen* Geburt zusammen, elementare Voraussetzung einer Existenz als zünftiger Handwerker oder als dessen Ehefrau. Um Mitglied einer Zunft zu werden, mußte das Zeugnis der ehelichen Abstammung vorgelegt werden, aus dem hervorging, daß der Bewerber „aus einem rechten, unbefleckten Ehebette fromm, recht und ehrlich, rechter freier Deutscher Art und niemand mit Leibeigenschaft verbunden und verflichtet, erzeuget und gebohren [sei]."[407] Immer wieder kam es vor, daß schon der Verdacht einer vorehelichen Zeugung alle Berufsaussichten zunichte machte, immer wieder wurde auch verlangt, daß die Frau ihre Jungfernschaft bei Eintritt in die Ehe unter Beweis stellte. Diese rigide Praxis war sicherlich auch Ergebnis kirchlicher Lustfeindlichkeit. Daß diese Gebote im zünftigen Handwerk aber auf so fruchtbaren Boden fielen, hat entschieden damit zu tun, daß das Kriterium der *ehrlichen* Geburt ein politisches Mittel darstellte, um, camoufliert durch moralischen Anstrich, unliebsame Konkurrenz auszuschalten. Gerade die Bewohner des Landes konnten nämlich häufig genug eine *ehrliche* Geburt nicht nachweisen; alle Versuche, in handwerkliche Berufe einzudringen, waren für sie so von vornherein zum Scheitern verurteilt. Meister Humbrecht ist als Sachwalter zünftiger Ordnung dazu verpflichtet, deren Fundament, die *ehrliche* Geburt und die sexuelle Unbescholtenheit der Tochter – zwei Seiten einer Medaille –, strikt zu kontrollieren und bei Verstößen rigoros zu ahnden.

405 Siehe V, S. 67, wo er dem Fiskal selbstbewußt entgegentritt: „Ich heiß Martin Humbrecht, Metzger und Burger allhier, und für mein Geld, das ich der Stadt abgeben muß, heißt mich Ihre Gnaden, der Herr Ammeister selbst *Er.*" Meister Humbrecht ist als Zunftmitglied der Straßburger Metzgerzunft automatisch im Besitz des Bürgerrechts, das ihn zur Wahl des Magistrats der Stadt berechtigt. Zum Zunftwesen in Straßburg siehe Heitz: Das Zunftwesen in Straßburg.

406 Mitterauer: Ledige Mütter, S. 39.

407 Siehe hierzu Wissell: Des alten Handwerks Recht und Gewohnheit, S. 249; vgl. auch Felber: Unzucht und Kindsmord; Möller: Die kleinbürgerliche Familie im 18. Jahrhundert, S. 20.

Evchen kennt diese Gebote genau – nicht von ungefähr ist ihr Entsetzen nach der Vergewaltigung so groß, daß v. Gröningseck alle Mühe hat, sie zu beruhigen. Allein mit einem Heiratsversprechen gelingt ihm dies. Nachdem er sich – mehr dramaturgischer Notwendigkeit als Gesetzen psychologischer Wahrscheinlichkeit gehorchend – recht abrupt zur tugendhaften Gestalt gewandelt hat, schwört er wiederholt, daß er mit ihr die Ehe eingehen wolle: „In fünf Monaten bin ich majorenn, dann führ ich dich an Altar, erkenne dich öffentlich für die Meine" (I, S. 17). Mit diesem Versprechen gerät Evchen jedoch in den Widerspruch von psychischer Not und gesellschaftlichem Zwang. Unabhängig davon, wie sie auf v. Gröningsecks Heiratsantrag reagiert – sie reagiert falsch: Sie verletzt entweder ihre innere oder ihre äußere Ehre. Einerseits müßte sie ihren Vergewaltiger strikt abweisen, eine entschiedene Distanz herstellen, um ihre personale Integrität, die für sie durch den sexuellen Übergriff zutiefst beschädigt wurde, wiederherzustellen. Andererseits müßte sie in die Eheschließung einwilligen, um ihre soziale Identität zu sichern, die durch den vorehelichen Geschlechtsverkehr zerstört wäre, sollte es nicht zur Heirat kommen.

Evchen spürt diese Paradoxie und verhält sich entsprechend paradox. Sie versucht zwei unvereinbare Haltungen zu vereinen: Sie will v. Gröningseck an sich binden und zugleich von sich fernhalten, indem sie den Rechtsakt der Heirat nur um den Preis körperlicher Distanz akzeptiert, bis die Ehe kirchlich vollzogen ist. Evchen reagiert auf das Heiratsversprechen von v. Gröningseck nicht freudig, wie es einer Geliebten gemäß wäre, der sich der Geliebte erklärt, sondern als müsse sie eine Notwendigkeit akzeptieren, weil sonst soziale Ächtung droht.

> Evchen. [auf v. Gröningsecks Heiratsversprechen]: Darf ich dir trauen, nach dem, was vorgefallen? – Doch ja! ich muß – ich bin so verächtlich als du, verächtlicher noch! – kanns nicht mehr werden, nicht tiefer sinken! – [...] Hör weiter! so sey dieser Kuß der Trauring, den wir einander auf die Eh geben. – Aber von nun an, bis der Pfarrer sein Amen! gesagt, von nun an – hören sie ja wohl, was ich sage – unterstehn sie sich nicht, mir nur den Finger zu küssen; – sonst halt ich sie für einen Meineidigen, der mich als eine Gefallene ansieht, der er keine Ehrerbietung mehr schuldig ist, der er mitspielen kann, wie er will. (I, S. 17f.)

Einzig durch die Ehe kann sie ihre soziale Existenz sichern, außerhalb der Ehe wäre sie als Frau, die ihre *Unschuld* verloren hat, und sei es auch durch Gewalt, ehrlos. Das bedeutet in der zünftigen Gesellschaft, der ihre Familie angehört, mehr und anderes als nur Verlust des Ansehens – sie wäre aus allen sozialen Verhältnissen ausgestoßen und verlöre die Basis ihrer gesamten gesellschaftlichen Existenz. Deshalb muß sie aus Gründen der Selbsterhaltung in die Ehe einwilligen. Zugleich muß sie aus Gründen der Selbstachtung v. Gröningseck von sich weisen, muß seine körperliche Nähe strikt meiden.

Durch die Paradoxie einer abweisenden Bindung und bindenden Abweisung versucht Evchen, ihre psychische und ihre soziale Not miteinander zu vermitteln. Doch im Grunde empfindet sie ihre personale Integrität als derart zerstört, daß sie am liebsten aus allen Bindungen der Gesellschaft, die ihr die Heirat mit ihrem Schänder aufnötigt, fliehen würde: „O wenn ich ein Mann wäre! [...] Noch heute macht ich mich auf den Weg nach Amerika, und hälf für die Freyheit streiten." (IV, S. 46)[408] Doch Evchen hat keine Möglichkeiten, den rigorosen Geboten weiblicher Ehrbarkeit zu entkommen. Als Frau, die im Zunftbürgertum vor der Heirat schwanger wurde, muß sie mit schärfsten gesellschaftlichen Sanktionen rechnen.[409] Von daher verschweigt sie allen, auch ihren Eltern, was ihr widerfahren ist, bestimmt von der Hoffnung, daß v. Gröningseck beizeiten zurückkomme, sie heirate und ihr so das gesellschaftliche Ansehen sichere.

Damit aber verstrickt sich Evchen in ein Dilemma mit schweren psychischen Folgen, die von ihrer Familie dem medizinischen Diskurs ihrer Zeit gemäß als Melancholie diagnostiziert werden (III, S. 36f.; IV, S. 47). Sie, die sehnlichst den Schutzraum der Familie wünscht, um dort ihren psychischen Schmerz durch emotionale Anteilnahme zu lindern, wird in Heimlichkeit und Schweigen getrieben, weil ihr andernfalls soziale Vernichtung droht. Dieses Dilemma spitzt sich unerträglich zu, weil die Familie sie permanent bedrängt, sie möge sich offenbaren, sie solle sagen, was sie auf dem Herzen habe, damit ihr geholfen werde.

FR. HUMBRECHT. Wie? – weil du kein Zutrauen mehr zu deinen Eltern hast, wo das nicht ist, ist auch keine Liebe.
EVCHEN (*gerührt*). Mutter!
FR. HUMBRECHT. Nicht anders: es thut mir leid, daß ich dirs sagen muß; – sonst, wenn dir nur ein Finger weh that, kamst du zu mir geloffen es mir zu klagen; – jetzt, verzeih dirs der liebe Gott, geht dir allemal eine Gänshaut aus, wenn du eins von uns beyden erblickst.
EVCHEN. Gewiß nicht! – sie thut mir das gröste Unrecht von der Welt, Mutter! wenn sie *das* sagt: ich lieb sie noch immer eben so stark – aber –
FR. HUMBRECHT. Nun? –
EVCHEN (*schüchtern*). Aber – es giebt Sachen, die man niemand entdecken kan. (IV, S. 46)

[408] Ungeachtet aller historischen Bedingtheiten weiblicher Existenz im 18. Jahrhundert läßt Peter Hacks Evchen in seiner Bearbeitung der *Kindermörderin,* in: Hacks: Zwei Bearbeitungen, diese ‚Geschlechtsumwandlung' ins Klassenkämpferisch-Heroische vollziehen, wenn er sie am Ende ihre kleinbürgerliche Existenz mit den Worten abstreifen läßt: „Komm; komm, mein Sohn, mein kleiner Bastard. Wir gehen fort aus diesem Kerker von Pflicht und Bosheit. Wir wolln uns zusammen durchs Land schlagen, bis wir eine menschliche Seele zum Brotherrn gefunden, die, wenn sie unsre gesunden Glieder abzählt, uns keinen Krüppel heißt, weil uns der Name eines Schurken fehlt." (S. 144) Zu Einzelheiten eines Vergleichs siehe Haffner: Heinrich Leopold Wagner, Peter Hacks: *Die Kindermörderin.*

[409] Siehe hierzu Wissell: Des alten Handwerks Recht und Gewohnheit, S. 240–254.

Die Mutter bemerkt, daß Evchen sich aus dem Familienverband emotional und kommunikativ zurückzieht und dringt in sie, sich ihr mitzuteilen. Die familialen Gebote der Rückhaltlosigkeit und Offenheit erweisen sich für Evchen als Instrumente der Bedrängnis, als Mittel, Herrschaft über ein Familienmitglied auszuüben, das sich in sein Geheimnis zurückzieht. Da Mitteilung Verstoßung bedeutet, ist Evchen zum Stummsein verurteilt – gerade in einer Lage, in der sie kommunikativer und emotionaler Anteilnahme bedürfte. So ist sie in ihrer Familie psychisch isoliert, Resultat ihrer Angst, physisch aus ihr ausgegrenzt zu werden.

Evchens Lage ist wiederum paradox; würde sie sich den Geboten der Familienliebe gemäß verhalten und ihre unheilvolle Lage vertrauensvoll schildern, verlöre sie diese Liebe. Aus dem Schutzraum Familie, die Offenheit einfordert, würde eine Strafinstanz, die Abweisung praktiziert; Aufrichtigkeit als Liebesbeweis führte zur Verdammung als Machtausweis. So produziert die Familie für Evchen widersprüchliche Botschaften – zum einen fungiert sie als Liebesgemeinschaft, die Schutz und Mitempfinden verspricht und dafür Offenheit einfordert, und zum anderen ist sie Rechtsinstitution, die Gehorsam verlangt und den Verlust töchterlicher Unbescholtenheit rigoros ahndet. Würde Evchen die Familie als Liebesgemeinschaft aufrufen, droht diese sich für sie als Rechtsinstitution zu entpuppen. Anders als Sara Sampson oder Luise Millerin, die den Vater als zärtlich liebendes Familienoberhaupt erfahren und – bei allen Schwierigkeiten – auch ihren Liebhabern emotional verbunden sind, ist sie aus der patriarchalisch geprägten Welt vollständig ausgegrenzt – und ihr zugleich vollständig unterworfen. Sie ist nicht nur zwischen der Herkunfts- und Zeugungsfamilie hin- und hergerissen, sondern beide werden für sie durch paradoxe Forderungen als identitätsverbürgende Existenzräume vernichtet. Nirgends findet sie eindeutige Orientierung für ihr Verhalten, nirgends kann sie sich zugehörig fühlen, mit keinem kann sie über ihre Seelenqualen sprechen; weder über die Eltern noch über den Bräutigam kann sie sich ihres Ichs vergewissern und ihre zerstörte Selbstachtung wieder aufbauen.

Evchen ist einer doppelten Paradoxie unterworfen, mit Watzlawick könnte man sagen, in einem zweifachen „double bind" gefangen.[410] Nicht nur ihre Situation als vergewaltigte Braut ist paradox signiert, sondern auch die als nicht mehr jungfräuliche Tochter. Ist die Zwangssituation für sie im Hinblick auf v. Gröningseck durch die Unvereinbarkeit von Liebe und Gewalt gekennzeichnet, so im Hinblick auf ihre Familie durch die Unvereinbarkeit von Verstoßung und Vertrauen. Diese doppelte Paradoxie reißt sie aus allen emotionalen Bindungen. Von der Herkunftsfamilie als entehrte Tochter im Prinzip schon verurteilt und verstoßen, allein bestimmt von der Hoffnung, durch Heirat wenig-

410 Siehe Watzlawick, Beavin, Jackson: Menschliche Kommunikation, S. 178 ff.

stens äußerlich in die Zeugungsfamilie integriert zu werden, fällt sie in tiefste Melancholie, bis sie am Ende des Dramas gänzlich verzweifelt.[411]

Erst ganz am Ende des Dramas, da sich für Evchen die Situation ohne Aussicht auf Rückkehr in die Gesellschaft darstellt, kann sie den Kommunikationsbann brechen und ihr Inneres offenbaren. Die gesellschaftlichen Normen und die familialen Gebote haben sie in die Isolation getrieben; jetzt eröffnet sich ihr jenseits aller rechtlichen Ordnungen und emotionalen Bindungen die Möglichkeit, sich mitzuteilen. Was Frau Marthan zunächst als Verwirrung interpretiert, ist der Ausbruch aus einer kommunikativen Isolation, in die Evchen durch die Umstände und den emotionalen Druck hineingetrieben wurde. Ihre Rede ist nun frei von den Zeichen repressiver Selbstkontrolle, den Abbrüchen, Wiederholungen und der stammelnden Suche nach dem Wort. Ohne durch innere Blokkaden, Sprechverbote und Ängste in ihrer Rede behindert zu werden, kann sie zeigen, wie es ihr geht.

Evchen schließt für ihr Kind und sich selbst mit dem Leben ab, weil durch den Bericht von Frau Marthan (VI, S. 74) unabweisbar wird, daß v. Gröningseck ihre Vergewaltigung von langer Hand geplant hatte. Bezeichnend ist ihre Reaktion, als am Ende Vater, Magister und v. Gröningseck auf die Bühne stürmen, der Vater großmütig verzeiht, der Vergewaltiger sich für Evchens Begnadigung einsetzen will und der Magister von dessen „zärtlicher" Liebe zu Evchen spricht und ihr unterstellt, „sie lieben den Gröningseck" (VI, S. 82).

EVCHEN. Ja, wie ich den Satan liebe! hab mich vor beyden gehütet, und von beiden schon anführen laßen.
MAGISTER. Sie liebten ihn doch ehmals; sonst wären sie nicht –
EVCHEN. Ja, da wußt ich aber nicht, daß er mich zur Hure, zur Muttermörderinn – zur –
MAGISTER. Das alles war weder sein Vorsatz noch weniger seine Schuld – (VI, S. 82)

Doch Evchen weiß um den Vorsatz und die Schuld v. Gröningsecks. Mit einem Vergewaltiger, der im „Taumel" (IV, S. 50) über sie hergefallen wäre, hätte sie die Ehe schließen können, nicht aber mit einem Mann, der voller Heimtücke bereit war, seine Triebbefriedigung mit ihrem Unglück zu erkaufen. Dies erst erklärt ihre harsche Reaktion auf die Feststellung des Magisters, v. Gröningseck wolle sie heiraten: „Und wenn er zehnmal will, so wollt *ich* doch lieber den Scharfrichter sehn." (VI, S. 83) Der Schleier der Täuschungen zerreißt. Vergewaltigung als entgleisende Liebe – diese Formel wird unglaubhaft, da sich der

[411] Wenn Andreas Huyssen gegen die These von Mattenklott (Melancholie, bes. S. 47 ff.), Melancholie sei Ursache der politischen Ohnmacht des Bürgertums, einwendet, Wagners Stück zeige „Melancholie als Resultat gesellschaftlicher Verhältnisse" (Huyssen: Drama des Sturm und Drang, S. 187), so bleibt diese Feststellung zu pauschal, da sie die paradoxale Struktur der Situation Evchens außer acht läßt; eine ähnlich pauschale Diagnose findet sich bei Werner: Literarische als gesellschaftliche Form, S. 49 ff.

pure Gewaltcharakter der Tat zeigt. Nachdem Evchen dann auch noch erfahren mußte, daß ihre Mutter vor Gram gestorben sei, sieht sie nur noch die Möglichkeit, ihr Kind zu töten, um daraufhin hingerichtet zu werden. Gegenüber Frau Marthan, der sie ihre Abkunft verborgen hatte, gibt sie sich jetzt zu erkennen:

Ich – Ich! ich bin die Muttermörderinn, die keinen guten Blutstropfen in sich hat, die sich im Bordel herumwälzte, die von einem Ehrenschänder sich hintergehn ließ, die hier ein säugendes Kind hat, das kaum gebohren schon Vater- und Mutterloß ist, – denn wenn ich Mutter wär, müßt ichs auch nähren können, das kann ich nicht. – *Ich* bins, die, die – kurz, *ich* bin des Humbrechts eigne Tochter. (VI, S. 77 f.)

Evchens Hoffnung auf eine Ehe als Möglichkeit sozialer und moralischer Rehabilitation ist vernichtet, ihre privaten und gesellschaftlichen Beziehungen, ihre familialen und emotionalen Bande sind zertrennt, ihre Existenz als Mensch, der in positiven Beziehungen zu Mann, Vater und Kind lebt, ist ausgelöscht. Für sie ist alles zerbrochen – die letzten Reste von Selbstachtung sind geschwunden. Als Tochter sieht sie sich moralisch vernichtet, da sie sich für die Mörderin ihrer Mutter hält; als junge Frau ist sie gesellschaftlich stigmatisiert, da sie im Bordell war; als Braut fühlt sie sich geschändet, da ihre Vergewaltigung heimtückisch war, und als Mutter schließlich entwertet, da sie ihr Kind nicht stillen kann. Die Tötung des Kindes ist der einzige ihr verbleibende Akt einer verkehrten Fürsorglichkeit, denn alle anderen Möglichkeiten der Zuwendung sind ihr durch gesellschaftliche Ächtung, familiale Verstoßung und sexuelle Heimtücke genommen. Dem Kind will sie ersparen, was ihr widerfuhr:

du bist noch nichts! – ein kleiner Bastert, sonst gar nichts; – (*mit verbißner Wuth.*) – sollst auch nie werden, was *ich* bin, nie ausstehn, was *ich* ausstehn muß – (*nimmt eine Stecknadel, und drückt sie dem Kind in Schlaf*) [d. i. Schläfe] (VI, S. 80).

Mit der Kindstötung tötet sie sich auch selbst – unmittelbar als Mutter, mittelbar, indem sie ihre Hinrichtung provoziert; im Kind tötet sie aber auch den Vater, mit dem sie es identifiziert:

Sing, Gröningseckchen! sing! – Gröningseck! so hieß ja dein Vater; [...] – Ein böser Vater! der dir und mir nichts seyn will, gar nichts! und mirs doch so oft schwur, uns alles zu seyn! – ha! im Bordel so gar es schwur! (VI, S. 79)

Der ihr einzig verbleibende Akt der Selbstbestimmung ist der der Vernichtung. Nur so vermag sie die Gewalt nach außen zu wenden, die sie so lange als „Melancholie" in sich verschließen mußte.

Doch dann dringen ihr Vater, Frau Marthan, der Magister und v. Gröningseck in ihren Zufluchtsort ein, gefolgt von den Vertretern der staatlichen Gewalt, vom Fiskal und den Fausthämmern. Der Vater will ihr verzeihen, v. Gröningseck, von „tödtliche[r] Krankheit" (VI, S. 82) endlich genesen, will sein Eheversprechen einlösen, und der Magister spielt den Advokaten der Liebe.

v. Gröningseck, bei dessen plötzlichem Auftauchen Evchen voller Entsetzen ruft: „Gott! das fehlte mir noch!“ (VI, S. 83), will sich am Ende auf den Weg nach Versailles machen, um ihre Begnadigung zu erwirken, reichlich versehen mit Bestechungsgeldern von Meister Humbrecht. Doch Evchen will nicht begnadigt werden: „Gnade für mich! Gröningseck! wo denken sie hin? – soll ich zehntausend Tode sterben! – lieber heut als morgen.“ (VI, S. 84) Von männlicher Gewalt und gesellschaftlichen Normen, von inneren Zwängen und Selbstanklagen bis zur Auflösung ihrer Personalität getrieben, findet Evchen ihren letzten Bezugspunkt im selbstbestimmten Tod, mit dem sie sich der patriarchalischen Verfügungsgewalt von Bräutigam und Vater entziehen will. Doch nicht sie führt das letzte Wort. In larmoyantem Pathos, das die Verfügungsstruktur offenbart, in der Evchen sich bewegt, beschließen nacheinander v. Gröningseck, der Magister und Humbrecht das Drama.

Bezeichnenderweise läßt der Schluß offen, ob Evchen begnadigt wird. Dieser offene Schluß mag auf den ersten Blick suggerieren, daß ihr Leidensweg doch nicht bis zum bitteren Ende ihrer Hinrichtung führen werde, daß die Obrigkeit sich durch Vater und Bräutigam umstimmen lasse und damit nicht alles ganz so schlimm ende, wie es zunächst den Anschein hat – aus „Publikumsrücksichten, um die Leute nicht so desperat zu entlassen“, wie vermutet wurde.[412] Doch der vom offenen Schluß erzeugte Schein wird vom dramatischen Geschehensverlauf dementiert. Evchen hat ihr Kind getötet und will nichts mehr, als selbst getötet werden. Doch selbst dieser Rest von Autonomie soll ihr genommen werden im Bemühen der Männer, eine Begnadigung zu erwirken. Noch die Akte vorgeblicher Fürsorglichkeit erweisen sich so als Akte patriarchalischer Vereinnahmung, die ihr sogar den eigenen Tod rauben wollen.

Wagners Drama ordnet sich ein in die breite Debatte über die Kindsmordproblematik während der zweiten Hälfte des 18. Jahrhunderts; es fokussiert sie zum Psychogramm einer vergewaltigten Frau. In dieser Debatte wird verlangt, daß über die Tat hinaus die inneren und äußeren Umstände, die zu ihr geführt haben, zu berücksichtigen seien. Die Tat wird so von der strikten Bindung an objektive Merkmalszuschreibungen gelöst und auf die Person und deren Umstände bezogen. Gerade beim Thema Kindsmord wird nachdrücklich darauf hingewiesen, die Nöte der Frauen, die ihre Kinder umbringen, mitzubedenken, um von daher die angemessene Strafe zu finden. Die Aufmerksamkeit verlagert sich somit von der Tat auf die Täterin. Deren Motive und Zwänge werden aufmerksamer registriert, der Tatvorgang wird in die Genese zurückgeführt. Es wird nicht allein darüber nachgedacht, wie Tat und Strafmaß zusammenhängen, sondern ob die Täterin von den subjektiven und objektiven Umständen ihrer Tat her ein bestimmtes Strafmaß verdient hat.[413]

[412] Weber: Die Kindsmörderin im deutschen Schrifttum von 1770–1795, S. 106.

[413] Pestalozzi, der sich von der Preisfrage zu seinem 1781 erschienenen Buch *Über Ge-*

Wagner partizipiert mit seinem Drama an dieser veränderten Blickrichtung. Auch bei ihm steht nicht die Tat im Vordergrund, sondern die innere und äußere Geschehensabfolge, die zu ihr führt. Evchen wird von den psychischen und sozialen Bedingtheiten ihrer Existenz her erfaßt; das Stück reflektiert ihre Hoffnungen und Ängste und die familialen wie gesellschaftlichen Zwänge. Dabei wird ihre Schuld in eine individuelle Ent-Schuldung überführt, indem sie an männliche Gewalt und patriarchalische Macht weitergereicht wird. Im Schlußtableau entfaltet Wagners Drama dieses Macht- und Gewaltverhältnis im eindrucksvollen Bild von Männern, die in konzentrischen Kreisen Evchen und ihr totes Kind umringen: zuerst Vater, Bräutigam und Onkel, die ihr den selbstgewählten Tod nehmen wollen, und dann die staatlichen Instanzen, der Fiskal, der Gerichtsdiener, die Blutschreyer und die Geschworenen, die zu beurteilen und zu strafen haben, was die Männer und die von ihnen repräsentierte Ordnung Evchen angetan haben. In diesem Bild kulminiert ein Geschehen, das das Verhältnis der Geschlechter als Gewaltverhältnis zeigt.

Entgegen der zeitgenössischen Ideologie einer *zärtlichen Liebe*, die zum Fundament der Geschlechterbeziehungen erhoben wird, schildert Wagner einen ganz anderen Fall: die sexuelle Gewalt. Zum Thema seines Dramas wird nicht wechselseitige Hingabe, nicht die Wahrnehmung der Welt aus der Perspektive der Geliebten, nicht die Entfaltung einer Gemeinsamkeit im Gefühl, das die Egozentrik von Wollen und Handeln aufbricht, sondern die Unterwerfung der Frau unter die patriarchalen Ordnungen von Staat, Gesellschaft, Familie und Ehe und die hiermit verbundene Demütigung und personale Entwertung. Eingebettet in den Kontext von Justiz- und Standeskritik, mediatisiert durch eine Anklage gegen Offiziersdünkel und Kleinbürgermoral, zeigt es nicht nur, daß, sondern auch, wie die Lage der Frau von Gewalt durchzogen ist.

Es ist Wagners Verdienst, das unaussprechlich Quälende an Evchens von Paradoxien durchsetzter Situation so einfühlsam und nachvollziehbar gestaltet zu haben, daß die Komplexität der Gewaltverhältnisse, in die sie hineingestellt ist, evident wird. Auf diese Weise werden in der szenischen Präsentation Probleme erfahrbar, die weder im zeitgenössischen Diskurs über *Liebesheirat* noch in dem über Unzuchtdelikte und Kindermord thematisiert werden, weil der Zusammenhang von patriarchaler Ordnung, psychologischen Mechanismen und Kommunikationsparadoxien theoretisch nicht erfaßt und beschrieben ist, viel

setzgebung und Kindermord anregen ließ, stellt fest, daß die Ursachen der Delikte „unendlich unter sich verwoben sind [...] Ihr Anblick scheint in diesem Gesichtspunkt ein Gewebe, dessen Faeden kaum zu sondern, und dessen Anfang, Ordnung und Fortgang gaenzliche Verwirrung vieler einzeln durch einander wirkender Ursachen zeigt". Zit. nach Wächtershäuser: Das Verbrechen des Kindesmordes im Zeitalter der Aufklärung, S. 56.

mehr abgeblendet werden muß, damit das Konzept der *Liebesheirat* vielversprechend erscheint. Was Louis Sébastien Mercier, als dessen Gefolgsmann Wagner gerne gesehen wird, weil er dessen Schrift über das Theater übersetzte, programmatisch forderte, nämlich „Dollmetscher der Unglücklichen, der öffentliche Vertheidiger aller Unterdrückten" zu sein,[414] hat Wagner zweifellos szenisch realisiert. Doch geht er entschieden über Merciers sozialkritische Intention hinaus, wenn er dessen dichotomische Entgegensetzung von moralisch integrer bürgerlicher Sphäre und verderbter Gesellschaft, die in sie einbricht, unterläuft und zeigt, wie zwischenmenschliche Beziehungen insgesamt vom widersprüchlichen Verbund der Gewalt und Liebe durchzogen sind.[415] Im Feld der Heirat verschränken sie sich auf subtile Weise; sie entziehen sich der Offensichtlichkeit, weil doch alles – der Norm der *Liebesheirat* gemäß – aus Liebe geschieht, so daß die Gewaltsamkeit patriarchal bestimmter Sexualität verborgen bleibt, selbst wenn sie die Integrität der Frau zerstört. Denn – so zeigt Wagners Drama – das gesellschaftliche Diktat der Ehrbarkeitsnormen zwingt die Frau im 18. Jahrhundert zur Ehe selbst mit ihrem Vergewaltiger und erzeugt so einen Zwang, den die Frau, für die die Ehe die einzige soziale Existenzform ist, unter dem moralischen Diktat der *Liebesheirat* zur Liebe umdeuten muß, um vor sich und anderen gerechtfertigt zu sein – bis dann alle Rechtfertigungsversuche nichts mehr nützen, als sexuelle Gewalt als kalkulierte Tat sichtbar wird.

[414] Mercier: Essai sur l'art dramatique, dt. von Wagner, S. 178f.

[415] Siehe dagegen Mayer: Heinrich Leopold Wagners Trauerspiel *Die Kindermörderin*, der vom „ungebrochene[n] Vertrauen auf die bürgerliche Ethik" bei Wagner und Mercier spricht. (S. 81)

8.

„Entweder du heuratest Marien, und findest dein Glück in einem stillen bürgerlichen Leben, in den ruhigen häuslichen Freuden; oder du führst auf der ehrenvollen Bahn deinen Lauf weiter nach dem nahen Ziele.“ (Goethe)

Zum Verhältnis von Liebe und Karriere in Goethes *Clavigo*

In den bislang behandelten Trauerspielen können die Frauenfiguren, die als Bräute in der ortlosen Sphäre zwischen Tochter und Ehefrau verharren, ihren durch Heirat abzuschließenden Weg zur neuen sozialen Identität nicht vollenden; der Verlust der familialen Rolle ist für sie tödlich – radikale dramatische Inszenierung der Tatsache, wie gefährlich für die Frau im 18. Jahrhundert der prekäre Übergang von der Herkunfts- in die Zeugungsfamilie ist. Sara geht an der Zögerlichkeit Mellefonts zugrunde, die dem Dilemma von Freiheit und Institutionalisierung der Liebe entspringt. Hingegen wird Emilias Familienhort, von dem sie sich nie emanzipierte, von außen aufgebrochen. Doch bringt dieser Eingriff die Paradoxie der Heirat an den Tag. Die Tochter hat eigenständig zu sein, um selbstbestimmt eine neue Familie zu gründen, darf aber nicht aus der patriarchalen Kontrolle entlassen werden, um nicht den Verlockungen der Außenwelt zu erliegen. Vermochte Emilia ihre Unschuld nur um den Preis des Lebens zu retten, so verliert Evchen sie um den Preis gesellschaftlicher Achtung. Um diese wiederherzustellen, gerät sie in einen für sie unerträglichen Widerspruch: Aus psychischen Gründen kann sie keine Beziehung zu ihrem Vergewaltiger akzeptieren, muß es aber aus sozialen Gründen, um ihre Existenz als Ehefrau zu etablieren.

Doch nicht nur Tragödien, auch Komödien reflektieren die zentrale Problematik der *Liebesheirat*: Die Bedürfnisse der Liebe erzeugen vor ihrer Institutionalisierung einen labilen Raum der Erprobung und Vergewisserung der Gefühle. In dieser Übergangszone kann der Weg in die Ehe tragisch scheitern, er kann aber auch, um Schaden abzuwenden, für den Eheaspiranten blockiert werden – wie in der sächsischen Typenkomödie der Gottschedin und der sächsischen Rührkomödie Gellerts – oder aber zum glücklichen Ziel der Heirat führen, wenn Tragik im rechten Moment abgeblendet wird – wie im Lustspiel

Lessings und in der Tragikomödie von Lenz. In der Art aber, wie Heiratsblockade oder Heiratserfolg verwirklicht werden, machen auch die Komödien die Widersprüchlichkeiten des hybriden Heiratsideologems sinnfällig – nicht zuletzt, indem sie den Zufall um den Preis immanenter Stringenz und Plausibilität bemühen. Herr Willibald in der *Ungleichen Heirath* sieht gerade noch rechtzeitig die fatalen Konsequenzen einer ständeübergreifenden Heirat ein, und in den *Zärtlichen Schwestern* kann Lottchen gerade noch vor der Heirat mit Siegmund bewahrt werden, weil man ihm zufällig auf die Schliche gekommen ist. In beiden Fällen verhindert der Zufall eine unglückliche Ehe. In anderen Fällen ermöglicht er die zum (Schein-)Glück ausschlagende Verbindung, und zwar – wie im *Hofmeister* – derart, daß deutlich wird, wie die inneren und äußeren Widersprüche nur um den Preis von Wahrscheinlichkeit zu überwinden sind. Einzig Lessings *Minna von Barnhelm* scheint zum Ziel einer glücklichen und motivierten Heirat zu gelangen, die als Ergebnis klugen Handelns alle Schwierigkeiten überwindet. Doch dieses Ende stellt sich keineswegs deshalb zwangsläufig ein, weil die couragierte und souveräne Minna die emotionalen Blockaden Tellheims aufbricht, sondern weil sich die Rechtsblockaden der Eheschließung durch den Zufall königlicher Rehabilitation auflösen.

Was in Lessings Drama zugleich sichtbar wird, ist die gesellschaftliche Außenrepräsentanz des Mannes, der die Ehe mit den gesellschaftlichen Bedingungen zusammenschließt. Anders als die Frau, die weder eigenständiges Rechtssubjekt ist, noch in der Öffentlichkeit eine vom Mann unabhängige Rolle spielen darf, sondern sozial, ökonomisch und emotional nur als Tochter unter der Vormundschaft des Vaters oder als Ehefrau unter der des Mannes existiert, agiert der Mann in zwei Welten: in der privaten und in der öffentlichen Sphäre. Aus der privaten Sphäre tritt er – emotional gestärkt (so die Programmatik) – heraus, um in der öffentlichen Sphäre nach Regeln gesellschaftlicher Rationalität wirkungsvoll zu agieren; zu jener kehrt er zurück, um sich von den Mühen des Tages zu erholen, seine Emotionalität aus den Fesseln kalkulierender Vernünftigkeit befreiend. In gewisser Weise ist dem Mann die doppelte Identität einer äußeren und inneren Existenz eigentümlich – er lebt im Zeichen einer Schizophrenie, die er durch räumliche und zeitliche Aufspaltung handhabbar zu machen sucht. Die folgenden Dramen (Goethe: *Clavigo*; Leisewitz: *Julius von Tarent*; Schiller: *Kabale und Liebe*) zeigen Männer, die auf unterschiedliche Weise den Konflikt zwischen den Ansprüchen der Außenwelt austragen, der sie als Söhne mächtiger Väter (Ferdinand, Julius) oder als leistungsstarke einzelne (Clavigo) angehören, und der Innenwelt, die sich in der Liebesbeziehung konturiert. Aus der Unvereinbarkeit dieser beiden Dimensionen generieren die Dramen ihre Tragik – auf jeweils unterschiedliche Weise. Am deutlichsten laviert Goethes Held Clavigo zwischen den Sphären von Öffentlichkeit und Privatheit. Diese Unentschiedenheit ist hier in strenge Form überführt, so daß der

Eindruck eines szenischen Experiments entsteht: Unter prinzipiell gleichbleibenden äußeren Umständen wird jeweils ein Parameter variiert, um zu beleuchten, was sich verändert.

Die Form des Dramas ist auffällig genug. In scharfem Kontrast zum offenen Drama *Götz von Berlichingen* gestaltet Goethe sein Trauerspiel *Clavigo* in fast schon klassizistischer Manier – so als wolle er demonstrieren, wie wenig er sich der Regel der Regellosigkeit verpflichtet fühlt: „damit die Kerls sehn daß nur an mir liegt Regeln zu beobachten und Sittlichkeit Empfindsamkeit darzustellen."[416] Das Personal, das nicht in der Sphäre von Macht und Politik agiert, die Sprache, die die Mittellage zwischen dem hohen Stil der heroischen Tragödie und der Expressivität der Sturm-und-Drang-Dramatik hält, die Schauplätze, die sich auf den privaten Raum der Protagonisten beschränken, die Handlung, die einen funktionalen Zusammenhang formiert – all dies weicht auf eklatante Weise von dem ab, was zeitgenössische Rezipienten von einem Sturm-und-Drang-Autor erwarteten. So konnten viele nicht glauben, daß der Verfasser des *Götz* mit dem des *Clavigo* identisch ist. Johann Heinrich Voß schreibt am 15. 8. 1774 an Ernst Theodor Johann Brückner:

> Goethe hat sich, vor einem neuen Trauerspiel *Clavigo*, genannt ‚d. h. dasselbe unter seinem Namen veröffentlicht'. Es war auch nötig; den Verfasser des Götz verkennt man ganz.[417]

Im Brief an Friedrich Heinrich Jacobi vom 21. 8. 1774 geht Goethe auf diejenigen ein, die ihn mit einem solchen Stück wie *Clavigo* nicht in Verbindung zu bringen vermögen:

> Jung ist nicht der erste der zweifelt ob das Stück von mir ist? Immer zu. Ich hoffe auf gute Tage wieder eins zu machen, und wieder so ohne Rücksicht, ob's schaden möge meinem *Ruhm* oder aufhelfen pp.[418]

Warum hat Goethe ohne Rücksicht auf die Erwartungen der Rezipienten ein regelmäßiges Drama geschrieben, seinem Ruhm gegenüber angeblich gleichgültig? Der Hinweis, er wolle zeigen, daß er auch anders könne als beim *Götz*,[419] ist sicherlich zu unspezifisch, um die Vermutungen, die im *Neuen gelehrten Mercurius* vom 15. 9. 1774 angestellt werden, durch psychologische Gewißheiten auszuräumen. Dort heißt es:

[416] Goethe an Johann Christian Kestner am 15.9.1773, allerdings nicht auf den *Clavigo* bezogen, da Goethe sein Drama erst später verfaßte; zitiert nach Goethe: Dramen 1765–1775, S. 926.

[417] Ebd., S. 927.

[418] Ebd., S. 910.

[419] So Sauder im Kommentar zu *Clavigo* (Münchner Ausgabe), S. 998.

Herr Goethe hat sich hier den Zwang angetan, die bekannten belobten Einheiten ziemlichermaßen zu beobachten. Ob dies ein Damm für die Ergießungen seines Geistes und Humors gewesen, wollen wir nicht untersuchen, sondern denen hellsehenden Kritikern überlassen, welche Genie und die Hindernisse des Ausbruchs desselben nach Maß und Elle zu schätzen wissen.[420]

Allein intensive Deutung des Dramas selbst kann den Sinn der Formwahl aufhellen. Viele Kritiker haben sich an diese Aufgabe gemacht, und so gibt es selbst zu diesem, auf den ersten Blick recht zugänglichen Werk von Goethe eine beträchtliche Forschungsliteratur.[421] Fünf unterschiedliche Ansätze lassen sich bestimmen: die biographisch orientierten Deutungen, die von Goethes eigener Beurteilung in *Dichtung und Wahrheit* ausgehen, derzufolge das Drama aus „reuigen Betrachtungen"[422] über sein Verhalten gegenüber Friederike Brion resultiere; die immanenten Deutungen, die den Konflikt zwischen empfindsamer Liebe und egoistischem Ehrgeiz hervorheben; die formtypologischen Zuordnungen, die auf das bürgerliche Trauerspiel,[423] das Dokumentartheater[424] und das Melodrama verweisen;[425] die Einflußforschung, die insbesondere auf die Übernahmen aus dem *Fragment de mon voyage d'Espagne* (1774) im vierten Teil der *Mémoires de Beaumarchais dans l'affaire Gozman* rekurriert;[426] schließlich die sozialgeschichtliche Deutung, die vor dem Hintergrund des *Strukturwandels der Öffentlichkeit* (Habermas) den inneren Konflikt des Helden in seinem Zwiespalt zwischen Privatheit und Öffentlichkeit lokalisiert.[427]

[420] Zitiert nach Goethe: Dramen 1765–1775, S. 927.

[421] Zu Einzelheiten siehe Grempler: Goethes *Clavigo*; Durrani: Die Diskussion über Goethes *Clavigo*.

[422] Goethe: Dichtung und Wahrheit, S. 568.

[423] Siehe Dvoretzky: Lessingsche Anklänge in Goethes *Clavigo*; Burgard: *Emilia Galotti* und *Clavigo*.

[424] Siehe Leppmann: *Clavigo*, der in Goethes Werk einen „direkten Vorläufer des Dokumentarstücks" (S. 81) sieht.

[425] Siehe Fischer: Goethes *Clavigo*.

[426] Siehe Meyer: Goethe lecteur de Beaumarchais; ein Vergleich von Vorlage und Übernahme findet sich bei Danzel: Über Goethes *Clavigo*; eine kurze Inhaltsangabe der Memoiren Beaumarchais' findet sich bei Leppmann: *Clavigo*, S. 81–83; Goethe betont nachdrücklich die bruchlose Integration von Partien der Memoiren in sein Drama: „Daß mich nun die Memoires des Beaumarchais de cet avanturier francois, freuten romantische Jugendkraft in mir weckten, sich sein Charakter seine Tat mit Charakteren und Taten in mir amalgamierten, und so mein Clavigo ward, das ist Glück, denn ich hab Freude gehabt drüber, und was mehr ist ich fordre das kritischte Messer auf die bloß übersetzten Stellen abzutrennen vom Ganzen, ohn es zu zerfleischen, ohne tödliche Wunde (nicht zu sagen der Historie) sondern der Struktur, Lebens organisation des Stücks zu versetzen!" An Jacobi, 21. 8. 1774; zitiert nach Goethe: Dramen 1765–1775, S. 910.

[427] Siehe Strohschneider-Kohrs: Goethes *Clavigo*; ähnlich auch Greis: Drama Liebe,

Mir geht es darum zu zeigen, wie Goethes Drama ein psychosoziales Problem anhand der Figur Clavigo szenisch werden läßt – und zwar in einer Form, die durch ihre Strenge und Regelhaftigkeit an ein Experiment gemahnt, nicht aber an ein „Rechenexempel" – so Wolfgang Kayser im Kommentar zur Hamburger Ausgabe –,[428] bei dem man schon vorab weiß, was am Ende herauskommt. Wie in einer Versuchsanordnung läßt Goethe den Titelhelden in verschiedenen normativen Kontexten und Lebenszusammenhängen agieren, um zu erkunden, wie Äußeres und Inneres interferieren, wie Handeln, Fühlen und Sprechen im Bedingungsgefüge unterschiedlicher gesellschaftlicher Verhältnisse und personeller Konstellationen modelliert werden. Clavigo ist nicht als eine Figur konzipiert, deren dunkle Herkunft im Laufe des Geschehens bekannt würde; es handelt sich nicht um ein analytisches Werk, das die Vorgeschichte im Gang der Handlung zur Entfaltung bringt, sondern um die Darstellung eines Geschehens, in das der Held voraussetzungslos integriert wird – als biographische *Tabula rasa*.

Clavigos Herkunft ist nicht bloß unbestimmt, sondern er wird als ein Mann geschildert, für den die Herkunft kein bestimmendes Lebensschicksal ist. Ohne spezifische Vergangenheit, ohne prägende Erinnerungen und ohne soziale Identität entfaltet sich sein Leben aus dem kulturellen und gesellschaftlichen Nichts. Der Zuschauer erfährt einzig, daß er „ohne Stand, ohne Namen, ohne Vermögen" (I, S. 446)[429] von den Kanarischen Inseln (II, S. 456) nach Madrid kam. Das heißt nicht nur, daß ihn seine Herkunft nicht festlegt, sondern mehr noch: daß er keine hat. Das Nichts an sozialer Herkunft erscheint im gesellschaftlichen Bezugsrahmen als Nichtigkeit der Person. Clavigo kann sich nicht in altständischer Weise auf das beziehen, was seine Vorfahren waren, er vermag sich nicht als Glied einer genealogischen Kette zu definieren, als eine Person, die mit ihrer Existenz die in der Abstammung sich manifestierende Ordnung reproduziert. Clavigo, das Negativ der geltenden Kriterien für gesellschaftliche Identität, entdeckt sich auf der Folie sozialer Hierarchie als eine Person, die dem sozialen und kulturellen Nichts nur entgehen kann, wenn sie Karriere macht und so durch Leistung die Bestimmungslosigkeit der Abkunft zur Bestimmtheit im gesellschaftlichen Raum transformiert: „ich wäre nichts, wenn ich bliebe was ich bin! Hinauf! hinauf! Und da kostets Mühe und List!" (I, S. 446)

Hinter Clavigos Gestalt erscheint die soziale Typik eines Individuums, wie es

S. 84, die davon ausgeht, daß Clavigo „mit den Geltungsansprüchen zweier sich widersprechender Diskurse konfrontiert wird: dem der höfisch-politischen und dem der bürgerlich-privaten Sphäre".

[428] Goethe: Clavigo (Hamburger Ausgabe), S. 571.

[429] Goethe: Clavigo (Frankfurter Ausgabe). Die Zitate werden direkt im Text vermerkt.

zunehmend seit Mitte des 18. Jahrhunderts die bürgerliche Selbstverständigung prägt – die „ortlose" Intelligenz, die aus „dem Bereich ständisch genormter und institutionell gebundener Verhaltensweisen"[430] herausgefallen ist, sich nicht mehr über Abkunft ständisch definiert, sondern individuell über Leistung. Clavigo berichtet gleich zu Beginn des Dramas voller Stolz von seinem gesellschaftlichen Aufstieg, den er allein seinem Können zu danken habe:

> Hab ich's für einen Fremden, der ohne Stand, ohne Namen, ohne Vermögen hierher kam, nicht weit genug gebracht? Hier an einem Hofe! unter dem Gedräng von Menschen, wo es so schwer hält, sich bemerken zu machen? Mir ist's so wohl, wenn ich den Weg ansehe, den ich zurückgelegt habe. Geliebt von den Ersten des Königreichs, geehrt durch meine Wissenschaften, meinen Rang! Archivarius des Königs! (I, S. 446)

Zwei Stationen durchläuft Clavigo auf seinem Lebensweg. Als er als Fremder von den Kanarischen Inseln in der spanischen Hauptstadt ankommt, wird er in dem bürgerlichen Haus der Guilberts aufgenommen und wie ein Mitglied der Familie behandelt: „Seine Freundinnen lassen es nicht ermangeln, ihm auf alle Art beizustehn." (II, S. 456) Integriert in die Privatsphäre der Guilberts, umsorgt von dessen Frau und ihrer Schwester Marie Beaumarchais, verinnerlicht er die Normen und Werte der bürgerlichen Familie so sehr, daß er nach kurzer Zeit zum Fachmann für Fragen bürgerlicher Lebensart avanciert. Mit großem Erfolg verwirklicht er seinen Plan, „der Stadt Madrid das, seiner [d. i. Clavigos] Nation noch unbekannte Vergnügen einer Wochenschrift im Geschmack des englischen *Zuschauers* zu geben." (II, S. 456)[431] Die Familie prägt nicht nur Clavigos Weltanschauung, sondern auch sein Fühlen. Er liebt Marie Beaumarchais nach den Geboten bürgerlicher Liebesdoktrin als „das liebliche, muntere Geschöpf" (I, S. 445), bei der er eine „innere Übereinstimmung der Charaktere, geheime Zuneigung des Herzens" (III, S. 469) empfindet. Ihm erscheint seine Beziehung zu ihr als „innige Verwandtschaft unserer Seelen", als sprachlose Übereinstimmung, so daß „kein Laut, kein Wink nötig war, um die innersten Bewegungen sich mitzuteilen." (III, S. 470 f.)

Clavigo liebt, wie es das Konzept der *empfindsamen Liebe* vorsieht, und auch das Ziel dieser Liebe ist gemäß der zeitgenössischen Idee der *Liebesheirat* klar – die Ehe.[432] Die emotionalen und familialen Voraussetzungen für die Heirat sind

[430] Gerth: Bürgerliche Intelligenz um 1800, S. 51; vgl. auch Haferkorn: Zur Entstehung der bürgerlich-literarischen Intelligenz.

[431] Auf die vielseitigen literarischen Aktivitäten des historischen José Clavijo y Fajardo (u. a. Herausgeber der Zeitschrift *El Pensador*), die ihn zu einem herausragenden aufklärerischen Publizisten im spanischen Königreich machen, weist hin Irmscher: Zu Goethes *Clavigo* II; zu den Moralischen Wochenschriften als Medien bürgerlicher Sittenreform siehe Martens: Die Botschaft der Tugend.

[432] Siehe S. 38–47 dieses Bandes.

gegeben: Clavigo liebt Marie, Marie liebt Clavigo, als deren Vormund steht die ältere Schwester der Verbindung wohlwollend gegenüber – allein, was fehlt, ist die materielle Basis für das Familienglück. Clavigo hat sich als Ernährer auszuweisen, denn der Broterwerb ist Aufgabe des Mannes – so will es die herrschende Norm, die Männern und Frauen bestimmte Aufgabenfelder zuweist. Und so muß Clavigo „hinaus in's feindliche Leben, muß wirken und streben" (Schiller: *Das Lied von der Glocke*) – und zwar in einer Welt, deren Werte und Normen zu denen des familialen Binnenraums in deutlichem Kontrast stehen. Die Schwester Maries macht ihm unmißverständlich deutlich, was er nach seinem Heiratsantrag zu tun hat:

Sucht Euer Glück zu machen [...], und wenn Euch ein Amt, die Gunst des Hofes oder irgend sonst ein Mittel, ein Recht wird gegeben haben, an meine Schwester zu denken, wenn sie Euch denn andern Freiern vorzieht, kann ich Euch meine Einwilligung nicht versagen. (II, S. 456)

Erfolg im Beruf ist Voraussetzung für Heirat aus Liebe. Clavigo hat als zukünftiger Ehemann und Familienvater zunächst Karriere zu machen, um seiner Liebe zu Marie das dauerhafte Fundament der Ehe geben zu können. Alles vollzieht sich vorerst erwartungsgemäß:

Endlich nach sechs Jahren Harren, ununterbrochener Freundschaft, Beistand und Liebe von der Seite des Mädchens; Ergebenheit, Dankbarkeit, Bemühungen, heilige Versicherungen von der Seite des Mannes erscheint das Amt – und er verschwindet – (II, S. 457)

Daß Clavigo nach Erhalt des Amtes verschwindet, war im Plan allerdings nicht vorgesehen; es ging um Karriere zum Zweck der Ehe, nicht um eine Karriere, die das Eheversprechen negiert. Marie war fest davon überzeugt, daß Clavigo den Kampf um Ansehen und Prestige im Namen der Liebe führe; eine andere Motivation kann sie sich nicht vorstellen: „Wie schien all sein Ehrgeiz, all sein Aufstreben ein Kind seiner Liebe zu sein. Für mich rang er nach Namen, Stand, Güter, er hats, und ich! –" (I, S. 450) Für Marie bleibt es unerklärlich, daß Clavigos Verhalten nicht ihrer Sehweise entspricht. Doch ganz so überraschend und unerklärlich hat sich die Veränderung seiner Einstellung nicht vollzogen; sie ergibt sich mit gewisser Zwangsläufigkeit. In der Familie Guilbert wurde Clavigo zum empfindsamen Bürger, der liebt, wie es der Norm der *zärtlichen Liebe* entspricht. Der Hof aber verändert seine Haltung. Hier gilt die Öffentlichkeit nicht als notwendiger Bereich des Broterwerbs, gegen den sich der Binnenraum von Ehe und Familie als eigentlicher Ort menschlicher Existenz abgrenzt. Denn hier gelten andere Gesetze als in der Privatsphäre. An die Stelle der weltabschließenden Liebe treten Prestige, Macht und Ruhm. So ist es „unmöglich, daß er bleibt was er ist"; hier muß er „so unternehmend und biegsam, so geistvoll und fleißig zugleich" (IV, S. 474) sein, um Erfolg zu haben. Clavigo erringt diesen Erfolg in reichlichem Maß. Als Angehöriger der *noblesse de robe* gewinnt er Ansehen und Einfluß[433] – mit der Folge, daß die sozialen Normen der höfischen Gesellschaft Clavigos Art zu lieben verändern. Bislang war seine Liebe empfindsam getönt, ausgerichtet auf das „Glück in einem stillen bürgerlichen Leben." (IV, S. 479) Doch jetzt steht sie nicht mehr unter dem Gesichtspunkt weltabschließender Zweisamkeit, sondern unter dem weltoffener Geselligkeit. Wie es in der höfischen Gesellschaft, in der er reüssiert, üblich ist, bestimmt nicht die Einzigartigkeit der Geliebten, die allein der Geliebte in dem vollen Wert ihrer Individualität wahrzunehmen vermag, das Gefühl, sondern es geht um die gesellschaftliche Repräsentanz der Frau, die sich in strahlender Erscheinung ausdrückt. Vor diesem neuen Werthorizont, der den Stellenwert der Liebesbeziehung verändert, kann Clavigos Liebe zu der gefühlvollen, aber unscheinbaren Marie Beaumarchais nicht weiterbestehen, vermag er sein Versprechen, sie zu heiraten, nicht mehr einzulösen – ein Vorgang, den er selbst nicht versteht:

Ich kann die Erinnerung nicht los werden, daß ich Marien verlassen – hintergangen habe, nenn's, wie du willst.
[...]
Sieh, ich begreife den Menschen nicht. Ich liebte sie wahrlich, sie zog mich an, sie hielte mich, und wie ich zu ihren Füßen saß, schwur ich ihr, schwur ich mir, daß es ewig so sein sollte, daß ich der Ihrige sein wollte, so bald ich ein Amt hätte, einen Stand – Und nun, Carlos!
[...]

433 Clavigo ist standessoziologisch indes nicht klar einzuordnen. Denn seinen Ruhm erwirbt er sich durch die bürgerliche Unternehmung einer sittenreformerischen Moralischen Wochenschrift. Seine Selbstdefinition als zukünftiger „Schöpfer des guten Geschmacks" (I, S. 445) folgt weniger der höfisch-ästhetischen Norm des *decorums* als vielmehr einem den Begriff des *gusto* adaptierenden Identitätsmuster arrivierter bürgerlicher Intellektueller. Als Geschmacksrichter und Hofmann integriert Clavigo Merkmale, die ihn zum Angehörigen einer ständisch unscharfen Bildungselite machen. Wolfgang Martens weist auf die Funktionalisierung des höfischen Konzepts der Geschmacksbildung für die Moraldidaxe der bürgerlichen „Vernunft" hin : „Der gute Geschmack weist und leitet den Menschen auf seine Weise zur Tugend." (Die Botschaft der Tugend, S. 451–461, Zitat S. 451) Im Kontext der Moralischen Wochenschriften geht es darum, über Geschmacksbildung das Sittliche mit dem Sinnlichen so zu verbinden, daß am Leitfaden der Vernunft im Medium des Anschaulichen eine neue Verbindlichkeit geschaffen wird. Generell kreist die im 18. Jahrhundert sich intensiv entfaltende Geschmacksdebatte um die beiden Pole Subjektivität und Intersubjektivität. Es geht um die Frage, ob die herrschenden Normen der ‚guten' Gesellschaft oder die allgemeinen Prinzipien der Vernunft einen Allgemeinverbindlichkeitsanspruch erheben dürfen oder ob das, was für richtig, angemessen und schön angesehen wird, im Geschmacksurteil des einzelnen gründet, der allein seiner unabgeleiteten Subjektivität verbunden ist. Siehe hierzu Schmidt: Die Geschichte des Genie-Gedankens, Bd. 1, S. 42 ff.

Sie ist verschwunden! Glatt aus meinem Herzen verschwunden, und wenn mir ihr Unglück nicht manchmal durch den Kopf führe – Daß man so veränderlich ist! (I, S. 446f.)

Der eigene Gefühlswandel entzieht sich Clavigos Verständnis. Die Norm der *Liebesheirat* ließ ihn an die Autarkie des Gefühls und die Unverbrüchlichkeit einer Liebe glauben, an einen intim aufgespannten Gefühlsraum, dessen ökonomische Absicherung psychisch außen vor bleibt. Nun muß er erfahren, daß Gefühle keine unwandelbaren Konstanten sind, die von gesellschaftlichen Umständen unabhängig wären. So dekretiert es zwar das Konzept der *empfindsamen Liebe*, das die äußeren Verhältnisse zu bloßen Beiläufigkeiten depotenziert, die zwar beachtet werden müssen, um der Ehe ein ökonomisches Fundament zu geben, die aber die Liebe als Legitimationsgrund der Heirat nicht weiter tangieren. Doch Clavigo wird eines Besseren belehrt. Er muß erleben, ohne zu verstehen, wie das Gefühl die gesellschaftlichen Bedingungen seiner Existenz reflektiert. Seine Liebe zu Marie ist erloschen. Während dieser Gefühlswandel im empfindsamen Deutungshorizont der Figur unverständlich bleibt, macht die dramatische Informationsvergabe ihn plausibel. Denn verändert hat sich der soziale Kontext, der Fühlen, Sprechen und Handeln bestimmt. Dies führt nicht dazu, daß Clavigo eine andere Frau liebt, sondern daß er *anders* liebt. Carlos erinnert Clavigo an dessen gesellschaftsbezogenes Verhalten zu Frauen, das in deutlichem Unterschied zu seiner früheren Liebe steht:

Man fragt, man guckt, man geht zu gefallen, man wartet, man ist ungeduldig, erinnert sich immer des stolzen Clavigos, der sich nie öffentlich sehn ließ, ohne eine stattliche, herrliche, hochäugige Spanierin im Triumph aufzuführen, deren volle Brust, ihre blühenden Wangen, ihre heißen Augen, all, alles die Welt rings umher zu fragen schien: bin ich nicht meines Begleiters wert? und die in ihrem Übermut den seidnen Schlepprock so weit hinten aus in Wind segeln ließ, als möglich, um ihre Erscheinung ansehnlicher und würdiger zu machen? (IV, S. 476)

Die Liebe am Hofe steht unter dem Vorzeichen des Prestiges, hier sind die Frauen Repräsentantinnen, in denen das gesellschaftliche Ideal der Schönheit geliebt wird, das also, was in den Augen der höfischen Gesellschaft Ansehen verleiht. Anders als in bürgerlicher Privatheit fungiert hier nicht Individualität als Bezugspunkt einer Zweisamkeit, die eine Intimsphäre begründet, in der so getan wird, als sei die Gesellschaft als Drittes ausgeschlossen, sondern es geht um eine Liebesinszenierung vor der Gesellschaft.

Die dramatische Versuchsanordnung, die Clavigo erst in den familialen und dann in den höfischen Kontext stellt, verdeutlicht, was im Ablauf der Geschehnisse mit ihm passiert ist: Clavigo ging hinaus in die Gesellschaft um der Liebe willen, die er unter der Voraussetzung ökonomischer Sicherung in die Ehe zu überführen trachtete. Er tat damit das, was von ihm erwartet wurde, und er tat es mit Erfolg. Um aber Erfolg zu haben, mußte er sich verändern, mußte sich den Gegebenheiten und Normen der höfischen Gesellschaft so sehr fügen, daß sie zum Teil seiner Person wurden und ihn veränderten. Die Karriere, die er um der empfindsamen Liebe willen machte, löscht diese aus; das Bemühen um die ökonomische Realisierung der Liebe verselbständigt sich zum Bemühen um gesellschaftlichen Aufstieg. Dabei steht dem Erfolg und der Anerkennung im höfischen Bezugsfeld seine Verbindung mit Marie im Wege. Von ihr muß er sich abwenden, um zu reüssieren, reüssieren aber wollte er, um sich ihr auf Dauer zuwenden zu können.

Mit der Notwendigkeit, mit der die äußeren Verhältnisse im Inneren ihren Widerhall erfahren, verändert sich Clavigos Gefühl, es wandelt sich unter dem Gebot des Erfolgs gleichsam ungewollt; das Mittel Karriere zum Zweck der Ehe muß den Zweck verleugnen, um als Mittel Erfolg zu haben. So verliert die Karriere ihren Charakter als Mittel und wird zum Zweck. Konkret gesprochen: Die für die Ehe angestrebte Karriere wäre nicht erfolgreich, hielte Clavigo an der Heirat mit Marie fest. Carlos hält ihm dies eindringlich vor Augen: „Und denke nur nicht, daß man diese Heurat bei Hofe gleichgültig ansehen wird. Hast du vergessen, was für Männer dir den Umgang, die Verbindung mit Marien mißrieten [...]?" (IV, S. 475) Unter den Bedingungen höfischer Existenz kann Clavigo keine Ehe mit Marie führen; so läßt er sie fallen, nicht, weil er eine andere Frau liebt, sondern weil sich mit dem Wechsel der Sphären seine im Familienverband entstandene empfindsame Liebe im Versuch ihrer ökonomischen Realisierung auflöst.

Damit leistet Goethes Drama den szenischen Nachweis, daß Liebe, die im zeitgenössischen Diskurs als subjektives Gefühl bestimmt wird, ein höchst vermitteltes Gebilde ist, das äußere Realität mit der inneren auf sozial-psychologische Weise zusammenschließt. Zwar wurde häufiger festgestellt, daß Clavigos Inneres von außen beeinflußt wird: „Bestimmbarkeit des Helden bedeutete gegensätzliche Anlagen im Innern, die von außen angesprochen und zur Wirksamkeit gebracht wurden."[434] Auch wurde analysiert, wie die Sphären der Privatheit und Öffentlichkeit im Wechselspiel ihrer Einflüsse Clavigo in innere Konflikte stürzen.[435] Doch geht es nicht einfach um die Beeinträchtigung des Inneren durch das Äußere. Das Drama liefert den szenischen Nachweis für die in der Psyche sich reflektierende dialektische Verbindung von privater und öffentlicher Sphäre, indem es Clavigo auf zwei durch die Ehe verbundene Wirklichkeiten verweist – die des Liebhabers und die des Ernährers –, die konflikthaft miteinander verbunden sind.

Das dramatische Experiment, das nicht nur zeigt, daß die Gefühle eine abhängige Variable der gesellschaftlichen Verhältnisse sind, sondern auch die immanente Widersprüchlichkeit der bürgerlichen *Liebesheirat* profiliert, könnte

434 Kayser, in: Goethe: Clavigo (Hamburger Ausgabe), S. 568.
435 Siehe Strohschneider-Kohrs: Goethes *Clavigo*.

damit an ein Ende gekommen sein. Doch Goethes Drama zeigt noch mehr: Es macht deutlich, daß die ‚alten' empfindsamen Gefühle und die ‚neuen' höfischen Gefühle nicht in einem schlichten Abfolgeverhältnis stehen, sondern eine spezifische Gemengelage bilden. Denn keineswegs verhält es sich so, daß Clavigos Empfindungen von den jeweils aktuellen Kontexten vollständig bestimmt sind. Auch Gefühle haben eine Erinnerung, die nicht ausgelöscht ist, wenn sich die Umstände ändern. So hat Clavigo in der höfischen Sphäre seine empfindsamen Gefühle für Marie nicht gänzlich vergessen, und umgekehrt ist seine erneute Rückkehr zu Marie kein Zeichen dafür, daß er der Wertwelt des Hofes entschieden den Rücken gekehrt hat. Zunächst hat es zwar den Anschein, Clavigo ließe sich durch die entschiedene Intervention von Beaumarchais, dem Bruder von Marie, wieder auf die private Seite der „ruhigen häuslichen Freuden" (IV, S. 479) ziehen, als habe unter dem Eindruck von dessen Rede seine alte Liebe zu Marie sein höfisches Empfinden gänzlich ausgelöscht, so daß er sein Heiratsversprechen mit dem Nachdruck, den die Rhetorik der Empfindsamkeit ihm abfordert, erneuern kann. Doch der Schein trügt – trügt auch Clavigo, wenn er in subjektiv ehrlicher Überzeugung beteuert, daß er „nie aufgehört habe, Sie zu lieben." (III, S. 470) Nicht nur seine anfängliche Äußerung gegenüber Carlos – „Sie [d. i. Marie] ist verschwunden! Glatt aus meinem Herzen verschwunden" (I, S. 447) – spricht dagegen, sondern auch das veränderte Bild, das er sich jetzt von Marie macht.

Beaumarchais, der unter dem Vorwand, Clavigo für eine internationale Korrespondenz zu gewinnen, inkognito bei diesem Zutritt findet, sich allmählich zu erkennen gibt und für die beschädigte Ehre seiner Schwester Genugtuung fordert, schafft es, daß Clavigo sich rasch bereit findet, sein Heiratsversprechen zu erneuern. Doch entflammt die alte Liebe zu Marie nicht erneut, so als sei nichts gewesen, als habe die öffentliche Existenz für ihn jegliche Attraktion verloren. Clavigos Affinität zur gesellschaftlichen Anerkennung existiert weiter. Unter dem Eindruck von Beaumarchais' Angebot vermischt sich jetzt seine empfindsame Moral mit der Perspektive weitgespannter Aktivitäten, die er über seinen künftigen Schwager zu realisieren hofft. Die gesellschaftliche Orientierung hat Clavigo nicht aufgegeben, mit der Heirat verbindet er nicht mehr das „Glück in einem stillen bürgerlichen Leben, in den ruhigen häuslichen Freuden" (IV, S. 479), sondern gesellschaftliche Geltung, die Marie ihm als Schwester eines vermeintlich einflußreichen Bruders vermitteln soll. Die Wertsphäre öffentlicher Existenz läßt ihm die Verbindung mit Marie in neuem Licht erscheinen, nachdem er glaubt, Beaumarchais sei eine wichtige Person des publizistischen Lebens. Jetzt handelt es sich für ihn nicht mehr um die Ehe mit einem unbedeutenden Mädchen, die er verschmäht, sondern um die Ehe mit der Schwester eines angeblich mächtigen Mannes, die ihm als gesellschaftliches Sprungbrett erscheint:

Hören Sie mich! Mein Betragen gegen Ihre Schwester ist nicht zu entschuldigen. Die Eitelkeit hat mich verführt. Ich fürchtete, all meine Plane, all meine Aussichten auf ein ruhmvolles Leben durch diese Heurat zu Grunde zu richten. Hätte ich wissen können, daß sie so einen Bruder habe, sie würde in meinen Augen keine unbedeutende Fremde gewesen sein, ich würde die größten Vorteile von dieser Verbindung gehofft haben. Sie erfüllen mich, mein Herr, mit der größten Hochachtung für Sie; und indem Sie mir auf diese Weise mein Unrecht lebhaft empfinden machen, flößen Sie mir eine Begierde ein, eine Kraft, alles wieder gut zu machen. Ich werfe mich zu Ihren Füßen! Helfen Sie! Helfen Sie, wenn's möglich ist, meine Schuld austilgen und das Unglück endigen. Geben Sie mir Ihre Schwester wieder, mein Herr, geben Sie mich ihr, wie glücklich wär ich, von Ihrer Hand eine Gattin und die Vergebung all meiner Fehler zu erhalten. (II, S. 460)

Beaumarchais hat Clavigo in eine Zwangslage manövriert. Entweder droht ihm gesellschaftliche Ächtung aufgrund des von ihm unterzeichneten Dokuments über sein ehrloses Verhalten gegenüber Marie oder ein Duell mit womöglich tödlichem Ausgang; soziale oder physische Vernichtung sind die Alternativen. Die Ehe mit Marie, der einzig mögliche Ausweg, scheint ihm nun sogar erstrebenswert, da er hoffen kann, so gesellschaftlich zu reüssieren. Nicht empfindsame Liebe wie zu Beginn der Beziehung ist jetzt Clavigos bestimmendes Heiratsmotiv, sondern Rettung aus einer schwierigen Situation, verbunden mit der Aussicht, sein gesellschaftliches Prestige zu vermehren. Deutlich wird diese Motivationsänderung, als Clavigo Carlos seinen Entschluß mitteilt, Marie zu heiraten. Er betont keineswegs, er wolle jetzt den Weg ins private Glück antreten. Die Ehe mit Marie verliert unter dem Diktat der öffentlichen Welt ihren Ausschließungscharakter; sie soll Clavigo zum Resonanzraum gesellschaftlicher Wertschätzung, nicht zu dessen Gegenwelt werden. Er liebt nun aus anderen Motiven, nach einem anderen Konzept; ihm geht es jetzt um Einfluß, den ihm Marie als Schwester Beaumarchais' vermitteln soll; doch zugleich koexistieren alte und neue Impulse unter dem diffusen Signalwort „Liebe".

Und so ruft er Marie und auch sich selbst gegenüber die vergangenen Gefühle auf, als habe die neue Erlebniswelt des Hofes ihn nur zeitweilig vom rechten Pfad empfindsamer Liebe abgebracht, als sei seine Zeit am Hof eine Zeit der Verblendung gewesen, in der er sich aber trotzdem

mitten in allem Taumel, durch all den verführerischen Gesang der Eitelkeit und des Stolzes [...] immer jener seligen unbefangenen Tage erinnert [habe], die ich in glücklicher Einschränkung zu Ihren Füßen zubrachte. (III, S. 470)

Vorerst kann Clavigo noch, seiner selbst einigermaßen unbewußt, taktieren, vermag er die Rhetorik von Verirrung und Besinnung im Topos der glücklich beendeten „Seereise" (III, S. 469) zu entfalten. Er weiß um Maries Gefühlsdisposition. Von daher schlägt er den Ton empfindsamer Liebe an, um sie zur Ehe zu bewegen. (III, S. 469 ff.) Er hat es nicht schwer, sie wieder für sich zu gewinnen – auf den ersten Blick sieht alles danach aus, als ergäbe sich daraufhin das Glück einer Familienidylle, das Clavigo im Muster des zeitgenössischen Rührstücks evoziert, wenn er im Schematismus von Zerstörung und Wiederherstellung der Familienordnung davon spricht, „eine zerrüttete Familie wieder aufzurichten, die heldenmütige Tat eines edlen Bruders zu belohnen, und unser eigen Glück auf ewig zu befestigen." (III, S. 470)

Doch die Euphorie, die Clavigo vor den anderen zeigt: „Ich bin der glücklichste Mensch unter der Sonne" (III, S. 471), sinkt in sich zusammen, als er wieder allein ist. „Nachdenkend" trifft er auf Carlos, der auf seinen Gruß erwidert: „Ein schwermütiges, gepreßtes guten Tag! Kommst du in dem Humor von deiner Braut?" (IV, S. 472) Im Widerspruch zu seinen körpersprachlichen Signalen hält Clavigo vor sich und Carlos verbal am bürgerlichen Ethos der *Liebesheirat* fest: Die Hochzeit solle kein gesellschaftliches Ereignis sein, sondern den Bund zweier Liebender besiegeln:

Clavigo. Das Vergnügen an uns selbst, die freundschaftliche Harmonie sollen der Prunk dieser Feierlichkeit sein.
Carlos. Ihr werdet eine stille kleine Hochzeit machen?
Clavigo. Wie Menschen, die fühlen, daß ihr Glück ganz in ihnen selbst beruht. (IV, S. 473)

Clavigo interpretiert seine Heirat in Opposition zur höfischen Norm gesellschaftlicher Anerkennung. Emilia Galotti und Appiani wollten auf ähnliche Weise heiraten: ohne repräsentative Herrichtung der Personen, ohne Beteiligung der guten Gesellschaft, fernab der Stadt auf dem Landgut des Vaters im Kreis weniger Freunde. Doch aller rhetorische Aufwand, mit dem Clavigo die Gefühle zu evozieren sucht, die eine Heirat im Zeichen der Empfindsamkeit legitimieren, nützt nichts. Sein Körper dementiert, was die Ideologie seiner Rede abverlangt. Sein Freund Carlos merkt dies genau und verstärkt den Zweifel Clavigos, indem er ihm deutlich macht, daß die Beziehung zur Frau unter dem Gesetz des *decorums* stehe, daß das Glück nicht Produkt einer Genügsamkeit sei, die in Zweisamkeit gründe, sondern Reflex gesellschaftlicher Anerkennung: „und wenn die Menschen dich nicht bewundern, oder beneiden, bist du auch nicht glücklich." (IV, S. 476) Noch hält Clavigo dagegen – ganz im Sinne der zeitgenössischen Doktrin gesellschaftsabgewandter Liebe: „Die Welt urteilt nach dem Scheine. O! wer Mariens Herz besitzt, ist zu beneiden!" (IV, S. 476) Gegen die Schein-Sein-Dichotomie, nach deren Muster der empfindsame Bürger den äußeren Glanz der etablierten Gesellschaft gegen den inneren Wert stellt, der nur im kleinen Kreis Gleichgestimmter empfunden werden kann, betont Carlos, wie sehr die Erscheinung substantielle Gesellschaftlichkeit ist:

Was die Sache ist, scheint sie auch. Aber freilich dacht ich, daß das verborgene Qualitäten sein müssen, die dein Glück beneidenswert machen, denn was man so mit seinen Augen sieht, mit seinem Menschenverstande begreifen kann – (IV, S. 476)

Carlos hat damit die wunde Stelle Clavigos getroffen: „Du willst mich zu Grunde richten." (IV, S. 476) Carlos, der als „wahrer" Freund agiert, als „reine[r] Weltverstand", wie Goethe ihn charakterisiert,[436] und – anders als Marinelli in Lessings *Emilia Galotti* – keinerlei eigennützige Interessen verfolgt, verstärkt durch eine geschickte Redestrategie Clavigos Bedenken:

> Hast du vergessen, was für Männer dir den Umgang, die Verbindung mit Marien mißrieten, hast du vergessen, wer dir den klugen Gedanken eingab, sie zu verlassen? Soll ich dir sie an den Fingern herzählen?
> CLAVIGO. Der Gedanke hat mich auch schon gepeinigt, daß so wenige diesen Schritt billigen werden. (IV, S. 475)

„Mitleiden" sei es letztlich gewesen, „innige tiefe Erbarmung" (IV, S. 477), die ihn übermannt habe, als er Marie die Ehe wieder antrug.

Carlos hat nach diesem Bekenntnis Clavigos leichtes Spiel, ihn von seinem erneuerten Heiratsversprechen abzubringen. Denn in der höfischen Gesellschaft dient die Frau der Repräsentation und fungiert als Mittel, Macht zu sichern und zu steigern. All diese Funktionen kann die unscheinbare Marie – trotz aller vermeintlichen gesellschaftlichen Aufwertung durch den Bruder – nicht erfüllen; und so geht Carlos' ganzes Trachten dahin, Clavigo aus dem Dilemma zwischen Duellforderung oder gesellschaftlicher Schande zu befreien. Er malt das Bild einer Waage und fordert Clavigo auf, sich zu entscheiden:

> hier liegen zwei Vorschläge auf gleichen Schalen, entweder du heuratest Marien, und findest dein Glück in einem stillen bürgerlichen Leben, in den ruhigen häuslichen Freuden; oder du führst auf der ehrenvollen Bahn deinen Lauf weiter nach dem nahen Ziele – Ich will alles bei Seite setzen und will sagen, die Zunge steht inne, es kommt auf deinen Entschluß an, welche von beiden Schalen den Ausschlag haben soll! Gut! Aber entschließe dich – Es ist nichts erbärmlicher in der Welt, als ein unentschlossener Mensch, der zwischen zween Empfindungen schwebt, gern beide vereinigen möchte, und nicht begreift, daß keine andere Vereinigung ihrer möglich ist, als eben der Zweifel, die Unruhe, die ihn peinigen. Auf, und gib Marien deine Hand, handle als ein ehrlicher Kerl, [...] und so genieße das Glück einer ruhigen Beschränkung, den Beifall eines bedächtigen Gewissens und alle Seligkeit, die denen Menschen gewährt ist, die im Stande sind, sich ihr eigen Glück und die Freude der Ihrigen zu machen. [...] Sieh auf der andern Seite das Glück und die Größe, die dich erwarten. [...] Möge deine Seele sich erweitern, und die Gewißheit des großen Gefühls über dich kommen, daß außerordentliche Menschen eben auch darin außerordentliche Menschen sind, weil ihre Pflichten von den Pflichten des gemeinen Menschen abgehen. (IV, S. 479 f.)

Ohne seine Skrupel völlig überwunden zu haben, überläßt sich Clavigo dem Plan des Freundes, ihn wieder auf die Bahn der gesellschaftlichen Existenz zu bringen – um den Preis des Wortbruchs. Wie der Prinz in *Emilia Galotti* dele-

436 Goethe: Dichtung und Wahrheit, S. 720 f.

giert er seine Handlungskompetenz an den Ratgeber: „Mach mich können, so will ich.“ (IV, S. 480)

Clavigos Entscheidung ist gefallen, Carlos kann seinen Plan entwickeln. Die Liebesbeziehung, die von gesellschaftlichen Bedingtheiten nichts wissen will, wird ersetzt durch die Gesellschaftsbeziehung, die von der weltabgeschiedenen Zweisamkeit nichts wissen will. Marie, deren ganze Existenz auf Clavigo ausgerichtet ist, erfährt den erneuten Bruch des Eheversprechens als Vernichtung ihrer gesamten Existenz – worauf sie, wie Wieland süffisant bemerkt, „vor Liebe und Liebesschmerz ihr zartes Seelchen aushaucht“[437]. Noch ihr letztes Wort ist „Clavigo“ (IV, S. 487), Zeichen einer hochgespannten Liebe, die den Geliebten zum einzigen Bezugspunkt macht.

In der Art der Darstellung weicht der Schluß des Dramas deutlich vom übrigen Dramengeschehen ab. Nacht, Fackelschein, ein Leichenzug, der Monolog des verhüllten Protagonisten, Erkennungsszenen und ein Duell an der Bahre der Toten: all dies sind Ingredienzen eines melodramatischen Endes,[438] von dem Goethe selbst sagt, daß er es einer englischen Ballade (wahrscheinlich Thomas Percys *Lucy and Collin*, von Herder unter dem Titel *Röschen und Kolin* in seine Volksliedsammlung aufgenommen) nachgebildet habe.[439] Der Zufall läßt Clavigo auf den Leichenzug Maries treffen, er „fällt vor dem Sarge nieder“ (V, S. 490), wird vom Bruder, der ebenfalls am Sarg zusammengebrochen ist, erkannt und im Kampf erstochen. Sterbend verbindet sich Clavigo mit Marie: „*sinkend*: Ich danke dir, Bruder! Du vermählst uns. *Er sinkt auf den Sarg.*“ (V, S. 491) Ähnlich wie in Lessings erstem bürgerlichen Trauerspiel *Miß Sara Sampson* entfaltet sich auch hier im Schlußtableau das empfindsame Vereinigungspathos im Zeichen einer Irrealität, die der Tod erzeugt.[440]

Wenn Clavigo ruft „Ich komme! ich komme!“ (V, S. 492), so mag zwar die Vorstellung einer Liebestheologie anklingen, nach der das Jenseits Ort der Erfüllung ist, an dem sich die Liebenden zum heiligen Bund der Ehe verbinden, aber dieser Vorstellung folgt nur Clavigo, nicht das Drama.[441] Denn Marie ist bereits

[437] Wieland an Jacobi am 15. 8. 1774; zitiert nach Goethe: Dramen 1765–1775, S. 927 f.

[438] Siehe Fischer: Goethes *Clavigo*, S. 57 f.

[439] Goethe: Dichtung und Wahrheit, S. 721; als weitere Quellen nennt Leppmann: *Clavigo*, S. 83, *Hamlet*, das von Goethe aufgezeichnete Volkslied *Vom Herrn und der Magd*, und er verweist noch auf *Romeo und Julia* und Voltaires *L'ingénu*.

[440] Zum Motiv der Vermählung im Tod siehe Mason: „Wir sehen uns wieder!“

[441] Siehe dagegen Kayser: „Der Bereich der bürgerlichen Gemeinsamkeit und der bürgerlichen Liebe bleibt ebenso zurück wie der der großen Welt: der Bereich einer höheren Liebe öffnet sich, an dem nur diese beiden besonderen Seelen, füreinander bestimmt und zueinander findend, teilhaben. Die Welt verwandelt sich, und die Untergangstragik des bestimmten Individuums wird überhöht durch die Verklärung der Liebenden.“ Goethe: Clavigo (Hamburger Ausgabe), S. 570.

tot. Ohne daß sie noch zustimmen könnte, erfaßt er ihre erkaltete Hand. Die Regiebemerkung macht das Gewaltsame seines Unterfangens deutlich: *„Er entfaltet ihre Hände, und faßt die rechte."* (V, S. 492) Und wenn er im Sterben die Heiratszeremonie vollzieht, so unterläuft der Wortlaut seiner Äußerung ihren vermeintlichen performativen Sinn: „Ich hab ihre Hand! Ihre kalte Totenhand! Du bist die Meinige – Und noch diesen Bräutigamskuß! Ach!" (V, S. 492) Die „kalte Totenhand" qualifiziert die Geliebte als Leiche und dementiert, was Clavigo zu vollziehen vorgibt: die Vermählung zur ewigen Ehe im Jenseits. Kommunikationslos und ohne Lebensperspektive sucht er jetzt eine Liebe zu verwirklichen, die den Bedingungen von Prestige und Macht enthoben ist – um den Preis von Gesellschaftlichkeit, der sich als Tod manifestiert. Auf diese Weise löst Goethe „die Spannung des Stücks auf poetischste Weise [...], ohne die politischen und ethischen Problemkomplexe nochmals aufgreifen zu müssen"[442]. Aufgreifen muß er die Problemkomplexe deshalb nicht, weil der Tod den Gesellschaftsbezug der Liebesbeziehung suspendiert.

Mit dem einseitigen Vereinigungspathos Clavigos, geprägt vom Formzitat des Schlußtableaus zeitgenössischer Dramatik, das Verzeihen und Versöhnung signalisiert, endet Goethes Drama in melodramatischer Empfindsamkeit, nicht ohne in der Asymmetrie der Redekonstellation die Irrealität der wirkungsästhetisch konzipierten Lösung zu signalisieren. Während das Ende auf eine sich selbst dementierende Weise das Problem abblendet, das sich im Handeln, Empfinden und Reden Clavigos reflektiert, zeigt der Geschehensverlauf des Dramas die vom zeitgenössischen Diskurs der *Liebesheirat* abgeblendeten gesellschaftlichen Implikationen, die den Gefühlen nicht äußerlich sind als ständische oder ökonomische Hindernisse, sondern der Liebe selbst ein gesellschaftliches Gepräge verleihen.

So wie Weislingen in Goethes *Götz* seinem inneren Zwiespalt erliegt, weil er sich nicht zu entscheiden vermag, welcher Welt er zugehören will, der des Hofes oder der des Rittertums, so steht Clavigo zwischen zwei Welten: der privaten von Ehe und Liebe und der öffentlichen von Karriere und Ruhm. Goethe selbst hat auf die Parallele zwischen Clavigo und Weislingen hingewiesen. In seinem Brief an Schönborn vom 1. Juni 1774 beschreibt er sein „Trauerspiel" als

> moderne Anekdote dramatisiert mit möglichster Simplizität und Herzenswahrheit, mein Held ein unbestimmter halb groß halb kleiner Mensch, der Pendant zum *Weislingen* im Götz, vielmehr Weislingen selbst in der ganzen Rundheit einer Hauptperson; auch finden sich hier Szenen die ich im Götz um das Hauptinteresse nicht zu schwächen nur andeuten konnte.[443]

[442] Fischer: Goethes *Clavigo*, S. 58.
[443] Zitiert nach Goethe: Dramen 1765–1775, S. 910.

Es gehört zum festen Bestand der Forschung, auf diese Äußerung Goethes hinzuweisen, um die innere Zwiespältigkeit Clavigos herauszustellen. Ingrid Strohschneider-Kohrs hat in diesem Zusammenhang betont, daß „in Goethes Clavigo-Drama der Gegensatz der Daseinssphären mit voller Schärfe in Clavigo selbst, als sein innerer Zwiespalt aufbricht"[444]. Daß aber diese Daseinssphären auf widersprüchliche Weise zusammengehören, indem sie den Doppelaspekt der Ehe als Liebesgemeinschaft und gesellschaftliche Institution reflektieren und so dem Mann eine doppelte Identität unter den Gesichtspunkten der Privatheit und der Gesellschaft abnötigen, blieb bislang unthematisiert. Ebenfalls wurde nicht deutlich herausgestellt, daß Clavigo in seiner Art zu lieben einen Wandel vollzieht. War die gesellschaftliche Existenz zunächst Mittel zur ökonomischen Sicherung der in die Dauer der Ehe überführten Liebesbeziehung, so erfuhr Clavigo in den sechs Jahren seiner höfischen Existenz, daß die Liebe eine abhängige Variable gesellschaftlicher Rollen ist: Geliebt wird nicht die Geliebte, sondern das durch sie übermittelte gesellschaftliche Prestige. Liebe um ihrer selbst willen erscheint von hier aus nur als Ausdruck blockierter sozialer Handlungskompetenz.

Während Goethe Weislingen als eine Figur gestaltet, in der sich der Übergang von spätmittelalterlichen Feudalverhältnissen zum frühneuzeitlichen, sich verwaltungsmäßig organisierenden Absolutismus als innere Zerrissenheit reflektiert, modelliert er Clavigo als Protagonisten, dessen innere Konflikte auf die widersprüchliche Existenz des Mannes im Übergang zur Moderne einer berufsbürgerlichen Existenz verweisen: Einerseits ist er als ökonomischer Garant der Familie auf die öffentliche Sphäre verwiesen, hat es dort zu Ansehen und Erwerb zu bringen, andererseits wird er als liebender Ehemann auf die Sphäre einer zur Intimität verdichteten Privatheit fixiert, in der alles Glück seinen Ort haben soll. Clavigos Zwiespalt ist nicht deshalb Symptom der Zeit, weil es dem „bürgerlichen und zugleich bedeutenden Menschen"[445] eigentümlich ist, über die private Existenz hinauszustreben, sondern weil die sich im 18. Jahrhundert vollziehende Trennung von Privatsphäre und öffentlicher Sphäre dem Mann eine doppelte Existenzform zuweist: Ehe und Familie einerseits und Gesellschaft und Beruf andererseits, zwei Bereiche, die auf eigentümliche Weise aufeinander bezogen sind.

Die moderne bürgerliche Familie mit ihrer Betonung des Gefühls, der Individualität und der Erziehung erzeugt das moderne Subjekt, das sich über Leistung in der Gesellschaft zu definieren hat, zugleich aber zurückgebunden bleibt an die Familie, die ihm die Kompensation seiner funktionalisierten äußeren Existenz durch emotionale Zuwendung in ihrem Binnenraum verspricht. Es gehört zum bürgerlichen Selbstverständnis der zweiten Hälfte des 18. Jahrhunderts,

[444] Strohschneider-Kohrs: Goethes *Clavigo*, S. 50.
[445] Ebd., S. 55.

der Ehe und Familie diese kompensatorische Funktion für die öffentliche Existenz des Mannes zuzuschreiben. Dabei wird die Frau zur Repräsentantin aller der Werte erhoben, die in der Empfindsamkeit noch als allgemeinmenschlich deklariert wurden, jetzt aber auf den binnenfamilialen Raum des Privaten beschränkt werden, aus dem der Mann hinaustritt, um den Erwerbskampf nach Regeln der Konkurrenz und Klugheit zu bestehen, und in den er zurückkehrt, um Gefühl und Empathie zu erfahren. Der Mann wird auf diese Weise in eine doppelte Existenzform hineingestellt. Sozialisiert in der Herkunftsfamilie, die ihm seine Einzigartigkeit verspricht, soll er sich in einer Gesellschaft behaupten, die ihn auf bestimmte Aufgaben festlegt, ihn so funktionalisiert und partialisiert, was dann die Zeugungsfamilie wieder ungeschehen machen soll, indem sie ihm seine Einzigartigkeit bestätigt, die ihm unter den Bedingungen gesellschaftlicher Funktionalität und Partialität immer wieder abhanden zu kommen droht. Dieses dialektische Widerspiel droht den Mann zu zerreiben. Einerseits sollen für ihn Ehe und Familie die kleine Gemeinschaft sein, die sich aus der Gesellschaft ausgrenzt, zugleich bedarf diese kleine Gemeinschaft ihrer gesellschaftlichen Reproduktion durch die Leistung des Mannes, der sich den Bedingungen der gesellschaftlichen Ordnung zu unterwerfen hat, damit aber die Einzigartigkeitsansprüche aufgibt, die Familie und Ehe erzeugen und kompensieren sollen.

Goethes Drama präzisiert an der Figur des Clavigo die Problematik einer nach den Regeln von Kompensation und Komplementarität modellierten Lebensordnung, in der die Privatsphäre zum Refugium dysfunktionaler Bedürfnisse des Mannes erhoben wird, indem sie sie mit der ganz anders gearteten öffentlichen Sphäre des Hofes konfrontiert. Gerade die noch immer gesellschaftsdominante höfische Welt, in der Clavigo Erfolg hat, zerbricht die supplementäre Zuordnung von empfindsamer Welt des Privaten und unpersönlicher Welt des Öffentlichen. Hier ist alles öffentlich; gerade auch die Beziehungen der Geschlechter stehen im Zeichen der Repräsentation. Die bürgerliche Verbindung von einer Ehe, die auf Liebe gründet, und einem Beruf, der auf Leistung gründet, ist in der höfischen Gesellschaft ausgeschlossen. Hier fehlt Clavigo die gesellschaftliche Vorgabe, um im Inneren das zu verbinden, was der bürgerliche Diskurs der Zeit als Zuordnungsmöglichkeit offeriert: die über die temporale Aufspaltung von Freizeit und Arbeitszeit vollzogene Verknüpfung von Privatem und Öffentlichem. Sein Schwanken zwischen beiden Bereichen, seine Unfähigkeit, Familie und Hof in ein Verhältnis von Komplementarität und Kompensation zu bringen, reflektiert dies. Insofern repräsentiert Clavigo mehr und anderes als den zwiespältigen Charakter eines „treulosen Liebhabers"[446], insofern übersteigt er auch den Horizont autobiographischer Parallelen.[447]

[446] Otto: *Clavigo*, S. 28.

[447] Goethe selbst hat auf den biographischen Hintergrund verwiesen: Am 21. 8. 1774

Goethes Drama gestaltet die Innenseite der Außenseite eines gesellschaftlichen Problems, das dadurch entsteht, daß der Ehemann im Konzept der Liebesehe zwei Dinge miteinander vereinen soll, die verschiedenen Gesetzmäßigkeiten gehorchen. Liebe soll bestimmendes Motiv seiner Beziehung zur Frau sein, zugleich soll er sich als ökonomischer Garant der Familie leistungsorientiert in der Sphäre der Öffentlichkeit durchsetzen. Wenn daraus unterschiedliche psychische Dispositionen und Verhaltensmuster resultieren, soll der Mann sie in ein Verhältnis der Komplementarität bringen, und so die Rationalität der Öffentlichkeit mit der Emotionalität der Privatheit verbinden. Die aristokratische Gesellschaft, auf die hin Clavigos Karriere orientiert ist, erlaubt aber diese Verbindung nicht. Und so zerbricht Clavigo an dem Widerspruch, daß sein Fühlen, Handeln und Sprechen nicht unabhängig von den gesellschaftlich definierten Werthorizonten ist, unter denen er steht. Liebe und Privatheit formieren sich anders als Liebe und Öffentlichkeit. Es geht – pointiert formuliert – um den Widerspruch zwischen einer Karriere für die Liebe und einer Liebe zur Karriere.[448] Was ist der letzte Bezugspunkt gesellschaftlichen Strebens: die Ehe, die hierdurch ihr ökonomisches Fundament erhält, oder die Anerkennung der anderen, die durch die attraktive Frau ihre Steigerung erfährt? Daß die Liebe ihren Ort in der intimen Zweisamkeit hat und die Karriere den ihren in der Gesellschaft, dieser funktional zugeordnet, entspricht der Ideologie einer bürgerlichen Familie, die sich in Abgrenzung zur Gesellschaft unter dem Vorzeichen der Privatheit definiert. Daß hingegen die Liebe im Zeichen des *decorums* steht, integriert in die Mechanismen von Prestige und Geltung, entspricht der Wertorientierung einer Aristokratie, für die Liebe Medium von Anerkennung ist. Für sie zählt nicht die als exklusive Beziehung verwirklichte Einzigartigkeit der Liebenden, sondern die Repräsentativität, die in der Zustimmung der guten Gesellschaft gründet.

Goethes Drama *Clavigo* veranschaulicht im inneren Zwiespalt seines Helden diese gesellschaftliche Induzierung der Gefühle. Was Goethe dabei szenisch gestaltet, hat den Charakter eines sozialpsychologischen Experiments. Er versetzt

berichtet er Jacobi von dem „Glück" und der „Freude", die er darüber empfunden hätte, daß sich Clavigos „Charakter seine Tat mit Charakteren und Taten in mir amalgamierten" (zitiert nach Goethe: Dramen 1765–1775, S. 910); und später setzt er in *Dichtung und Wahrheit* die ‚Schuld' Clavigos in Beziehung zu seiner ‚Schuld' gegenüber Friederike Brion, indem er betont, daß die „beiden Marieen in Götz von Berlichingen und Clavigo, und die beiden schlechten Figuren, die ihre Liebhaber spielen, [. . .] wohl Resultate solcher reuigen Betrachtungen gewesen sein" mögen. (Dichtung und Wahrheit, S. 568)

448 Willems: Das Problem der Individualität, S. 273 ff., ignoriert das Prinzipielle dieses Widerspruchs, wenn sie in der Perspektive von Carlos die höfische Welt als genuinen Entfaltungsort für Clavigos Individualität bestimmt und sein Problem auf das kontingente Faktum einer Liebesbindung zurückführt, die er als Einschränkung erfährt.

einen „Wilden" von der Küste Afrikas in zwei verschiedene gesellschaftliche Kontexte und untersucht, was mit ihm geschieht. Deutlich wird dabei, daß Clavigos innere Widersprüchlichkeit, die zu seiner äußeren Konfliktlage führt, gerade nicht letzte kausale Instanz ist; sie wird vielmehr ihrerseits vom Widerspruch der gesellschaftlichen Kontexte produziert. Das Drama präsentiert also nicht eine wie auch immer geartete „labile Persönlichkeit"[449], die sich als innere Widersprüchlichkeit zeigt – so die etablierte Forschungsmeinung –, sondern es inszeniert die Innenwelt einer Außenwelt, indem es das Fühlen und Handeln des Helden als abhängige Variable sozialer Sinnbezirke ausweist.

449 Guthke: Das deutsche bürgerliche Trauerspiel, S. 79.

9.

„Ich habe ein Herz und bin ein Fürst – das ist mein Unglück." (Leisewitz)

Zum Verhältnis von Liebe und Herrschaft in Leisewitz' *Julius von Tarent*

In den Heiratstragödien des 18. Jahrhunderts sind es in aller Regel die Töchter, die beim Übergang von der Herkunfts- in die Zeugungsfamilie tödlich scheitern. Die Männer treten dagegen als Söhne eher in den Hintergrund. Von Mellefont und dem Prinzen über Leutnant von Gröningseck bis hin zu Clavigo sind alle männlichen Protagonisten ohne familiale Bindung – sie agieren elternlos. Das Spannungsfeld, in dem sie sich bewegen, baut sich zwischen anderen Polen auf, als es bei den Töchtern der Fall ist. Doch auch hier gibt es Ausnahmen: Ferdinand in Schillers *Kabale und Liebe* und Julius von Tarent im gleichnamigen Drama von Leisewitz sind zunächst Söhne und erst dann Männer, deren Gefühle väterliche Gebote unterlaufen. Daß bei beiden die Zwangsgewalt patriarchaler Ordnung mit der Macht ihrer Gefühle kollidiert, hat allerdings andere Gründe als bei den Töchtern. Beide sind als Abkömmlinge mächtiger Väter Teil der Herrschaftsordnung, die sie als Glieder einer genealogischen Kette fortzusetzen haben. Bei Ferdinand stellt sich der Fall verwickelter dar, weil der geburtsständische Zusammenhang, dem er angehört, durch das Prinzip der Leistung vermittelt ist (der Vater ist als Präsident Amtsinhaber). Julius hingegen ist Erstgeborener des Fürsten und hat nach dem Prinzip der Erbfolge die Nachfolge seines Vaters anzutreten. Nicht dieser, sondern die Geltungskraft des Systems unterwirft ihn den Heiratsregeln der Staatsräson, die nach anderen Gesichtspunkten als denen der Liebe die Ehefrau bestimmen.

Der Dramatiker Leisewitz brauchte also nicht lange zu suchen, um einen tragödienwürdigen Konflikt zu finden: Der Sohn liebt eine Frau, die nicht standesgemäß ist und verschmäht den etablierten Weg, sie zur Mätresse zu machen, um durch eine politische Heirat nach außen hin den Geboten der Herrschaftssicherung Genüge zu tun. Zwar ist dies die Konfliktexposition der Tragödie, ihre Konfliktentfaltung folgt jedoch keineswegs strikt der Ausgangslage. Gerade die Inkongruenzen zwischen Exposition und Durchführung machen das Drama von Leisewitz interpretationswürdig und -bedürftig. Zunächst wird die Handlung nach einem Muster gestaltet, das mit dem auf die Heiratsproblematik zentrierten Gegensatz von Zwang und Gefühl prima vista kaum etwas zu tun hat:

Vor den Vater-Sohn-Konflikt zwischen den Pflichten des Herrschers und den Geboten des *Herzens* schiebt sich die Auseinandersetzung zwischen Julius und seinem Bruder Guido. Leisewitz greift damit die vielfach variierte, über die Bibel hinaus zurückreichende Thematik der feindlichen Brüder auf.[450] Im *Sturm und Drang* bekommt dieses Motiv eine neue Virulenz; es wird zum Medium einer Konfliktmodellierung, die den aufklärerischen Harmoniepostulaten einer Familienordnung, die sich der feindlichen Umwelt als Hort der Humanität entgegenstellt, opponiert.[451] Sowohl die rationalistische Konzeption der Familie als Vertragsgemeinschaft, nach der die einzelnen Mitglieder wechselweise ihr gemeinsames Bestes befördern, als auch die empfindsame Konzeption der Familie als Gefühlsgemeinschaft, der man sich durch Selbstlosigkeit und Empathie verbunden weiß, erscheinen in Dramen des *Sturm und Drang* als komprimierte Spannungsfelder, die die zeitgenössischen Leitbilder einer altruistischen Gemeinschaft zum schönen Schein depotenzieren.

In Schillers *Räubern* erfährt Franz, daß die Liebe des Vaters zu den Söhnen keineswegs gleichgewichtig ist, sondern daß er, der bereits biologisch zu kurz Gekommene und rechtlich Diskriminierte, auch emotional zurückgesetzt wird. Seine enttäuschte Liebesbedürftigkeit schlägt um in universalen Haß, der im Kampf um Besitz und Macht die Familie in die Katastrophe führt. In Friedrich Maximilian Klingers *Zwillingen* entzündet sich der Konflikt am Recht der Erstgeburt. Dem emotionalen Gleichheitsgebot, nach dem die Kinder den Eltern gleich wert und lieb sein sollen, steht das Erbrecht, nach dem die Geburtsfolge die Machthierarchie bestimmt, als juristisch legitimierte Ungleichheit entgegen. Der erste tritt das Erbe des Vaters an, der zweite ist ihm untertan. Die strukturbestimmende Grundfrage, wer von den Zwillingen zuerst das Licht der Welt erblickte, untergräbt das vielstimmig proklamierte Leitbild familialer Übereinstimmung, indem sie sich zu einem Kampf um Macht und Rang, um Herrschaft und Besitz konkretisiert. Die zeitgenössische Familienideologie, die durch Harmonie kaschiert, was die feudale Rechtsordnung an Ungleichheiten produziert, geht in Klingers Drama in der Katastrophe eines tödlichen Kampfes

450 Zur Motivgeschichte siehe Frenzel: Art.: Die verfeindeten Brüder.

451 Generell hierzu siehe Martini: Die Feindlichen Brüder, der die gesellschaftskritische Dimension des Motivs der *feindlichen Brüder*, wie es von den *Räubern*, *Julius von Tarent* und den *Zwillingen* entfaltet wird, unter dem Aspekt personaler Schuld näher analysiert: „Die Wahl des Themas von den Feindlichen Brüdern führt also nicht lediglich das Ende von drei grandseigneuralen Familien, sondern das Ende eines ganzen Gesellschaftssystems vor, ein Ende nicht durch revolutionäre Aktionen, in denen neue Klassen und Kräfte an die Macht gelangen und eine neue, andere Gesellschaft sich abzeichnet, sondern durch die Selbstzerstörung, an der alle schuldig sind, die dieser Gesellschaft angehören. Damit erweist sich das Drama von den Feindlichen Brüdern als ein durchaus und entschieden gesellschaftskritisches, im weiteren Sinne politisches Drama." (S. 264)

zwischen Brüdern unter. Streiten in Schillers *Räubern* und Klingers *Zwillingen* die Brüder um Macht und Ansehen, bei Schiller psychologisch vermittelt durch die väterliche Zurücksetzung von Franz, bei Klinger dramatisch zugespitzt durch die ungesicherte Geburtenabfolge, so fungiert bei Leisewitz eine Frau, die beide Brüder begehren, der eine aus Ehrgeiz, der andere aus Liebe, als Streitobjekt.

Für die Entstehung der *Zwillinge* und des *Julius von Tarent* gibt es einen konkreten Anlaß: Sophie Charlotte Ackermann und ihr Sohn baten per „Ankündigung" um ein Originalstück, das sie mit 100 Talern honorieren wollten.[452] Es wurden drei Stücke eingesandt: das anonyme Stück *Die unglücklichen Brüder*, das keinen Zuspruch fand, Klingers *Zwillinge* und das Drama von Leisewitz. Klinger bekam das Honorar; die Juroren begründeten ihre Wahl im ersten Band des *Hamburgischen Theaters* (1776):

> *Julius von Tarent*, handlungsvoll, schön dialogiert, voll Verve und Geist; alles entdeckt den Kenner der Leidenschaft, den denkenden Kopf, den Sprecher des Herzens, und kurz – den Dichter von Talenten; es war des Preises entschieden wert, bis ihm das dritte, die *Zwillinge*, denselben dadurch abgewann, daß es die mächtige, gewaltige Triebfeder der unentschieden gebliebenen Erstgeburt voraus hatte. ‚Wer beweist mir, daß nicht ich der Erstgeborene von uns Zwillingen war?' Das entflammt den wilden, hintennach gesetzten Guelfo, und darüber fallen beide.[453]

In *Julius von Tarent*, dessen Stoff Leisewitz aus historischen Quellen schöpfte,[454] liegt der äußere Konfliktpunkt darin, daß beide Brüder dieselbe Frau begehren. Julius liebt Blanca, und sein Bruder Guido sieht in ihr die Belohnung für seine kriegerischen Taten. Doch der Vater, Fürst Constantin, ließ Blanca in ein Kloster bringen, um dem Bruderzwist die Grundlage zu entziehen und um Julius an einer Mesalliance zu hindern. Julius, als Erstgeborener rechtmäßiger Nachfolger seines Vaters, will mit Blanca, die ihn ebenfalls liebt, fliehen, um allein der Liebe zu leben. Der ehrgeizige Guido erfährt jedoch davon und ersticht seinen Bruder aus Eifersucht, Blanca wird daraufhin wahnsinnig,

[452] Die Ankündigung findet sich abgedruckt in Werner (Hrsg.): *Julius von Tarent*, S. IX–XII; siehe auch Karthaus: Johann Anton Leisewitz: *Julius von Tarent*, S. 102 ff.

[453] Zit. nach Keller: Nachwort zu Leisewitz: Julius von Tarent, S. 77–117, S. 80. Daß Klinger mit seinem Stück eine ähnliche Thematik wie Leisewitz wählte, hängt wahrscheinlich damit zusammen, daß er – wie vermutet wird – von Johann Martin Miller über das Drama von Leisewitz informiert wurde, und er sich dadurch anregen ließ, eine ähnliche Thematik zu wählen, um den Konkurrenten auf verwandtem Feld zu schlagen. Zu Einzelheiten siehe Spycher: Die Entstehungs- und Textgeschichte von J. A. Leisewitz' *Julius von Tarent* (zur Anregung Klingers durch Leisewitz siehe auch Karthaus: Johann Anton Leisewitz: *Julius von Tarent*, S. 103).

[454] Siehe hierzu Spycher: Die Entstehungs- und Textgeschichte von J. A. Leisewitz' *Julius von Tarent*, S. 81–91; Fricke: Die Quellen des *Julius von Tarent*.

der Vater tut als Fürst von Tarent, was ihm die herrschaftliche Pflicht gebietet: Er tötet seinen reumütigen Sohn Guido und stellt so die Rechtsordnung wieder her, um daraufhin der Welt zu entsagen und sich in ein Kloster zurückzuziehen.

Eine einfache Fabel mit einlinigen Charakteren, einfacher Konfliktstruktur, schlichter Problemlage und folgerichtigem Ende – so scheint es. Der eine Protagonist (Julius) ist gut und will nichts, als in Liebe mit seiner Geliebten leben, der andere (Guido) ist böse, sein Ehrgeiz verlangt die Frau als Trophäe für seine kühnen Kriegstaten; seine Mißgunst neidet dem Bruder das Glück. Am Ende siegt die moralische Ordnung, indem der Fürst den mißratenen Sohn tötet und sich ins Kloster zurückzieht. Viel zu denken gibt uns diese Handlungsfolge kaum. Denn warum Julius liebt und warum Guido ehrgeizig ist, wird nicht weiter abgeleitet. Ihr Charakter ist jeweils vollständig durch die jeweilige Eigenschaft bestimmt, ohne daß das Drama die Ursachen ihrer Dispositionen thematisiert. Sie werden vielmehr als naturgegeben behandelt. Der expressive Duktus des Stücks akzentuiert weniger die Motivierung als vielmehr die Inszenierung extremer Affekte durch eine Rhetorik, die alle Ordnungen der Rede durch die Hypertrophie der Worte, die Kühnheit der Bilder und die Zerstörung der Syntax sprengt.

Was sind das für Charaktere, die als Träger von Gefühlsintensitäten so auf die dramatische Kollisionsbahn gebracht werden, daß ihre Gefühle möglichst spektakulär explodieren? Erst nachdem die beiden Brüder in ihren Leidenschaften näher charakterisiert sind, soll die Frage gestellt werden, ob die von ihren Charaktereigentümlichkeiten her motivierte Konfliktlinie nicht eine im Stück verschobene Konfliktlinie ist, ob also die Thematik der feindlichen Brüder, die als typisierte Charakterkollision dargestellt wird, nicht in einem basaleren Konflikt gründet, der sich nur an der Oberfläche als Kampf zwischen Ehrgeiz und Liebe manifestiert, in seiner tiefenstrukturellen Eigentümlichkeit aber einen problemgeschichtlichen Hintergrund hat, den das Drama auf verschobene Weise reflektiert.

Julius, der Liebende, und Guido, der Ehrgeizige – so bestimmt das Drama die Polarität der Brüder. Beide sind durch ihren Affekt in ihrem Tun und Fühlen vollständig fixiert. In nahezu metadramatischer Reflexion benennt Guido diese affektive Determination:

> Du [d. i. Julius] kannst nichts tun, ohne die Liebe zu fragen, ich nichts ohne die Ehre – wir können also beide für uns selbst nichts, das, denke ich, ist doch wohl ein Fall. (III/3, S. 42)[455]

Die fast schon typenhafte Charakterbestimmtheit der beiden Brüder[456] hat Konsequenzen für ihr Verhältnis zur feudalabsolutistischen Ordnung, in die sie

[455] Ich zitiere direkt im Text nach Leisewitz: Julius von Tarent.

[456] Darauf, daß Julius und Guido allegorische Personifikationen von *Ehre* und *Liebe* sind, weist Mattenklott hin: Melancholie in der Dramatik des Sturm und Drang, S. 109.

als Söhne des Fürsten von Tarent hineingestellt sind. Beide lösen sie sich aufgrund ihrer charakterlichen Fixierungen aus dem transsubjektiven Bedingungsgefüge einer Familie, die als Herrschaftsfamilie an der Spitze der geburtsständischen Gesellschaftshierarchie steht. Guido will – ganz prometheischer Held des *Sturm und Drang* – alles aus sich selbst heraus sein und schaffen; mit seinem in ein pures Selbstverhältnis zurückgenommenen Ehrbegriff stellt er sich über alle überkommene Autorität. Nicht Abkömmling eines regierenden Hauses und Glied einer genealogischen Abfolge will er sein, sondern seine Identität allein auf selbstbestimmte Entschlüsse gründen.

GUIDO. Macht, Stärke, Leben, lauter Schalen, die das Schicksal abschälet, wenn es will – aber mein eigentliches Selbst sind meine festen Entschließungen – und da bricht sich seine Kraft. Und warum sollte ich meine Entwürfe nicht ausführen? (I/5, S. 15)

Während Guido in unbedingtem Wollen die Bedingtheiten des Herkommens zugunsten seiner „Entwürfe" außer Kraft setzt, negiert Julius überkommene Normen, indem er sich der dynastischen Ordnung, die die Heirat zum Gegenstand von Politik macht, nicht fügt. Seine Liebe zu Blanca suspendiert das Kalkül der Macht; er beharrt auf einer Ehe aus Liebe, will von gesellschaftlichen Rücksichten nichts wissen und ist damit wie sein Bruder ebenfalls ein Protagonist aus den Arsenalen des *Sturm und Drang*. Doch anders als bei Guido steht hier nicht der Wille zum Handeln im Zentrum von „Entschließungen", sondern der Naturanspruch auf Liebe ist Zentrum seines Fühlens, so daß Julius sagen kann: „Und alle diese Bande [...] zerreiß' ich um eines Weibes willen [...] für dich, Blanca, du bist mir Vaterland, Vater und Mutter, Bruder und Freund!" (IV/1, S. 49) Emphatisch propagiert Julius die Idee einer *Liebesheirat*, die einzig die Geliebte in ihrer unbezüglichen Existenz zum Bezugspunkt macht. In rousseauistischer[457] Abwehr aller „gesellschaftlichen Einrichtungen" von Staaten, „wo jeder ein Knecht des andern und keiner frei ist" (II/5, S. 30), imaginiert er die weltabgeschiedene Idylle eines Glücks, das von Rang und Prestige, Macht und Herrschaft nichts weiß. Seine Vorstellungen vom gemeinsamen Glück malen den Topos des Landlebens aus, wie er seit alters her als Antithese zur entfremdeten gesellschaftlichen Existenz gezeichnet wurde.[458]

JULIUS [zu Aspermonte]. Es ist nichts in dem Stande eines Fürsten, was sich für mich schickte, von seiner heiligsten Pflicht an bis auf die goldnen Fransen an seinem Kleide. Ah, geben Sie mir ein Feld für mein Fürstentum und einen rauschenden Bach für mein jauchzendes Volk – einen Pflug für mich und einen Ball für meine Kinder! – Ruhm? –

[457] Auf die Beschäftigung von Leisewitz mit Rousseau weist Kühlhorn hin: J. A. Leisewitzens *Julius von Tarent*, S. 50 ff.

[458] Zu Einzelheiten dieser Tradition siehe Lohmeier: Beatus ille; Kiesel: ‚Bei Hof, bei Höll'.

dann mag die Geschichte mein Blatt in ihrem Buche leer lassen – Der letzte Seufzer Blancas sei auch der letzte Hauch, den je ein Sterblicher auf meinen Namen verwendet. (II/5, S. 29)

Neben dem heroischen *Sturm-und-Drang*-Helden Guido steht Julius als dessen empfindsame Variante. Er sucht die Unbedingtheit einer Liebe, die sich den Geboten der Gesellschaft entzieht. Tatsächlich liebt Julius weniger Blanca, als die Liebe, für deren Bedingungslosigkeit gerade die unstandesgemäße Blanca den Nachweis liefert. Seinen „Hunger nach Empfindungen" (I/1, S. 7) will er stillen, und Blanca erscheint deshalb als die rechte Nahrung, weil sie seinen Gefühlen das Gütesiegel der Absolutheit zu erteilen vermag – ein Zweck, den die ihm vom Vater zugedachte Cäcilia nicht erfüllen könnte, weil sie standesgemäß ist und so der Liebe den Makel gesellschaftsorientierter Bindung nicht nehmen könnte.

Julius' Liebe, die sich mittels der Differenz zu den ständischen Gesetzen der Konvenienzehe als unbedingte bestimmt, suspendiert jede Rücksicht auf die Forderungen einer Herrschaftsordnung, die ihn als künftigen Fürsten in die Pflicht eines Amtes nimmt und verlangt, er habe um der Wohlfahrt der Untertanen willen von sich und seinen Wünschen abzusehen. Die Argumente seines Freundes Aspermonte, Vertreter des aufgeklärten Absolutismus, der ihn immer wieder an seine Pflicht gemahnt, prallen ohne größere innere Resonanz von ihm ab. Gegen Julius' *Stimme des Herzens* vermag Aspermontes *Stimme der Vernunft* nichts auszurichten.

ASPERMONTE. Prinz, bedenken Sie; Sie sind die Hoffnung eines Landes – die Pflicht für das Ganze –
JULIUS. Verschonen Sie mich mit Ihrer Philosophie – Philosophie für die Leidenschaften, Harmonie für den Tauben. (I/1, S. 8)

Julius will nicht als Herrscher in der Gesellschaft wirken, sondern als Liebender außerhalb der Gesellschaft fühlen. So bricht seine Liebe als Organon intendierter Selbsterfahrung alle gesellschaftlichen Vermittlungen ab; einzig die Geliebte zählt, sofern sie als Kristallisationspunkt imaginativer Weltbezüge fungiert, deren Totum „Liebe" heißt. Sie ist das Minimum an Welt, das das Ich zu seiner Ausgestaltung braucht wie Muscheln das Sandkorn zur Bildung der Perle. Das am Weltkörnchen Frau entfaltete Innere soll zum alleinigen Ort der Existenz werden. Und so sucht Julius die Welt in den Bedingtheiten ihrer rechtlichen, sozialen und normativen Gebote regressiv zu verlassen, um im Gefühl die Existenzerfahrung einer durch die Geliebte gesteigerten Subjektivität zu erlangen.

Gegen Julius, den das Drama als Gestalt zeichnet, die der zeitgenössischen Programmatik einer gesteigerten *empfindsamen Liebe* folgt, steht sein Bruder Guido; auch er inkarniert eine Leidenschaft: die Ehrsucht. Ihm beweist sich

Männlichkeit nicht durch Empfinden und Grübeln, durch gefühlvolle Innerlichkeit, die in melancholischer Kontemplation verharrt, sondern durch die kühne Tat, die keine Bedenken trägt.

GUIDO (höhnisch). Handeln, Aspermonte, macht den Mann, und wenn es auf den Punkt kommt, so ist Ihre Philosophie tot, freilich mit hohen Sentenzen einbalsamiert, aber doch tot. (I/3, S. 11)

Schärfer könnte der Gegensatz zwischen Guido und seinem Bruder nicht gezeichnet werden. Reagiert Julius auf den Rollenzwang des Thronfolgers mit funktionaler Verweigerung und Flucht in die Innerlichkeit, die sich durch seine Liebe konkretisiert und legitimiert, so ist Guido, als Zweitgeborener von der Welt der Herrschaft ausgeschlossen, gerade auf diese Welt fixiert; hier sucht er Anerkennung und Bewährung in einem Handeln, dessen Erfolg eigentlich durch den Besitz einer prestigeträchtigen Frau zu beglaubigen ist. Doch hier dominiert der Bruderzwist die gesellschaftlichen Forderungen: Blanca, an sich eine unstandesgemäße Frau, kann zum Objekt seines Begehrens werden, da die Liebe seines Bruders sie dazu macht. Deshalb darf es nicht irgendeine standesgemäße Frau sein, sondern muß es die Geliebte von Julius sein, damit für alle die Überlegenheit des Tatmenschen über den Gefühlsmenschen sichtbar wird.

So wird Blanca zum Anlaß des Konflikts mit tödlichem Ausgang. Julius liebt sie, wie es die zeitgenössische Doktrin will, indem er das *Herz* zum Organ zwischenmenschlicher Beziehungen erhebt; Guido hingegen begehrt sie nach Maßgabe seiner kraftgenialischen Machtattitüde, die tradierten Mustern des Heroentums folgt. Seine Imagination der Weiblichkeit läuft nach dem Muster der Kriegsbeute. Die Frau ist für ihn Zeichen seiner kriegerischen Qualifikation: Tapferkeit hat mit Schönheit belohnt zu werden. Mehrfach spricht Guido diese Forderung eines überkommenen Heroismus aus, für den die Frau nicht Subjekt im Kontext wechselseitiger Liebe, sondern Objekt im Kontext gesellschaftlicher Auszeichnung ist, Trophäe, die dem Siegreichen gebührt:

Männliche Tapferkeit verdient allein die weibliche Schönheit! (I/3, S. 11) Schönheit ist der natürliche Preis der Tapferkeit – und dabei haben die Weiber keine Stimme. (I/2, S. 10)

Dabei muß es für Guido Blanca sein, die Braut seines Bruders, dem sie in Liebe zugetan ist – auch aus dramaturgischen Gründen, um den Konflikt zu schürzen, aber auch zur Profilierung seines Charakters, der sich erst am Widerstand ins Ungeheure seiner grandiosen Ansprüche zu steigern vermag. Im monomanischen Geltungsdrang will er seinen Bruder ausstechen, in regressiver Bindung an den Bevorzugten will er besitzen, was diesem das Liebste ist. Und hat Guido sein Begehr erst einmal verkündet, gibt es für ihn ohne Ehrverlust kein Zurück mehr.

GUIDO [zu Julius]. Ich habe ihr eh'r als du meine Liebe angetragen, für einer großen Versammlung angetragen, in diesem ganzen Feldzuge selbst bei königlichen Mahlen sie

meine Geliebte genannt – oft habe ich bei Turnieren die Weiber zischeln hören – „Guido von Tarent – und sie heißt Blanca".
Wie ich im Sturme von Candia die Mauren erstieg, rief ich ihren Namen laut aus, und das ganze Heer rief ihn nach. Sieh, meine Ehre steht zum Pfande, aber ich will sie lösen. (I/2, S. 9f.)

Auf die Zustimmung der Frau kommt es Guido nicht an. Sie wird ihm zum Ding. Hat er seinen Anspruch öffentlich verkündet, transformiert er ihn in eine objektive Verpflichtung, von der nur beidseitiger Verzicht ihn entbände.

Guido. Ich glaube meiner Ehre genuggetan zu haben, wenn sie niemand anders besitzt, wenn sie bleibt, was sie ist – denn wer kann auf den Himmel eifersüchtig sein? [Blanca ist im Kloster.] Aber du siehst, wenn ich meine Ansprüche aufgebe, so mußt du auch die deinigen, mit alle den Entwürfen, sie jemals in Freiheit zu setzen, aufgeben. – Laß uns das tun und wieder Brüder und Söhne sein! – (III/3, S. 41)

Hier werden die wahren Motive seines Besitzanspruchs deutlich. Er möchte kompensatorisch die Gleichberechtigung, die ihm das Geburtsrecht verweigert. Seine Ehrsucht äußert sich als Neid und Mißgunst dem Bruder gegenüber, dem durch die Geburt eine Position zugefallen ist, für die er sich selbst doch viel geeigneter fühlt. Der Fürst konstatiert unmißverständlich, was Guido antreibt: „Guido liebt Blancan bloß aus ehrgeiziger Eifersucht, weil sie Julius liebt" (I/6, S. 17).

Neben dem von der Ungleichheit verursachten Konflikt zwischen den Brüdern behauptet sich jedoch ein weiterer: der zwischen Pflicht und Neigung, zeittypisch konkretisiert als Konflikt zwischen Liebes- und Herrschaftsehe. Denn Blanca, die Geliebte von Julius, ist nicht standesgemäß. Für Julius ist der Konflikt zwischen Liebe und Herrschaft allerdings rein äußerlich. Der Vorrang der Liebe steht für ihn außer Zweifel. Er ist weder für die Verlockung, noch für die Verbindlichkeit der Macht empfänglich.

Julius [zu Blanca]. Ein Fürstentum für dich verlieren, Blanca, das ist kein Opfer – Das heißt ja bloß sich in Freiheit setzen – Und deinetwegen wollte ich ja jahrelang mein Leben in dem tiefsten Kerker hinziehn. (II/2, S. 22)

So prallt der objektive Konflikt zwischen Pflicht und Neigung an Julius subjektiv so vollständig ab, daß er ihm zu keinem Zeitpunkt seelische Qualen verursacht. Drohte schon der Bruderzwist durch seine moralische Gut-und-Böse-Schematik zu verflachen,[459] so enthält auch der Konflikt zwischen Pflicht und Neigung an sich noch nicht das Moment einer Tragik, die ein unaufhebbares Dilemma produziert.

[459] Gegen Martini: Die Feindlichen Brüder, S. 227, ist Keller: Nachwort zu Leisewitz: Julius von Tarent, S. 77–117, S. 103, zuzustimmen, wenn er konstatiert, daß die „Kollision der Charaktere [...] zum Gegensatz von Gut und Böse [verflacht]".

Doch neben der doppelten Konfliktlinie (der Bruderzwist, reduziert auf Gut und Böse; der Heiratskonflikt, gespeist aus dem Gegensatz von Pflicht und Neigung) entsteht im Lauf des Geschehens eine dritte Konfliktlinie, die dann die dramatische Problementfaltung entschieden zentriert. Es ist die Vater-Sohn-Thematik, die den sozialgeschichtlichen Gehalt des Dramas ausmacht. Das traditionelle Motiv, das seit der durch Plautus und Terenz überlieferten griechischen *Neuen Komödie* Eingang in die abendländische Dramatik gefunden hat – die Auseinandersetzung zwischen Alt und Jung in Heiratsangelegenheiten –,[460] erfährt durch Leisewitz eine zeitgeschichtlich bezeichnende Veränderung. Ging es üblicherweise darum, daß Väter für ihre Kinder andere Heiratspläne hatten als diese, und versuchten die Kinder dann mit allerlei Raffinesse und mit Hilfe gewitzter Diener die Absichten der Väter zu unterlaufen – ein Unterfangen, das fast durchgängig mit dem Triumph der Jugend über das Alter endete –, so verschiebt sich im *Julius von Tarent* das Problem der Emanzipation vom Vater ins Innere der Titelgestalt.

Ähnlich wie Ferdinand in Schillers *Kabale und Liebe* wünscht auch Julius sehnlichst, sich mit seiner Geliebten in eine weltabgewandte Idylle zurückzuziehen, da der Staat ihm als Zwangsapparatur erscheint. Doch während sich Ferdinand von seinem Vater, dem skrupellosen Präsidenten, aus moralischen Gründen lossagt, leidet Julius innere Qualen bei dem Versuch, sich von dem Fürsten, der für ihn liebender Vater ist, emotional zu trennen.[461] Dem Sohn Ferdinand fällt es leicht, zwischen sich und seinem Vater die Trennungslinie von Gut und Böse zu ziehen und sich in der Liebe zu Luise moralisch geadelt zu sehen, während dem Sohn Julius diese Grenzziehung nicht möglich ist, da sein Vater alles andere als ein menschenverachtender Despot ist. Er ist deutlich nach dem Modell des aufgeklärten Monarchen gestaltet, der für seine Untertanen sorgt; Selbstdarstellung und Selbstverständnis sind moralisch fundiert. An seinem 76. Geburtstag präsentiert er sich als Landesvater, ohne die Regeln der Etikette und des Zeremoniells zu beachten, die den Herrscher von Beherrschten distanzieren und jenem die Aura der Unantastbarkeit verleihen. Die panegyrische Funktion der Hofleute hat sich auf einen Bauern verschoben, der sich durch die Adligen drängt, einen Blumenkranz überreicht und dadurch zeigt, wie sehr sich der Fürst die Liebe seiner Untertanen erworben hat:

> Gnädiger Herr, ich bin ein Bauer aus Ihrem Dorfe Ostiola. Die Gemeinde schickt Ihnen den Kranz zum Zeichen ihrer Liebe. Wir können Ihnen nichts Bessers schicken; denn wir sind so arm, daß wir verhungert wären, wenn Sie es gemacht hätten wie Ihr Vater. (III/1, S. 36)

460 Siehe Frye: Der Mythos des Frühlings.

461 Siehe hierzu Sørensen: Herrschaft und Zärtlichkeit, S. 118, der betont, „daß der eigentliche und einzige innere Konflikt der Titelfigur dieses Dramas in den sich widerstreitenden Gefühlen zwischen der familialen Liebe zum Vater und der erotischen Liebe zu Blanca besteht".

Der tyrannische Vater, der frühere Landesfürst, ist vom patriarchalisch-fürsorglichen Sohn, dem jetzigen Herrscher, abgelöst worden, und dieser hofft am Ende seines Lebens, daß sein Sohn Julius das fortführt, was er begonnen hat: „Julius, nimm mir die reizende Aussicht nicht, daß du einst den Segen meiner Bürger, den ich dir hinterlasse, vergrößert deinem Nachfolger übergibst." (IV/3, S. 53)

Gemäß der Doktrin vom aufgeklärten Herrscher, der seinen Untertanen ein Vater zu sein habe, erinnert Constantin seinen Sohn an die Konsequenzen des Herrscherdaseins: „Du wirst ein Fürst und mußt dem Vergnügen der Tarentiner dein Vergnügen aufopfern lernen." (III/2, S. 39) Dieses Opfer soll jedoch nicht ohne Belohnung bleiben. Ganz im Sinne des Vertragsdenkens, nach dem die Schulphilosophie der Aufklärung das Verhältnis von Obrigkeit und Untertanen modelliert, bestimmt Constantin seine Beziehung zum Volk unter dem Gesichtspunkt des Tausches:

> hier ist nichts mehr als ein Tausch. Du gibst ihnen dein Vergnügen und sie dir ihren Ruhm. In einem Jahrhundert bist du, der Fürst, der einzige von allen deinen Tarentinern, den man noch kennt, wie eine Stadt mit der Entfernung verschwindet und bloß noch die Türme hervorragen – und doch war jeder vergeßne Tarentiner ein Teil des Staates, ohne den du kein Fürst sein konntest, jeder arbeitete für dich, trug ein Steinchen zu der Ehrensäule, auf die du zuletzt deinen Namen schreibst. (III/2, S. 39)

Aus Constantin spricht der aufgeklärte Herrscher, der seine Macht nicht mehr von Gottes Gnaden ableitet, sondern von einem Gesellschaftsvertrag zwischen Herrscher und Beherrschten, in dem Fürsorge und Gehorsam, Schutz und Unterwerfung als Tauschäquivalente zur Beförderung des allgemeinen Besten fungieren.[462] Die für die Aufklärung charakteristische Parallelisierung staatlicher Gewalt mit der *patria potestas* eines Haus- bzw. Familienvaters findet im Fürsten Constantin ihren idealtypischen Repräsentanten. In seiner Perspektive erscheint die Gesellschaft als eine große Familie, die sich über den göttlichen Vater, den Landesvater, den Feudaladel, die Obrigkeit und den Hausvater formiert.

Doch so bruchlos, wie es die Moralphilosophie der Zeit deduziert, läßt sich die Familienordnung nicht mit der Gesellschaftsordnung verbinden. Das zeigt das Drama auf eindringliche Weise. Die Söhne fügen sich nicht mehr dem patriarchalischen Anspruch des Vaters, sondern stehen außerhalb der von ihm repräsentierten transsubjektiven Ordnungsvorstellungen, allein ihrer affektiven

[462] So heißt es bei Christian Wolff: „Der Obrigkeit lieget ob alle ihre Kräffte und ihren Fleiß dahin anzuwenden, daß sie zu Beförderung der gemeinen Wohlfahrt und Sicherheit diensame Mittel erdencke und zu deren Ausführung nöthige Anstalten mache: hingegen die Unterthanen sind verbunden alles dasjenige willig zu thun, was sie für gut befindet." (Vernünfftige Gedancken von dem gesellschafftlichen Leben der Menschen, S. 459). Zu Einzelheiten Kolb: Herrscheramt und Affektkontrolle, S. 70–82.

Subjektivität verpflichtet. Dies gilt nicht nur für Guido, dessen destruktive Leidenschaftlichkeit jede gesellschaftliche Verpflichtung negiert, sondern auch für Julius, dessen hochgespannte Emotionalität sich nicht mit den Geboten der Staatsräson zu vermitteln vermag.

Doch nicht Julius' Unfähigkeit, die gesellschaftlichen Forderungen mit privaten Gefühlen zu verbinden, verursacht die inneren Qualen, die ihn von Beginn des Dramas an heimsuchen, sondern es ist der Widerstreit von Familienliebe und Geschlechterliebe, der die bestimmende Konfliktlinie des Dramas markiert und das Innere von Julius affiziert. Hingegen bleibt ihm der Streit mit dem Bruder äußerlich; und auch der Widerspruch von Liebe und Pflicht berührt ihn nicht innerlich, da für ihn das Naturrecht der Liebe absolute Geltung gegenüber der gesellschaftlichen Pflicht zur fürsorglichen Herrschaft hat. So kann er sich ohne innere Skrupel vom Fürsten im Vater, der ihn den Bedingungen des Herrscheramtes unterwerfen will, trennen; doch an den Vater im Fürsten fühlt er sich als liebender Sohn weiterhin zutiefst gebunden. Deshalb zögert er, Blanca aus dem Kloster zu befreien und mit ihr zu fliehen – er würde sich damit zugleich vom Vater abwenden. Diese Gefühlskollision macht ihn lange handlungsunfähig. Aspermonte, der Julius immer wieder an seine Pflicht den Untertanen gegenüber gemahnt, um ihn von seinen Fluchtplänen abzubringen, damit aber nichts als Abwehrreflexe provoziert, ruft in Julius erst mit dem Bild des sterbenden Vaters emotionale Betroffenheit hervor:

Ziehen Sie hin – und lassen Sie Ihren Vater in seinem Sterbezimmer umsonst nach einem Sohne suchen! – Ah, Sie wissen es noch nicht, was es für eine Wollust ist, einem kranken Vater die Küssen zu legen! (II/5, S. 31)

Diese empfindsame Sterbeszene, von der Literatur der Zeit immer wieder als höchstes Zeichen emotionalisierter Familienbande aufgerufen, rührt Julius zutiefst: „Aspermonte, der Gedanke an meinen Vater, den Sie mir da erwecken, durchbohrt mir das Herz –" (II/5, S. 32) Und doch – trotz aller emotionalen Skrupel – die Liebe zu Blanca ist für Julius das höchste Gut; nach langem Zögern entschließt er sich, sie aus dem Kloster zu befreien und mit ihr zu fliehen, nachdem er sich vorher noch einmal ihrer Liebe vergewissert hat. Der Gedanke, er könne den Tod des Vaters wünschen, um so aller inneren Konflikte ledig zu werden, läßt ihn handeln:

Gott, ich kann die Idee nicht ausstehen, mein Glück von dem Tode meines Vaters zu erwarten. – Und wenn es mir einfällt – ach, Sie wissen es, ich habe die Saite niemals berührt – daß mein Vater Blancan ins Kloster bringen ließ – Ich muß von hier, ich muß von hier, um meinen Vater zu ehren! (III/5, S. 45)

Als Julius sich bewußt wird, daß er sich zur Erfüllung seiner Sehnsüchte den Tod des Vaters wünschen muß, verändert sich seine psychische Befindlichkeit. Bereitgestellt wird ein ganz neues Motiv: Waren zuvor die divergierenden Ansprüche, den Vater zu achten und der Geliebten treu zu sein, dadurch vereinbar, daß die Respektierung des väterlichen Heiratsverbots zugleich als Warten auf die Geliebte verstanden werden konnte, so wird ihm nun der Todeswunsch als Implikat solchen Wartens bewußt: Das Warten auf die Geliebte ist zugleich das Warten auf den Tod des Vaters, der jede Rücksichtnahme überflüssig machen würde. Ein solcher Doppelsinn des Wartens ist für Julius unerträglich. Da er die Geliebte nicht lassen kann, sieht er sich vor die Wahl gestellt, dem Vater den Tod zu wünschen und ihn damit existentiell zu mißachten oder aber sich seinem Gebot offen zu widersetzen und ihn damit als Herrscher zu mißachten; und er wählt das zweite. Nur durch die Flucht, so glaubt Julius, könne er den Vater unter den Bedingungen seiner Liebe zu Blanca achten, könne er so seine Sohnesliebe mit seiner Mannesliebe ausbalancieren.

Damit er als Sohn seinen Vater weiterhin lieben kann, muß er ihn als Fürst ignorieren, muß er verdrängen, daß er als Fürst – seinen Herrscherpflichten gemäß – die Geliebte ins Kloster schloß. Nur wenn der Fürst im Vater zu negieren wäre, könnten die familialen Bande emotionaler Verbundenheit freudig verwirklicht werden. Doch diese Spaltung in Vater und Fürst kann nicht gelingen; der Vater ist beides zugleich. Einzig die Flucht verbleibt Julius, um diesem Dilemma, faktisch zwischen Vater und Fürst nicht unterscheiden zu können, zu entgehen. Es ist eine Flucht aus den Bedingungen herrscherlicher Existenz, um die Bedingungen individuellen Gefühls erfüllen zu können. Den Fluchtort erträumt er als gesellschaftsfernen Ort einer Utopie ohne geographische, rechtliche und ständische Koordinaten: „wo, das weiß ich nicht, und es ist mir eins!" (II/2, S. 24) Die Flucht vor der Zwangsheirat verdichtet sich für Julius zur Flucht aus der Gesellschaft überhaupt. Deren Regeln des Zusammenlebens fügen sich nicht den Bedürfnissen seiner Affekte. Er erfährt sie nicht als äußere Form, in der sich seine Gefühle entfalten können, sondern als Zwangsverband, der Individualität vernichtet. Von daher will er keine bessere Gesellschaft, sondern gar keine. Denn alles, was an Geboten und Normen seine Subjektivität relativieren könnte, erfährt er als Eingrenzung seiner zum Naturrecht erhobenen Gefühlsintensität. Gegen die Stimme der ständischen Vernunft, repräsentiert von Aspermonte und verkörpert durch seinen Vater, die ihn an seine Pflicht erinnern, das allgemeine Beste zu befördern, stellt er den Unbedingtheitsanspruch seines Inneren, das sich keiner ihm heteronomen Instanz beugen will – ein rousseauistischer Anarchist im Zeichen der Selbstverwirklichung unter den Bedingungen hochgespannter Subjektivität:

Und mußte denn das ganze menschliche Geschlecht, um glücklich zu sein, durchaus in Staaten eingesperrt werden, wo jeder ein Knecht des andern und keiner frei ist – jeder an das andre Ende der Kette geschmiedet, woran er seinen Sklaven hält? – Narren können nur streiten, ob die Gesellschaft die Menschheit vergifte – beide Teile geben es zu, der Staat tötet die Freiheit! (II/5, S. 30)

Deutlich wird: Das Drama von Leisewitz siedelt den geschichtssignifikanten Konflikt zwischen individuellem Gefühl und gesellschaftlicher Ordnung nicht im Bruderzwist an, sondern zwischen dem alten Constantin, der allein Vater sein will und doch als Fürst agieren muß, um die Herrschaft seines Hauses über den Tod hinaus zu sichern, und dem Erstgeborenen, der Sohn und Liebhaber zugleich sein möchte, als Nachfolger des Fürsten seiner Liebe jedoch entsagen müßte. Julius aber hält an seiner Liebe fest, die von ständischen Rücksichten nichts weiß, und unterminiert damit die geburtsständische Ordnung, der er sich nicht fügt. Daß dann Guido die Flucht von Julius und Blanca aus Neid und Eifersucht vereitelt, indem er seinen Bruder ermordet, ist nur ein Oberflächenphänomen, das den tieferliegenden Konflikt verdeckt, den das Drama in Julius' Weigerung, sein Gefühl den Geboten der gesellschaftlichen Ordnung zu unterwerfen, reflektiert.

Leisewitz' Drama kennzeichnet das, was die Empfindsamkeit als Feld der Harmonie ausmißt – Familienliebe und Liebesehe –, am Beispiel einer Herrscherfamilie und in prototypischer Verdichtung als in sich widersprüchlich. Während viele Dramen der Zeit, von Lessings *Miß Sara Sampson* bis hin zu Schillers *Kabale und Liebe,* die gerade für die Frau problematische Sphäre des Übergangs von der Herkunfts- in die Zeugungsfamilie unter den Vorzeichen von Sexualität und Reputation thematisieren, behandelt das Trauerspiel *Julius von Tarent* diese Übergangszone am Beispiel eines Mannes, der allein Liebender sein will und doch Herrscher sein soll. Ebenso wie viele Frauen zeitgenössischer Dramatik liebt auch er nicht standesgemäß, und wie viele Frauen ist auch er seelisch zutiefst zerrissen, weil er seine Geschlechterliebe nicht mit der Familienliebe verbinden kann. Aus männlicher Sicht reflektiert sich hier ein psychohistorischer Problemhorizont, der üblicherweise weiblich signiert ist. Leisewitz' Tragödie reiht sich damit ein in die Phalanx der Dramen, die Ablösungsprobleme als entwicklungspsychologische Folgen emotionalisierter Familienbindungen thematisieren. Prekär wird die Übertragung familial generierter Intimität auf die Liebesehe immer dann, wenn mehr im Spiel ist als Emotionalität – wenn Rechtsnormen, Besitzverhältnisse und Herrschaftsansprüche eingreifen und generationsübergreifende emotive Intersubjektivität mit transsubjektiven Anforderungen belasten.

Im Hinblick auf die männlichen Nachkommen, die Herrschaft zu tradieren haben, wird besonders deutlich, daß die Ehe nicht nur Liebesgemeinschaft, sondern auch Institution ist, über die sich die gesellschaftliche Ordnung reproduziert. Gerade in einer geburtsständischen Gesellschaft, in der die Heirat besonders für den regierenden Adel immer auch ein herrschaftlicher Akt ist, ist es nicht möglich, den Absolutismus exklusiver Liebe mit dem Pragmatismus des Machtkalküls integral zu verbinden. Julius kann diesen Konflikt für sich nur lösen, indem er seine private Existenz über die öffentliche setzt, Herrscherpflichten ablehnt, um allein seine Liebe zu leben. Doch damit ist das Dilemma nicht beseitigt, sondern nur subjektiv abgewiesen. Wie lassen sich öffentliche Existenz und private Gefühlswelt miteinander verbinden, ohne der Schizophrenie widersprüchlicher Lebenskonzepte zu verfallen? Am Problem der Heirat in einem Herrscherhaus wird die Schwierigkeit offensichtlich: *Liebesheirat* und Herrscherpflichten lassen sich prinzipiell nicht verbinden. Entweder man heiratet aus Liebe und negiert die dynastischen Interessen, oder man heiratet aus politischem Kalkül und negiert die Liebe. Es gibt Kompromisse, aber keine gelungene Vermittlung, die zur Synthese bringt, was in sich widersprüchlich ist – Liebe und Herrschaft. Von daher stellt – anders als Werner Keller meint – das Drama von Leisewitz die „ständische Gliederung der Gesellschaft und die sozialen Gegensätze"[463] durchaus als Problem dar, wenn auch im spezifischen Gewand des Generationskonflikts zwischen Constantin, der als Vater fühlt und als Fürst agiert, und Julius, der als Prinz opponiert, weil er als Sohn und Liebhaber fühlt.

Zur Katastrophe führt dieser Konflikt jedoch nicht dadurch, daß Julius mit seiner Geliebten aus dem Machtbereich des Fürsten flieht und dieser daraufhin die gebührenden Sanktionen ergreift, sondern dadurch, daß Guido seinen Bruder beim Fluchtversuch umbringt, nicht weil er dessen Vergehen im Namen der Staatsordnung ahnden wollte, sondern aus „ehrgeiziger Eifersucht" (I/6, S. 17). Hingegen läge es in der Logik des sozialgeschichtlich gefaßten Konflikts zwischen Liebesehe einerseits und den dynastischen Geboten der Konvenienzehe andererseits, wenn der Vater als Fürst den Fluchtversuch seines Sohnes hart bestrafen würde – denn dieser wird zum „Deserteur"[464]. Doch das Stück, das in diesem Fall seine gesellschaftskritische Perspektive auf den Vater hätte wenden müssen, biegt diese Logik ab, indem es den geschichtsrelevanten Konflikt zwischen Liebesehe und Standesordnung durch eine Eifersuchtstat eskamotiert, die keine weiteren Ursachen hat als die Charakterdeformation eines aus dem Geist des *Sturm und Drang* modellierten jüngeren Bruders, der seine monomanische Gier nach der Frau, der der Bruder zugetan ist, nicht zu zügeln vermag. Die Strafgewalt, die, den Geboten der Staatsräson gemäß, Julius hätte treffen müssen, trifft jetzt, den Geboten der Moral gemäß, Guido. Der gibt nun einen klaren Bösewicht ab, so daß der Vater als Fürst seines Richteramtes walten kann, ohne es dadurch moralisch kompromittieren zu müssen, daß er den durch Liebe gerechtfertigten „Deserteur" Julius zur Rechenschaft zöge.[465] Indem er seinen

[463] Keller: Nachwort zu Leisewitz: Julius von Tarent, S. 77–117, S. 114.

[464] Ebd., S. 113.

[465] Siehe hierzu Kirby: *Julius von Tarent*, die betont, daß der Fürst mit seinem Urteil gegen Guido ein letztes Mal seiner patriarchalen Rolle als Landesvater entspricht, bevor er sie aufgibt. (S. 360)

jüngeren Sohn Guido richtet, handelt er zugleich als Fürst rechtmäßig und als Mensch ethisch. Allerdings muß er dabei den Familienvater in sich unterdrücken, um nicht väterliche Liebe vor fürstlichem Recht ergehen zu lassen:

Kalt, kalt meine Seele, daß der Vater dem Richter nicht ins Amt greife, das ist billig, ich will ja dieses nur einen Augenblick sein und jenes mein ganzes Leben. (V/5, S. 64)

Erst jenseits familialer Emotionen kann der Fürst als aufgeklärter Herrscher das Urteil über Guido sprechen:

Du sollst sterben – als der Vater meiner Untertanen darf ich es nicht leiden, daß unschuldiges Blut auf dem Lande klebe und Krieg und Pest und alle Landplagen herbeirufe. (IV/6, S. 65 f.)

Mit unbestechlicher Strenge richtet Constantin als Fürst den Untertan Guido, der sich gegen das Gesetz vergangen hat; als leiblicher Vater aber vergibt er dem Sohn Guido und ermöglicht ihm, im Bußsakrament die himmlische Vergebung zu erflehen. (V/6, S. 66 u. V/8, S. 67)

Diese Doppelexistenz als Fürst und Vater veranschaulicht das Drama an der Art, wie Constantin seinen Sohn tötet: *„Umarmt ihn mit dem einen Arm und durchsticht ihn mit der andren Hand"* (V/8, S. 67). Ähnlich wie im Fall Odoardos in Lessings *Emilia Galotti* verquickt sich auch hier der tödliche Dolchstoß mit liebender Zuwendung. In der Hinrichtung Guidos, die gleichzeitig Umarmung ist, zeigt sich auf szenisch eindringliche Weise die aporetische Doppelrolle Constantins. Bislang hatte er Pflicht und Gefühl, die Rollen des Landesvaters und des Familienvaters zusammenzwingen können; doch jetzt – nach der Vernichtung seiner Söhne – erträgt er die Anspannung nicht mehr. Er zieht sich in ein Kartäuserkloster zurück als ein in seinen toten Söhnen ausgelöschter Vater und an seiner Pflicht zerbrochener Fürst; die Herrschaft über sein Volk überläßt er dem tyrannischen König von Neapel.

Damit endet ein Stück voller starker Affekte, dessen Form die Einheitsgebote des Schauplatzes (Tarent mit Palast, Kloster und Straße beim Kloster), der Zeit (24 Stunden am 76. Geburtstag des Fürsten) und der Handlung (ein Geschehenszusammenhang, der durch keine Nebenepisoden aufgesplittert ist) in fast schon klassizistischer Weise einhält[466] und dessen Figurenkonzeption in die Nähe der Eindimensionalität gerät – auf keineswegs so schlichte Weise, wie es seine für die *Sturm-und-Drang*-Poetik untypische Form suggeriert. Denn das Drama inszeniert hinter dem Schleier hochgetriebener Gefühlsemphase vielfältige, sich überdeckende Konfliktlinien: die zwischen den Brüdern, hervorgerufen durch die Mißgunst Guidos, die zwischen Standesheirat und *Liebesheirat*, verursacht durch die Herzensneigung Julius', die zwischen Sohnesliebe und Geschlechterliebe, bedingt durch die affektiven Bindungen von Julius an Vater und

[466] Zu Einzelheiten siehe Sidler: J. A. Leisewitz, *Julius von Tarent*, S. 42 ff.

Braut, und die zwischen Herrscherpflichten und Vatergefühlen, Ausdruck der Unvereinbarkeit familialer Wertwelt und gesellschaftlicher Ordnung. Keineswegs laufen diese Konfliktlinien im Brudermord als dem Endpunkt einer tragischen Entwicklung zusammen. Denn in der Tat Guidos kommt keine Problemlage in den Blick, die mehr reflektiert als die unabgeleitete Affektivität eines mißgünstigen Menschen. Der Brudermord überlagert als factum brutum die dem Drama eingezeichnete psychohistorische Perspektive. Blendet man dieses fast schon arbiträre Faktum ab, so konturiert sich die in der zeitgenössischen Literatur vielfach thematisierte Spannung zwischen dem Naturrecht des Gefühls, dramatisch konkretisiert in Julius' Beharren auf einer *Liebesheirat,* und dem Standesrecht der dynastischen Ordnung, dramatisch konkretisiert in dem Beharren des Fürsten auf einer politischen Heirat. In der szenischen Entfaltung eines „Kampfes zwischen dem scharf betonten Subjektivismus und den objektiven Forderungen der Außenwelt"[467] manifestiert sich allerdings Spezifischeres als die unaufhebbare Spannung zwischen den überindividuellen Ordnungsgeboten von Gesellschaft und Staat und den individuellen Glücksansprüchen eines sich autonom verstehenden einzelnen.[468]

Das Drama von Leisewitz ist nicht bloß Artikulationsmedium eines Naturrechts des Gefühls, das sich über alle institutionellen Bindungen erheben will. Es zeigt nicht nur, daß Julius sich den Geboten der Staatsräson nicht zu fügen vermag, weil seine Liebe alle Begrenztheiten gesellschaftlichen Daseins negiert, sondern es zeigt auch – und hier liegt sein zentrales Konfliktfeld –, wie die empfindsame Familienideologie, die die Beziehung zwischen Vater und Sohn prägt, an der dynastischen Ordnung zerbricht. Während der Fürst, indem er auf Julius Zwang ausübt und dessen Braut ins Kloster bringt, den Vater in sich abspaltet, unterdrückt Julius, indem er sich durch Flucht zu entziehen sucht, die Sohnesliebe zum Vater, um ihm als Fürsten entgehen zu können. Auf diese Weise aber zerbricht die Einheit von Personen, deren gesellschaftliche Stellung in Widerspruch zu ihren emotionalen Banden tritt. Die Familienordnung, wie sie die Empfindsamkeit zeichnet, kollidiert mit der Gesellschaftsordnung, wie sie der Feudalabsolutismus bestimmt. Zwar glaubt Fürst Constantin, Familiengefühl und Staatsordnung im Konzept des Landesvaters vereinen zu können, am Ende aber begegnet er einer Realität, der sein Sohn Julius von Beginn des Dramas an ausgesetzt ist – der Zwangsapparatur der gesellschaftlichen Regeln, die die Liebe unter die Kalküle der Herrschaft zwingen wollen.

Indem Leisewitz diesen Konflikt aus dem Milieu des Bürgertums herausnimmt, thematisiert er das Konzept *Liebesehe* in seiner dynastischen Dimension. Damit entfaltet er, anders als Komödien und Familienschauspiele der Zeit,

[467] Kühlhorn: J. A. Leisewitzens *Julius von Tarent,* S. 1.

[468] So Koopmann: Drama der Aufklärung, S. 134–143.

die in Heiratsangelegenheiten häufig ebenfalls das Wollen der Väter und die Wünsche der Kinder einander gegenüberstellen und für manch innerdramatische Schwierigkeiten sorgen, die Problematik prinzipieller und mit offensichtlicher gesellschaftspolitischer Relevanz. Er gestaltet am Beispiel des Herrscherhauses die unaufhebbare Spannung zwischen der geburtsständischen Gesellschaft, die bei Heirat auf die Regeln der Ebenbürtigkeit zu achten hat, um ihr Fundament nicht zu gefährden, und dem bürgerlichen Konzept der *Liebesheirat*, das das Gefühl und nicht gesellschaftliche Gebote zum Legitimationsgrund der Ehe erhebt.

10.

„Daß die Zärtlichkeit noch barbarischer zwingt, als Tyrannenwut." (Schiller)

Zum Verhältnis von Liebe und Macht in Schillers *Kabale und Liebe*

Die Konfliktlinie des Dramas von Leisewitz verläuft entgegen dem ersten Anschein nicht zwischen der Welt der Herrschaft und der der Liebe, auch nicht zwischen zwei feindlichen Brüdern. Beides sind nur die Oberflächenphänomene einer prinzipielleren Problemlage, die tief in die seelische Gestimmtheit von Julius hineinreicht. Seine Liebe zum Vater konfligiert mit seiner Liebe zu Blanca, weil der Vater von seinem Erstgeborenen Herrschaftspflichten dort einfordert, wo er Liebesgebote induziert hatte: bei der Heirat. Die Tragödie *Julius von Tarent* reflektiert auf diese Weise das Problem der *Liebesheirat* im Spannungsfeld von Herrschaft und Gefühl, dramatisch verdichtet in einer Familie, die im Namen des Vaters zugleich Herrschaftsinstanz und Gefühlsgemeinschaft sein will.

Die Parallelen, aber auch die Unterschiede zu Schillers Drama *Kabale und Liebe* drängen sich geradezu auf.[469] In beiden Dramen liefert das Konzept der *Liebesheirat* ein Programm für die Abgrenzung des männlichen Protagonisten von einer utilitaristischen Vaterwelt. Während aber Julius von Tarent die Aporien des Konzepts als Widersprüchlichkeit seiner Zuneigungen erfährt, als Unvereinbarkeit von Familienliebe und Geschlechterliebe, erliegt Ferdinand – wie ich aufzuweisen suche – dem Widerspruch zwischen seinem monomanen Absolutheitsanspruch und der biographischen Eigenständigkeit seines Liebesobjekts Luise. Und ein zweiter Unterschied ist festzuhalten: Die Bindung an den Vater behauptet sich bei Julius als positiver Teil seiner Gefühlswelt, der mit dem Wunsch einer heterosexuellen Geschlechtsbeziehung konkurriert, bei Ferdinand hingegen als negativer Bezugspunkt, der sein emotionales Verhalten eindimensional strukturiert und voller Emphase in sich selber kreisen läßt.

[469] Schiller hat kurz nach ihrem Erscheinen die Tragödie *Julius von Tarent* als jugendlicher Schüler der Karlsschule gelesen. Zu Einzelheiten siehe Dieckhöfer: Der Einfluß von Leisewitz' *Julius von Tarent* auf Schillers Jugenddramen; vgl. auch Leibfried: Schiller, S. 19–22.

Der Titel von Schillers Drama, von Iffland gewählt, suggeriert allerdings eine andere Bedeutungsdimension, da er die Verstrickung der Liebe ins Intrigenspiel des Hofes zum Thema erklärt und so die manifeste Handlung in den Vordergrund rückt. Er lenkt die Aufmerksamkeit auf den Standeskonflikt, der aber keineswegs, wie sich zeigen wird, die tieferliegenden Problembezüge abbildet. Die interpretatorische Suche nach ihnen wird allein schon dadurch angeregt, daß die beiden autoritären Repräsentanten ihrer Stände, die Väter Miller und von Walter, ein gemeinsames Interesse daran haben, die aufziehende Auseinandersetzung zwischen Adel und Bürgertum zu vermeiden. Ihr vereintes Bestreben ist es, die Liebesbeziehung zwischen den Kindern zu unterbinden. Beiden ist klar, daß eine Heirat zwischen Luise und Ferdinand ausgeschlossen ist, so daß die Väter eigentlich wie Verbündete im Kampf um die Trennung ihrer Kinder auftreten müßten; beiden geht es darum, Tochter und Sohn in ihren ständischen Kreisen zu halten, wo sie ihren ebenbürtigen Ehepartner finden sollen.

Vater Miller wünscht, Luise möge ihm „einen wackern ehrbaren Schwiegersohn [präsentieren], der sich so warm in meine Kundschaft hineingesetzt hätte – –"[470]. Doch ganz so strikt sind seine Heiratsvorschriften nicht. Ständische Grenzen gehören zwar respektiert, doch in dem so vorgegebenen Rahmen gilt die Wahl der Tochter; sie kann mit dem Liebhaber ein gefühlsmäßiges und praktisches Einverständnis herstellen, auch wenn der Vater hiervon nicht erbaut ist. Von seinem patriarchalischen Recht, den Ehemann auszusuchen, will Miller keinen Gebrauch machen, wie seine Zurechtweisung des Karrieristen Wurm verdeutlicht. Nachdem dieser seine Absicht, Luise zu seiner Frau zu machen, ihren Eltern unterbreitet hat, antwortet ihm der Vater:

> Ich zwinge meine Tochter nicht. Stehen Sie ihr an – wohl und gut, so mag sie zusehen, wie sie glücklich mit Ihnen wird. Schüttelt sie den Kopf – noch besser – in Gottes Namen wollt ich sagen – so stecken Sie den Korb ein, und trinken eine Bouteille mit dem Vater – Das Mädel muß mit Ihnen leben – ich nicht – warum soll ich ihr einen Mann, den sie nicht schmecken kann, aus purem klarem Eigensinn an den Hals werfen? (I/2, S. 570)

Miller vertritt hier die Ansprüche der *Liebesheirat*. Doch zugleich weiß er um die Reproduktionsmechanismen der gesellschaftlichen Ordnung, die der Liebe die Grenzen ständischer Ebenbürtigkeit setzt.

Diese Grenzen werden auch von adliger Seite respektiert und eingefordert. Für den Präsidenten hat die Heirat dem Machterhalt bei Hofe zu dienen. Sie hat sich den Kalkülen der Politik unterzuordnen, denen es um die Sicherung der „Nähe zum Thron" geht.[471] Als sich Ferdinand unerwartet den Heiratsplänen

[470] Schiller: Kabale und Liebe, I/1, S. 567; im folgenden werden die Primärzitate direkt im laufenden Text vermerkt.

[471] Siehe dazu Kruedener: Die Rolle des Hofes im Absolutismus, S. 57 ff., der in An-

des Vaters widersetzt, spielt dieser seine ganze Macht aus, um seinen Widerstand zu brechen – nicht weil er seinen Sohn als Patriarch beherrschen will, sondern weil er nur durch eine geschickte Heiratsstrategie, für die sein Sohn Mittel zum Zweck ist, seine Herrschaft am Hof zu stabilisieren vermag. Deutlich wird: Beide Väter haben die Absicht, ihre Kinder voneinander zu trennen.

Miller, der weiß, wie Beziehungen zwischen einer Bürgerlichen und einem Adligen auszugehen pflegen, und von daher alles daransetzt, das Verhältnis zwischen Luise und Ferdinand aufzulösen, vertraut dabei auf das gemeinsame Interesse, das ihn mit dem Präsidenten verbindet. Er faßt sofort den Plan, zu ihm zu gehen:

> Der Präsident muß es mir Dank wissen, wenn er ein rechtschaffener Vater ist. Du wirst mir meinen roten plüschenen Rock ausbürsten, und ich werde mich bei Seiner Exzellenz anmelden lassen. Ich werde sprechen zu Seiner Exzellenz: Dero Herr Sohn haben ein Aug auf meine Tochter; meine Tochter ist zu schlecht zu Dero Herrn Sohnes Frau, aber zu Dero Herrn Sohnes Hure ist meine Tochter zu kostbar, und damit basta! – Ich heiße *Miller.* (I/1, S. 568)

Bei aller Differenz in ständischer und pragmatischer Orientierung und bei allem Unterschied in der vom Drama vorgegebenen moralischen Bewertungsperspektive – in dieser Heiratsangelegenheit sind sich die Väter einig. Für Vater Miller verstößt eine nicht-standesgemäße Liebe gegen das moralische Gebot, weil sie nicht in die Ehe einmünden kann; für den Präsidenten verstößt eine nicht-standesgemäße Liebe gegen das gesellschaftliche Gebot, sollte sie in eine politisch unkluge Mesalliance einmünden. Eine unverbindliche Liebesbeziehung außerhalb der Ehe ist für ihn allerdings unproblematisch, denn sie verletzt nicht das höfische Herrschaftskalkül. Für den Vater Miller ist eine Liebe außerhalb der Ehe jedoch verwerflich, denn sie verletzt das religiöse und zünftige Wertsystem. So haben beide Väter zwar das gleiche Ziel – die Kinder müssen getrennt werden –, ihre Motive aber sind verschieden. Miller sorgt sich um die moralische Integrität seiner Tochter, der Präsident um die Verwirklichung seines politischen Kalküls.

Diese unterschiedlichen Motive sind es, die trotz gleicher Handlungsziele zur Entzweiung der Väter führen. Keiner von beiden verhält sich pragmatisch, weil beide die Wertorientierungen des anderen nicht mitbedenken. So dringt der Präsident in die bürgerliche Sphäre der Wohnung Millers ein, um die Verbindung seines Sohnes mit einer Musikertochter zu verhindern, äußert dabei unverblümt seine adliger Libertinage entsprungenen Vorstellungen von erotischem

lehnung an Elias: Die höfische Gesellschaft, zeigt, wie am Hof durch Gunsterwerbsstrategien der Machterhalt zu sichern war bei einer absolutistischen Herrschaftsausübung, die die Ahnenreihe nicht mehr zum bestimmenden Kriterium der Status- und Rangzuweisung machte.

Vergnügen und ruft so die bürgerlichen Tugendvorstellungen auf den Plan. Miller fühlt sich in seiner moralischen Reputation angegriffen; die Verachtung seiner Tochter erfährt er als Mißachtung seiner Familienehre, und „wechselsweis für Wut mit den Zähnen knirschend, und für Angst damit klappernd" stellt er sich dem Präsidenten entgegen:

Das Kind ist des Vaters Arbeit – Halten zu Gnaden – Wer das Kind eine Mähre schilt, schlägt den Vater an's Ohr, und Ohrfeig um Ohrfeig – Das ist so Tax bei uns – Halten zu Gnaden. (II/6, S. 607)

Damit scheint die Konfliktlinie des Dramas markiert: Es sieht so aus, als stehe, dem antihöfischen Identifikationsmodell entsprechend, bürgerliche Moral gegen adlige Unmoral. Doch tatsächlich strukturiert diese Konfliktlinie das Dramengeschehen nur auf der äußeren Handlungsebene. Das innere Geschehen, das sich zwischen Vater, Tochter und Liebhaber abspielt, folgt jedoch Mustern, die nur indirekt gesellschaftliche Gegensätze konturieren, unmittelbar aber den Binnenraum einer Liebe strukturieren, die an ihren eigenen Ideologemen der Absolutheit und entindividualisierenden Emphase scheitern wird.

Wenn im folgenden vornehmlich das Interaktionsgefüge zwischen Ferdinand und Luise einerseits und Luise und ihrem Vater andererseits ins Zentrum der Interpretation gerückt wird, so um die psychohistorische Dimension, wie sie sich im zwischenmenschlichen Bezug reflektiert, genauer in den Blick zu nehmen. Meine Aufmerksamkeit richtet sich auf die Pragmatik emotionaler Rede, insbesondere auf die kommunikativen Strategien im Interaktionsgefüge von Zuwendung und Abwendung. Jede Äußerung, jede Geste und selbst noch das Schweigen fließen in die Situation ein, die dadurch ständig verändert wird und so die Wechselseitigkeit immer wieder neu formiert. Die Situation ist dabei immer mehr und anderes als das, was die Rede des einen an Bedeutsamkeiten produziert. In den Reaktionen des Gegenüber und den Reaktionen auf diese Reaktionen konturiert sich ein variables, sich ständig veränderndes Beziehungsfeld, das die Dialogsequenzen übersteigt. Liebesbeziehungen entfalten solch ein differenziertes Interaktionsgefüge besonders eindringlich, da *Beziehung* der eigentliche Inhalt ihrer kommunikativen Auseinandersetzung ist.

Liebe ist das zentrale beziehungsstiftende Gefühl zwischen Ferdinand, Luise und dem alten Miller. Sie ist jedoch keineswegs ein einheitliches Phänomen; alle drei lieben auf andere Weise und stehen durchaus in konfliktträchtiger Spannung zueinander. Luise weiß von Anfang an, daß ihre Liebe nicht zu verwirklichen ist; ihr Wissen gründet jedoch in mehr und anderem als in der Einsicht in die Mechanismen der ständischen Gesellschaft. Auf den ersten Blick allerdings scheint sie allein hier das Hindernis für eine Ehe zu sehen:

Ich entsag ihm für dieses Leben. Dann, Mutter – dann, wenn die Schranken des Unterschieds einstürzen – wenn von uns abspringen all die verhaßte Hülsen des Standes – Menschen nur Menschen sind – (I/3, S. 574)

Sieht man von der Mutter Miller ab, die aus Eitelkeit und Ignoranz an einen sozialen Aufstieg ihrer Tochter glaubt, so hält Ferdinand als einziger daran fest, er könne die Liebe zu Luise im Diesseits verwirklichen. Er vertröstet sich nicht auf das Jenseits, sondern beharrt auf einer Glückserfüllung, der ständische Umstände nichts anhaben können. Wie Julius von Tarent proklamiert auch er mit Entschiedenheit und Entschlossenheit eine Liebe, vor der die Widrigkeiten gesellschaftlicher Realitäten beiläufig werden, neben der gesellschaftliche Karriere und ständisches Prestige zu bloßen Scheingütern verblassen. Gleich zu Beginn des Dramas wird ein junger Mann ins dramatische Bild gesetzt, der im wortwörtlichen Sinn keine Grenzen kennt. „Er springt über die Planke" (I/3, S. 574), so kündet Frau Miller sein Kommen an. Was zunächst nur nach körperlichem Ungestüm aussieht, interpretiert sich als Hinweis auf seine emotionale Unbändigkeit. Er kommt nicht auf gewöhnlichem Weg, sondern überspringt (scheinbar) alle Hindernisse, um zu Luise zu gelangen.

Bei allem Liebesüberschwang: blind für die Wirklichkeit ist Ferdinand nicht. Doch sucht er nicht die Konfrontation mit der widrigen Ständegesellschaft, sondern plant die Flucht aus allen gesellschaftlichen Bindungen. Gegen die Bedingtheiten einer sozialen Existenz stellt er die Unbedingtheit emotionaler Zweisamkeit. In der Vision absoluter Übereinstimmung wird ihm das Schauspiel der Natur zum erhabenen und potenzierenden Spiegel seines subjektiven Gefühlsraums:

> Wo wir sein mögen, Louise, geht eine Sonne auf, eine unter – Schauspiele, neben welchen der üppigste Schwung der Künste verblaßt. Werden wir Gott in keinem Tempel mehr dienen, so ziehet die Nacht mit begeisternden Schauern auf, der wechselnde Mond predigt uns Buße, und eine andächtige Kirche von Sternen betet mit uns. Werden wir uns in Gesprächen der Liebe erschöpfen? – Ein Lächeln meiner Louise ist Stoff für Jahrhunderte, und der Traum des Lebens ist aus, bis ich diese Träne ergründe. (III/4, S. 621 f.)

Alles verschmilzt in dieser kosmologischen Vision zum Hallraum einer Liebe, deren Bedeutungszusammenhang zunächst nur die Macht von Ferdinands Rede kreiert. Luise wird in dies imaginierte Arrangement integriert, wobei ihre Vergangenheit und Individualität ausgelöscht werden; sie ersteht als ästhetisches Konstrukt einer künstlichen Welt, in der alles zum Spielmaterial von Ferdinands Wunschprojektionen wird. Nicht von ungefähr spricht er von den „Schauspielen" der Natur und markiert so seine Vision als ästhetisches Konstrukt. Erotisches Begehren und liebende Zuwendung werden Ferdinand zu Stimulanzien gottgleicher Allmachtsphantasien, die die Welt umschaffen zur Redeordnung des Sprechers, der Luise als Attribut zugehört. In seinen Liebesimaginationen will Ferdinand all das wiederfinden, was er an sozialen Weltbezügen aufgegeben hat. Der „Verzicht" (IV/4, S. 637) auf Welt gehört zum festen Inventar seiner Liebesmetaphysik und wird zum Motor ihres Pathos. Die Geliebte soll sein einziges Weltobjekt sein; auf ihre Einzigartigkeit zieht er die Totalität der Bezüge zusammen, und auf sie hin ordnet sich ihm der Erfahrungszusammenhang der Welt neu. Seine Liebe zu Luise ist nicht von einer Wechselseitigkeit geprägt, die im Gegenüber das Individuum in Anerkennung seiner Eigentümlichkeit wahrnimmt und umwirbt. Ganz im Gegenteil: Er macht aus Luise ein Produkt seiner Imagination. Als ihr Schöpfer tritt er auf, in Allmacht und Allwissenheit tritt er ihr gegenüber:

Ich schaue durch deine Seele, wie durch das klare Wasser dieses Brillanten, *er zeigt auf seinen Ring* Hier wirft sich kein Bläschen auf, das ich nicht merkte – kein Gedanke tritt in dies Angesicht, der mir entwischte. (I/4, S. 574f.)

Nichts soll Ferdinand in den Tiefen von Luises Seele verborgen bleiben, sie soll nichts anderes sein, als das, was er ihr kraft seiner Liebesvorstellung zugewiesen hat. In dem Konstrukt ihrer vollkommenen Durchschaubarkeit markiert sich die Omnipotenz eines narzißtischen Visionärs, der die Geliebte in ihrer Andersheit negiert; um für sich Allwissenheit zu gewinnen, muß er einen Blick imaginieren, der alles Fremde auslöscht. Seine Machtphantasie zielt dabei nicht auf den Körper, sondern sucht dessen Oberfläche auf die „Seele" hin zu überschreiten. Zugleich aber manifestiert sich in seiner Vereinnahmung die Angst, die Geliebte könne die Andere bleiben, sich in ihrem Inneren als unverfügbar erweisen. So ist seine Rede, er durchschaue sie bis in die tiefsten Bereiche ihrer Seele, eher eine Aufforderung, sie möge ihm diese Bereiche nicht verschließen; sogar ein leichter Ton der Drohung läßt sich seinem nachdrücklichen Insistieren entnehmen: „Rede mir Wahrheit. [. . .] Was hast du? Geschwind! Weiß ich nur diesen Spiegel helle, so läuft keine Wolke über die Welt. Was bekümmert dich?" (I/4, S. 574f.)

In dieser Inszenierung einer Liebe, die nicht sexuell begehrt, sondern die Seele besitzen will, die sich widerstandslos offenbart und so jegliches Refugium von Individualität preisgibt, unterscheidet sich Ferdinand deutlich vom Muster des traditionellen Verführers, der durch Täuschung und List die äußeren Widerstände der Frau zu brechen sucht, ohne sich um ihr Inneres zu bekümmern. Ferdinand ist nicht von der Art eines Leutnants v. Gröningseck, der die Tochter eines Metzgermeisters vergewaltigt, oder von der Art des Offiziers Desportes, der Marie Wesener die Heirat verspricht, sie dann sitzenläßt und sogar eine Intrige spinnt, mit der er eine Vergewaltigung plant (Lenz: *Die Soldaten*); auch nicht von der Art eines Clavigo, der die Ehe verspricht, dann aber die soziale Karriere bei Hof vorzieht und so die verlassene Marie Beaumarchais Siechtum und frühem Tod überläßt. Im Gegenteil: Ferdinands Liebe hat sexuelle und soziale Entsagung zur Voraussetzung; es geht ihm um eine Befindlichkeit, die in rhetorischer Prachtentfaltung der Liebe zur Idee der Liebe entspringt. Aus der Sprache der Liebe wird ihm die Liebe zu einer Sprache, in der Luise nicht als Antwortende vorgesehen ist, sondern als selbstverständliche Ergänzung, als körperlich greifbare Wahrheitsgarantie seiner proklamatorischen Feststellungen. Es ist eine Form der Enteignung, die er auf diese Weise an ihr vollzieht. Alles was sie aufgrund ihrer Sozialisation ist, will er ihr nehmen, um ihr Denken, Wollen und Empfinden vollständig durch seine kompensatorischen Bedürfnisse zu besetzen. „Welt" will er für sie sein; etwas anderes als ihn soll es für sie nicht geben.

In seinem absoluten Besitzanspruch teilt Ferdinand gewisse Züge mit dem Verführer, wie ihn Kierkegaard in seinem *Tagebuch des Verführers* gezeichnet hat. Diesem geht es nicht primär um sexuelle Eroberung, sondern darum, die Frau nach seiner Phantasie zu formen. Schon das Vorwort grenzt ihn vom üblichen Verführertypus ab:

> er war viel zu sehr geistig bestimmt, um ein Verführer im gewöhnlichen Sinne zu sein. [...] Mit Hilfe seiner Geistesgaben hat er ein Mädchen zu verlocken, es an sich zu ziehen verstanden, ohne danach zu fragen, es in strengerem Sinne zu besitzen.[472]

Erst wenn sich die Frau dem Bild des Verführers fügt, ist dessen Triumph perfekt, ist seine Macht vollkommen. Denn dann hat er sie vollständig den Bedingungen seiner Imagination unterworfen, haben seine Worte und Gesten wie ein Künstler, wie ein *alter deus* am lebenden Material gearbeitet. Zu Beginn verkündet der Verführer sein Programm: „Es ist mir gar nicht darum zu tun, das Mädchen in äußerlichem Sinne zu besitzen, sondern darum, sie künstlerisch zu genießen,"[473] und am Ende stellt er mit Genugtuung fest: „Ihre Entwicklung war mein Werk –."[474] Wie Kierkegaards Verführer will Ferdinand Luise vollenden, sein Gestaltungsanspruch artikuliert sich gemäß der Vorstellung von der Kunst als Vollenderin der Natur:

> An diesem Arm soll meine Louise durchs Leben hüpfen, schöner als er dich von sich ließ soll der Himmel dich wieder haben, und mit Verwunderung eingestehn, daß nur die Liebe die letzte Hand an die Seelen legte – (I/4, S. 576)

Ferdinand macht Luise zum alleinigen Orientierungspunkt seines Fühlens, Denkens und Handelns; sein Wille zur Macht entzündet sich allein an ihr, als habe sie ihm die ihr geopferten gesellschaftlichen Herrschaftsansprüche zurückzuerstatten in Gestalt absoluter Fügsamkeit. An keiner Stelle darf Luise das Bild, das sich Ferdinand gemacht hat, überschreiten; in allem hat sie sich zu fügen, nichts darf ihm fremd bleiben – Ausdruck seiner tiefsitzenden Angst, sie könne die Idee seiner Liebe, die ihr eine Komplementärfunktion zuweist, dadurch zerstören, daß sie sich seinem Zugriff gegenüber als spröde erweist. Die Ohnmacht seiner Allmachtspose verrät sich jedoch schon in der Art, wie er seine Imaginationen modelliert: klischeehaft. Statt eines von Erfahrung gezeich-

[472] Kierkegaard: Das Tagebuch des Verführers, S. 355.

[473] Ebd., S. 434.

[474] Ebd., S. 520.

neten Weltentwurfs bietet er eine Ansammlung von Formeln, die die Abstraktheit seines vom Liebespathos getragenen Weltverhältnisses erkennen lassen, das allein vom Überschwang der Gefühle bestimmt ist und sich aus der Negation gesellschaftlicher Bedingtheiten speist. Luise jedoch reagiert mit Tränen, die Ferdinand als Widerspruch zu seiner Glücksapotheose erfährt, als Schleier, hinter dem sich die Geliebte als Geheimnis verbirgt und den er lüften muß, um seiner Imagination Raum zu widerstandsloser Entfaltung zu geben: „der Traum des Lebens ist aus, bis ich diese Träne ergründe." (III/4, S. 622)

Noch vermag Ferdinand die Zweifel an der Verwirklichung des ins Kosmische gesteigerten Liebesbundes zu überspielen. Konkret plant er die Flucht, an Geld soll es nicht mangeln:

Ich gehe, mache meine Kostbarkeiten zu Geld, erhebe Summen auf meinen Vater. Es ist erlaubt einen Räuber zu plündern, und sind seine Schätze nicht Blutgeld des Vaterlands? (III/4, S. 622)

Luise zögert, hat Einwände, stimmt nicht begeistert zu. Die Sorge um ihren zurückgelassenen Vater bedrückt sie. Doch diesen Einwand kann Ferdinand sofort entkräften: Der Vater soll mit, Geld ist da, die Kutsche steht bereit. Warum zögert Luise weiterhin? Wohl kaum, weil „Ferdinands Flucht Illusion ist."[475] Denn sie hält diese keineswegs für unmöglich. Auf Ferdinands Vorschlag: „Wir fliehen", erwidert sie:

Und der Fluch deines Vaters uns nach? – ein Fluch Unbesonnener, den auch Mörder nie ohne Erhörung aussprechen, den die Rache des Himmels auch dem Dieb auf dem Rade hält, der uns Flüchtlinge, unbarmherzig, wie ein Gespenst, von Meer zu Meer jagen würde? (III/4, S. 622)

Daß Luise den Fluch von Ferdinands Vater fürchtet, verweist auf ihren Glauben, nach dem der Vater Repräsentant Gottes im Familienverband ist. Der Fluch eines Vaters, und sei es auch der eines despotischen, der alle Gebote der Moralität mißachtet, ist für sie Aufruf göttlich gelenkter Verderbnis. Die Furcht vor väterlichem Fluch paart sich mit ihrem tiefen Erschrecken davor, Ferdinand zu verlieren. Die Macht der Liebe und das Recht der patriarchalischen Ordnung entzweien ihr Innerstes. Schließlich drängt sich ihr ein Satz auf, der in seiner Hermetik schwer aufzuschlüsseln ist und wohl auch für sie selbst nicht die volle Deutlichkeit einer Erkenntnis hat:

Doch! Man verliert ja nur, was man besessen hat, und dein Herz gehört deinem Stande – Mein Anspruch war Kirchenraub, und schaudernd geb ich ihn auf. (III/4, S. 622)

Es ist schon erstaunlich, was Luise hier artikuliert. Ferdinand hatte immerzu beteuert, daß für ihn die Rücksichten des Standes und die Regeln gesellschaftlicher

[475] So Janz: Schillers *Kabale und Liebe* als bürgerliches Trauerspiel, S. 215.

Ordnungen null und nichtig seien; allein auf die Liebe komme es an. Und dann spricht Luise davon, sein „Herz" gehöre seinem Stande. Daß sie das *Herz*, Zentrum des Fühlens und der emphatisch bekundeten Liebe Ferdinands, unter dem Gesichtspunkt ständischer Zugehörigkeit sieht, verwundert. Welche Erfahrungen bringen sie zu einer Formulierung, die so deutlich ihren expliziten Bewußtseinsstand überschreitet, daß sie an keiner Stelle in die Klarheit eines ausgeführten Gedankens gehoben werden? Eine Antwort läßt sich im Hinblick darauf entwickeln, wie sie Ferdinands Liebesbekundungen erlebt. Als unbedingte Liebe, die mit ökonomischen und erotischen Interessen nichts zu tun hat, stellt er sie dar. In immer neuen Bildern entfaltet er das Panorama einer Gefühlstotalität, die die Widrigkeiten der Welt kühn ignoriert: „*Du*, Louise, und *ich* und die *Liebe*! – Liegt nicht in diesem Zirkel der ganze Himmel? oder brauchst du noch etwas Viertes dazu?" (III/4, S. 621) Wer der aktive Part in diesem Liebesbund ist, wer die hyperbolischen Reden führt, wer die Dreieinigkeit von Luise, Ferdinand und Liebe stiftet, ist offensichtlich. Ferdinand ist der Schöpfer dieser Liebe, Luise ihr Adressat und Medium zugleich, über das er seine Sakralisierung des Gefühls in den Überschwang des Absoluten steigert. Janz beschreibt dies ganz zutreffend: „Was ihn begeistert, ist nicht Luise Millerin, sondern sein Bild von ihr, d. h. die eigene Idolatrie."[476] Ferdinands Liebe ist grenzenlos – gerade weil er sie nicht von Luise und ihrer Befindlichkeit her begrenzt, sondern weil er sein emphatisches Gefühl als eigentliche Geliebte liebt, weil er die Idee der Liebe liebt, so wie er sie auf „Akademien" (III/1, S. 611) gelernt hat – pointiert: weil er die Rhetorik der Liebe liebt, die seine Begeisterung entzündet. Doch damit evoziert er eine sprachgezeugte Leidenschaft, die in ihrer Egomanie jedes dialogische Moment auslöscht.

Luise fügt sich jedoch nicht widerstandslos ihrer rhetorischen Vereinnahmung. Zwar ist sie von Ferdinands emotionaler Zuwendung ergriffen, aber das Bild, das er ihr offeriert, verunsichert sie im Innersten. Zwischen seinen Ansprüchen und ihrer inneren und äußeren Wirklichkeit klafft eine Lücke, die von Beginn an Quelle von Irritationen ist und sie zutiefst beunruhigt. Sie geht nicht vollständig in die Bildwelt Ferdinands ein, sie löst sich in seinen Phantasien nicht restlos auf; das hat eine tiefgreifende Verstörung zur Folge, die sich gleich mit dem Einsetzen der dramatischen Handlung äußert. Schon die erste Begegnung auf der Bühne signalisiert ihre seelische Krise. Ferdinand bemerkt das äußere Symptom dieser Verunsicherung, ihre Blässe:

Du bist blaß Louise?
LOUISE *steht auf und fällt ihm um den Hals:* Es ist nichts. Nichts. Du bist ja da. Es ist vorüber. (I/4, S. 574)

[476] Ebd., S. 216.

Keineswegs ist „es“ vorüber. Im Verlauf des Zwiegesprächs bricht vehement auf, wie sehr die Liebesbeteuerungen Ferdinands, die etwas aus Luise machen wollen, was sie nicht ist und sein kann, sie verstören. Ihre körpersprachlichen Gesten verdeutlichen ihre Seelenqual: „entfärbt und matt“, kopfschüttelnd und „mit Wehmut“ ihn anblickend, panikartig hinausstürzend (alles I/4, S. 574 ff.) – so reagiert sie auf Ferdinands Liebesenthusiasmus. Und wenn sie klagt, daß seine „Hoffnungen“ ihr „Herz, wie Furien, anfallen“ (I/4, S. 576), signalisiert sie auch verbal, daß sie die Visionen ihres Geliebten als aggressive Vereinnahmung empfindet. Auf seine Verlockungen reagiert sie körperlich mit Abwehrreflexen und innerem Aufruhr: *„drückt ihn von sich, in großer Bewegung:* Nichts mehr! Ich bitte dich, schweig! – Wüßtest du – Laß mich –“ (I/4, S. 576). In der Ambivalenz ihrer Gefühle, die sehnsuchtsvoll und angstbesetzt zugleich sind, weist Luise Ferdinand ab: „Geh – Gott vergebe dirs – Du hast den Feuerbrand in mein junges friedsames Herz geworfen, und er wird nimmer nimmer gelöscht werden.“ (I/4, S. 576) Immer wieder artikuliert sie als hilflosen Appell, wie fremd sie sich in Ferdinands Rede empfindet, die sich dem Dialog nicht öffnet: „Daß Du doch wüßtest“ (I/4, S. 575), „Wüßtest Du“ (I/4, S. 576) und noch einmal: „du weißt nicht“ (I/4, S. 576). Die Regiebemerkung, mit der die Szene endet, macht ihre innere Bedrängnis sinnfällig, ebenso Ferdinands Unfähigkeit, sie zu verstehen: *„sie stürzt hinaus. Er folgt ihr sprachlos nach.“* (I/4, S. 576)

Doch Ferdinands Sprachlosigkeit ist nur von kurzer Dauer; er führt weiterhin das große Wort der Liebe, Luise hingegen kann sich kaum artikulieren. Gerade in den Liebesdialogen, in denen er sie unter die Macht seiner Rede zwingen will, sie sich hingegen in körpersprachlichen Signalen der Abwehr der für sie bedrohlichen Faszination zu entziehen sucht, wird sein Verhalten durch ihre Reaktionen in ein kritisches Licht getaucht.[477] Ferdinands Leidenschaftspathos, das ihn auf den ersten Blick in die Reihe anderer Heroen des *Sturm und Drang* stellt, läßt ihn nur für den, der allein auf den Inhalt seiner Rede achtet, „zum Sprachrohr der idealistischen Liebesphilosophie des jungen Schiller“ werden.[478] Da-

[477] Schon Walter Müller-Seidel hat das auffällige Schweigen Luises in seiner Deutung des Dramas herausgestellt (Das stumme Drama der Luise Millerin). Eine kritische Deutung der Liebe Ferdinands, der Luise „zur Sache entwürdig[e]“, findet sich bei Beck: Die Krisis des Menschen im Drama des jungen Schiller, Zitat S. 184, ebenfalls bei Martini: Schillers *Kabale und Liebe*, und entschieden dann bei Janz: Schillers *Kabale und Liebe* als bürgerliches Trauerspiel.

[478] Sørensen: Herrschaft und Zärtlichkeit, S. 177; ähnlich auch Wiese: Friedrich Schiller, S. 199: „Die Liebesphilosophie des jungen Schiller bediente sich hier seines Ferdinands als Sprachrohr.“ Gegen die in der Forschung vielfach geäußerte Meinung, die Reden Ferdinands dienten nicht der Charaktergestaltung, sondern seien dem Liebespathos des jungen Schiller verpflichtet, siehe Guthke: *Kabale und Liebe*, S. 65 f., der entschieden betont, wie sehr Schiller in *Kabale und Liebe* die Reden psychologisch moti-

gegen ist kritisch anzumerken: Zwar ähnelt Ferdinands Liebesabsolutismus in vielem den Ansichten, die Schiller den Briefschreiber Julius in seinem Fragment gebliebenen Briefroman *Philosophische Briefe* (1786) in den Partien äußern läßt, die *Theosophie des Julius* überschrieben sind und von Julius dem Briefpartner Raphael als Dokument einer zerstörten Illusion übergeben werden.[479] Auch lassen sich zwischen der *Theosophie* und anderen Zeugnissen Schillers aus seiner Zeit an der Karlsschule viele Parallelen finden, die den vorsichtigen Schluß erlauben, die Liebesmetaphysik des jungen Schiller stimme in Einzelzügen mit der von Julius und Ferdinand überein. Doch daraus ist nicht zu folgern, Ferdinand sei das „Sprachrohr" Schillers – als sei die dramatische Figur bloßes Übermittlungsmedium von Ansichten ihres Autors. So wie die *Theosophie des Julius* durch den Kontext der Briefe kritisch relativiert wird, so wird Ferdinands Sakralisierung der Liebe durch den Kontext der zwischenmenschlichen Beziehungen in Frage gestellt. Das dramatische Interaktionsgefüge problematisiert und kommentiert Ferdinands Haltung durch Luises Verhalten, das gerade in der Unwillkürlichkeit ihrer körpersprachlichen Signale die Verstörung ihres Inneren offenbart.[480]

Was aber begründet die Spezifik ihrer Liebesbeziehung? Diese Frage ist nicht im schnellen Rekurs auf ihre Charaktere zu beantworten; das Drama selbst macht auf die gesellschaftlichen Implikationen ihrer Liebesauffassungen aufmerksam. Zunächst zu Ferdinand: Bereits Luises Hinweis, Ferdinands „Herz gehör[e] [s]einem Stande" (III/4, S. 622), signalisiert, daß sich Gefühl und Gesellschaftsordnung bei ihm keineswegs so diametral gegenüberstehen, wie er behauptet. Gerade in der Art, wie seine Liebesrhetorik die Beziehung zu Luise definiert, dann auch in Luises Reaktionsweise entfaltet sich subtil die im Zwischenmenschlichen sich reflektierende gesellschaftliche Dimension des Dramas, das an seiner Oberfläche so offensichtlich zeitgenössische Mißstände anprangert. Zunächst spricht einiges dafür, daß „Ferdinands Absolutismus der Liebe" „im aristokratischen Sozialverhalten der Figur begründet ist", wie Janz

viere. Die in diesem Drama zur Charakterisierung der Protagonisten gestaltete Personenrede unterscheidet sich deutlich von der am „Ablauf[s] der gesamtszenischen Bewegung" ausgerichteten transsubjektiven Redeführung in den *Räubern*; siehe hierzu Michelsen: Der Bruch mit der Vater-Welt, S. 66. Wenn Bruce Duncan hingegen Luises Beredsamkeit bei der Begegnung mit Lady Milford in IV/7 hervorhebt, um darauf zu verweisen, hier diene die Sprache nicht zur Charakterisierung der Sprecherin, sondern diese sei Schillers Sprachrohr zur rhetorischen Entfaltung ihm wesentlicher Ansichten, so ist für diese Szene der Ausnahmecharakter festzuhalten. (Duncan: „An Worte läßt sich trefflich glauben", S. 27 ff.)

479 Zu Einzelheiten siehe Riedel: Die Anthropologie des jungen Schiller, S. 154–229.

480 Zu Einzelheiten siehe Vf.: „Der Herr Major ist in der Eifersucht schrecklich, wie in der Liebe".

konstatiert.[481] Doch nicht direkte Analogien stellen den Zusammenhang her. Gegen eine unvermittelte Übertragung spricht schon, daß Liebe in höfischen Kreisen gerade keinen absoluten Charakter hat, sondern der Macht- und Prestigeordnung der höfischen Gesellschaft funktional zugeordnet bleibt – sie dient dem *divertissement*, ohne daß der ganze Mensch in seiner Innerlichkeit – so das bürgerliche Gegenideologem – gefordert wäre. Höfische Liebe ist Teil des politischen Verhaltens, der Kontrollinstanz höfischer Rationalität unterworfen; sie ist Ausdruck der „kalkulierenden Planung der eigenen Strategie im Hinblick auf den möglichen Gewinn oder Verlust von Status- und Prestigechancen" – wie Norbert Elias die Verhaltensmaximen des Hofes charakterisiert.[482]

Gegen diese Funktionalisierung der Liebe am Hof wehrt sich Ferdinand, wie er sich überhaupt von den im Zeichen von Macht und Prestige stehenden Orientierungen der Adelsgesellschaft abwendet. Bürgerliches Gedankengut prägt seine Gesinnung. In der Auseinandersetzung mit Lady Milford grenzt er sich mit den antihöfischen Leitworten bürgerlicher Selbstverständigung „Natur" und „Menschheit" und den etablierten Diskriminierungsworten „Konvenienz" und „Mode" von der adligen Welt ab. (II/3, S. 789) Der mit bürgerlichen Wertvorstellungen und höfischen Usancen wohlvertraute Sekretär Wurm diagnostiziert präzise, welchen ideologischen Einflüssen Ferdinand unterliegt; zugleich macht er deutlich, wie dysfunktional Ferdinands Wertvorstellungen für die Insinuationstechniken am Hof sind:

> Die Grundsätze, die er [d. i. Ferdinand] aus Akademien hieherbrachte, wollten mir gleich nicht recht einleuchten. Was sollten auch die phantastischen Träumereien von Seelengröße und persönlichem Adel an einem Hof, wo die größte Weisheit diejenige ist, im rechten Tempo, auf eine geschickte Art, Groß und Klein zu sein. (III/1, S. 611)

Wenn Ferdinand gegen die Standeszugehörigkeit „Seelengröße" und „persönlichen Adel" betont, übernimmt er zentrale Programmpunkte der Empfindsamkeit, die antiständisches Denken und Fühlen als Manifestation der „wahren Natur" des Menschen proklamiert. In diesem Sinn preist er seinem Vater gegenüber das Glück weltloser Innerlichkeit:

> Mein Ideal von Glück zieht sich genügsamer in mich selbst zurück. In meinem *Herzen* liegen alle meine Wünsche begraben. –
> PRÄSIDENT. Meisterhaft! Unverbesserlich! Herrlich! Nach dreißig Jahren die erste Vorlesung wieder! (I/7, S. 583)

Daß der Präsident die Assoziation einer Vorlesung hat, als er die Bekenntnisse seines Sohnes hört, liegt nahe. Gar zu formelhaft kommen sie daher.[483] In den

[481] Janz: Schillers *Kabale und Liebe* als bürgerliches Trauerspiel, S. 219; vorher schon ähnlich Martini: Schillers *Kabale und Liebe*, bes. S. 31 ff.

[482] Elias: Die höfische Gesellschaft, S. 142.

[483] Fast könnte man meinen, Ferdinand hätte die *Moralischen Vorlesungen* von Gel-

zeitgenössischen Diskursen der *Empfindsamkeit* und des *Sturm und Drang* fungiert gerade das *Herz*, auf das Ferdinand mit Nachdruck rekurriert, als Selbstverständigungssymbol einer Wertwelt, die sich entschieden von der höfischen Orientierung lossagt und das Gefühl zur standesübergreifenden Instanz erhebt.[484] Ferdinand fühlt sich diesem antiständischen Programm verpflichtet, ohne allerdings die expansive Komponente einer im Gewand der Moralität auftretenden politischen Haltung zu realisieren. Die politischen Implikationen, die Koselleck dem moralischen Universalismus des 18. Jahrhunderts nachweist,[485] sind ihm nicht bewußt. Die praktische Bedeutung seiner Gesinnung besteht für ihn in Absage und Rückzug. Für ihn hat die Adelsgesellschaft ihre identitätsverbürgende Kraft verloren. Wo sein Vater ihm glänzende Zukunftsaussichten offeriert, sieht er nur Verbrechen und Intrigen, wo ihm die Heirat mit der abgelegten Mätresse des Fürsten als Karrieresprungbrett angepriesen wird, diagnostiziert er nur Lasterhaftigkeit. Im zeitgenössischen Spannungsfeld von Politik und Moral bildet für ihn allein die Moral, die von Politik nichts wissen will, eine Wertwelt, die ihm die Integrität seiner Person sichert. Seine gesellschaftsabgewandte Moral kulminiert in der Idee einer Liebe, die sich in negativer Abgrenzung von der höfischen Liebesauffassung konturiert. Für ihn ist die Liebe kein Medium für Macht und Prestige, sondern Rechtfertigung seiner sittlichen Existenz.

Dabei geht die Liebe zu Luise nicht seiner Absage an die Welt des Hofes voraus, das Begründungsverhältnis ist umgekehrt: Weil er die gesellschaftliche Rolle als Adliger nicht mehr für sich zu akzeptieren vermag, gewinnt die Idee der Liebe, so wie sie ihm auf „Akademien" vermittelt wurde, für ihn identitätsbestimmende Macht. Die gesellschaftliche Gewalt, der er praktisch nicht zu be-

lert gehört, der seit den vierziger Jahren des 18. Jahrhunderts breitenwirksam die Ideen eines selbstgenügsamen Glücks propagiert, das in der Innerlichkeit gründe und im Herzen sein originäres Empfindungsorgan habe; siehe Gellert: Moralische Vorlesungen. Moralische Charaktere, S. 1–285. Sie sind posthum 1770 veröffentlicht worden. Mit großem Erfolg hat Gellert sie in Leipzig vorgetragen. Goethe berichtet in *Dichtung und Wahrheit* vom lang gehegten Wunsch nach Drucklegung der *Moralischen Vorlesungen*: „Jedermann wünschte sehnlich jenes Werk gedruckt zu sehen, und da dieses nur nach des guten Mannes Tode geschehen sollte, so hielt man sich sehr glücklich, es bei seinem Leben von ihm selbst vortragen zu hören." (S. 322)

[484] Darauf, wie sehr das Wort *Herz* seit der Mitte des 18. Jahrhunderts zum moralischen Normbegriff avancierte und dabei eine egalitär-antihöfische Dimension entfaltete, weist hin: Schulte-Sasse: Literarische Struktur und historisch-sozialer Kontext, S. 35 ff.; speziell für Schillers Drama siehe Müller: Der Begriff des Herzens in Schillers *Kabale und Liebe*.

[485] Siehe Koselleck: Kritik und Krise, bes. S. 81 ff.

gegnen vermag, nimmt er als Krise seines Ich in sich auf und transformiert sie zur Allgewalt seiner Liebe – Instrument narzißtischer Selbstbehauptung angesichts des Verlustes aller sozialer Sicherungen. So geht Ferdinands Negation der Standesgrenzen einher mit einer Liebesidee, die die Funktion hat, sich der Einzigartigkeit der eigenen Existenz zu vergewissern, die sich nicht mehr über die ständische Familienzugehörigkeit zu definieren vermag. Nicht von ungefähr erwählt er sich ein Liebesobjekt, das außerhalb der gesellschaftlich vorgezeichneten Bahn steht. Er liebt nicht die tugendhafte und zugleich adlige Friederike von Ostheim, die ihm sein Vater anpreist, um ihn auf die Probe zu stellen (I/7, S. 585), sondern das gesellschaftlich weit unter ihm stehende Kleinbürgermädchen Luise. Dies ist ihm Beleg für die Allmacht seiner Liebe, die ihn aus allen herkömmlichen Bindungen heraushebt und ihn sich so als Subjekt in seiner Unvergleichlichkeit erfahren läßt.

Die Intensität und Macht seiner Liebe gründen folglich nicht primär in der Attraktivität Luises, sondern reflektieren das Verbot, das diese Liebe überschreitet. Im Gespräch mit Lady Milford erkennt er hellsichtig, doch nicht selbstkritisch, daß gerade der gesellschaftliche Widerstand gegen seine Liebe deren Stimulans ist:

> Meine Hoffnung steigt um so höher, je tiefer die Natur mit Konvenienzen zerfallen ist. – Mein Entschluß und das Vorurteil! – Wir wollen sehen, ob die *Mode* oder die *Menschheit* auf dem Platz bleiben wird. (II/3, S. 600)

Liebe als Negation der Gesellschaftsordnung – gerade das verschafft Ferdinand das Triumphgefühl eines Siegers, der die väterliche Welt für sich vernichtet hat. Die Liebe wird für ihn zum schlechthin *Anderen*, Reflex seiner Ablösung von der ständischen Ordnung. Ihm geht es nicht um die Vermittlung seiner Liebe mit den sozialen Bedingungen seiner Existenz – ganz im Gegenteil: Liebe dient ihm als Movens, sich aus gesellschaftlichen Notwendigkeiten zu lösen. Das aber gerade macht die Vermitteltheit von Ferdinands Liebe aus: ihre prätendierte Unvermitteltheit. Ferdinands Liebesdoktrin reflektiert implizit seine Standessituation, die er in seinem Liebesabsolutismus zu negieren sucht. So bleibt er in seinem Versuch, in seiner Liebe die gesellschaftlichen Ordnungsgebote zu überschreiten, weiterhin negativ an sie gebunden. Er liebt nicht als autonomes Subjekt, sondern als Sohn, der sich im Schuldzusammenhang mit dem Vater sieht und in der Liebe die Kompensation des väterlichen Erbteils sucht, das für ihn Inkarnation des Bösen ist.

> FERDINAND. Ich bin des Präsidenten Sohn. Eben darum. Wer, als die Liebe, kann mir die Flüche versüßen, die mir der Landeswucher meines Vaters vermachen wird? (I/4, S. 575)

Ferdinand spricht hier nicht von Luise, sondern von der Liebe als einem Abstraktum; nicht über die Beziehung zur Geliebten begründet er sein Gefühl, sondern über die zum Vater. Noch in der Absage an die Welt seines Vaters bleibt er der Sohn, dem alles, was er tut und fühlt, von dem Wunsch grundiert ist, seine Existenz als Sohn zu überwinden, der aber zugleich weiß, daß er immer Sohn bleiben wird. Ferdinands Attitüde einer autonomen Liebe wird entlarvt durch die negative Relationierung seines Liebesverhaltens auf Vater und Nachfolgepflicht und durch die Funktionalisierung der Geliebten zum Palliativ. Wie bei Lady Milford („Und jetzt kommt der Mann, der *allein* mir das alles belohnen sollte – der Mann, den mein erschöpftes Schicksal vielleicht zum Ersatz meiner vorigen Leiden schuf" II/3, S. 598) und Vater Miller („Die Zeit meldet sich allgemach bei mir, wo uns Vätern die Kapitale zu statten kommen, die wir im Herzen unsrer Kinder anlegten – Wirst du mich darum betrügen, Louise?" V/1, S. 655) wird auch bei Ferdinand die Liebe zur Kompensation für die Qualen des bisherigen Lebens. Die Geliebte soll ihm das ersetzen, was ihm das Schicksal, Sohn eines verbrecherischen Vaters zu sein, genommen hat. So lautet die Formel, die ihm „Welt" generieren und seinem Ich Bedeutsamkeit verleihen soll: „*Du* Louise und *ich* und die *Liebe*!" (III/4, S. 621) Es geht Ferdinand um eine Welt, die er gegen die herrschende Sozialordnung setzt, indem ihm Luise „die ganze Welt" sein soll, wie er die „ganze Welt" für sie sein will. (II/3, S. 600) Hans Peter Herrmann spricht zu Recht davon, daß die „soziale Ortlosigkeit und Isoliertheit Ferdinands [. . .] den Charakter dieser Liebe" bestimme.[486] Allerdings – so wäre hinzuzufügen – ist es eine „Ortlosigkeit", die in ihrer expliziten Abgrenzung gegen die Welt des Hofes auf diese bezogen bleibt – Zeichen dafür, daß die Gesellschaftsordnung keine soziale Rolle für abtrünnige Adlige bereitstellt.[487]

In gewisser Weise setzt Schiller mit seinem Protagonisten Ferdinand eine Biographie der sozialen Ortlosigkeit in Szene, indem er Ferdinand nach dem Muster der zeitgenössischen mittelständischen Intelligenz modelliert, die sich quer zu den herrschenden gesellschaftlichen Hierarchien definiert.[488] Diese jungen Männer verlassen die Welt der Väter, finden aber keinen neuen Platz in der gesellschaftlichen Ordnung, der ihnen Sicherheit im Erleben und Handeln garantierte. Der kleine Kreis privater Geselligkeit wird ihnen zum Ort, an dem sie das zu finden hoffen, was ihnen die Gesellschaft versagt: den Ausdruck und die Anerkennung, die für ihr Selbstwertgefühl unumgänglich sind. Friedrich H. Tenbruck zeigt, wie in der sich ausdifferenzierenden und komplexer werdenden

486 Herrmann: Musikmeister Miller, die Emanzipation der Töchter und der dritte Ort der Liebenden, S. 242.

487 Recht eindringlich illustriert das z. B. die Lebensgeschichte eines jungen Adligen gegen Ende des 18. Jahrhunderts, die Heinz Reif aus den Quellen rekonstruiert hat. (Reif: Väterliche Gewalt und „kindliche Narrheit")

488 Haferkorn hat im Hinblick auf die mittelständische Intelligenz vom „sozial irritierten und politisch heimatlosen Bürgertum" des 18. Jahrhunderts gesprochen. (Zur Entstehung der bürgerlich-literarischen Intelligenz, bes. Kap. 2/2: Die Lage des Bürgertums, S. 182–190, Zitat S. 188)

Gesellschaft des 18. Jahrhunderts gerade diese kleinen Freundschaftsgruppen „in unterschiedlichem Grade und verschiedener Weise die Funktion [erfüllen], dem Individuum durch die Gruppenidentifikation ein Selbstbildnis und damit Verhaltenssicherheit zu geben“[489].

Was die sich antiständisch definierenden *neuen* Bürger in den verschiedensten Gruppierungen – von den Lesegesellschaften bis zu den Geheimbünden –[490] gesucht haben, will Ferdinand in der Liebesbeziehung finden. Die Sinnhaftigkeit und Legitimation seiner Existenz, soll sich dort einlösen. Warum aber reagiert Luise so zwiespältig auf Ferdinands Liebesbeteuerungen, warum bewegt sie sich in der Nähe des Verstummens, warum sind ihre körpersprachlichen Signale eher Abwehrreflexe als Bekundungen von Zuwendung? Auch in ihrem Fall gilt es, nach den psychosozialen Gründen ihres Verhaltens zu suchen. Zunächst ist offensichtlich: Ferdinands totaler Liebesanspruch ergreift sie mit großer Vehemenz; sie fühlt sich von ihm begehrt und begehrt sein Begehren. Erotisches Verlangen treibt sie aus ihrer kleinbürgerlichen Welt in seine Arme, töchterliche Liebe und tiefe Religiosität halten sie fest in der Sphäre des Herkommens. Dies zerstört die Harmonie ihres Inneren: „Von *heut* an – der Friede meines Lebens ist aus – Wilde Wünsche – ich weiß es – werden in meinem Busen rasen.“ (I/4, S. 576) Luise fühlt sich durch die Liebe zu Ferdinand in einen tiefen Zwiespalt gestürzt. Sehnsucht und Verlangen sind auf den Geliebten gerichtet, doch ständische Ordnung, familiale Bindung und religiöse Überzeugung sind Teil ihrer Person; sie ist affektiv mit der Welt des Herkommens verbunden. Gerade vor Ferdinands Liebesreligion, die das Göttliche zur Funktion des Emotionalen macht und Erfüllung im Diesseits der Zweisamkeit sucht, während die Religion sie dem Jenseits vorbehält, schaudert Luise zurück – und ist zugleich von ihr fasziniert. Die Sakralisierung des Erotischen erfährt sie als Verlockung und Sünde. (I/3, S. 572)[491] In der Ambivalenz ihrer Gefühle spürt sie, daß sie den imaginierten Bildern Ferdinands nur entspräche, wenn sie sich als Person völlig aufgäbe, um als Produkt seiner Worte neu zu entstehen. Doch sie kann das „bürgerliche Mädchen“ in sich nicht überwinden; die Sprache Ferdinands erhöht sie zu einem ästhetischen Objekt, das sie nicht sein kann.

LOUISE *sieht ihn* [d. i. Ferdinand] *eine Weile stumm und bedeutend an, dann mit Wehmut:* Ferdinand! Ferdinand! Daß du doch wüßtest, wie schön in dieser Sprache das bürgerliche Mädchen sich ausnimmt – (I/4, S. 575)

489 Tenbruck: Freundschaft, S. 445.

490 Siehe hierzu insgesamt den Forschungsbericht von van Dülmen: Die Aufklärungsgesellschaften in Deutschland als Forschungsproblem; vgl. auch die zusammenfassende Darstellung zur Gesellschaftsbewegung im 18. Jahrhundert von Im Hof: Das gesellige Jahrhundert, S. 105–236.

491 Zu Einzelheiten der religiösen Thematik im Spannungsfeld von Säkularisation und Orthodoxie siehe Guthke: *Kabale und Liebe*.

Luise spricht nicht von sich und ihren Empfindungen, sondern vom „bürgerlichen Mädchen", dem die Rede Ferdinands unangemessen ist – unangemessen nicht nur, weil er Worte wählt, deren Emphase sie nicht beglaubigen kann, sondern auch, weil sie sich in den Bedingungen ihrer gesellschaftlichen Existenz ignoriert sieht. Zugleich spricht sie diese Worte wider bessere Hoffnung als Appell, als flehentliche Bitte, seine Rede mit ihrer Lage zu verbinden. („Daß du doch wüßtest") Die Gefühle, die Ferdinand in ihr hervorruft, fügen sich nicht ihrer Lebenswelt, in der sie sich bislang zu Hause fühlte. Ihre Identität, die auf der Verbindung von Sozialsphäre, Familiensphäre und religiöser Sphäre gründet, wird so gestört.[492] Liebende möchte sie sein, doch sie kann nicht aufhören, Tochter, Gläubige und Kleinbürgerin zu sein. Zwischen Herkunft und Liebe hin- und hergerissen, stürzt sie in eine tiefe Krise.

Es ergeht ihr ähnlich wie Sara Sampson. Zwar verließ Luise nicht wie Sara den Vater, um dem Geliebten zu folgen, doch auch sie fühlt sich nicht mehr bruchlos als Teil ihrer Familie; zugleich kann ihr auch die Liebeswelt Ferdinands keinen neuen Ort der Identitätsfindung bieten. Während jedoch bei Sara die Gründe ihrer inneren Ortlosigkeit offensichtlich sind – Mellefont verweigert die Ehe, und Liebe ohne Ehe ist für sie schwere Sünde –, entfalten sich die inneren Zwiespältigkeiten Luises in komplexerer Weise. Ihr Problem ist nicht die verweigerte Eheschließung; Ferdinand ist zu allem bereit, zu gemeinsamer Flucht, in die auch ihr Vater eingeschlossen sein soll, und auch zur förmlichen Heirat, wenn er ihr – auf Millers Bedenken hin – die Ehe verspricht (II/5, S. 605). Im Gegensatz zu Sara, die nach all den Ausflüchten Mellefonts an dessen Bereitschaft zur Ehe zweifelt, hat Luise keinen Grund, die redlichen Absichten Ferdinands in Frage zu stellen. Doch nur ganz am Anfang der Beziehung, vor Einsatz der Dramenhandlung, gab es für sie das Glück der Liebe. Schon zu Beginn des Dramas ist sie sich jedoch darüber klar, daß ihre Liebe zu Ferdinand sich nicht in einem Leben verwirklichen kann, das all ihren kleinbürgerlichen Wertvorstellungen widerspricht. (I/3, S. 573) So ist die Absage an die gemeinsame Flucht, motiviert durch die Angst vor dem väterlichen Fluch, gleichbedeutend mit der Rückkehr in die Welt des Herkommens, in der göttliche, gesellschaftliche und familiale Ordnung die patriarchale Verfaßtheit ihrer inneren Person ausmachen. Diese patriarchale Ordnung versucht sie in ihrem Verzicht zu restituieren. Sie verweist Ferdinand, der alles daran setzt, seinem Vater und dessen verbrecherischer Welt zu entkommen, gerade an diesen Vater,

492 Nach Erikson resultiert stabile Identität aus der Erfahrung des Sich-gleich-Bleibens in unterschiedlichen situativen Kontexten und personellen Konstellationen und aus der Übereinstimmung mit den normativen Überzeugungen der Bezugsgruppe bei gelingender Synthese von widersprüchlichen Bedingungen der inneren und äußeren Existenz. (Identität und Lebenszyklus, S. 17 f., S. 143 f., S. 147 ff., S. 188 ff.)

und zwar mit Worten, die ihr Wissen darum signalisieren, daß sie die harmonische Familie rein sprachlich erzeugt. Dieser sprachliche Entwurf soll sie als Handelnde in ihrer Integrität wiederherstellen; doch sie weiß, daß das, was sie als Selbsterhöhung durch eine moralische Tat darstellt, zugleich Selbsttäuschung ist:

Laß *mich* die Heldin dieses Augenblicks sein – einem Vater den entflohenen Sohn wieder schenken – einem Bündnis entsagen, das die Fugen der Bürgerwelt auseinander treiben, und die allgemeine ewige Ordnung zu Grund stürzen würde – *Ich* bin die Verbrecherin – mit frechen törigten Wünschen hat sich mein Busen getragen – mein Unglück ist meine *Strafe*, so laß mir doch jetzt die süße schmeichelnde Täuschung, daß es mein *Opfer* war – Wirst du mir diese Wollust mißgönnen? (III/4, S. 623)

Auf diese Weise bekräftigt sie, daß sie nicht gemeinsam mit Ferdinand fliehen will. Unumstößlich steht für sie fest: Ihre Welt und die Ferdinands lassen sich nicht durch Liebe verbinden, auch nicht durch sie überwinden. Denn Liebe ist für Luise nicht Inbegriff einer Gegenwirklichkeit, vor der alles andere nebensächlich wird; Liebe enthält auch Bindungen an die familiale Herkunftswelt. Wie sehr Luise die Geltungskraft dieser patriarchalen Ordnung respektiert, wird deutlich, als Ferdinand von Lady Milford zurückkehrt, um ihr mitzuteilen, seine Liebe zu ihr habe triumphiert: „Fasse Mut meine Teuerste! – Du hast gewonnen. Als Sieger komm ich aus dem gefährlichsten Kampf zurück." (II/5, S. 604) Luise, die weiß, daß Ferdinands Vater die Ehe seines Sohnes mit Lady Milford bestimmt hat, wertet diese Entscheidung als unumstößliches Gesetz, dem sich das Kind zu fügen hat, und sollte es darüber zugrunde gehen:

Nein! Nein! Verhehle mir nichts. Sprich es aus das entsetzliche Urteil. Deinen *Vater* nanntest du? Du nanntest die *Lady*? – Schauer des Todes ergreifen mich – Man sagt, sie wird heiraten. (II/5, S. 604)

Für Luise ist Vaterrecht göttliches Recht; den Willen des Präsidenten respektiert sie, auch wenn sie darüber verzweifelt. Wenn sie kurz danach zu Ferdinand die befremdlich klingenden Worte spricht, die so gar nicht zu seinem Liebesenthusiasmus passen wollen: „dein Herz gehört deinem Stande" (III/4, S. 622), dann charakterisiert sie damit nicht seine Gefühle als aristokratische, so Andreas Huyssen unter Berufung auf Janz,[493] dann steckt mehr dahinter als „Luises ständisch-beschränkte Verblendung", so Hans Peter Herrmann;[494] sie weist dadurch weniger Ferdinand in die Schranken der Ständegesellschaft, als daß sie ihren biographischen Hintergrund gegen ihn zur Geltung bringt. In dieser Funktion artikuliert sie einen Ordnungsappell als Ausdruck ihrer Überzeugung,

[493] Huyssen: Drama des Sturm und Drang, S. 214.

[494] Herrmann: Musikmeister Miller, die Emanzipation der Töchter und der dritte Ort der Liebenden, S. 239.

daß die ständische Ordnung göttliche Ordnung ist. Die Liebe hat für sie die Standesgrenzen nicht zu überschreiten, sondern im Rahmen sozialer Vorgaben zu bleiben. So lehnt sie die dringliche Aufforderung Ferdinands, mit ihr zu fliehen, in der Überzeugung ab, daß die Grenzen ihrer kleinbürgerlichen Welt unumstößlich sind, auch wenn ihre Sehnsüchte über diese hinausgehen: „Meine Pflicht heißt mich bleiben und dulden." (III/4, S. 623)

Ferdinand bleiben die Motive für Luises Weigerung, mit ihm zu fliehen, gänzlich fremd. Er vermutet einen Nebenbuhler und signalisiert mit diesem Mißverstehen, daß die Liebe keine gemeinsame kommunikative Welt zu entfalten vermochte; beide bleiben sich – bei aller Gefühlsintensität – unbekannt. Luise wird durch die Liebe aus ihrer Welt gerissen, ohne eine lebbare Alternative geboten zu bekommen – innere Qualen sind die Folge. Ferdinand löst sich im Medium der Liebe aus seiner Welt – Triumphgefühle sind die Folge. Indem Luise die Flucht verweigert, behauptet sie sich zum ersten Mal als Selbst gegenüber Ferdinand und bringt die monomane Struktur seiner Liebe ans Licht. Eifersucht, gepaart mit Drohungen, sind sein einziger Reflex:

Kalte Pflicht gegen feurige Liebe! – Und mich soll das Märchen blenden? – Ein Liebhaber fesselt dich, und Weh über dich und ihn, wenn mein Verdacht sich bestätigt. (III/4, S. 624)

Die von Wurm ersonnene, vom Präsidenten gebilligte und erst nach Ferdinands Drohung in Gang gesetzte Briefintrige, durch die seine Eifersucht hervorgerufen werden soll, verstärkt daher nur, was bereits in Ferdinand angelegt ist – sein latentes Mißtrauen, Luise könne sich ihm als materielles Korrelat seiner sprachlichen Liebesinszenierung entziehen. So verursacht die Intrige nicht das Scheitern der Beziehung, sondern sie treibt zur Katastrophe, was der Beziehung von Anfang an inhärent ist: die Unfähigkeit, sich zu verstehen und zu verständigen. Mit genauem Kalkül hat Schiller den lächerlichen Hofmarschall als angeblichen Liebhaber Luises zum Organ der Intrige gemacht. Deutlich werden soll: Selbst die Absurdität eines Liebesbriefes von Luise an den Hofmarschall von Kalb nimmt Ferdinand für bare Münze. So wenig kennt er Luise, so schnell und blind deutet die Egozentrik seines Liebesdogmatismus ihr Verhalten als Untreue, die rücksichtslos zu ahnden ist. Und selbst die angstbesetzten Beteuerungen des Hofmarschalls: „Es ist nichts – ist ja alles nichts. Haben Sie nur eine Minute Geduld. Sie sind ja betrogen" (IV/3, S. 636), dienen ihm nur zur Bekräftigung seiner ins Desaströse umgeschlagenen Emotionen. Deren totalitärer Gestus bleibt: Luise, die sich seinen Liebesverfügungen nicht mehr unterwirft, hat ihr Existenzrecht verwirkt. Ferdinand spielt sich gottgleich auf: Das Geschöpf seiner Liebe hat sich seiner nicht als würdig erwiesen – somit ist es zu vernichten:

Richter der Welt! Fodre sie mir nicht ab. Das Mädchen ist mein. Ich trat dir deine ganze Welt für das Mädchen ab, habe Verzicht getan auf deine ganze herrliche Schöpfung. Laß mir das Mädchen. – Richter der Welt! [. . .] Das Mädchen ist mein! Ich einst ihr Gott, jetzt ihr Teufel! (IV/4, S. 637)

Ferdinands Omnipotenzphantasien der Liebe zeigen ihre zerstörerische Seite – genau wie es Wurm vorausgesagt hat: „der Herr Major ist in der Eifersucht schrecklich, wie in der Liebe." (III/1, S. 613) Um an der narzißtischen Engführung von Ego und Objekt festhalten zu können, muß er erst seine Geliebte und dann sich selber umbringen.

Auf den ersten Blick mag es scheinen, als sähe auch Luise in diesem Tod den einzigen Ausweg aus ihrer Konfliktlage. In einem letzten Versuch der Selbstbestimmung schreibt sie Ferdinand einen Brief, um ihn im Namen der aus allen Bedingtheiten befreiten Liebe zum gemeinsamen Liebestod aufzufordern:

Ganz nur *Liebe* mußt du kommen, daheim lassen all deine Hoffnungen, und alle deine brausenden Wünsche; nichts kannst du brauchen als dein Herz. (V/1, S. 654)

Der Tod soll ihr die allein auf Liebe sich gründende Gemeinschaft ermöglichen, die durch äußere Umstände faktisch und durch Ferdinands Verhalten psychisch verhindert wurde.

Doch so wie Luise seine Liebesbeteuerungen als Gewalt erfuhr, die sich in der Vehemenz seines Auftretens verkörperte, in seinen egozentrischen Aussageformen verbalisierte und in seinen verfügenden Partnerschaftsimaginationen verbildlichte, so wird sie jetzt einer als Liebe sich verstehenden Fürsorge unterworfen. Ihr Vater ist es, der ihr den Weg zur Vereinigung im „Grab" (V/1, S. 654) verstellt. Durch das väterliche Gebot kindlicher Liebe verstärkt er das religiöse Verbot des Selbstmordes. Der alte Miller fordert die Liebe seiner Tochter als Rückzahlung seiner investierten Mühe ein, auf die er einen emotionalen Anspruch habe:

Du warst mein Alles. Jetzt vertust du nicht mehr von deinem Eigentum. Auch Ich hab alles zu verlieren. Du siehst, mein Haar fängt an grau zu werden. Die Zeit meldet sich allgemach bei mir, wo uns Vätern die Kapitale zu statten kommen, die wir im Herzen unsrer Kinder anlegten – Wirst Du mich darum betrügen, Louise? Wirst du dich mit dem Hab und Gut deines Vaters auf und davon machen? (V/1, S. 655)

Miller stellt Luises geplanten Selbstmord, durch den sie sich mit Ferdinand im Tod verbinden will, als eine Ermordung dar, die sie auch an ihm vollzieht: „Hier ist ein Messer – durchstich dein Herz, und *indem er lautweinend fortstürzen will* das Vaterherz!" (V/1, S. 657) Nicht nur Ferdinands, sondern auch Millers Verlangen nach Liebe artikuliert sich als Besitzanspruch, dem sie sich zu fügen habe.[495] Miller beabsichtigt, Luise vom Selbstmord abzuhalten, indem er an

[495] Diese Vorstellung war Schiller durchaus vertraut. So schreibt er am 14. April 1783 an Wilhelm F. H. Reinwald: „Der ewige innere Hang, in das Nebengeschöpf überzu-

ihre Liebe als an eine Pflicht appelliert und zur Gewissensangelegenheit macht. Eine Egozentrik, wie sie Ferdinands Redepragmatik durchgängig bestimmt, zeigt sich auch bei Miller, als hinter seiner Fürsorglichkeit die explizite Zielperspektive des eigenen Alters zum Vorschein kommt. In der ökonomischen Metapher von den „Kapitale[n]", die die Väter „im Herzen [ihrer] Kinder anlegten" (V/1, S. 655), spricht sich erneut aus, daß Liebe egozentrisches Kalkül ist, das sein Objekt funktionalisiert.

Hinter dem Vorhang der ständischen Gewalt, die die Heirat verhindert, taucht das Gewaltpotential der Liebe selbst auf – in doppelter Gestalt: zum einen in der Liebe Ferdinands, der sich zu Luises Gott und dann zu ihrem Teufel aufwirft, und zum anderen in der Liebe des alten Miller, der von ihr an emotionaler Zuwendung zurückfordert, was er in ihre Erziehung investierte. In beider Eifersucht offenbart sich das Wesen ihrer Liebe. Wie Ferdinand auf den Hofmarschall, so ist der Vater auf Ferdinand eifersüchtig und verlangt von Luise eine Entscheidung: „Wenn die Küsse deines Majors heißer brennen als die Tränen deines Vaters – stirb!" (V/1, S. 657) Luise soll sein Kind, das Eigentum seiner Liebe, bleiben.[496] Um sie vom Selbstmord abzuhalten, spielt er ihr gegenüber rigoros seine patriarchalische Macht aus, nicht, indem er befiehlt, sondern indem er die affektive Bindung seiner Tochter an ihn und ihre religiöse Überzeugung ausnutzt. Als Luise dann ihrem Plan entsagt, nachdem ihr Vater sie durch seine religiösen Verdammungsphantasien und die Bekundungen seiner affektiven Betroffenheiten im Innersten aufgewühlt hat, kennt sein Überschwang keine Grenzen. Sie zerreißt den Brief, in dem sie Ferdinand über die Intrige aufklärt und ihm vorschlägt, sich im Tod mit ihr zu vereinen. Der Vater interpretiert dies als emotionalen Sieg über den Liebhaber.[497] Er

stürzt ihr freudetrunken an den Hals: Das ist meine Tochter! – Blick auf! Um einen Liebhaber bist du leichter, dafür hast du einen glücklichen Vater gemacht. *unter Lachen und Weinen sie umarmend.* (V/1, S. 657)

gehen, oder daßelbe in *sich hineinzuschlingen*, es *anzureissen* ist Liebe." (Briefe 1772–1785, S. 80)

496 Ilse Appelbaum-Graham spricht im Hinblick auf den Vater von Luise von einer „possessive love" (Passions and Possessions in Schillers *Kabale und Liebe*, S. 13).

497 Häufig wird die Intensität der Bindung Millers an seine Tochter in Frage gestellt mit dem Hinweis, er akzeptiere das ihm von Ferdinand für „den dreimonatlangen glücklichen Traum von seiner Tochter" (V/5, S. 665) gegebene Geld: „Miller is offered money for the temporary grant of possession of his daughter to Ferdinand, and he accepts this money as a token of his proprietary rights, just as the Prince accepts money for making over his subjects." Graham: Schiller's Drama, S. 114; ähnlich Janz: Schillers *Kabale und Liebe* als bürgerliches Trauerspiel, S. 220 ff. Doch Miller nimmt das Geld nicht aus Eigennutz, sondern um die Zukunft der Tochter finanziell zu sichern, da er im gesellschaftlichen Ansehen gesunken ist und von daher um eine ausreichende Zahl von Schülern fürchten muß. (siehe V/5, S. 666)

Was Luise Ferdinand verweigerte, den Rückzug von der Gesellschaft an einen Ort sozialer Insignifikanz, das schlägt sie jetzt ihrem Vater vor. Mit ihm will sie aus der Gesellschaft flüchten; der alte Miller stellt ihr daraufhin eine melodramatische Szenerie vor Augen:

Ja! Laß auch alles dahingehn – Ich setze die Geschichte deines Grams auf die Laute, singe dann ein Lied von der Tochter, die, ihren Vater zu ehren, ihr Herz zerriss' – wir betteln mit der Ballade von Türe zu Türe, und das Almosen wird köstlich schmecken von den Händen der Weinenden – (V/1, S. 657)

Die Projektion dieser makabren Idylle, in der der Vater zur Dichtung verharmlost, was seiner Tochter widerfuhr, reflektiert in der Diskrepanz zwischen dem inneren Leid Luises und dessen sprachlicher Zurichtung durch den Vater die Gewalt, der sie im Akt literarischer Bagatellisierung ausgesetzt ist. Die Rede des alten Miller wiederholt an ihr, was die Rede Ferdinands bereits vollzog. Auch diesmal wird Luise nicht als eigenständige Person wahrgenommen, sondern einem Bild ein- und untergeordnet, in dem ihr Leid im Szenario des Bänkelsängers zu Brot werden soll. Indem er ihre Verzweiflung umdeutet zur „Geschichte deines Grams", die „Almosen" einspielen soll, läßt er jedes Gespür für die Unveräußerlichkeit und Privatheit ihres Unglücks vermissen.

Ähnlich wie in ihren Reaktionen auf Ferdinands Reden bleibt Luise auch diesmal sprachlos. Sie kommt erst wieder zur Sprache, als Ferdinand auftritt. Erstaunlich, wie sie auf sein Erscheinen reagiert.

LOUISE. *wird ihn* [d. i. Ferdinand] *zuerst gewahr, und wirft sich Millern laut schreiend um den Hals:* Gott! Da ist er! Ich bin verloren
MILLER. Wo? Wer?
LOUISE. *zeigt mit abgewandtem Gesicht auf den Major, und drückt sich fester an ihren Vater:* Er! Er selbst! – Seh er nur um sich Vater – Mich zu ermorden ist er da. (V/2, S. 658)

Was bewegt Luise, Ferdinand als „ihren Mörder" zu bezeichnen? Vom Handlungszusammenhang her scheint ihre Reaktion nicht motiviert. Zwar bekundet Ferdinand am Ende von III/4 wütende Eifersucht („Ein Liebhaber fesselt dich, und Weh über dich und ihn, wenn mein Verdacht sich bestätigt.") und in III/6 wird ihr der Brief an den Hofmarschall von Kalb diktiert, aber von Ferdinands im Monolog geäußerten Vernichtungsphantasien (IV/4, S. 637) weiß sie nichts, auch nichts davon, daß er Gift bei sich trägt und über den ihr abgepreßten Brief an den Hofmarschall informiert ist.[498] Obwohl Luise all dies nicht weiß, er-

[498] In V/1 weist sie ihn in ihrem dann nicht abgeschickten Brief auf das „Bubenstück ohne Beispiel" (S. 653) hin, zugleich darauf, daß ein „schröcklicher Schwur" sie hindere, die Intrige aufzuklären – Hinweis darauf, daß sie glaubt, Ferdinand sei der verfängliche Brief an den Hofmarschall noch nicht zugespielt; als sie dann in V/2 von Ferdinand den Brief zugeworfen bekommt, „*sinkt* [sie] *leichenblaß nieder*" (S. 659).

schrickt sie über Ferdinands plötzliches Auftauchen und spricht ihm Mordabsichten zu. Das zeigt, wie sehr sie an ihm die Gewalt wahrnimmt – nicht als Resultat der Intrigen, sondern als Eigentümlichkeit seiner Liebe. Liebe erfährt sie als Zwang. „Daß die Zärtlichkeit noch barbarischer zwingt, als Tyrannenwut!" (V/1, S. 657), ist die an den Vater adressierte Klage Luises, Ausdruck ihrer generellen Erfahrung, daß sich im Binnenbereich ihrer Beziehung zu Ferdinand und zu ihrem Vater keineswegs ein Hort unverstellter Zwischenmenschlichkeit entfaltet, der lediglich von außen bedroht wäre, sondern daß sich gerade im privaten Bereich der Intimität von Anfang an ein Machtanspruch offenbart, der sie als Person in den Bedingtheiten ihrer inneren und äußeren Existenz ignoriert.

Familienliebe und Geschlechterliebe konkurrieren um Luise; hierbei wird ihre Subjektivität in die Sprachlosigkeit eines Empfindens zurückgedämmt, das sich zwar in unwillkürlichen Körpergesten Ausdruck verschafft, aber keine kommunikative Gemeinschaft zu entfalten vermag. Den Zumutungen fremder Gefühlsegozentrik bleibt sie ängstlich und hilflos ausgesetzt, als Objekt von Wünschen und Ansprüchen wird sie in ein Dilemma gestürzt, aus dem auch der Liebestod als letzte Möglichkeit einer Liebesgemeinschaft kein Ausweg ist. Die Ansprüche des Vaters und die Gebote der Religion verbieten ihr das Sterben als Entsagung und binden sie an ein Leben, das ihr keine Selbstbestimmung erlaubt. Sogar die Möglichkeit, Ferdinand ganz zum Schluß die Wahrheit über den ihr abgenötigten Brief mitzuteilen, raubt ihr der Vater. Ferdinand will Gewißheit über die Authentizität des Briefes an den Hofmarschall:

Sprich Unglückselige! Schriebst du diesen Brief?
MILLER. *seitwärts zu ihr mit Beschwörung:* Standhaft! Standhaft meine Tochter! Nur noch das einzige *Ja*, und alles ist überwunden.
[...]
LOUISE. *nach einem qualvollen Kampf, worin sie durch Blicke mit ihrem Vater gesprochen hat, fest und entscheidend:* Ich schrieb ihn. (V/2, S. 660)

Durch ihre Auskunft, die nur dem Wortsinn nach richtig ist, hat Luise in Ferdinands Augen ihr Leben endgültig verwirkt. Er ist sich jetzt sicher, sie habe ihn mit dem Hofmarschall von Kalb hintergangen, und seine Liebesallmacht schlägt in Vernichtungsgewalt um, auch gegen sich selbst. Denn allein die proklamierte Liebestotalität erhielt ihn, der alle sozialen Brücken abgebrochen hatte, am Leben.

Suchte Luise die Gemeinsamkeit im Tod, so ist Ferdinands heimtückischer Giftmord nur auf den ersten Blick die Erfüllung ihres Todeswunsches, in Wirklichkeit aber dessen Gegenteil. Denn während Luise den gemeinsamen Liebestod mit Ferdinand als Ausdruck innerer Übereinstimmung versteht, bringt er sie und sich nicht um, um im gemeinsam gewollten Tod die Vereinigung zu finden, die das Leben nicht ermöglichte, sondern weil er glaubt, sie entzöge sich seinem Liebesanspruch. Gegen ihre Sehnsucht nach einer Liebe, die von keinen Ansprüchen weiß, steht seine Egozentrik, die die Geliebte zum Tod bestimmt. Ferdinands Ermordung Luises realisiert das Gewaltpotential, das seinen Liebesbeteuerungen immer schon inhärent war, auch wenn Schiller ihn in der *Mannheimer Bühnenfassung*[499] durch eine Hinzufügung von Vereinigung im Tod sprechen läßt. Doch redet er dort nicht sie, sondern den „Trank" als Partner an: „ihr guter Engel verläßt sie – *indem er Gift hineinschüttet* Wohltätiger abscheulicher Trank! was der feurigsten Liebe unmöglich war, kannst *du*: – uns vereinigen!" (V/6, S. 775) Ohne wechselseitige Zustimmung, wie es Luise wollte, kann es keine Vereinigung im Tod geben; lediglich Heimtücke, die sie gänzlich entmündigt, charakterisiert das katastrophale Ende.[500] Selbst im Sterben finden beide keine Sprache des Verstehens. Luise offenbart Ferdinand die ihr abgenötigte Briefintrige: Doch das führt bei ihm nicht zum Mitgefühl, das ihre Qualen teilt – statt dessen kommen Rachegelüste auf. Erst ihre letzten Worte, die an die Vergebung Christi gemahnen, lassen ihn kurz innehalten, aber voll innerer Unruhe *„springt [er] wieder auf"* (V/7, S. 675). Wenn er dann – wider alle Wahrscheinlichkeit des Stückverlaufs – sterbend seinem Vater die Hand reicht, so mag für einen kurzen Moment die versöhnte Welt der Familienordnung als Naturordnung aufleuchten – doch die Versöhnungsgeste bleibt punktuell. Der Vater reagiert nicht in ihrem Raum, dem Sohn zugewandt, sondern agiert rhetorisch, indem er seine Versöhnungsbereitschaft den Umstehenden zu seiner Entlastung mitteilt.

FERDINAND *reicht ihm seine sterbende Hand*
PRÄSIDENT *steht schnell auf:* Er vergab mir! *zu den andern* Jetzt euer Gefangener! *er geht ab, Gerichtsdiener folgen ihm, der Vorhang fällt.* (V/8, S. 677)[501]

Die Druckfassung des Stücks endet mit einem Anflug von Versöhnung. Doch bis zum nur scheinbar geteilten, in Wirklichkeit aber sich in Mord und Selbstmord

[499] Schiller: Kabale und Liebe. Mannheimer Bühnenfassung.

[500] In der *Mannheimer Bühnenfassung* hat Schiller die desaströsen Aspekte von Ferdinands Liebe stärker verdeutlicht, indem er alles wegließ, was den Anschein von Versöhnung hätte erwecken können: Hier spricht Ferdinand nicht mehr davon, Louise sei „eine Heilige" (V/8, S. 675), zwar spricht er noch in einer Adresse an das Gift von einer Vereinigung im Tod (V/6, S. 775), aber er ruft keine Vermählung im Jenseits mehr auf, als sei Luise bloß zum Traualtar vorausgegangen. Heißt es in der Buchfassung: „Louise – Louise – Ich komme – Lebt wohl – Laßt mich an diesem Altar verscheiden –" (V/8, S. 677), so spricht er in der Bühnenfassung einzig noch ihren Namen aus, um dann auf immer zu verstummen: „Die Ewigkeit ruft – Luise – Luise! – Unendlich ist die Barmherzigkeit Gottes." (V/8, S. 782)

[501] In der *Mannheimer Bühnenfassung* hat Schiller diese Stelle gestrichen. Das Drama endet mit den Worten Wurms: „Bube, mit Dir verdammt zu sein. *Er wird abgeführt.* PRÄSIDENT *eilt schnell nach.*" (V/8, S. 783)

aufspaltenden Tod bleiben die inner- und interpsychischen Konflikte beider Protagonisten bestehen; sie reflektierten sich wechselseitig in Kommunikationsabbrüchen und Mißverständnissen, Machtansprüchen und Ohnmachtserfahrungen. Gerade dies macht Schillers Drama zu seinem Thema: Anders als in vielen Trivialdramen der Zeit, deren Elemente es aufgreift, um im szenischen Arrangement die dort abgeblendete Problemdimension zu entfalten,[502] wird in *Kabale und Liebe* das tradierte *Romeo und Julia*-Muster[503] als Entgegensetzung von feindlicher Welt und liebender Zweisamkeit aufgehoben und dementiert. Eine Dichotomie, die auf der einen Seite Ferdinand und Luise als Repräsentanten der Liebe sieht und auf der anderen die Kabalen der höfischen Welt, die mit tödlichem Erfolg die Liebenden hindern, zueinander zu kommen, gibt es nur äußerlich; der Schiller von Iffland aufgenötigte Titel *Kabale und Liebe* – er selbst wollte sein Drama *Louise Millerin* nennen – verfehlt den inneren Gehalt seines Werks. Denn gleich zu Beginn des Geschehens, noch bevor die Machenschaften des Präsidenten einsetzen, ist die Liebesbeziehung zwischen Ferdinand und Luise bereits gestört. Die Brücke des Verstehens und der Verständigung ist schon vor Einsatz der Handlung zerbrochen, das Glück erfüllter Liebe ist für beide Erinnerung an eine uneinholbare Vergangenheit. (I/3, S. 573 f. und V/7, S. 671 f.) Beiden erscheint ihr zerstörtes Liebesglück als „verlorenes Paradies" – so Wilfried Malsch. Doch der „Kluft zwischen Paradies und Wirklichkeit"[504] entspricht nicht die Kluft zwischen Liebesbeziehung auf der einen und Gesellschaftsbeziehung auf der anderen Seite. Das Drama ist gerade nicht die „Darstellung des Schicksals ursprünglich versöhnter Liebe in der gesellschaftlichen Wirklichkeit"[505] – so als seien das Emotionale und das Institutionelle eigentlich

[502] Insbesondere ist hier das rührende Familienschauspiel Otto Freiherr von Gemmingens: *Der deutsche Hausvater* zu nennen, das Schiller am 12. Dezember 1781 Dalberg gegenüber brieflich lobt (siehe Schiller: Briefe 1772–1785, S. 27). Von der Personenkonstellation bis zur Schauplatzgestaltung hat Schiller sich offensichtlich anregen lassen. Doch während sich bei Gemmingen alle Probleme im Schlußtableau restaurierter Familienharmonie auflösen, hat Schiller gerade die vielfache Vermittlung der Problematik in ihrer Unauflöslichkeit szenisch entfaltet. Detaillierte Hinweise zu den Einflüssen auf Schillers Drama finden sich in Schiller: Kabale und Liebe. Das Mannheimer Soufflierbuch, S. 187–209; Brahm: Schiller, S. 295–304; siehe auch S. 263, Anm. 467 dieser Arbeit.

[503] Schiller schreibt am 9. Dezember 1782 an den Bibliothekar Wilhelm F. H. Reinwald einen Brief, in dem er u. a. um „Shakespears Othello und Romeo und Juliette" bittet, kurze Zeit später (23.12.82) mahnt er an: „Sie werden mir einen Dienst erzeigen, wenn Sie mir die Romeo u[nd] Juliette mit dem bäldisten verschaffen, weil ich etwas daraus zu meinem St[ük] zu schlagen gedenke." (Briefe 1772–1785, S. 56 u. 58)

[504] Malsch: Der betrogene Deus iratus in Schillers Drama *Louise Millerin*, S. 204 f.

[505] Ebd., S. 205; ähnlich Binder: Schiller: *Kabale und Liebe*, der Schillers Drama als „Tragödie des endlichen Menschen" bestimmt, der „aus dem paradiesischen Sein der Idylle ins menschliche Dasein der Zeit geworfen [ist]." (S. 267)

getrennte Bereiche, die sich dann konflikthaft aneinander reiben – sondern es stellt beide als fundamental miteinander vermittelte dar. Das Gesellschaftliche ist auf subtile Weise Moment der Liebesbeziehung selbst. Wie Ferdinand und Luise miteinander umgehen, wie ihnen die Liebe erscheint und zur Sprache kommt, ist auch und nicht zuletzt ihrer Herkunft geschuldet, deren prägender Kraft beide nicht entkommen – Luise nicht, weil die patriarchalische Ordnung Teil ihres Inneren geworden ist, und Ferdinand nicht, weil ihm seine Liebe zum Instrument der Ablösung von der Welt seines Vaters wird und von daher ihre spezifische Wertigkeit erhält.

So ist der Konflikt zwischen der höfischen und der familialen Welt die Außenwelt der Innenwelt, in der sich der Beziehungskonflikt zwischen einem kleinbürgerlichen Mädchen, die ihrer Herkunft verbunden bleibt, und einem adligen Jüngling, der seiner Herkunft in den Akten seiner Negation ebenfalls verbunden bleibt, abspielt. Deutlich wird, daß sich die Gefühle nicht im Raum geschichtsresistenter Menschlichkeit entfalten und dann, weil die Verhältnisse so sind, an den gesellschaftlichen Bedingungen scheitern, sondern daß diese selbst tief in die Art des Empfindens eingesenkt sind. Luises Gefühle geraten in den Konflikt zwischen altständischen Ordnungsgewißheiten mit ihren sozialen Geboten, religiösen Überzeugungen und familialen Bindungen und ihrer sie aus allen überkommenen Orientierungen herausreißenden Liebe zu Ferdinand. Eine tiefe Identitätskrise ist die Folge. Und Ferdinands Gefühle, die sich, gespeist von bürgerlichem Gedankengut, aus seiner Ablehnung der Welt seines Vaters formieren, geraten in die Zerreißprobe, als sich Luise als verfügbares Objekt seiner Liebe entzieht. Ohne Liebesobjekt aber bricht Ferdinands hochgespannter Liebesidealismus zusammen; er verliert die Legitimation seiner Existenz und die desaströse Seite seines Liebesabsolutismus zeigt sich. Mord und Selbstmord sind die Folge einer Liebesbeziehung, in die die Partner ihre unterschiedlichen gesellschaftlichen Voraussetzungen als unterschiedliche psychische Bedingungen einbringen.

Das Drama stellt auf eindringliche Weise heraus, wie sich Epochenbrüche in Gefühlsbrüchen reflektieren. Die Krise der altständischen Ordnung in ihrer patriarchalischen Verfassung spiegelt sich in der Gefühlswelt von Ferdinand und Luise. Für eine solche psychohistorische Deutung sind die Ausführungen von Helmut Schelsky hilfreich, der hier Arnold Gehlens These von der „gleichzeitige[n] Entstehung und Entdeckung der Seele aus dem Verfall der sozialen Formen" folgt.[506] Ausgangspunkt seiner Überlegungen ist der fundamentale seelische Wandel des Menschen im Übergang von der traditionalen zur modernen Gesellschaft. War bis zu dieser Auflösung der einzelne weitgehend ein-

[506] Arnold Gehlen: Sozialpsychologische Probleme in der industriellen Gesellschaft, Tübingen 1949, zitiert nach Schelsky: Soziologie der Sexualität, S. 108.

gebunden in umgreifende, religiös legitimierte Ordnungssysteme, die nicht nur das Verhalten, sondern auch das Empfinden in vielfältiger Weise regulierten, verlieh ihm seine Stellung im Gefüge der Gesellschaft seine kollektive Identität, so produziert die Auflösung der altständischen Gesellschaft eine Vorstellung vom Individuum, die seine soziale Ortlosigkeit zur Einzigartigkeit seiner Seele sublimiert.

An Ferdinand und Luise zeigt sich, wie sich der Geltungsschwund der herrschenden Ordnung im interaktiven Bezug der Gefühle zur krisenhaften Zuspitzung mit katastrophalem Ende steigert. Luise wird durch ihre Liebe über die Grenzen der altständischen Ordnung hinausgetrieben, Ferdinand macht die Liebe zum Mittel der Ablehnung dieser Ordnung. Während Luises Liebe den Widerspruch zu ihrer Herkunft verursacht, entspringt Ferdinands Liebe diesem Widerspruch. So hat für beide das Verhältnis von sozialer Existenz und psychischer Existenz eine andere Gestalt. Diese unterschiedliche Vermittlung von Sozialität und Emotionalität führt dazu, daß Ferdinand und Luise das ganze Dramengeschehen über keine gemeinsame Lebenswelt entfalten, in der sie sich wechselseitig in ihrer Individualität wahrnehmen. Wie sie sich selbst sehen und wie sie einander sehen, kommt nicht zur Deckung. Das Bemühen Ferdinands, in Luises Innerstes zu dringen, deren körpersprachliche Signale, die kommunikativen Abbrüche, die wechselseitigen Fehldeutungen der Motive – all das verweist von Anfang an auf die Krise einer Beziehung, die durch die Intrige nur in die Konsequenz ihrer Katastrophe getrieben wird. Das aber verweist zugleich darauf, daß Liebe hier keineswegs die Macht ist, die in die Psyche versenkten unterschiedlichen Lebenswelten in der Emphase einer Gefühlsharmonie zu überwinden, die dann in der Ehe ihren dauerhaften Ort findet, sondern ein Verfügungsprogramm, das die gesellschaftliche Verteilung von Macht und Ohnmacht in den Raum der Intimität überführt. Den ideologischen Anspruch der Liebesehe, ein herrschaftsfreier Ort zu sein, erweist Schillers Drama als Produkt eines aus gesellschaftlichen Ohnmachtsgefühlen gespeisten Allmachtsanspruchs des Mannes über die Frau, die zum Vehikel und Bestätigungsgrund seiner Existenz werden soll. Es zeigt in dramatischer Zuspitzung das Desaströse einer Liebesbeziehung als Kompensationsbeziehung. Deutlich wird dadurch, daß die vom Konzept der *Liebesheirat* behauptete Unabhängigkeit des Fühlens von sozialen Prägungen selbst sozial bedingt ist.

E. ZUSAMMENFASSUNG

„Heirate oder heirate nicht –
du wirst es auf jeden Fall bereuen."
(Sokrates)

Das Drama der Liebesheirat als Problemkatalysator

Daß im 18. Jahrhundert das Konzept der *Liebesheirat* auf besondere Weise Thema und Problem der Literatur wird, kommt nicht von ungefähr. Hier reflektiert sich auf pointierte Weise eine die Moderne bestimmende Konfiguration: Der einzelne löst sich zunehmend aus übergreifenden Zusammenhängen des Herkommens, er erfährt sich nicht mehr als Teil einer genealogischen Abfolge, die er fortzusetzen hat. Ihm öffnet sich vielmehr die Zukunft als Ungewißheit eines sozialen Schicksals, das nicht mehr unter den Bedingungen seiner Abkunft steht. Gerade an der Heirat, die sich den Regeln der Ebenbürtigkeit widersetzt, wenn sie die Liebe zu ihrer Legitimationsbasis erhebt, zeigt sich dieser Epochenbruch zwischen traditionaler und moderner Gesellschaft. Das Konzept der *Liebesheirat* negiert das überkommene Prinzip des *Erbes*, das den einzelnen als Nachkommen identifiziert. Mit der Eheschließung aus Liebe, die – dem normativen Anspruch nach – die Bedingungen der Abkunft zugunsten des auf den Partner bezogenen Gefühls überschreitet, wird ein Neubeginn gesetzt, der sich aus tradierten Verwandtschaftszusammenhängen ausgrenzt und eine Zukunft entwirft, die allein noch die Kinder umfaßt, bis diese dann aus dem Recht eigener Liebe wiederum einen Neubeginn stiften.

Daß dieser im Konzept der *Liebesheirat* reflektierte Epochenbruch sich nicht problemlos vollzieht, sondern in der „Gleichzeitigkeit des Ungleichzeitigen" eine Fülle von Widersprüchen produziert, liegt auf der Hand. Wie sich dabei der Epochenbruch in seelischen Tiefenschichten manifestiert, vermag Literatur zu zeigen, die im Besonderen ihrer literarischen Gestaltung auf Allgemeines verweist und so die Innenseite eines historischen Prozesses erfahrbar macht, in dem die mit dem Konzept der *Liebesheirat* gestiftete widersprüchliche Einheit von Emotionellem und Institutionellem normative Geltung erlangt. Literatur ist hier vielfältig involviert: proklamierend, affirmierend und reflektierend. Die vorliegende Studie spürt insbesondere den reflektierenden Energien einer Dramatik nach, die auf ganz unterschiedliche Weise immer wieder deutlich macht, wie in die Liebesbeziehungen, die sie thematisiert, ein Drittes eingeht, das alle Emotionalität bricht. Liebe sprengt keineswegs alle Bedingtheiten der gesellschaftlichen Existenz, wie es – in ironischer Brechung – die Rede Leonhards im märchenhaften Schluß des *Taugenichts* postuliert:

Die Liebe – darüber sind nun alle Gelehrten einig – ist eine der kuragiösesten Eigenschaften des menschlichen Herzens, die Bastionen von Rang und Stand schmettert sie mit einem Feuerblicke darnieder, die Welt ist ihr zu eng und die Ewigkeit zu kurz.[507]

Doch mit dem „Feuerblicke" der *romantischen Liebe* ist es nicht getan – die Spanne der intervenierenden Variablen, die die Liebe schon an ihrem Ursprung mitbestimmen, ist groß und ihr Ort im Gefüge der Beziehungen verschieden. Die untersuchten Dramen entfalten die dem Konzept der *Liebesheirat* inhärenten Spannungsmomente in all ihren Facetten; sie verhalten sich auf andere Weise zu den proklamierten Leitbildern als die Diskurse, die diese programmatisch zu etablieren suchen. Denn die Dramen gehen nicht in der Darstellung von Verhaltensweisen, Lebensformen, ideologischen Mustern und Redeweisen auf. Indem sie diese in ausgewählten Elementen in sich einbeziehen und durch ihre Form zu einem neuen Sinngefüge integrieren, sind sie zugleich deren Darstellung und Reflexion. Gerade in der Form der Verarbeitung von Elementen der außerästhetischen Welt liegt die spezifische Erkenntnisleistung der Dramen. Indem sie eine fiktionale Welt mit Elementen einer außerästhetischen Wirklichkeit herstellen, reflektieren sie diese Welt; sie machen erfahrbar, was sich in den automatisierten Mustern des Verhaltens und der Wahrnehmung der Erkenntnis verschließt. Sie tun dies aufgrund der formalen Verfaßtheit ihres in Problemkonstellationen, Handlungsverläufen und Dialogsequenzen entfalteten szenischen Arrangements, das die diskursive Programmatik der *Liebesheirat* dem fiktionalen Erprobungsraum interpersoneller Bezüge unterwirft. Die in den Heiratsdramen angesprochenen vielfältigen Elemente, die vom Geld über die Religion bis hin zur Macht reichen, verweisen also nicht unmittelbar auf Aspekte zeitgenössischer Realität, sondern auf einen mit ihnen zusammenhängenden Problemkomplex. Die Dramen sind folglich nicht gleichgerichteter Teil ihrer außerästhetischen Umwelt, sondern deren kritisches Reflexionsmedium, das Elemente dieser transästhetischen Kontexte in sich zu einem ästhetischen Arrangement verbindet. Auf diese Weise formieren Text und Kontext einen Zusammenhang, den die vorliegenden Interpretationen zu verdeutlichen suchen. Hierbei ist die Perspektive, die ich durch die Wahl eines entsprechenden Kontextes an die Dramen herantrage, nicht willkürlich; sie legitimiert sich vielmehr vom Text her, dessen außerästhetische Bezugssysteme im inneren Verweisungsspiel einen Bedeutungszusammenhang als Problemzusammenhang generieren. Die vorliegende Studie lokalisiert das Thema der *Liebesheirat* als die semantische Anziehungskraft, die Text und Kontext miteinander verbindet und so nicht nur das Bedeutungsgefüge der einzelnen Werke deutlich werden läßt, sondern

[507] Eichendorff: Aus dem Leben eines Taugenichts, S. 555.

zugleich einen literaturgeschichtlichen Prozeß abbildet, der sich als Prozeß einer Problementfaltung zu erkennen gibt. In der Spanne von der Frühaufklärung bis zum Sturm und Drang formieren die Dramen die Literaturgeschichte als Problemgeschichte, indem sie die fraglose Gültigkeit der Heiratspostulate in die Inszenierungen gültiger Fragwürdigkeiten zurückführen, die die verborgenen Spannungen des Konzepts der *Liebesheirat* erfahrbar machen.

Diese *mimetische Reflexion* haben die Autoren nicht schon unabhängig von ihren Dramen geleistet, so als diene das Werk allein dazu, anschaulich zu präsentieren, was sie vorab erkannten. Die beliebte Frage, was der Autor uns sagen wolle, ist zu transformieren in die Frage danach, was das Drama im Zusammenhang seiner szenischen Gestaltung dem Rezipienten zu denken abverlangt. Deshalb ist es nicht das Ziel der vorliegenden Studie, die verborgene Botschaft des Autors wiederzuentdecken. Erst die dramatische Gestaltung entfaltet ja das Problem; es läßt sich nicht unabhängig von ihr erfassen. So ist das Drama – auch für den Autor – nicht bloß Medium vorgängigen Wissens, sondern Erkenntnisinstrument, das verdeutlicht, wie Art und Ziel der Liebe immer schon vermittelt sind. Die externen Bedingungen der Außenwelt, die in den Untertiteln der Kapitelüberschriften benannt werden, sind zugleich Interna des Liebens. Die Interpretationen suchen zu zeigen, daß hier keine additiven Verhältnisse vorliegen, sondern daß der vermeintlich äußere Aspekt sich als Eigentümlichkeit der Liebesbeziehung selbst erweist. Sogar die sächsische Verlachkomödie *Die ungleiche Heirath* der Gottschedin, deren poetologische Grundlage von Demonstrationsobjekten für unabgeleitete Charaktereigenschaften ausgeht, zeigt – gegen ihre programmatische Intention – die gesellschaftlichen Bedingtheiten von Liebe und Heirat und reflektiert damit mehr und anderes als die *Critische Dichtkunst* Gottscheds vorschreibt. Doch während die Problementfaltung bei der Gottschedin kaum die Tiefendimension psychischer Wirklichkeiten erreicht, wird mit dem Übergang vom frühaufklärerischen Rationalismus zur Empfindsamkeit des mittleren Jahrhunderts gerade das Spannungsfeld von innerer Wahrheit und äußerem Ausdruck dramatisch gestaltet: Wie ist sicherzustellen, daß Liebe wirklicher Heiratsgrund ist und nicht nur um materieller Interessen willen geheuchelt wird? Dieses im Zeichen der *Liebesheirat* neuartige Problem entfaltet Gellerts Drama die *Die zärtlichen Schwestern* so, daß die Widersprüchlichkeiten im Diskurs der Empfindsamkeit erfahrbar werden. Mit Lessings erstem bürgerlichen Trauerspiel *Miß Sara Sampson* erfährt die Problematik der *Liebesheirat* dann eine Wendung ins Tragische. Von Sara Sampson und Emilia Galotti über Evchen Humbrecht bis zu Luise Miller und Marie Beaumarchais reicht die Reihe der Frauen, die den rettenden Hafen der Ehe nicht erreichen, sondern auf dem Weg zu ihm tödlich scheitern (oder wie Evchen, von der Hinrichtung bedroht sind). Daß mißlingende Heiratsabsichten den tödlichen Ausgang zu motivieren vermögen, signalisiert die existentielle Bedeutung der Institution Ehe für die Frau. Diese allein verschafft ihr die gesellschaftliche Lebensberechtigung. Es handelt sich bei den vorgespielten Heiratskonflikten also nicht um marginale Umstände einer weiblichen Existenz, sondern sie betreffen deren Ermöglichungsgrund. Daß es vornehmlich Frauen sind, die in den Trauerspielen tödlich enden (denen sich die Männer dann z. T. aus Reue anschließen), verweist auf die Bedeutung der Ehe eben für die Frau, die sich nur als verheiratete einen gesellschaftlichen Status zu verschaffen vermag, ohne Heirat nahezu nicht-existent ist, was die Tragödien im radikalisierten Motiv des Todes umsetzen, der die innerpsychischen Konfliktlagen der Liebenden von jeweils spezifischen Bedingungen her reflektiert: Sara gebietet die Religion, um des ewigen Heils willen die Liebe in die Ehe zu überführen, Mellefont hingegen gebietet die Liebe, der Freiwilligkeit wegen die Ehe zu meiden – ein Konflikt mit tödlichem Ausgang. Ganz anders motiviert Lessings zweite Tragödie *Emilia Galotti* die Katastrophe der *Liebesheirat.* Hier wird nicht das sich zwischen den Liebenden unheilvoll entfaltende Spannungsfeld von Liebe und Ehe zum Agens einer todbringenden Entwicklung, sondern die Emilia in der Sozialisation implizit zugeschriebene Verführbarkeit läßt sie im Tod den ihr einzig verbliebenen Ausweg aus einer bedrohlichen Situation sehen, der sie glaubt, nicht standhalten zu können, weil ihr der männliche Schutz von Vater und Ehemann fehlt.

Doch nicht immer wird die Problemdarstellung im Bühnentod pointiert – die Komödien sind bereits gattungsgemäß einem versöhnlichen Ende verpflichtet, wenn auch nicht strikt, wie Gellerts Rührkomödie mit ihrem zwar traurigen, nicht aber tragischen Ende zeigt. Lessing jedoch, der das Komödienschema des glücklichen Endes in seiner *Minna von Barnhelm* sogar zur Doppelhochzeit potenziert und hierbei mit Elementen der Typenkomödie spielt, zeigt in dem auf den ersten Blick irritierenden Verwirrspiel zwischen Heiratswunsch und Heiratsverweigerung die mit dem Aufkommen der *Liebesheirat* verbundene Asymmetrie von emotionaler Gleichheit in der Liebe und rechtlicher Ungleichheit in der Ehe – bis dann im glücklichen Ende das Problem stillgestellt wird. Das Harmoniepostulat, mit dem Lessings Komödie die subtile Auseinandersetzung zweier Liebender beendet, inszeniert Lenz' Drama *Der Hofmeister* mit einem solchen Aplomb, daß seine Fragwürdigkeit offensichtlich wird. Die ausgestellten Zufallstrukturen machen deutlich, daß die in der dreifachen Hochzeit inszenierte Versöhnung eine des literarischen Musters ist, das keinen „Sitz im Leben" hat. Das glückliche Ende, das dem Schematismus der Komödienform folgt, verdeutlicht, daß hier die *Liebesheirat* Produkt literarischer Inszenierungen ist; es stellt auf diese Weise die Einheit der Person und die Authentizität der Gefühle im Zeichen der Kontingenz in Frage. Entfaltet das Drama von Lenz die Problematik der *Liebesheirat* im Horizont der literarischen Vermittlung von Gefühlen und Handlungen um den Preis existentieller Tragik, so akzentuiert Wagners Tragödie *Die Kindermörderin* gerade diese Tragik und zeigt ihren Preis:

die Auflösung der Einheit der Person aufgrund sozialer Zwangslagen, die sich als seelische in Evchens Dilemma reflektieren, ihren Vergewaltiger heiraten zu müssen – bis sie dann die Gewaltbeziehung nicht mehr zur Liebesbeziehung umzuinterpretieren vermag und im Tod, den ihr die Männer ebenfalls noch nehmen wollen, den letzten Ausweg sieht.

Immer dann, wenn der männliche Zugriff auf die Frau, sei er physisch oder psychisch, nicht zur Ehe führt, hat die Frau den höchsten Preis zu zahlen: den des Lebens. Mit Maries Siechtum zum Tod, der Clavigo in melodramatischer Entschlossenheit nachstirbt, endet Goethes gleichnamiges Trauerspiel. Dessen Titelgestalt verfällt den Aporien zweier Welten, in denen sich Liebe und Karriere wechselseitig bedingen und zugleich ausschließen. Die Verbindung beider Welten im Zeichen der Liebesehe, die die Privatsphäre liebender Zweisamkeit mit der öffentlichen Sphäre beruflichen Fortkommens zu vermitteln behauptet, zerbricht unter dem Diktat einer höfischen Gesellschaft, die die Liebe der Prestigeordnung unterwirft und so die bürgerliche Doppelexistenz des Mannes, privat zu fühlen und öffentlich zu agieren, negiert. Anders als Clavigo, dessen innerer Zwiespalt sich zur tödlichen Konsequenz zuspitzt, hat sich Julius von Tarent im gleichnamigen Drama von Leisewitz entschieden. Der Sphäre der Macht, der er durch Geburt als Nachfolger seines Vaters zugewiesen ist, entsagt er zugunsten der Sphäre der Liebe, die ihm die Erfüllung seines Daseins garantieren soll. Doch auch hier greifen die gesellschaftlichen Mechanismen der feudal-absolutistischen Gesellschaftsordnung bis ins Innere des Protagonisten: Der Vater unterwirft ihn als Fürst den Heiratsregeln der Staatsräson, und der Sohn muß den Fürsten im Vater negieren, um die Liebe als Legitimationsgrund der Heirat bewahren zu können. Der tödlichen Zuspitzung dieses Dilemmas weicht die Tragödie allerdings aus, indem sie den Konflikt der feindlichen Brüder davorstellt und so die Aporien einer *Liebesheirat* im Herrscherhaus zur Affektkollision brüderlicher Eifersucht verflacht. Hier ist Schiller radikaler, indem er in seinem Trauerspiel *Kabale und Liebe* das Desaströse einer Liebe zeigt, die dem Protagonisten Ferdinand als via negationis den Weg aus der Welt des Vaters weisen soll, der er in kompensatorischer Attitüde jedoch verhaftet bleibt. Ferdinands aufs emphatische Liebesgefühl geschrumpfte Gegenwelt enthüllt ihr Gewaltpotential, als sich Luise seinem totalisierenden Zugriff zu entziehen sucht. Die Liebe implodiert gleichsam und reißt in Mord und Selbstmord die Liebenden in den Strudel des Verderbens.

Die vorgelegten Interpretationen verdeutlichen, daß die in den Dramen verhandelte Problematik der *Liebesheirat* auch ein Licht auf unsere Gegenwart wirft. Sie gewähren einen Blick in die Psychohistorie unserer Geschlechterbeziehungen, so wie umgekehrt der Erfahrungsgehalt unserer Gegenwart die vergangenen Dramen schärfer und tiefer zu verstehen erlaubt, da wir wissen, wie es mit der *Liebesheirat* weitergegangen ist. Hier findet die Studie ihre lebensweltliche Legitimation, die die Dimension archivalischer Literaturgeschichtsschreibung übersteigt, ohne den Preis vorschneller Aktualisierung zu zahlen. Es geht mir nicht darum, den Werken heutige Einsichten und Erfahrungen zu unterschieben, sondern herauszustellen, daß ihnen solche Einsichten selbst inhärent sind. Was sich aufgrund geschichtlicher Erfahrungen verändert haben mag, ist die Sensibilität für die Widersprüchlichkeiten des Konzepts der *Liebesheirat*. Diese Erfahrungen können die Aufmerksamkeit schärfen für das, was die Dramen in ihren Paradoxien und Ungereimtheiten an sinnlicher Anschauung inszenieren, wenn sie aufzeigen, wie heikel der Übergang von der Herkunfts- in die Zeugungsfamilie ist. Hier vermag die Interpretation gerade aufgrund der historischen Differenz zwischen dem geschichtlichen Orientierungsrahmen des Textes und dem des Lesers ein Mehr an Wissen gegenüber zeitgenössischem Verstehen zu gewinnen. Die Widersprüche im Konzept der *Liebesheirat* stehen angesichts seiner krisenhaften Zuspitzung deutlicher vor Augen und sind inzwischen begrifflich stärker durchdrungen, als dies zur Zeit seiner historischen Entfaltung der Fall war.

Die folgende Literatur hat hierzu entschieden beigetragen. Enden die analysierten Dramen mit dem Erreichen der Hochzeit oder dem katastrophalen Verfehlen des Ziels, so haben Dramen seit Ende des 19. Jahrhunderts von Ibsen bis Strindberg, von Tschechow bis Albee, von Horváth bis Kroetz gezeigt, daß die Ehe dann keineswegs eine zur Dauer erhobene Liebesbeziehung ist, wie es das Konzept der *Liebesheirat* verheißt. So interpretieren spätere Dramen auch die früheren, verweisen auf Problemkonstellationen, die im 18. Jahrhundert ihren geschichtlichen Ausgangspunkt haben. Insofern setzen spätere Werke, welche die Problematik der Ehe thematisieren, fort, was sich in den Werken des 18. Jahrhunderts erst andeutet, weil diese den Prozeß der Eheanbahnung inszenieren und mit dem Erreichen oder Verfehlen der Ehe ihr dramatisches Ende finden. Das Gegenwärtige wird so im Licht der Vergangenheit deutlich, die Vergangenheit bekommt schärfere Konturen aus der Perspektive der Gegenwart – nicht deshalb, weil die Dramen ewige menschliche Wahrheiten illustrativ mit historischen Gegebenheiten verschränken, sondern weil sie den historischen Ort der neuzeitlichen Konzeption der *Liebesheirat* als ein auch uns noch betreffendes Problem erfahrbar machen. Sie ermöglichen die Erfahrung psychohistorischer Voraussetzungen unserer selbst in ihrer widersprüchlichen Vermittlung von Sozialität und Emotionalität.

Literatur

Abaelardus, Petrus: Epistola II. Quae est Heloissae ad Petrum deprecatoria, in: Saeculum XII Petri Abaelardi Abbatis Rugensis. Opera Omnia. Opuscula et Epistolae. Accurante J.-P. Migne (= Patrologiae. Cursus Completus. Tomus 178), Paris 1855.

Adelung, Johann Christoph: Art.: Aufrichtigkeit, in: ders.: Grammatisch-kritisches Wörterbuch der hochdeutschen Mundart, Teil 1, Leipzig 1793, Sp. 519.

–: Art.: Zärtlich, ebd., Teil 4, Leipzig 1801, Sp. 1656.

Alewyn, Richard: „Klopstock", in: Euphorion 73, 1979, S. 357–364.

Allgemeines Landrecht für die Preußischen Staaten von 1794. Textausgabe. Mit einer Einführung von Hans Hattenhauer und einer Bibliographie von Günther Bernert, Frankfurt a. M.–Berlin 1970.

Altenhein, Hans-Richard: Geld und Geldeswert im bürgerlichen Schauspiel des 18. Jahrhunderts, phil. Diss., Siegen 1952.

Anders, Günther: Lieben gestern. Notizen zur Geschichte des Fühlens, München 1986.

Appelbaum-Graham, Ilse: Passions and Possessions in Schillers *Kabale und Liebe*, in: German Life and Letters 6, 1952/53, S. 12–20.

Ariès, Philippe: Liebe in der Ehe, in: ders., André Béjin (Hrsg.): Die Masken des Begehrens und die Metamorphosen der Sinnlichkeit, Frankfurt a. M. 1984, S. 165–175.

Auerbach, Erich: „La cour et la ville", in: ders.: Vier Untersuchungen zur Geschichte der französischen Bildung, Bern 1951.

Aurnhammer, Achim: Androgynie. Studien zu einem Motiv in der europäischen Literatur, Köln–Wien 1986.

Bake, Rita; Kiupel, Birgit: Margarethe Milow geb. Hudtwalcker – Das Leben einer ganz „normalen" Bürgersfrau im 18. Jahrhundert, in: Barbara Vogel, Ulrike Weckel (Hrsg.): Frauen in der Ständegesellschaft, Hamburg 1991, S. 241–263.

Barner, Wilfried: Barockrhetorik. Untersuchungen zu ihren geschichtlichen Grundlagen, Tübingen 1970.

–: Zu viel Thränen – nur Keime von Thränen. Über *Miß Sara Sampson* und *Emilia Galotti* beim zeitgenössischen Publikum, in: Das weinende Saeculum, Colloquium der Arbeitsstelle 18. Jahrhundert, Gesamthochschule Wuppertal, Heidelberg 1983, S. 89–105.

–: „Beredte Empfindungen". Über die geschichtliche Position der Brieflehre Gellerts, in: Eberhard Müller (Hrsg.): „... aus der anmuthigen Gelehrsamkeit". Tübinger Studien zum 18. Jahrhundert. Dietrich Geyer zum 60. Geburtstag, Tübingen 1988, S. 7–23.

–; Grimm, Gunter; Kiesel, Helmuth; Kramer, Martin: Lessing. Epoche, Werk, Wirkung, 4., völlig neubearb. Aufl., München 1981.

Barthes, Roland: Fragmente einer Sprache der Liebe, Frankfurt a. M. ^{6}1988.

Bauer, Roger: „Plautinisches" bei Jakob Michael Reinhold Lenz, in: Herbert Mainusch (Hrsg.): Europäische Komödie, Darmstadt 1990, S. 289–303.

Bausinger, Hermann: Bürgerlichkeit und Kultur, in: Jürgen Kocka (Hrsg.): Bürger und Bürgerlichkeit im 19. Jahrhundert, Göttingen 1987, S. 121–142.

Beck, Adolf: Die Krisis des Menschen im Drama des jungen Schiller, in: Euphorion 49, 1955, S. 163–202.

Becker-Cantarino, Bärbel: Schlegels *Lucinde*. Zum Frauenbild der Frühromantik, in: Colloquia Germanica 10, 1976/77, S. 128–139.

–: Priesterin und Lichtbringerin. Zur Ideologie des weiblichen Charakters in der Frühromantik, in: Wolfgang Paulsen (Hrsg.): Die Frau als Heldin und Autorin. Neue kritische Ansätze zur deutschen Literatur, Bern–München 1979, S. 111–124.

Behler, Ernst: Friedrich Schlegel, Reinbek 1966.

–: Friedrich Schlegel: *Lucinde* (1799), in: Paul Michael Lützeler (Hrsg.): Romane und Erzählungen der deutschen Romantik. Neue Interpretationen, Stuttgart 1981, S. 98–124.

Die Bibel oder die ganze Heilige Schrift des Alten und Neuen Testaments nach der deutschen Übersetzung D. Martin Luthers, hrsg. von der Privileg. Württ. Bibelanstalt, Stuttgart 1924.

Binder, Wolfgang: Schiller: *Kabale und Liebe*, in: Benno von Wiese (Hrsg.): Das deutsche Drama. Vom Barock bis zur Gegenwart, Bd. 1, Düsseldorf 1958, S. 248–268.

Blanckenburg, Christian Friedrich von: Versuch über den Roman. Faksimiledruck der Originalausgabe von 1774, Stuttgart 1965.

Bobsin, Julia: Von der Werther-Krise zur Lucinde-Liebe. Studien zur Liebessemantik in der deutschen Erzählliteratur 1770–1800, Tübingen 1994.

Borscheid, Peter: Geld und Liebe. Zu den Auswirkungen des Romantischen auf die Partnerwahl im 19. Jahrhundert, in: ders., Hans J. Teuteberg (Hrsg.): Ehe, Liebe, Tod. Zum Wandel der Familie, der Geschlechts- und Generationsbeziehungen in der Neuzeit, Münster 1983, S. 112–134.

Bourdieu, Pierre: Entwurf einer Theorie der Praxis auf der ethnologischen Grundlage der kabylischen Gesellschaft, Frankfurt a. M. 1976.

Bovenschen, Silvia: Die imaginierte Weiblichkeit. Exemplarische Untersuchungen zu kulturgeschichtlichen und literarischen Präsentationsformen des Weiblichen, Frankfurt a. M. 1979.

Brahm, Otto: Schiller, Bd. 1, Berlin 1888.

Brandes, Georg Friedrich: Über die Weiber, Leipzig 1787.

Brecht, Bertolt: Zu *Der Hofmeister* von Lenz, in: Gesammelte Werke, hrsg. vom Suhrkamp Verlag in Zusammenarbeit mit Elisabeth Hauptmann, Bd. 17, Frankfurt a. M. 1967, S. 1221–1251.

–: Arbeitsjournal, Bd. 1: 1938–1942, hrsg. von Werner Hecht, Frankfurt a. M. 1973.

Buck, August: Die Kunst der Verstellung im Zeitalter des Barock, in: Festschrift der wissenschaftlichen Gesellschaft an der Johann Wolfgang Goethe-Universität Frankfurt a. M., Wiesbaden 1981, S. 85–103.

Bumke, Joachim: Liebe und Ehebruch in der höfischen Gesellschaft, in: Rüdiger Krohn (Hrsg.): Liebe als Literatur. Aufsätze zur erotischen Dichtung in Deutschland, München 1983, S. 25–45.

–: Höfische Kultur. Literatur und Gesellschaft im hohen Mittelalter, Bd. 2, München [6]1992.

Burgard, Peter J.: *Emilia Galotti* und *Clavigo*. Werthers Pflichtlektüre und unsere, in: Zeitschrift für deutsche Philologie 104, 1985, S. 481–494.

Burkhardt, C. A. H.: Das Repertoire des Weimarischen Theaters unter Goethes Leitung 1791–1817, Hamburg–Leipzig 1891.

Byron, George Gordon Lord: Don Juan, in: The Complete Poetical Works, hrsg. von Jerome J. McGann, Bd. 7, Oxford 1986.

Campe, Joachim Heinrich: Väterlicher Rath für meine Tochter. Ein Gegenstück zum Theophron, Braunschweig 1796, Nachdruck Paderborn 1988.

–: Art.: Die Aufrichtigkeit, in: ders.: Wörterbuch der deutschen Sprache, Teil 1, Braunschweig 1807, Sp. 250.

–: Art.: Die Zärtlichkeit, ebd., Teil 5, Braunschweig 1811, Sp. 815.

Castiglione, Baldesar: Das Buch vom Hofmann, übers., eingel. und erl. von Fritz Baumgart, Bremen [o. J.].

Czok, Karl: August der Starke. Sein Verhältnis zum Absolutismus und zum sächsischen Adel, Berlin 1991.

–; Groß, Reiner: Das Kurfürstentum, die sächsisch-polnische Union und die Staatsreform (1547–1789), in: ders. (Hrsg.): Geschichte Sachsens, Weimar 1989, S. 208–296.

Danzel, Theodor Wilhelm: Über Goethes *Clavigo*, in: ders.: Zur Literatur und Philosophie der Goethezeit, neu hrsg. von Hans Mayer, Stuttgart 1962, S. 142–163.

Deneke, Bernward: Hochzeit, München 1971.

Dieckhöfer, Emil: Der Einfluß von Leisewitz' *Julius von Tarent* auf Schillers Jugenddramen, phil. Diss., Bonn 1902.

Domoradzki, Eva: Und er erschuf die Frau nach seiner Sehnsucht. Zum Weiblichkeitsentwurf in Friedrich Schlegels Frühwerk unter besonderer Berücksichtigung des Romans *Lucinde*, in: Sylvia Wallinger, Monika Jonas (Hrsg.): Der Widerspenstigen Zähmung. Studien zur bezwungenen Weiblichkeit in der Literatur vom Mittelalter bis zur Gegenwart, Innsbruck 1986, S. 169–184.

Dotzler, Bernhard J.: „Seht doch wie ihr vor Eifer schäumet ...". Zum männlichen Diskurs über Weiblichkeit um 1800, in: Jahrbuch der deutschen Schillergesellschaft 30, 1986, S. 339–382.

Duby, Georges: Die Frau ohne Stimme. Liebe und Ehe im Mittelalter, Berlin 1989.

Dülmen, Richard van: Die Aufklärungsgesellschaften in Deutschland als Forschungsproblem, in: Francia 5, 1977, S. 251–275.

–: Fest der Liebe. Heirat und Ehe in der frühen Neuzeit, in: ders. (Hrsg.): Armut, Liebe, Ehre. Studien zur historischen Kulturforschung, Frankfurt a. M. 1988, S. 67–106.

–: Kultur und Alltag in der Frühen Neuzeit, Bd. 1: Das Haus und seine Menschen. 16.–18. Jahrhundert, München 1990.

Duncan, Bruce: „An Worte läßt sich trefflich glauben". Die Sprache der Luise Millerin, in: Wolfgang Wittkowski (Hrsg.): Friedrich Schiller. Kunst, Humanität und Politik in der späten Aufklärung. Ein Symposium, Tübingen 1982, S. 26–32.

Durrani, Osman: Die Diskussion über Goethes *Clavigo*. Ein Beitrag zur Abgrenzung der biographisch orientierten Goetheforschung, in: Goethe-Jahrbuch 96, 1979, S. 84–100.

Durzak, Manfred: Äußere und innere Handlung in *Miss Sara Sampson*. Zur ästhetischen Geschlossenheit von Lessings Trauerspiel, in: ders.: Poesie und Ratio. Vier Lessing-Studien, Bad Homburg v.d.H. 1970, S. 44–68.

Dusch, Johann Jacob: Vermischte kritische und satyrische Schriften, abgedr. in Karl Eibl: Gotthold Ephraim Lessing – *Miß Sara Sampson. Ein bürgerliches Trauerspiel*, Frankfurt a. M. 1971, S. 217–242.

Dvoretzky, Edward: Lessingsche Anklänge in Goethes *Clavigo* – ein Prolegomenon zu einer sprachlichen und stilistischen Untersuchung, in: Lessing Yearbook 4, 1972, S. 37–58.

Ebner-Eschenbach, Marie von: Aphorismen, in: Werke, Bd. 1: Das Gemeindekind. Novellen. Aphorismen, hrsg. von Johannes Klein, München 1956, S. 863–904.

Eder, Jürgen: „Beati Possidentes"? Zur Rolle des „Geldes" bei der Konstitution bürgerlicher Tugend, in: Helmut Koopmann (Hrsg.): Bürgerlichkeit im Umbruch. Studien zum deutschsprachigen Drama 1750–1800. Mit einer Bibliographie der Dramen der Oettingen-Wallersteinschen Bibliothek zwischen 1750 und 1800, Tübingen 1993, S. 1–51.

Ehalt, Hubert Christian: Zur Funktion des Zeremoniells im Absolutismus, in: August Buck u. a. (Hrsg.): Europäische Hofkultur im 16. und 17. Jahrhundert. Vorträge und Referate gehalten anläßlich des Kongresses des Wolfenbütteler Arbeitskreises für Renaissanceforschung und des Internationalen Arbeitskreises für Barockliteratur in der Herzog August Bibliothek Wolfenbüttel vom 4. bis 8. September 1979, Bd. 2, Hamburg 1981, S. 411–420.

Ehrich-Haefeli, Verena: Individualität als narrative Leistung? Zum Wandel der Personendarstellung in Romanen um 1770 – Sophie LaRoche, Goethe, Lenz, in: Wolfram Groddeck, Ulrich Stadler (Hrsg.): Physiognomie und Pathognomie. Zur literarischen Darstellung von Individualität. Festschrift für Karl Pestalozzi zum 65. Geburtstag, Berlin–New York 1994, S. 49–75.

Eichendorff, Joseph von: Aus dem Leben eines Taugenichts/Der neue Troubadour, in: Werke, hrsg. von Wolfgang Frühwald, Brigitte Schillbach, Hartwig Schultz, Bd. 2: Ahnung und Gegenwart. Erzählungen 1, hrsg. von Wolfgang Frühwald und Brigitte Schillbach, Frankfurt a. M. 1985, S. 445–561.

Eichner, Hans: Einleitung zu *Lucinde*, in: Kritische Ausgabe, hrsg. von Ernst Behler unter Mitwirkung von Jean-Jacques Anstett, Hans Eichner u. a., Bd. 5: Dichtungen, hrsg. von Hans Eichner, München–Paderborn–Wien–Zürich 1962, S. XVII–CXVI.

Elias, Norbert: Die höfische Gesellschaft. Untersuchungen zur Soziologie des Königtums und der höfischen Aristokratie. Mit einer Einleitung: Soziologie und Geschichtswissenschaft, Frankfurt a. M. [6]1992.

Engel, Johann Jakob: Herr Lorenz Stark. Ein Charaktergemälde (Berlin 1801), hrsg. von Alexander Košenina und Matthias Wehrhahn, St. Ingbert 1991.

Enzensberger, Hans Magnus: Nachrede zu: Requiem für eine romantische Frau. Die Geschichte von Auguste Bussmann und Clemens Brentano. Nach gedruckten und ungedruckten Quellen überliefert von dems., Berlin 1988, S. 225–232.

Erikson, Erik H.: Identität und Lebenszyklus, Frankfurt a. M. 1966.

Eyb, Albrecht von: Ehebüchlein. Faksimile der Originalausgabe von Anton Koberger, Nürnberg 1472, hrsg. von Elisabeth Geck, Wiesbaden 1966.

Felber, Alfons: Unzucht und Kindsmord in der Rechtsprechung der Freien Reichsstadt Nördlingen vom 15. bis 19. Jahrhundert, Bonn 1961.

Fichte, Johann Gottlieb: Grundlage des Naturrechts nach Principien der Wissenschaftslehre (1796), in: Sämmtliche Werke, hrsg. von Immanuel Hermann Fichte, Bd. 3: Zur Rechts- und Sittenlehre 1, Berlin 1845, fotomech. Nachdruck Berlin 1971 S. 1–385.

Fischer, Bernd: Goethes *Clavigo*. Das Melodrama des Bildungsbürgers im Trauerspiel des Sturm und Drang, in: Goethe Yearbook 5, 1990, S. 47–64.

Forssmann, Knut: Baltasar Gracián und die deutsche Literatur zwischen Barock und Aufklärung, phil. Diss., Mainz 1977.

Frenzel, Elisabeth: Art.: Die verfeindeten Brüder, in: dies.: Motive der Weltliteratur. Ein Lexikon dichtungsgeschichtlicher Längsschnitte, 2., verb. und erw. Aufl., Stuttgart 1980, S. 80–94.

–: Art.: Die heimliche Liebesbeziehung, ebd., S. 453–467.

Frevert, Ute: Bürgerliche Meisterdenker und das Geschlechterverhältnis. Konzepte, Erfahrungen, Visionen an der Wende vom 18. zum 19. Jahrhundert, in: dies. (Hrsg.): Bürgerinnen und Bürger. Geschlechterverhältnisse im 19. Jahrhundert, Göttingen 1988, S. 17–48.

Fricke, Friederike: Die Quellen des *Julius von Tarent*, in: Euphorion 4, 1897, S. 49–55.

Fricke, Gerhard: Bemerkungen zu Lessings *Freigeist* und *Miss Sara Sampson*, in: Hugo Moser, Rudolf Schützeichel, Karl Stackmann (Hrsg.): Festschrift für Josef Quint, Bonn 1964, S. 83–120.

Friedberg, Emil: Das Recht der Eheschliessung in seiner geschichtlichen Entwicklung, Leipzig 1865.

Friedens=Tractat, welcher zwischen Ihro Majestät, dem Könige in Preussen, und Ihro Majestät, dem Könige in Pohlen, Churfürsten zu Sachsen, am 15ten Februarii 1763 auf dem Schlosse Hubertsburg geschlossen und gezeichnet worden, abgedr. in Berlinische privilegirte Zeitung, 12. März 1763.

Friederici, Hans: Das deutsche bürgerliche Lustspiel der Frühaufklärung (1736–1750) unter besonderer Berücksichtigung seiner Anschauungen von der Gesellschaft, Halle a.d. Saale 1957.

Friedrich II.: Das Politische Testament von 1752, abgedr. in: Friedrich der Große, hrsg. von Otto Bardong, Darmstadt 1982, S. 174–262.

–: Politische Correspondenz Friedrich's des Großen, Bd. 21: October 1761 – Juni 1762, redigirt von Kurt Treusch von Buttlar und Otto Herrmann, Berlin 1894.

Frisch, Max: Tagebuch 1966–1971, Frankfurt a. M. 1972.

Frühsorge, Gotthardt: *Der politische Körper*. Zum Begriff des Politischen im 17. Jahrhundert und in den Romanen Christian Weises, Stuttgart 1974.

Frye, Northrop: Der Mythos des Frühlings: Komödie, in: Reinhold Grimm, Klaus L. Berghahn (Hrsg.): Wesen und Formen des Komischen im Drama, Darmstadt 1975, S. 159–189.

Fuhrmann, Manfred: Lizenzen und Tabus des Lachens – Zur sozialen Grammatik der hellenistisch-römischen Komödie, in: Wolfgang Preisendanz, Rainer Warning (Hrsg.): Das Komische, München 1976, S. 65–101.

Gabler, Hans-Jürgen: Machtinstrument statt Repräsentationsmittel: Rhetorik im

Dienste der *Privatpolitic*, in: Joachim Dyck u. a. (Hrsg.): Rhetorik. Ein internationales Jahrbuch, Bd. 1, Stuttgart 1980, S. 9–25.

Gadamer, Hans-Georg: Wahrheit und Methode. Grundzüge einer philosophischen Hermeneutik, Tübingen ⁵1986.

Garve, Christian: Ueber die Maxime Rochefoucaults: das bürgerliche Air verliehrt sich zuweilen bey der Armee, niehmals am Hofe, in: Popularphilosophische Schriften, 2 Bde. (Leipzig 1775 und 1796), hrsg. von Kurt Wölfel, Bd. 1, fotomech. Nachdruck Stuttgart 1974, S. [559]–[716].

–: Versuche über verschiedene Gegenstände aus der Moral, der Litteratur und dem gesellschaftlichen Leben. Erster Theil, Breslau 1792, in: Gesammelte Werke, mit einem Vorwort hrsg. von Kurt Wölfel, Abt. 1, Bd. 1, Teil 1, fotomech. Nachdruck Hildesheim–Zürich–New York 1985.

Gehlen, Arnold: Über die Geburt der Freiheit aus der Entfremdung, in: Archiv für Rechts- und Sozialphilosophie 40/1, 1952/53, S. 338–353.

Geitner, Ursula: Die „Beredsamkeit des Leibes". Zur Unterscheidung von Bewußtsein und Kommunikation im 18. Jahrhundert, in: Das achtzehnte Jahrhundert 14, 1990, S. 181–195.

–: Die Sprache der Verstellung. Studien zum rhetorischen und anthropologischen Wissen im 17. und 18. Jahrhundert, Tübingen 1992.

Gellert, Christian Fürchtegott: Die zärtlichen Schwestern, in: Gesammelte Schriften. Kritische, kommentierte Ausgabe, hrsg. von Bernd Witte, Bd. 3: Lustspiele, hrsg. von Bernd Witte u. a., Berlin–New York 1988, S. 195–261.

–: Die zärtlichen Schwestern. Kommentar, ebd., S. 407–415.

–: Leben der schwedischen Gräfin von G***, ebd., Bd. 4: Roman, Briefsteller, hrsg. von Bernd Witte u. a., Berlin–New York 1989, S. 1–96.

–: Briefe, nebst einer praktischen Abhandlung von dem guten Geschmacke in Briefen, ebd., S. 105–221.

–: Abhandlung für das rührende Lustspiel, dt. von Lessing, ebd., Bd. 5: Poetologische und Moralische Abhandlungen, Autobiographisches, hrsg. von Werner Jung, John F. Reynolds, Bernd Witte, Berlin–New York 1994, S. 145–173.

–: Moralische Vorlesungen. Moralische Charaktere, ebd., Bd. 6, hrsg. von Sibylle Späth, Berlin 1992.

Genton, Elisabeth: La Vie et les Opinions de Heinrich Leopold Wagner (1747–1779), Frankfurt a. M.–Bern–Cirencester/U. K. 1981.

Gerhard, Dietrich: Amtsträger zwischen Krongewalt und Ständen – ein europäisches Problem, in: Alteuropa und die moderne Gesellschaft. Festschrift für Otto Brunner, hrsg. vom Historischen Seminar der Universität Hamburg, Göttingen 1963, S. 230–247.

Gerth, Hans H.: Bürgerliche Intelligenz um 1800. Zur Soziologie des deutschen Frühliberalismus, Göttingen 1976.

Giese, Peter Christian: Glück, Fortüne und Happy Ending in Lessings *Minna von Barnhelm*, in: Lessing Yearbook 18, 1986, S. 21–46.

Glaser, Horst Albert: Das bürgerliche Rührstück, Stuttgart 1969.

Goethe, Johann Wolfgang: Clavigo, in: Werke (Hamburger Ausgabe), hrsg. von Erich

Trunz, Bd. 4: Dramatische Dichtungen 2, textkritisch durchges. und kommentiert von Wolfgang Kayser, München [9]1981.
–: Clavigo, in: Sämtliche Werke nach Epochen seines Schaffens (Münchner Ausgabe), hrsg. von Karl Richter u. a., Bd. 1, Teil 1: Der junge Goethe 1757–1775, hrsg. von Gerhard Sauder, München–Wien 1985.
–: Dramen 1765–1775, in: Sämtliche Werke. Briefe, Tagebücher und Gespräche (Frankfurter Ausgabe), hrsg. von Dieter Borchmeyer u. a., Bd. 4, hrsg. von Dieter Borchmeyer, Frankfurt a. M. 1985.
–: Clavigo, ebd., S. 443–492.
–: Die Leiden des jungen Werthers, ebd., Bd. 8: Die Leiden des jungen Werthers, Die Wahlverwandtschaften, Kleine Prosa, Epen, hrsg. von Waltraud Wiethölter, Frankfurt a. M. 1994, S. 9–267.
–: Die Wahlverwandtschaften, ebd., S. 269–529.
–: Wilhelm Meisters Lehrjahre, ebd., Bd. 9: Wilhelm Meisters theatralische Sendung, Wilhelm Meisters Lehrjahre, Unterhaltungen deutscher Ausgewanderten, hrsg. von Wilhelm Voßkamp u. a., Frankfurt a. M. 1992, S. 355–992.
–: Dichtung und Wahrheit, ebd., Bd. 14: Aus meinem Leben. Dichtung und Wahrheit, hrsg. von Klaus-Detlef Müller, Frankfurt a. M. 1986.
–: Briefe, Tagebücher und Gespräche, ebd., hrsg. von Karl Eibl u. a., Bd. 38 (= 2. Abt.: Bd. 11): Die letzten Jahre, Teil 2: 1828–1832, hrsg. von Horst Fleig, Frankfurt a. M. 1993.
Göttert, Karl-Heinz: Kommunikationsideale. Untersuchungen zur europäischen Konversationstheorie, München 1988.
Goody, Jack: Die Entwicklung von Ehe und Familie in Europa, Berlin 1986.
Gottsched, Johann Christoph: Die Vernünftigen Tadlerinnen, erster Jahr = Theil 1725, andrer Jahr = Theil 1726, Leipzig 1727.
–: Der Biedermann, 2 Teile, Leipzig 1727 und 1729, mit einem Nachwort und Erläuterungen hrsg. von Wolfgang Martens, Faksimiledruck Stuttgart 1975.
–: Vorrede zu *Der sterbende Cato*, in: Ausgewählte Werke, hrsg. von Joachim Birke, Brigitte Birke und Philipp M. Mitchell, Bd. 2: Sämtliche Dramen, hrsg. von Joachim Birke, Berlin 1970, S. 3–21.
–: Erste Gründe der gesammten Weltweisheit, Theoretischer und Praktischer Theil, ebd., Bd. 5, Teil 1 und Teil 2, hrsg. von Philipp M. Mitchell, Berlin–New York 1983.
–: Versuch einer Critischen Dichtkunst, Erster Allgemeiner Theil und Anderer Besonderer Theil, ebd., Bd. 6, Teil 1 und Teil 2, hrsg. von Joachim Birke und Brigitte Birke, Berlin–New York 1973.
–: Lob- und Gedächtnisrede auf den Vater der deutschen Dichtkunst, Martin Opitz von Boberfeld, ebd., Bd. 9, Teil 1: Gesammelte Reden, hrsg. von Philipp M. Mitchell, bearb. von Rosemary Scholl, Berlin–New York 1976, S. 156–192.
Gottsched, Luise Adelgunde Victorie: Die ungleiche Heirath. Ein deutsches Lustspiel in fünf Aufzügen, in: Johann Christoph Gottsched (Hrsg.): Die Deutsche Schaubühne. Faksimiledruck nach der Ausgabe Leipzig 1741–1745, Bd. 4, Stuttgart 1972, S. 69–184.
–: Die Hausfranzösinn, oder die Mammsell, ebd., Bd. 5, S. 67–190.
Gracián, Balthasar: Handorakel und Kunst der Weltklugheit, übers. von Arthur Schopenhauer, hrsg. von Arthur Hübscher, Stuttgart 1954.
Graham, Ilse: Schiller's Drama. Talent and Integrity, London 1974.

Greis, Jutta: Drama Liebe. Zur Entstehungsgeschichte der modernen Liebe im Drama des 18. Jahrhunderts, Stuttgart 1991.

Grempler, Georg: Goethes *Clavigo*. Erläuterung und literarhistorische Würdigung, Halle 1911, Nachdruck Walluf bei Wiesbaden 1973.

Grieco, Sara F. Matthews: Körper, äußere Erscheinung und Sexualität, in: Georges Duby, Michelle Perrot (Hrsg.): Geschichte der Frauen, Bd. 3: Frühe Neuzeit, hrsg. von Arlette Frage und Natalie Zemon Davis, Frankfurt a. M.–New York 1994, S. 61–101.

Grimm, Jacob und Wilhelm: Art.: Ulme, in: Deutsches Wörterbuch, Bd. 23 (Bd. 11, 2. Abt., Leipzig 1936), fotomech. Nachdruck d. Erstausg., München 1984, Sp. 755 f.

–: Art.: Zärtlich, ebd., Bd. 31 (Bd. 15, Leipzig 1956), Sp. 302–307.

Guthke, Karl S.: *Kabale und Liebe*, in: Walter Hinderer (Hrsg.): Schillers Dramen. Neue Interpretationen, Stuttgart 1979, S. 58–86.

–: Das deutsche bürgerliche Trauerspiel, Stuttgart [3]1980.

Guttandin, Friedhelm: Das paradoxe Schicksal der Ehre. Zum Wandel der adligen Ehre für den monarchischen Zentralstaat, Berlin 1993.

Habermas, Jürgen: Individuierung durch Vergesellschaftung. Zu George Herbert Meads Theorie der Subjektivität, in: ders.: Nachmetaphysisches Denken. Philosophische Aufsätze, Frankfurt a. M. [3]1989, S. 187–241.

Hacks, Peter: Zwei Bearbeitungen. *Der Frieden* nach Aristophanes. *Die Kindermörderin*, ein Lust- und Trauerspiel nach Heinrich Leopold Wagner, Frankfurt a. M. 1963.

Haferkorn, Hans Jürgen: Zur Entstehung der bürgerlich-literarischen Intelligenz und des Schriftstellers in Deutschland zwischen 1750 und 1800, in: Bernd Lutz (Hrsg.): Deutsches Bürgertum und literarische Intelligenz 1750–1800, Stuttgart 1974, S. 113–275.

Haffner, Herbert: Heinrich Leopold Wagner, Peter Hacks: *Die Kindermörderin*. Original und Bearbeitung im Vergleich, Paderborn–München–Wien–Zürich 1982.

Hahn, Alois: Theorien zur Entstehung der europäischen Moderne, in: Philosophische Rundschau 31, 1984, S. 178–202.

Haspecker, Josef u. a.: Art.: Ehe, in: Josef Höfer, Karl Rahner (Hrsg.): Lexikon für Theologie und Kirche, 2., völlig neu bearb. Aufl., Bd. 3, Freiburg 1959, Sp. 675–699.

Haupt, Jürgen: *Die Kindermörderin*. Ein bürgerliches Trauerspiel vom 18. Jahrhundert bis zur Gegenwart, in: Orbis Litterarum 32, 1977, S. 285–301.

Hauptmann, Gerhart: Vor Sonnenaufgang, in: Das dramatische Werk, hrsg. von Hans-Egon Hass u. a., Bd. 1, Frankfurt a. M.–Berlin–Wien 1977, S. 139–228.

Hausen, Karin: Die Polarisierung der „Geschlechtscharaktere" – Eine Spiegelung der Dissoziation von Erwerbs- und Familienleben, in: Werner Conze (Hrsg.): Sozialgeschichte der Familie in der Neuzeit Europas. Neue Forschungen, Stuttgart 1976, S. 363–393.

–: „... eine Ulme für das schwankende Efeu". Ehepaare im Bildungsbürgertum. Ideale und Wirklichkeiten im späten 18. und 19. Jahrhundert, in: Ute Frevert (Hrsg.): Bürgerinnen und Bürger. Geschlechterverhältnisse im 19. Jahrhundert, Göttingen 1988, S. 85–117.

Hegel, Georg Wilhelm Friedrich: Über Lessings Briefwechsel mit seiner Frau, in: Werke, hrsg. von Eva Moldenhauer und Karl Markus Michel, Bd. 1: Frühe Schriften, Frankfurt a. M. 1971, S. 611–614.

–: Grundlinien der Philosophie des Rechts oder Naturrecht und Staatswissenschaft im Grundrisse, ebd., Bd. 7, Frankfurt a. M. 1970.

Heitz, Friedrich Carl: Das Zunftwesen in Straßburg. Geschichtliche Darstellung, begleitet von Urkunden und Aktenstücken. Mit einem Vorworte von Ludwig Spach. Mit 22 in den Text gedruckte Zunft = Wappen, Straßburg 1856.

Herder, Johann Gottfried: Liebe und Selbstheit, in: Sämmtliche Werke, hrsg. von Bernhard Suphan, Bd. 15, Berlin 1888, S. 304–326.

–: Briefe Jan. 1799 – Nov. 1803, in: Briefe. Gesamtausgabe. 1763–1803. Unter Leitung von Karl-Heinz Hahn hrsg. von den Nationalen Forschungs- und Gedenkstätten der klassischen deutschen Literatur in Weimar (Goethe- und Schiller-Archiv), Bd. 8, bearb. von Wilhelm Dobbek und Günter Arnold, Weimar 1984.

Hermes, Johann Timotheus: Sophiens Reise von Memel nach Sachsen, rechtmäßige dritte, vom Verf. durchgesehene und vermehrte Ausgabe in 6 Bdn., Leipzig 1778.

Herrmann, Hans Peter: Musikmeister Miller, die Emanzipation der Töchter und der dritte Ort der Liebenden. Schillers bürgerliches Trauerspiel im 18. Jahrhundert, in: Jahrbuch der deutschen Schillergesellschaft 28, 1984, S. 223–247.

Hess, Gerhard: Wege des Humanismus im Frankreich des 17. Jahrhunderts, in: ders.: Gesellschaft, Literatur, Wissenschaft. Gesammelte Schriften 1938–1966, hrsg. von Hans Robert Jauß und Claus Müller-Daehn, München 1967, S. 30–83.

Hettlage, Robert: Familienreport. Eine Lebensform im Umbruch, München 1992.

Hettner, Hermann: Geschichte der deutschen Literatur im achtzehnten Jahrhundert, Bd. 1, Berlin 1961.

Hinck, Walter: Das deutsche Lustspiel des 17. und 18. Jahrhunderts und die italienische Komödie. Commedia dell'Arte und Théâtre Italien, Stuttgart 1965.

–: Metamorphosen eines Wiegenliedes: H. L. Wagner, Heine, G. Hauptmann, Toller, Brecht, in: Karl-Heinz Schirmer, Bernhard Sowinski (Hrsg.): Zeiten und Formen in Sprache und Dichtung. Festschrift für Fritz Tschirch zum 70. Geburtstag, Köln–Wien 1972, S. 290–306.

–: Vom Ausgang der Komödie. Exemplarische Lustspielschlüsse in der europäischen Literatur, Opladen 1977.

–: Produktive Rezeption heute: Am Beispiel der sozialen Dramatik von J. M. R. Lenz und H. L. Wagner, in: ders. (Hrsg.): Sturm und Drang, Frankfurt a. M. 1978, S. 257–269.

Hinderer, Walter: Jakob Michael Reinhold Lenz. *Der Hofmeister*, in: Walter Hinck (Hrsg.): Die deutsche Komödie. Vom Mittelalter bis zur Gegenwart, Düsseldorf 1977, S. 66–88.

Hinske, Norbert (Hrsg.): Was ist Aufklärung? Beiträge aus der Berlinischen Monatsschrift, Darmstadt 1973.

Hippel, Theodor Gottlieb von: Ueber die Ehe, 5. Aufl., in: Sämmtliche Werke, Bd. 5, Berlin 1828, fotomech. Nachdruck Berlin–New York 1978.

–: Ueber die bürgerliche Verbesserung der Weiber, ebd., Bd. 6, Berlin 1828, fotomech. Nachdruck Berlin–New York 1978.

Hoffmann, Volker: Elisa und Robert oder das Weib und der Mann, wie sie sein sollten. Anmerkungen zur Geschlechtercharakteristik der Goethezeit, in: Karl Richter, Jörg Schönert (Hrsg.): Klassik und Moderne. Die Weimarer Klassik als historisches Ereignis und Herausforderung im kulturgeschichtlichen Prozeß, Stuttgart 1983, S. 80–97.

Honegger, Claudia: Die Ordnung der Geschlechter. Die Wissenschaften vom Menschen und das Weib 1750–1850, Frankfurt a. M. 1991, S. 168–192.

Horn, Hans Arno: Christian Weise als Erneuerer des deutschen Gymnasiums im Zeitalter des Barock. Der *Politicus* als Bildungsideal, Weinheim 1966.

Huyssen, Andreas: Drama des Sturm und Drang. Kommentar zu einer Epoche, München 1980.

Im Hof, Ulrich: Das gesellige Jahrhundert. Gesellschaft und Gesellschaften im Zeitalter der Aufklärung, München 1982.

Inbar, Eva Maria: Shakespeare in Deutschland: Der Fall Lenz, Tübingen 1982.

Irmscher, Johannes: Zu Goethes *Clavigo* II: Clavigo als gelehrter Korrespondent, in: Goethe-Jahrbuch 90, 1973, S. 293–297.

Iser, Wolfgang: Der Akt des Lesens. Theorie ästhetischer Wirkung, München 1976.

–: Akte des Fingierens. Oder: Was ist das Fiktive im fiktionalen Text?, in: Dieter Henrich, Wolfgang Iser (Hrsg.): Funktionen des Fiktiven, München 1983, S. 121–151.

–: Anglistik. Eine Universitätsdisziplin ohne Forschungsparadigma?, in: Poetica 16, 1984, S. 276–306.

Jäger, Georg: Empfindsamkeit und Roman. Wortgeschichte, Theorie und Kritik im 18. und frühen 19. Jahrhundert, Stuttgart–Berlin–Köln–Mainz 1969.

–: Freundschaft, Liebe und Literatur von der Empfindsamkeit bis zur Romantik: Produktion, Kommunikation und Vergesellschaftung von Individualität durch „kommunikative Muster ästhetisch vermittelter Identifikation", in: Siegener Periodicum zur Internationalen Empirischen Literaturwissenschaft (Spiel) 9/1, 1990, S. 69–87.

Jäger, Hella: Naivität. Eine kritisch-utopische Kategorie in der bürgerlichen Literatur und Ästhetik des 18. Jahrhunderts, Kronberg/Ts. 1975.

Janz, Rolf Peter: Schillers *Kabale und Liebe* als bürgerliches Trauerspiel, in: Jahrbuch der deutschen Schillergesellschaft 20, 1976, S. 208–228.

Jauß, Hans Robert: Zur Abgrenzung und Bestimmung einer literarischen Hermeneutik, in: Manfred Fuhrmann, Hans Robert Jauß, Wolfhart Pannenberg (Hrsg.): Text und Applikation. Theologie, Jurisprudenz und Literaturwissenschaft im hermeneutischen Gespräch, München 1981, S. 459–481.

Jung, Werner: Das Geld und die guten Worte. Zur Rolle des Geldes bei Gellert, in: Bernd Witte (Hrsg.): „Ein Lehrer der ganzen Nation". Leben und Werk Christian Fürchtegott Gellerts, München 1990, S. 134–150.

Jung-Stilling, Johann Heinrich: Lebensgeschichte, hrsg. von Gustav Adolf Benrath, Darmstadt 1976.

Justi, Johann Heinrich Gottlob von: Die Grundfeste zu der Macht und Glückseeligkeit der Staaten, Königsberg–Leipzig 1760, fotomech. Nachdruck Aalen 1965.

Kafitz, Dieter: Grundzüge einer Geschichte des deutschen Dramas von Lessing bis zum Naturalismus, Bd. 1, Königstein/Ts. 1982.

Kaiser, Gerhard: Aufklärung, Empfindsamkeit, Sturm und Drang, München [2]1976.

Kapp, Volker: Die Lehre von der actio als Schlüssel zum Verständnis der frühen Neuzeit, in: ders. (Hrsg.): Die Sprache der Zeichen und Bilder. Rhetorik und nonverbale Kommunikation in der frühen Neuzeit, Marburg 1990, S. 40–64.

Karthaus, Ulrich: Johann Anton Leisewitz: *Julius von Tarent* (1776), in: Dramen des Sturm und Drang. Interpretationen, Stuttgart 1987, S. 99–127.

Kierkegaard, Sören: Das Tagebuch des Verführers, in: ders.: Entweder – Oder, hrsg. von Hermann Diem und Walter Rest, übers. von Heinrich Fauteck, München 1975, S. 351–521.

Kiesel, Helmuth: 'Bei Hof, bei Höll'. Untersuchungen zur literarischen Hofkritik von Sebastian Brant bis Friedrich Schiller, Tübingen 1979.

Kindermann, Heinz (Hrsg.): Kampf um das soziale Ordnungsgefüge, Teil 1, Leipzig 1939.

Kirby, Margaret: *Julius von Tarent* and the Theme of Fraternal Strife in the „Sturm und Drang", in: Forum for Modern Language Studies 19, 1983, S. 348–363.

Kleist, Heinrich von: Briefe, in: Sämtliche Werke und Briefe, hrsg. von Helmut Sembdner, Bd. 2, München ^{2}1961.

Klopstock, Friedrich Gottlieb: Der Zürcher See, in: Ausgewählte Werke, hrsg. von Karl August Schleiden, Darmstadt 1962, S. 3 ff.

–: Auf meine Freunde, ebd., S. 12 ff.

–: Von der Freundschaft, ebd., S. 934–942.

Kluckhohn, Paul: Die Auffassung der Liebe in der Literatur des 18. Jahrhunderts und in der deutschen Romantik, Tübingen ^{3}1966.

Knopf, Jan: Noch einmal: Pätus. Zur Vaterschaft in Lenz' *Hofmeister*, in: Deutsche Vierteljahrsschrift für Literaturwissenschaft und Geistesgeschichte 54, 1980, S. 517–519.

Köhler, Erich: Der literarische Zufall, das Mögliche und die Notwendigkeit, München 1973.

Kolb, Ines: Herrscheramt und Affektkontrolle: Johann Anton Leisewitz' *Julius von Tarent* im Kontext von Staats- und Moralphilosophie der Aufklärung, Frankfurt a. M. 1983.

Kommerell, Max: Lessing und Aristoteles. Untersuchung über die Theorie der Tragödie, Frankfurt a. M. ^{4}1970.

Koopmann, Helmut: Drama der Aufklärung. Kommentar zu einer Epoche, München 1979.

Korff, Hermann August: Geist der Goethezeit. Versuch einer ideellen Entwicklung der klassisch-romantischen Literaturgeschichte, Bd. 3: Frühromantik, Leipzig 1940.

Koselleck, Reinhart: Kritik und Krise. Eine Studie zur Pathogenese der bürgerlichen Welt, Frankfurt a. M. 1973.

–: Preußen zwischen Reform und Revolution. Allgemeines Landrecht, Verwaltung und soziale Bewegung von 1791 bis 1848, Stuttgart ^{2}1975.

–: Zur historisch-politischen Semantik asymmetrischer Gegenbegriffe, in: ders.: Vergangene Zukunft. Zur Semantik geschichtlicher Zeiten, Frankfurt a. M. 1979, S. 211–259.

Kotzebue, August von: Vom Adel. Bruchstück eines größeren historisch-philosophischen Werkes über Ehre und Schande, Ruhm und Nachruhm aller Völker, aller Jahrhunderte, Leipzig 1792, fotomech. Nachdruck Königstein/Ts. 1978, S. 129–139.

Krause, Markus: Das Trivialdrama der Goethezeit 1780–1805. Produktion und Rezeption, Bonn 1982.

Kruedener, Jürgen von: Die Rolle des Hofes im Absolutismus, Stuttgart 1973.

Kühlhorn, Walther: J. A. Leisewitzens *Julius von Tarent*. Erläuterung und literarhistorische Würdigung, Halle/S. 1912.

Kunisch, Johannes: Die deutschen Führungsschichten im Zeitalter des Absolutismus, in:

Hanns Hubert Hofmann, Günther Franz (Hrsg.): Deutsche Führungsschichten in der Neuzeit. Eine Zwischenbilanz, Boppard a. Rh. 1980, S. 111–141.

Ladendorf, Ingrid: Die Familie unter dem Patronat des Deus-ex-machina. Zum deutschen Familienschauspiel (1750–1800) zwischen Affirmation und Subversion bürgerlicher Werte, in: Helmut Koopmann (Hrsg.): Bürgerlichkeit im Umbruch. Studien zum deutschsprachigen Drama 1750–1800. Mit einer Bibliographie der Dramen der Oettingen-Wallersteinschen Bibliothek zwischen 1750 und 1800, Tübingen 1993, S. 93–127.

LaFayette, Marie-Madeleine Comtesse de: La Princesse de Clèves, in: Romans et Nouvelles. Textes revues sur les éditions originales avec une introduction, une bibliographie et des notes par Emile Magne, Paris [1948], S. 237–395.

Langen, August: Attitüde und Tableau in der Goethezeit, in: Jahrbuch der deutschen Schillergesellschaft 12, 1968, S. 194–258.

Lappe, Claus O.: Wer hat Gustchens Kind gezeugt? Zeitstruktur und Rollenspiel in Lenz' *Hofmeister*, in: Deutsche Vierteljahrsschrift für Literaturwissenschaft und Geistesgeschichte 54, 1980, S. 14–46.

–: Noch einmal zur Vaterschaftsfrage in Lenz' *Hofmeister*, in: Deutsche Vierteljahrsschrift für Literaturwissenschaft und Geistesgeschichte 54, 1980, S. 520–521.

LaRoche, Marie Sophie von: Geschichte des Fräuleins von Sternheim, hrsg. von Fritz Brüggemann, Leipzig 1938, Nachdruck Darmstadt 1964.

LeGoff, Jacques: Eine mehrdeutige Geschichte, in: Ulrich Raulff (Hrsg.): Mentalitäten-Geschichte. Zur historischen Rekonstruktion geistiger Prozesse, Berlin 1987, S. 18–32.

Lehmann, Jürgen: Ambivalenz und Dialogizität. Zur Theorie der Rede bei Michail Bachtin, in: Friedrich A. Kittler, Horst Turk (Hrsg.): Urszenen. Literaturwissenschaft als Diskursanalyse und Diskurskritik, Frankfurt a. M. 1977, S. 355–380.

Leibfried, Erwin: Schiller. Notizen zum heutigen Verständnis seiner Dramen. Aus Anlaß des 225. Geburtstages gedruckt, Frankfurt a. M. 1985.

Leisewitz, Johann Anton: Julius von Tarent. Ein Trauerspiel, mit einem Nachwort hrsg. von Werner Keller, Stuttgart [2]1977.

Leites, Edmund: Puritanisches Gewissen und moderne Sexualität, Frankfurt a. M. 1988.

Lenz, Jakob Michael Reinhold: Der verwundete Bräutigam. Ein Drama, in: Werke und Briefe, hrsg. von Sigrid Damm, Bd. 1, München–Wien 1987, S. 7–39.

–: Der Hofmeister oder Vorteile der Privaterziehung, ebd., S. 41–123.

–: Die Soldaten. Eine Komödie, ebd., S. 191–246.

–: Die beiden Alten, ebd., S. 339–358.

–: Zum Weinen oder Weil ihrs so haben wollt, ebd., S. 568–575.

–: Über die Natur unsres Geistes, ebd., Bd. 2, S. 619–624.

–: Über *Götz von Berlichingen*, ebd., S. 637–641.

–: Anmerkungen übers Theater, ebd., S. 641–671.

–: Rezension des Neuen Menoza von dem Verfasser selbst aufgesetzt, ebd., S. 699–704.

–: Der Hofmeister. Synoptische Ausgabe von Handschrift und Erstdruck, hrsg. von Michael Kohlenbach, Basel–Frankfurt a. M. 1986.

–: Der Hofmeister oder Vorteile der Privaterziehung. Erläuterungen und Dokumente, hrsg. von Friedrich Voit, Stuttgart 1986.

Leppmann, Wolfgang: *Clavigo*, in: Walter Hinderer (Hrsg.): Goethes Dramen. Neue Interpretationen, Stuttgart 1980, S. 78–88.
Lessing, Gotthold Ephraim: Miss Sara Sampson, in: Sämtliche Schriften, hrsg. von Karl Lachmann, 3., aufs neue durchges. und verm. Aufl. bes. durch Franz Muncker, Bd. 2, Stuttgart 1886, S. 265–352.
–: Emilia Galotti, ebd., S. 377–450.
–: Vorrede zu: Des Herrn Jacob Thomson sämtliche Trauerspiele, ebd., Bd. 7, Stuttgart 1891, S. 66–71.
–: Fabeln. Nebst Abhandlungen, ebd., S. 413–479.
–: Philosophische Schriften. Aus dem Nachlaß, in: Werke, hrsg. von Herbert G. Göpfert, Bd. 8, bearb. von Helmut Göbel, München 1979, S. 511–561.
–: Der Freigeist, in: Werke und Briefe, hrsg. von Wilfried Barner u. a., Bd. 1: Werke 1743–1750, hrsg. von Jürgen Stenzel, Frankfurt a. M. 1989, S. 361–445.
–: Minna von Barnhelm, oder das Soldatenglück, ebd., Bd. 6: Werke 1767–1769, hrsg. von Klaus Bohnen, Frankfurt a. M. 1985, S. 9–110.
–: Hamburgische Dramaturgie, ebd., S. 181–694.
–: Briefe von und an Lessing 1743–1770, ebd., Bd. 11/1, hrsg. von Helmuth Kiesel, Frankfurt a. M. 1987.
–: Briefe von und an Lessing 1770–1776, ebd., Bd. 11/2, Frankfurt a. M. 1988.
–: Briefe von und an Lessing 1776–1781, ebd., Bd. 12, Frankfurt a. M. 1994.
–: Emilia Galotti. Erläuterungen und Dokumente, hrsg. von Jan-Dirk Müller, Stuttgart 1971.
–; Mendelssohn, Moses; Nicolai, Friedrich: Briefwechsel über das Trauerspiel, hrsg. und kommentiert von Jochen Schulte-Sasse, München 1972.
Loen, Johann Michael von: Der redliche Mann am Hofe. Faksimiledruck nach der Ausgabe von 1742, mit einem Nachwort von Karl Reichert, Stuttgart 1966.
Lohmeier, Anke-Marie: Beatus ille. Studien zum 'Lob des Landlebens' in der Literatur des absolutistischen Zeitalters, Tübingen 1981.
Luckmann, Thomas: Persönliche Identität, soziale Rolle und Rollendistanz, in: Odo Marquard, Karlheinz Stierle (Hrsg.): Identität, München 1979, S. 293–313.
Luhmann, Niklas: Gesellschaftsstruktur und Semantik. Studien zur Wissenssoziologie der modernen Gesellschaft, Bd. 1, Frankfurt a. M. 1980, Bd. 3, Frankfurt a. M. ^{3}1989.
–: Liebe als Passion. Zur Codierung von Intimität, Frankfurt a. M. ^{3}1983.
–: Das Problem der Epochenbildung und die Evolutionstheorie, in: Hans Ulrich Gumbrecht, Ursula Link-Heer (Hrsg.): Epochenschwellen und Epochenstrukturen im Diskurs der Literatur- und Sprachhistorie, Frankfurt a. M. 1985, S. 11–33.
Luserke, Matthias: J. M. R. Lenz: *Der Hofmeister, Der neue Menoza, Die Soldaten*, München 1993.
Luther, Martin: Ein Sermon von dem ehelichen Stand. 1519, in: Werke. Kritische Gesamtausgabe, Bd. 2, Weimar 1884, S. 162–171.
–: Vom ehelichen Leben. 1522, ebd., Bd. 10, Teil 2, Weimar 1907, S. 267–304.
–: Über das erste Buch Mose. 1527, ebd., Bd. 24, Weimar 1900.
Mahlmann, Regina: Psychologisierung des „Alltagsbewußtseins". Die Verwissenschaftlichung des Diskurses über Ehe, Opladen 1991.
Malsch, Wilfried: Der betrogene Deus iratus in Schillers Drama *Louise Millerin*, in: Col-

legium Philosophicum. Studien, Joachim Ritter zum 60. Geburtstag, von Ernst-Wolfgang Böckenförde u. a., Basel–Stuttgart 1965, S. 157–208.

Martens, Wolfgang: Die Botschaft der Tugend. Die Aufklärung im Spiegel der deutschen Moralischen Wochenschriften, Stuttgart 1968.

–: Der redliche Mann am Hof, politisches Wunschbild und literarisches Thema im 18. Jahrhundert, in: Anzeiger der philosophisch-historischen Klasse der Österreichischen Akademie der Wissenschaften 124, 1987, S. 33–49.

Martini, Fritz: Schillers *Kabale und Liebe*. Bemerkungen zur Interpretation des *Bürgerlichen Trauerspiels*, in: Der Deutschunterricht 4/5, 1952, S. 18–39.

–: Riccaut, die Sprache und das Spiel in Lessings Lustspiel *Minna von Barnhelm*, in: Gotthold Ephraim Lessing, hrsg. von Gerhard und Sibylle Bauer, Darmstadt 1968, S. 376–426.

–: Die Einheit der Konzeption in J. M. R. Lenz' *Anmerkungen übers Theater*, in: Jahrbuch der deutschen Schillergesellschaft 14, 1970, S. 159–182.

–: Die Feindlichen Brüder. Zum Problem des gesellschaftskritischen Dramas von J. A. Leisewitz, F. M. Klinger und F. Schiller, in: Jahrbuch der deutschen Schillergesellschaft 16, 1972, S. 208–265.

Martino, Alberto: Daniel Casper von Lohenstein. Geschichte seiner Rezeption, Bd. 1: 1661–1800, Tübingen 1978.

Mason, Endo C.: „Wir sehen uns wieder!" Zu einem Leitmotiv des Dichtens und Denkens im 18. Jahrhundert, in: Literaturwissenschaftliches Jahrbuch N.F. 5, 1964, S. 79–109.

Mattenklott, Gert: Melancholie in der Dramatik des Sturm und Drang, Stuttgart 1968.

–: Der Sehnsucht eine Form. Zum Ursprung des modernen Romans bei Friedrich Schlegel, in: Dieter Bänsch (Hrsg.): Zur Modernität der Romantik, Stuttgart 1977, S. 143–166.

Mauser, Wolfram: „Ich stehe für nichts". Zur Uraufführung von G.E. Lessings *Emilia Galotti* am Hoftheater zu Braunschweig, in: 300 Jahre Theater in Braunschweig 1690–1990, Braunschweig 1990, S. 177–194.

Mayer, Dieter: Vater und Tochter. Anmerkungen zu einem Motiv im deutschen Drama der Vorklassik. Lessing: *Emilia Galotti*; Lenz: *Die Soldaten*; Wagner: *Die Kindermörderin*; Schiller: *Kabale und Liebe*, in: Literatur für Leser 1980, S. 135–147.

–: Heinrich Leopold Wagners Trauerspiel *Die Kindermörderin* und die Dramentheorie des Louis Sébastien Mercier, in: Literatur für Leser 1981, S. 79–92.

Mentalitäten und Lebensverhältnisse. Beispiele aus der Sozialgeschichte der Neuzeit. Rudolf Vierhaus zum 60. Geburtstag, hrsg. von Mitarbeitern und Schülern, Göttingen 1982.

Mercier, Louis Sébastien: Essai sur l'art dramatique, dt. von Wagner: Neuer Versuch über die Schauspielkunst. Mit einem Anhang: Aus Goethes Brieftasche. Faksimiledruck nach der Ausgabe von 1776, mit einem Nachwort von Peter Pfaff, Heidelberg 1967.

Meyer, Paul H.: Goethe lecteur de Beaumarchais: *Clavigo*, in: Actes du IVe congrès de l'Association Internationale de Littérature Comparée, Fribourg 1964, The Hague 1966, S. 1146–53.

Meyer-Krentler, Eckhard: Der Bürger als Freund. Ein sozialethisches Programm und seine Kritik in der neueren deutschen Erzählliteratur, München 1984.

Michelsen, Peter: Die Verbergung der Kunst. Über die Exposition in Lessings *Minna von Barnhelm*, in: Jahrbuch der deutschen Schillergesellschaft 17, 1973, S. 192–252.

–: Der Bruch mit der Vater-Welt. Studien zu Schillers *Räubern*, Heidelberg 1979.

Mikat, Paul: Art.: Ehe, in: Adalbert Erler, Ekkehard Kaufmann (Hrsg.): Handwörterbuch zur deutschen Rechtsgeschichte, Bd. 1, Berlin 1971, Sp. 809–833.

Milch, Werner: Sophie LaRoche. Die Großmutter der Brentanos, Frankfurt a. M. 1933.

Milow, Margarethe Elisabeth: Ich will aber nicht murren, hrsg. von Rita Bake und Birgit Kiupel, Hamburg ²1993.

Mitgau, Hermann: Geschlossene Heiratskreise sozialer Inzucht, in: Hellmuth Rößler (Hrsg.): Deutsches Patriziat 1430–1740, Limburg a.d.L. 1968, S. 1–25.

Mitterauer, Michael: Ledige Mütter. Zur Geschichte unehelicher Geburten in Europa, München 1983.

Möller, Helmut: Die kleinbürgerliche Familie im 18. Jahrhundert. Verhalten und Gruppenkultur, Berlin 1969.

Mog, Paul: Ratio und Gefühlskultur. Studien zu Psychogenese und Literatur im 18. Jahrhundert, Tübingen 1976.

Molière: George Dandin ou Le Mari confondu, in: Œuvres complètes, hrsg. von Robert Jouanny, Bd. 2, Paris 1962, S. 183–234.

–: Der Betrogene oder George Dandin (George Dandin ou Le Mari confondu), in: Komödien, neu übertragen von Hans Weigel, Bd. 3: Tartuffe oder Der Betrüger. Der Betrogene oder George Dandin. Vorspiel in Versailles, Zürich 1975, S. 99–149.

Montaigne, Michel de: Die Essais, hrsg. von Arthur Franz, Leipzig 1953.

Müller, Horst: Ämterkäuflichkeit in Brandenburg-Preußen im 17. und 18. Jahrhundert, in: Klaus Malettke (Hrsg.): Ämterkäuflichkeit: Aspekte sozialer Mobilität im europäischen Vergleich (17. und 18. Jahrhundert), Berlin 1980, S. 156–176.

Müller, Joachim: Der Begriff des Herzens in Schillers *Kabale und Liebe*, in: Germanisch-Romanische Monatsschrift 22, 1934, S. 429–437.

Müller, Wolfgang G.: Ironie, Lüge, Simulation, Dissimulation und verwandte rhetorische Termini, in: Christian Wagenknecht (Hrsg.): Zur Terminologie der Literaturwissenschaft. Akten des IX. Germanistischen Symposions der Deutschen Forschungsgesellschaft – Würzburg 1986, Stuttgart 1988, S. 189–208.

Müller-Seidel, Walter: Das stumme Drama der Luise Millerin, in: Goethe. Neue Folge des Jahrbuchs der Goethe-Gesellschaft 17, 1955, S. 91–103.

Mulagk, Karl-Heinz: Phänomene des politischen Menschen im 17. Jahrhundert. Propädeutische Studien zum Werk Lohensteins unter besonderer Berücksichtigung Diego Saavedra Fajardos und Baltasar Graciáns, Berlin 1973.

Muncker, Franz: Vorrede, in: Gotthold Ephraim Lessing: Sämtliche Schriften, hrsg. von Karl Lachmann, 3., aufs neue durchges. und verm. Aufl. bes. durch Franz Muncker, Bd. 22, Teil 2, Berlin–Leipzig 1919, S. V–XIX.

Neugebauer, Wolfgang: Zur neueren Deutung der Preußischen Verwaltung im 17. und 18. Jahrhundert in vergleichender Sicht, in: Otto Büsch, Wolfgang Neugebauer (Hrsg.): Moderne Preußische Geschichte 1648–1947. Eine Anthologie, Bd. 2, Berlin–New York 1981, S. 541–597.

Neumann, Peter Horst: Der Preis der Mündigkeit. Über Lessings Dramen. Anhang: Über Fanny Hill, Stuttgart 1977.

Nickisch, Reinhard M. G.: Die Stilprinzipien in den deutschen Briefstellern des 17. und 18. Jahrhunderts. Mit einer Bibliographie, Göttingen 1969.

Nietzsche, Friedrich: Aus dem Nachlaß der Achtzigerjahre, in: Werke, hrsg. von Karl Schlechta, Bd. 3, München 1956, S. 415–925.

Oexle, Otto Gerhard: Aspekte der Geschichte des Adels im Mittelalter und in der frühen Neuzeit, in: Hans-Ulrich Wehler (Hrsg.): Europäischer Adel 1750–1950, Göttingen 1990, S. 19–56.

Orschel, Laetitia C.: Metamorphosen. Vom Frauenraub zur sexuellen Selbstbestimmung?, in: Sexuelle Gewalt. Erfahrungen, Analysen, Forderungen, hrsg. vom Arbeitskreis „Sexuelle Gewalt" beim Komitee für Grundrechte und Demokratie, Sensbachtal 1985, S. 147–157.

Orth-Peine, Hannelore: Identitätsbildung im sozialgeschichtlichen Wandel, Frankfurt a. M. 1990.

Otto, Regine: *Clavigo*, in: Goethe-Jahrbuch 90, 1973, S. 22–36.

Die Peinliche Gerichtsordnung Kaiser Karls V. Constitutio Criminalis Carolina, hrsg. von Josef Kohler und Willy Scheel, Halle 1900, Nachdruck Aalen 1968.

Pelzer, Jürgen: Das Modell der 'alten' Komödie. Zu Lenz' *Lustspielen nach dem Plautus*, in: Orbis Litterarum 42, 1987, S. 168–177.

Petriconi, Hellmuth: Die verführte Unschuld. Bemerkungen über ein literarisches Thema, Hamburg 1953.

Pfister, Manfred: Das Drama. Theorie und Analyse, München [6]1988.

Pikulik, Lothar: „Bürgerliches Trauerspiel" und Empfindsamkeit, Köln–Graz 1966.

Pilz, Georg: Deutsche Kindesmordtragödien. Wagner, Goethe, Hebbel, Hauptmann, München 1982.

Pinkert, Ernst-Ullrich: Hegels *Lucinde*-Kritik – und ihre Aktualisierung in der Auseinandersetzung der Junghegelianer mit Romantik und Jungem Deutschland, in: Text und Kontext 9.2, 1981, S. 343–380.

Profitlich, Ulrich: Der Zufall als Problem der Dramaturgie, in: Werner Keller (Hrsg.): Beiträge zur Poetik des Dramas, Darmstadt 1976, S. 158–181.

Rameckers, Jan Matthias: Der Kindesmord in der Literatur der Sturm-und-Drang-Periode. Ein Beitrag zur Kultur- und Literatur-Geschichte des 18. Jahrhunderts, Rotterdam 1927.

Ranke-Heinemann, Uta: Eunuchen für das Himmelreich. Katholische Kirche und Sexualität, Hamburg 1988.

Ratschow, Carl Heinz u. a.: Art.: Ehe, Eherecht, Ehescheidung, in: Gerhard Krause, Gerhard Müller (Hrsg.): Theologische Realenzyklopädie, Bd. 9, Berlin–New York 1982, S. 308–362.

Reh, Albert M.: Die Rettung der Menschlichkeit. Lessings Dramen in literaturpsychologischer Sicht, Bern–München 1981.

Rehberg, August Wilhelm: Über den deutschen Adel, Göttingen 1803.

Reif, Heinz: Westfälischer Adel 1770–1860. Vom Herrschaftsstand zur regionalen Elite, Göttingen 1979.

–: Väterliche Gewalt und „kindliche Narrheit". Familienkonflikte im katholischen Adel Westfalens vor der Französischen Revolution, in: ders. (Hrsg.): Die Familie in der Geschichte, Göttingen 1982, S. 82–113.

Rieck, Werner: Johann Christoph Gottsched. Eine kritische Würdigung seines Werkes, Berlin (Ost) 1972.

Riedel, Wolfgang: Die Anthropologie des jungen Schiller. Zur Ideengeschichte der medizinischen Schriften und der *Philosophischen Briefe*, Würzburg 1985, S. 154–229.

Saße, Günter: Die aufgeklärte Familie. Untersuchungen zur Genese, Funktion und Realitätsbezogenheit des familialen Wertsystems im Drama der Aufklärung, Tübingen 1988.

–: Der Streit um die rechte Beziehung. Zur „verborgnen Organisation" von Lessings *Minna von Barnhelm*, in: Wolfram Mauser, Günter Saße (Hrsg.): Streitkultur. Strategien des Überzeugens im Werk Lessings, Tübingen 1993, S. 38–55.

–: Das Besondere und das Allgemeine. Lessings Auseinandersetzung mit Diderot über Wahrheit und Wirkung des Dramas, in: Ortrud Gutjahr, Wilhelm Kühlmann, Wolf Wucherpfennig (Hrsg.): Gesellige Vernunft. Zur Kultur der literarischen Aufklärung. Festschrift für Wolfram Mauser zum 65. Geburtstag, Würzburg 1993, S. 263–276.

–: Liebe und Ehe. Oder: Wie sich die Spontaneität des Herzens zu den Normen der Gesellschaft verhält. Lessings *Minna von Barnhelm*, Tübingen 1993.

–: Aufrichtigkeit: Von der empfindsamen Programmatik, ihrem Kommunikationsideal, ihrer apologetischen Abgrenzung und ihrer Aporie, dargestellt an Gellerts *Zärtlichen Schwestern*, in: Heinrich Löffler, Karlheinz Jakob, Bernd Kelle (Hrsg.): Texttyp, Sprechergruppe, Kommunikationsbereich. Studien zur deutschen Sprache in Geschichte und Gegenwart. Festschrift für Hugo Steger zum 65. Geburtstag, Berlin–New York 1994, S. 105–120.

–: „Der Herr Major ist in der Eifersucht schrecklich, wie in der Liebe". Schillers Liebeskonzeption in den *Philosophischen Briefen* und in *Kabale und Liebe*, in: Tilmann Lang u. a. (Hrsg.): Konflikt – Grenze – Dialog. Textuelle Strategien in und zwischen den Kulturen. Festschrift für Horst Turk, Frankfurt a. M. demnächst.

Sauder, Gerhard: Empfindsamkeit, Bd. 1: Voraussetzungen und Elemente, Stuttgart 1974, Bd. 3: Quellen und Dokumente, Stuttgart 1980.

Schaer, Wolfgang: Die Gesellschaft im deutschen bürgerlichen Drama des 18. Jahrhunderts. Grundlagen und Bedrohung im Spiegel der dramatischen Literatur, Bonn 1963.

Scharffenorth, Gerta: „Im Geiste Freunde werden." Mann und Frau im Glauben Martin Luthers, in: Heike Wunder, Christina Vanja (Hrsg.): Wandel der Geschlechterbeziehungen zu Beginn der Neuzeit, Frankfurt a. M. 1991, S. 97–108.

Schelsky, Helmut: Soziologie der Sexualität. Über die Beziehung zwischen Geschlecht, Moral und Gesellschaft, Hamburg 1955.

Schenk, Herrad: Freie Liebe – wilde Ehe. Über die allmähliche Auflösung der Ehe durch die Liebe, München 1987.

Schieth, Lydia: *Elisa oder das Weib wie es seyn sollte*. Zur Analyse eines Frauen-Romanbestsellers, in: Helga Gallas, Magdalene Heuser (Hrsg.): Untersuchungen zum Roman von Frauen um 1800, Tübingen 1990, S. 114–131.

Schiller, Friedrich: Briefe 1772–1785, in: Werke (Nationalausgabe), hrsg. von Julius Petersen u. a., Bd. 23, hrsg. von Walter Müller-Seidel, Weimar 1956.

–: Briefe 1795–1796, ebd., Bd. 28, hrsg. von Norbert Oellers, Weimar 1969.

–: Kabale und Liebe, in: Werke und Briefe (Frankfurter Ausgabe), hrsg. von Klaus Harro Hilzinger u. a., Bd. 2: Dramen 1, hrsg. von Gerhard Kluge, Frankfurt a. M. 1988, S. 559–677.

Schiller, Friedrich: Kabale und Liebe. Mannheimer Bühnenfassung, ebd., S. 681–783.
–: Über das Pathetische, ebd., Bd. 8: Theoretische Schriften, hrsg. von Rolf-Peter Janz, Frankfurt a. M. 1992, S. 423–451.
–: Kabale und Liebe. Das Mannheimer Soufflierbuch, hrsg. und interpr. von Herbert Kraft, Mannheim 1963.
Schlechte, Monika: Nachwort zu: Julius Bernhard von Rohr: Einleitung zur Ceremoniel-Wissenschafft Der großen Herren, Berlin 1733, fotomech. Nachdruck Leipzig 1990, S. 1–49.
Schlegel, Friedrich: Athenäums-Fragmente, in: Kritische Ausgabe, hrsg. von Ernst Behler unter Mitwirkung von Jean-Jacques Anstett, Hans Eichner u. a., Bd. 2: Charakteristiken und Kritiken 1 (1796–1801), hrsg. von Hans Eichner, München–Paderborn–Wien–Zürich 1967, S. 165–255.
–: Lucinde, ebd., Bd. 5: Dichtungen, hrsg. von Hans Eichner, München–Paderborn–Wien–Zürich 1962, S. 1–92.
–: Lucinde – Schleiermacher, Friedrich: Vertraute Briefe über Friedrich Schlegels *Lucinde*, Frankfurt a. M. 1980.
–: Theorie der Weiblichkeit, hrsg. und mit einem Nachwort versehen von Winfried Menninghaus, Frankfurt a. M. 1982.
Schlenther, Paul: Frau Gottsched und die bürgerliche Komödie. Ein Kulturbild aus der Zopfzeit, Berlin 1886.
Schmidt, Erich: Heinrich Leopold Wagner. Goethes Jugendgenosse, Jena 1875.
Schmidt, Jochen: Die Geschichte des Genie-Gedankens in der deutschen Literatur, Philosophie und Politik 1750–1945, 2 Bde., Darmstadt ²1988.
Schmiedt, Helmut: Wie revolutionär ist das Drama des Sturm und Drang?, in: Jahrbuch der deutschen Schillergesellschaft 29, 1985, S. 48–61.
Schneider, Gerhard: Der Libertin. Zur Geistes- und Sozialgeschichte des Bürgertums im 16. und 17. Jahrhundert, Stuttgart 1970.
Schöne, Albrecht: Säkularisation als sprachbildende Kraft. Studien zur Dichtung deutscher Pfarrersöhne, Göttingen ²1968.
Schröder, Gerhart: Gracián und die spanische Moralistik, in: Klaus von See (Hrsg.): Neues Handbuch der Literaturwissenschaft, Bd. 10, Teil 2: August Buck (Hrsg.): Renaissance und Barock, Frankfurt a. M. 1972, S. 257–279.
Schröder, Jürgen: Gotthold Ephraim Lessing. Sprache und Drama, München 1972.
–: Lessing. *Minna von Barnhelm*, in: Walter Hinck (Hrsg.): Die deutsche Komödie. Vom Mittelalter bis zur Gegenwart, Düsseldorf 1977, S. 49–65.
Schröter, Michael: „Wo zwei zusammenkommen in rechter Ehe ...". Sozio- und psychogenetische Studien über Eheschließungsvorgänge vom 12. bis 15. Jahrhundert, Frankfurt a. M. 1985.
–: Zur Intimisierung der Hochzeitsnacht im 16. Jahrhundert. Eine zivilisationstheoretische Studie, in: Hans-Jürgen Bachorski (Hrsg.): Ordnung und Lust, Bilder von Liebe, Ehe und Sexualität in Spätmittelalter und Früher Neuzeit, Trier 1991, S. 359–414.
Schücking, Levin Ludwig: Die puritanische Familie in literar-soziologischer Sicht, Bern ²1964.
Schulte-Sasse, Jochen: Literarische Struktur und historisch-sozialer Kontext. Zum Beispiel Lessings *Emilia Galotti*, Paderborn 1975.

Schwab, Dieter: Grundlagen und Gestalt der staatlichen Ehegesetzgebung in der Neuzeit bis zum Beginn des 19. Jahrhunderts, Bielefeld 1967.
–: Art.: Familie, in: Otto Brunner, Werner Conze, Reinhard Koselleck (Hrsg.): Geschichtliche Grundbegriffe. Historisches Lexikon zur politisch-sozialen Sprache in Deutschland, Bd. 2, Stuttgart 1975, S. 253–301.
Schwarz, Hans-Günther: Dasein und Realität. Theorie und Praxis des Realismus bei J. M. R. Lenz, Bonn 1985.
Schwarz, Ingeborg: Die Bedeutung der Sippe für die Öffentlichkeit der Eheschließung im 15. und 16. Jahrhundert. Besonders nach norddeutschen Quellen, Tübingen 1959.
Schwarz, Manfred: Die Kindestötung in ihrem Wandel vom qualifizierten zum privilegierten Delikt, jur. Diss., Berlin 1935.
Sellin, Volker: Art.: Politik, in: Otto Brunner, Werner Conze, Reinhart Koselleck (Hrsg.): Geschichtliche Grundbegriffe. Historisches Lexikon zur politisch-sozialen Sprache in Deutschland, Bd. 4, Stuttgart 1978, S. 789–874.
Sidler, Josef: J. A. Leisewitz, *Julius von Tarent*, phil. Diss., Zürich 1966.
Sørensen, Bengt Algot: Herrschaft und Zärtlichkeit. Der Patriarchalismus und das Drama im 18. Jahrhundert, München 1984.
Sontag, Susan: Krankheit als Metapher. München–Wien 1978.
–: Freundschaft und Patriarchat im 18. Jahrhundert, in: Wolfram Mauser, Barbara Becker-Cantarino (Hrsg.): Frauenfreundschaft – Männerfreundschaft. Literarische Diskurse im 18. Jahrhundert, Tübingen 1991, S. 279–292.
Spycher, Peter: Die Entstehungs- und Textgeschichte von J. A. Leisewitz' *Julius von Tarent*, phil. Diss., Zürich–Bern 1951.
Stanitzek, Georg: Blödigkeit. Beschreibung eines Individuums im 18. Jahrhundert, Tübingen 1989.
Steinmetz, Horst (Hrsg.): Lessing – ein unpoetischer Dichter. Dokumente aus drei Jahrhunderten zur Wirkungsgeschichte Lessings in Deutschland, Frankfurt a. M.–Bonn 1969.
–: Emilia Galotti, in: Lessings Dramen. Interpretationen, Stuttgart 1987, S. 87–137.
Stephan, Inge: „So ist die Tugend nur ein Gespenst". Frauenbild und Tugendbegriff im bürgerlichen Trauerspiel bei Lessing und Schiller, in: Lessing Yearbook 17, 1985, S. 1–20.
Stone, Lawrence: Heirat und Ehe im englischen Adel des 16. und 17. Jahrhunderts, in: Heidi Rosenbaum (Hrsg.): Familie und Gesellschaftsstruktur. Materialien zu den sozioökonomischen Bedingungen von Familienformen, S. 105–137.
Strohschneider-Kohrs, Ingrid: Goethes *Clavigo*, in: Goethe-Jahrbuch 90, 1973, S. 37–56.
Sulzer, Johann Georg: Art.: Naiv, in: ders.: Allgemeine Theorie der Schönen Künste, Teil 3, Leipzig ^{2}1793, S. 499–507.
Szondi, Peter: Theorie des modernen Drams, in: Schriften 1, hrsg. von Jean Bollack u. a., Frankfurt a. M. 1978, S. 9–148.
–: Über philologische Erkenntnis, ebd., S. 263–286.
–: Tableau und coup de théâtre. Zur Sozialpsychologie des bürgerlichen Trauerspiels bei Diderot. Mit einem Exkurs über Lessing, in: Schriften 2, hrsg. von Jean Bollack u. a., Frankfurt a. M. 1978, S. 205–232.
Tellenbach, Gerd: „Mentalität", in: Max Kerner (Hrsg.): Ideologie und Herrschaft im Mittelalter, Darmstadt 1982, S. 385–407.

Tenbruck, Friedrich H.: Freundschaft. Ein Beitrag zu einer Soziologie der persönlichen Beziehungen, in: Kölner Zeitschrift für Soziologie und Sozialpsychologie 16, 1964, S. 431–456.

–: Bürgerliche Kultur, in: Kölner Zeitschrift für Soziologie und Sozialpsychologie, Sonderheft 27: Kultur und Gesellschaft, 1986, S. 263–285.

Ter-Nedden, Gisbert: Lessings Trauerspiele. Der Ursprung des modernen Dramas aus dem Geist der Kritik, Stuttgart 1986.

Titel, Britta: „Nachahmung der Natur" als Prinzip dramatischer Gestaltung bei Jakob Michael Reinhold Lenz, phil. Diss., Frankfurt a. M. 1963.

Trilling, Lionel: Das Ende der Aufrichtigkeit, München–Wien 1980.

Tyrell, Hartmann: Romantische Liebe – Überlegungen zu ihrer „quantitativen Bestimmtheit", in: Dirk Baecker u. a. (Hrsg.): Theorie als Passion. Festschrift für Niklas Luhmann zum 60. Geburtstag, Frankfurt a. M. 1987, S. 570–599.

Uhlig, Claus: Hofkritik im England des Mittelalters und der Renaissance. Studien zu einem Gemeinplatz der europäischen Moralistik, Berlin–New York 1973.

Ulbricht, Otto: Kindsmord und Aufklärung in Deutschland, München 1990.

Unger, Thorsten: Handeln im Drama. Theorie und Praxis bei J. Chr. Gottsched und J. M. R. Lenz, Göttingen 1993.

Ussel, Jos van: Sexualunterdrückung. Geschichte der Sexualfeindschaft, Reinbek 1970.

Vierhaus, Rudolf: Vom aufgeklärten Absolutismus zum monarchischen Konstitutionalismus. Der deutsche Adel im Spannungsfeld von Revolution, Reform und Restauration (1789–1848), in: ders.: Deutschland im 18. Jahrhundert. Politische Verfassung, soziales Gefüge, geistige Bewegungen, Göttingen 1987, S. 235–248.

Völker-Rasor, Anette: Bilderpaare – Paarbilder. Die Ehe in den Autobiographien des 16. Jahrhunderts, Freiburg 1993.

Vogg, Elena: Die bürgerliche Familie zwischen Tradition und Aufklärung. Perspektiven des „bürgerlichen Trauerspiels" von 1755 bis 1800, in: Helmut Koopmann (Hrsg.): Bürgerlichkeit im Umbruch. Studien zum deutschsprachigen Drama 1750–1800. Mit einer Bibliographie der Dramen der Oettingen-Wallersteinschen Bibliothek zwischen 1750 und 1800, Tübingen 1993, S. 53–92.

Voßkamp, Wilhelm: Probleme und Aufgaben einer sozialgeschichtlich orientierten Literaturgeschichte des achtzehnten Jahrhunderts, in: Bernhard Fabian, Wilhelm Schmidt-Biggemann (Hrsg.): Das achtzehnte Jahrhundert als Epoche, Nendeln 1978, S. 53–69.

–: Erzählte Subjektivität. Zur Geschichte des empfindsamen Romans im 18. Jahrhundert in Deutschland, in: Ortrud Gutjahr, Wilhelm Kühlmann, Wolf Wucherpfennig (Hrsg.): Gesellige Vernunft. Zur Kultur der literarischen Aufklärung, Würzburg 1993, S. 339–352.

Wächtershäuser, Wilhelm: Das Verbrechen des Kindesmordes im Zeitalter der Aufklärung. Eine rechtsgeschichtliche Untersuchung der dogmatischen, prozessualen und rechtssoziologischen Aspekte, Berlin 1973.

Wagner, Heinrich Leopold: Die Kindermörderin. Ein Trauerspiel. Im Anhang: Auszüge aus der Bearbeitung von Karl Gotthelf Lessing (1777) und der Umarbeitung von Wagner (1779) sowie Dokumenten zur Wirkungsgeschichte, mit einem Nachwort hrsg. von Jörg-Ulrich Fechner, Stuttgart 1969.

Watzlawick, Paul; Beavin, Janet H.; Jackson, Don D.: Menschliche Kommunikation. Formen, Störungen, Paradoxien, Bern–Stuttgart–Toronto ⁸1990.

Watzlawick, Paul; Weakland, John H.; Fisch, Richard: Lösungen. Zur Theorie und Praxis menschlichen Wandels, Bern 1974.

Weber, Beat: Die Kindsmörderin im deutschen Schrifttum von 1770–1795, Bonn 1974.

Weber, Hans-Dieter: Kindesmord als tragische Handlung, in: Der Deutschunterricht 28/2, 1976, S. 75–97.

Weber, Max: Gesammelte Politische Schriften, 3., erneut verm. Aufl., hrsg. von Johannes Winckelmann, Tübingen 1971.

Weber, Peter: Das Menschenbild des bürgerlichen Trauerspiels. Entstehung und Funktion von Lessings *Miß Sara Sampson*, Berlin (Ost) ²1976.

Wegmann, Nikolaus: Diskurse der Empfindsamkeit. Zur Geschichte eines Gefühls in der Literatur des 18. Jahrhunderts, Stuttgart 1988.

Wehler, Hans-Ulrich: Deutsche Gesellschaftsgeschichte, Bd. 1: Vom Feudalismus des Alten Reiches bis zur Defensiven Modernisierung der Reformära. 1700–1815, München ²1989.

Weigel, Sigrid: Wider die romantische Mode. Zur ästhetischen Funktion des Weiblichen in Friedrich Schlegels *Lucinde*, in: Inge Stephan, Sigrid Weigel: Die verborgene Frau. Sechs Beiträge zu einer feministischen Literaturwissenschaft, Hamburg–Berlin ³1988, S. 67–82.

Werner, Franz: Soziale Unfreiheit und 'Bürgerliche Intelligenz' im 18. Jahrhundert. Der organisierende Gesichtspunkt in J. M. R. Lenzens Drama *Der Hofmeister oder Vorteile der Privaterziehung*, Frankfurt a. M. 1981.

Werner, Johannes: Literarische als gesellschaftliche Form. Heinrich Leopold Wagner: *Die Kindermörderin. Ein Trauerspiel.* Eine Interpretation, phil. Diss., Freiburg 1976.

Werner, Richard Maria (Hrsg.): *Julius von Tarent* und die Dramatischen Fragmente von Johann Anton Leisewitz, Stuttgart 1889, Nachdruck Darmstadt 1969.

Wetterer, Angelika: Publikumsbezug und Wahrheitsanspruch. Der Widerspruch zwischen rhetorischem Ansatz und philosophischem Anspruch bei Gottsched und den Schweizern, Tübingen 1981.

Wezel, Johann Carl: Eine Ehestandsgeschichte. Vom Verfasser neu überarbeitet, Leipzig 1779.

Wieland, Christoph Martin: Abhandlung vom Naiven, in: Gesammelte Schriften, hrsg. von der Deutschen Kommission der Königlich Preußischen Akademie der Wissenschaften, 1. Abt.: Werke, Bd. 4: Prosaische Jugendwerke, hrsg. von Fritz Homeyer und Hugo Bieber, Berlin 1916, S. 15–21.

Wierlacher, Alois: Das bürgerliche Drama. Seine theoretische Begründung im 18. Jahrhundert, München 1968.

–: Das Haus der Freude oder Warum stirbt Emilia Galotti?, in: Lessing Yearbook 5, 1973, S. 147–162.

Wiese, Benno von: Friedrich Schiller, Stuttgart ³1963.

Wild, Reiner: Literatur im Prozeß der Zivilisation. Entwurf einer theoretischen Grundlegung der Literaturwissenschaft, Stuttgart 1982.

Willems, Marianne: Das Problem der Individualität als Herausforderung an die Semantik im Sturm und Drang. Studien zu Goethes *Brief des Pastors zu *** an den neuen Pastor zu ****, *Götz von Berlichingen* und *Clavigo*, Tübingen 1995.

Wirtz, Thomas: Das Ende der Hermetik. Zu den Schlußszenen von J. M. R. Lenz' *Verwundetem Bräutigam* und dem *Hofmeister*, in: Zeitschrift für deutsche Philologie 111, 1992, S. 481–498.

Wissell, Rudolf: Des alten Handwerks Recht und Gewohnheit, hrsg. von Ernst Schraepler, Bd. 1, Berlin ²1971.

Wittkowski, Wolfgang: Väter und Töchter im bürgerlichen Drama, oder ist in *Miß Sara Sampson* wirklich nichts passiert?, in: Journal of English and German Philology 1993, S. 469–494.

Wobeser, Wilhelmine Caroline von: Elisa oder das Weib wie es seyn sollte, Leipzig 1795.

Wolff, Christian: Vernünfftige Gedancken von dem gesellschafftlichen Leben der Menschen und insonderheit dem gemeinen Wesen, Frankfurt–Leipzig ⁴1736, in: Gesammelte Werke, hrsg. von J. École u. a., 1. Abt.: Deutsche Schriften, Bd. 5, hrsg. von Hans Werner Arndt, fotomech. Nachdruck Hildesheim–New York 1975.

Wolff, Hans M.: Die Weltanschauung der deutschen Aufklärung in geschichtlicher Entwicklung, München 1949.

Zedler, Johann Heinrich: Art.: Aufrichtigkeit, in: ders.: Grosses vollständiges Universal-Lexicon Aller Wissenschaften und Künste, Welche bishero durch den menschlichen Verstand und Witz erfunden und verbessert worden, Bd. 2, Halle–Leipzig 1732, fotomech. Nachdruck Graz 1961, Sp. 2164.

–: Art.: Bestechung, ebd., Bd. 3, Halle–Leipzig 1733, Graz 1961, Sp. 1517.

–: Art.: Ehestand, Ehe, ebd., Bd. 8, Halle–Leipzig 1734, Graz 1961, Sp. 360–401.

–: Art.: Verstellung, ebd., Bd. 47, Halle–Leipzig 1746, Graz 1982, Sp. 2058–2065.

Zeißig, Gottfried: Die Ueberwindung der Rede im Drama, hrsg. von Hans. H. Hiebel, mit einer wissenschaftsgeschichtlichen Studie des Herausgebers: Auktoriales und personales Drama, Bielefeld 1990.

Ziegeler, Hans-Joachim: Ehe, Recht und öffentliche Gelder. Zu Nikolaus Florekes Entwurf einer Lüneburger Hochzeitsordnung (ca. 1370), in: Hans-Jürgen Bachorski (Hrsg.): Ordnung und Lust. Bilder von Liebe, Ehe und Sexualität in Spätmittelalter und Früher Neuzeit, Trier 1991, S. 45–69.

Zimmermann, Rolf-Christian: Marginalien zur Hofmeister-Thematik und zur 'Teutschen Misere' bei Lenz und bei Brecht, in: Hans Dietrich Irmscher, Werner Keller (Hrsg.): Drama und Theater im 20. Jahrhundert. Festschrift für Walter Hinck, Göttingen 1983, S. 213–227.

Zollikofer, Georg Joachim: Predigten über die Würde des Menschen, und den Werth der vornehmsten Dinge, die zur menschlichen Glückseligkeit gehören, oder dazu gerechnet werden, Bd. 2, Leipzig 1784.

Zorn, Wolfgang: Deutsche Führungsschichten des 17. und 18. Jahrhunderts. Forschungsergebnisse seit 1945, in: Internationales Archiv für Sozialgeschichte der deutschen Literatur 6, 1981, S. 176–197.

Danksagung

Bei der Abfassung der Studie haben mir einige geholfen, indem sie meinen Blick für literarisch gestaltete Problemzusammenhänge schärften und zugleich das jeweilige Drama gegen vorschnelle interpretatorische Zugriffe in Schutz nahmen. Zu danken habe ich den Kollegen Carl Pietzcker, Klaus Mönig und Jochen Schmidt für kritische Lektüre, meinen Mitarbeitern Frau Biesenbach, Frau Schößler und Herrn Meyer-Barner für nachhaltiges Insistieren, vielfältige Anregungen und große Sorgfalt und nicht zuletzt Frau Kraus für die engagierte und akkurate Manuskriptherstellung.

Personenregister